경성대학교 한국한자연구소 번역총서 16

중국어 방언학 도론(수정판)

漢語方言學導論(修訂本)

경성대학교 한국한자연구소 번역총서 ⑯

수정판

중국어 방언학 도론

漢語方言學導論(修訂本)

유루제(游汝杰) 지음
신세리 옮김

역락

서문(序文)

상하이교육출판사(上海教育出版社)는 설립 60주년을 맞이하여 많은 언어학 전문서를 출간하며 학계의 환영을 받았습니다. 독자들의 바람에 부응하기 위해 저희 출판사는 그간 출간한 저작물 중에서 엄선된 작품들만을 모아 「언어학 고전 문총(語言學經典文丛)」을 편집하게 되었습니다.

『중국어 방언학도론(漢語方言學導論)』은 원래 「중국 현대 언어학 총서(中國當代語言學丛書)」 중 하나로 출간된 작품입니다. 이번 재출판에서는 학술 저작 출판 규범에 따른 국가 표준을 준수하여, 문총에 편입된 저작의 체제를 일부 조정하고 개별적인 오류를 수정하였습니다. 그 외의 내용은 모두 원래의 모습을 유지하였습니다.

상하이교육출판사

2018년 8월

출판자 서문

『중국 현대 언어학(中國當代語言學)』 총서는 상하이교육출판사(上海教育出版社)의 주요 출판 프로젝트 중 하나입니다. 이 총서는 1990년 봄에 유루지에(游汝杰, 푸단대학교), 장홍밍(張洪明, 미국 위스콘신대학교 매디슨 캠퍼스), 탕파야오(唐發鐃, 상하이교육출판사)에 의해 기획되어 원고 모집 및 편집 작업을 시작했습니다.

당시 설정된 총서의 편집 취지는 다음과 같습니다.

중국 언어학은 1920~1930년대에 전통 소학(小學)의 틀에서 벗어나 현대 언어학의 새로운 단계에 들어섰습니다. 반세기 넘는 기간 동안 중국 언어학은 상당한 연구 성과를 축적해왔으며, 특히 최근 10여 년 동안 여러 분야에서 국내외적으로 눈에 띄는 발전을 이루었습니다.

이 총서는 중국 현대 언어학 각 분과 학문 분야의 연구 성과를 종합하고, 특히 최신 연구의 진행상황을 반영하며, 과거의 성과를 계승하고 미래로 나아가는 가교를 만들고, 중국 언어학의 현대화를 촉진시킨다는데 목적이 있습니다.

총서 저자에 대한 제한은 없습니다. 국적, 지역, 학파, 이념을 따지지 않고, 뛰어난 통찰과 독창성을 지닌 연구자들을 선정하며, 각 저서가 해당 학문 분야의 최고 수준에 도달하도록 힘쓸 것입니다.

1992년 6월, 총서 편집 취지, 계획, 집필진 명단이 당시 미국에 체류 중이던 주더시(朱德熙) 선생님께 전달되었습니다. 주 선생님은 총서의 편집 취지에 깊이 공감하며, 집필진 또한 "시대의 대표자"라 평가하셨기에 기꺼이 총서의 서문 작성에 동의하셨습니다. 그러나 안타깝게도 선생님의 건강이 악화되면서 뜻을 이루지 못한 채 서거하셨고, 총서의 서문은 공백으로 남게 되었습니다.

2000년부터는 류단칭(劉丹青, 중국사회과학원 언어연구소)과 장룽(張榮, 상하이교육출판사)이 총서 편집에 참여하였으며, 편집위원회는 모든 교수님들이 주재하고 출판 방침 또한 일부 조정되었습니다.

본 총서는 원래 5년 내에 완간할 계획이었으나 일부 저자들이 다른 업무로 인해 집필 일정을 맞추지 못하거나, 이미 완성한 원고도 여러 차례 수정과 검토를 거쳐 완성도를 높이고 싶어했기에 예정대로 출판되지 못했습니다.

학술 연구는 많은 노력과 시간이 필요한 작업이며, 출판 일정을 엄격히 제한하는 것은 원고의 질을 보장하는데 도움이 되지 않을 수 있습니다. 또한 학술 연구의 특성상 학문 자체가 본디 끝이 없으며, 또 시대에 발맞춰 발전하면서 새로운 아이디어를 지속적으로 생산한다는 점을 고려할 때, 총서 출판 역시 권수와 시한을 제한하지 않고 지속적으로 새 책을 출간하는 형태로 진행하기로 했습니다.

따라서 본 총서는 완결 시점을 설정하지 않고, 훌륭한 원고가 지속적으로 나오기만 한다면 출간을 계속 이어나갈 것입니다. 본 출판사는 본 총서를 화제의 중심으로 이끌기보다 꾸준히 우수한 학술서를 출간해 냄으로써 장기적이고 연속성을 지니는 학술 출판 시리즈로 만들고자 합니다.

이 총서의 편집 및 출판 방침이 학술 저작 출판 작업의 발전에 기여할 수 있기 바랍니다.

상하이교육출판사

2003년 10월

Preface

The series *Contemporary Chinese Linguistics* is one of the important projects of Shanghai Educational Publishing House. The planning of the series and the soliciting of contributions began in the spring of 1990 with the joint efforts of Rujie You(Fudan University), Hongming Zhang(University of Wisconsin at Madison) and Fanao Tang(Shanghai Educational Publishing House), who were brought together to edit the series by such following common grounds. Not until the twenties and thirties of 20th century could Chinese linguistics break down the barriers of the traditional Chinese philology and enter its modern stage. Since then, and especially in the last ten years, rapid progress has been made in various different fields of Chinese linguistics and considerable wealth of research achievements have been accumulated. The series tries to present these achievements so as to stimulate the further research.

In June 1992 the editorial committee apprised Prof. Dexi Zhu of the target and the policy of the series with a name list of contributors and invited him to write a preface for the series. Prof. Zhu appreciated the target of the series and the contributors, and promised to write a preface. But his cancer situation turned worse and worse day by day, and did not allow him to write it. So the preface remains unfinished, it is a great pity.

Prof. Liu Danqing of Sciences and Mr. Zhang Rong, the editor of the Shanghai Educational Publishing House, joined the editorial committee from the year of 2000, and the policy of editing and publication has been adjusted since then. We planned to publish the serials within 5 years at the beginning, but the plan was not realized because some authors were too busy with some projects else, and did not finish writing according to the schedule, while others who had finished the manuscripts would like to revise them to perfect. Considering academic study needs hard work and a plenty of time, if we set deadline, the quality could not be guaranteed, and it is the feature of academic study that there is not limit to knowledge and the old should be weeded through while the new should be brought forth, we will not restrict the number of series volumes and their dates of publication. We would not like to pursuit sensational effort, and what we want to do is to publish qualified manuscripts whenever we have. This series will be published successively in China. We hope our policy and publication would make contribution to the publication of academic works healthily in China. Shanghai Educational Publishing House Oct. 2003

저자서

중국에서 방언(方言)을 연구한 역사는 매우 오래되었지만, 지금까지 방언학(方言學)을 총괄적으로 다룬 전문 서적은 출판된 적이 없습니다.

유럽과 미국의 학자들이 집필한 언어학 개론서나 언어학사 관련 서적에는 방언학을 다룬 전용 장(章)이 포함되는 경우가 많습니다. 예를 들어, *Current Trends in Linguistics*(The Hague and Paris: Mouton, 1967)에는 S. Egerod가 집필한 *Dialectology*(91~129쪽)가 실려 있습니다. 하지만 영어로 작성된 방언학 전문서는 극히 드물며, 국내에서는 더더욱 접하기 어렵습니다.

몇 년 전, 베이징 출장을 갔을 때 짬을 내어 베이징 도서관에서 언어학 관련 서적 목록을 찾아보던 중, W. N. Francis가 저술한 *Dialectology: An Introduction*(『方言學導論』, Longman, 1983)을 발견했습니다. 이를 보고 매우 기뻤고, 바로 대출하여 복사본을 제작했습니다. 상하이로 돌아와 책을 처음부터 끝까지 꼼꼼히 읽었는데, 이 책은 유럽과 미국의 방언 연구를 매우 상세히 소개하고, 이를 바탕으로 방언학의 일반적인 문제를 논의하며 많은 성과를 보여주고 있었습니다. 그러나 아쉽게도 중국어 방언에 관해서는 책 말미에 "어휘확산설(詞匯擴散說)"을 간략히 소개하는 수준에 그쳤습니다.

중국어는 세계에서 방언이 가장 복잡한 언어 중 하나로, 일부 중국어 방언 간의 차이는 특정 유럽 언어들 간의 차이보다 더 큽니다. 따라서 중국어 방언의 풍부한 자료를 무시한 채 방언학을 논하는 것은 명백히 불합리합니다. 그때부터 중국어 방언 자료를 토대로 방언학 전문서를 집필하겠다는 다짐을 했지만, 당시에는 자신이 아는 방언이 적고 학문적 역량이 부족하다고 느껴 실현 가능성이 낮다고 생각했습니다. 이후 상하이교육출판사 편집자들과 학계 동료들의 격려로 용기를 내어 중국어 방언학 연구에 작은 기여를 해보고자 하였습니다.

중국어 방언학은 두 가지 방식으로 집필될 수 있습니다.

첫째, 기술언어학(描寫語言學)의 관점에서 중국어 방언의 각 층위(층면)를 종합적으로 기술하는 방식입니다. 예를 들어, 음운(語音)에서는 중국어 방언 음운 구조의 공통 특징을 논의하고, 어휘(詞匯)에서는 중국어 방언의 조어법(構詞法)을 열거하는 등의 방식이 있습니다.

둘째, 일반 방언학(普通方言學)의 관점에서 중국어 방언의 사실적 자료를 바탕으로 방언학의 이론과 방법론 문제를 논의하는 방식입니다. 예를 들어, 중국어 방언의 지리적 분포에서는 각 방언의 구분 기준과 방법론에 초점을 맞추고, 역사적 변천에서는 중고음계(中古音系)가 현대 방언에서 어떻게 변화했는지를 열거하기보다, 변화의 원인과 방식에 대해 논의하는 것입니다. 이 두 가지 방식은 상호 보완적이라고 할 수 있습니다.

본서는 후자의 방식을 채택했습니다. 이 방식은 중국어 방언 조사 연구의 기존 성과를 분석, 비교, 종합한 후 이를 바탕으로 방언학의 일반적인 문제를 논의해야 합니다. 여기에는 과거에 논의되지 않았거나 종합적으로 연구된 적이 없는 문제들이 많아, 이러한 목표를 달성하는 것이 결코 쉽지 않았습니다. 저 스스로도 역량의 한계를 느끼며, 목표를 향해 노력할 뿐이었습니다. 집필 과정에서 스스로에게 끊임없이 다짐했습니다. "자기 견해에 갇히지 말고, 타인의 견해에 눈멀지 말자." 과거 이론은 모두 재평가하며, 새로운 견해는 여러 차례 검증해야 한다고 생각했습니다. 논지를 펼칠 때는 신중해야 하며, 예시를 들 때는 적합성을 추구했습니다.

중국어 방언 중 제가 직접 조사하고 연구한 경험이 가장 많은 방언은 우어(吳語)입니다. 따라서 예시는 주로 우어 자료를 사용했습니다. 이렇게 하면 두 가지 이점이 있다고 생각했습니다. 첫째, 자료 오류를 줄일 수 있고, 둘째, 독자들이 더 많은 혜택을 받을 수 있습니다. 또한, 인용한 기존 이론은 모두 출처를 명시했으나, 일부 단어나 음운과 같은 사소한 항목은 출처를 개별적으로 표기하지 못했습니다. 이 자리를 빌려 모든 원저자들께 감사를 드립니다.

책 말미에는 "영한 대조 방언학 용어(英漢對照方言學名詞)"를 첨부하였습니다. 이는 독자들이 방언학 용어를 번역할 때 참고할 수 있도록 제공한 것입니다. 수록 항목은 방언학에 한정되며, 음성학(語音學) 등 인접 학문은 긴밀한 관련이 있는 항목 몇 가지만 수록하였습니다.

이상 자서는 1990년 연말에 작성된 것입니다. 본서가 초판 출간된 후, 곧 품절되었고 이번 재판의 기회를 빌려 일부 내용을 수정하고 새로운 내용을 추가하였습니다. 앞으로 이를 바탕으로 다권본(多卷本) 『중국어 방언학』(漢語方言學)을 집필할 수 있기를 희망합니다.

2000년 2월, 푸단(复旦) 량청신춘(凉城新村)에서

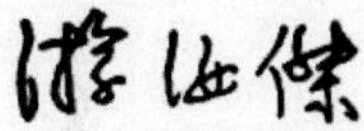

차례

10장

방언학사 개요

발음 범례

1. 한국어 어문 규범 외래어 표기법을 따른다.

2. 예외사항은 아래의 발음규칙을 따라 표기하였다.

2-1. 지역방언, 민족방언, 직업방언에 대한 표기는 모두 '지역+어'로 통일하여 번역하였다.
예 北京話-베이징어, 畬話-서어, 船話-선어

2-2. 강, 산, 호, 섬 등 자연물과 결합된 지명은 지명만 중국어로 발음하였다.
예 長江-창강, 鄱陽湖-포양호, 海南島-하이난섬

2-3. j, q, x 설면음과 -iang가 결합되는 발음의 경우 장-쟝, 상-샹, 장-챵으로 표기하였다.
예 江湘-쟝샹, 湘語-샹어

3. 어휘를 나타내는 단위 '~詞'를 '~어'로 변역하였다.
예 애칭어(小稱詞), 변음어(變音詞), 속어(俚語, slang) 등

1장 들어가는 말

제1절 지역방언과 사회방언

방언(方言, dialect)은 언어의 한 흐름이자 변이체이다. 방언을 연구하는 학문을 방언학(方言學, dialectology)이라고 한다. 방언은 지역방언(地域方言, regional dialect)과 사회방언(社会方言, social dialect) 두 개의 큰 흐름으로 나눌 수 있다. 방언학에서 지역방언에 대한 연구는 비교적 오랜 역사를 가지고 있으며 성과 또한 적지 않다. 반면, 사회방언에 대한 연구는 역사가 짧은 편이며, 성과 또한 많지 않다. 본서는 주로 지역방언을 연구 대상으로 삼고 사회방언에 대해서는 간략하게 언급한다.

1. 지역 방언(地域方言, regional dialect)

지역 방언은 언어가 서로 다른 지역에서 변형된 형태를 말한다. 일반적으로 같은 지역 방언은 동일한 지역이나 특정 지점에 분포한다. 하지만 같은 지역 방언 중에서도 지리적으로 연결되지 않은 경우가 있으며, 이는 방언섬(方言島, speech island) 또는 언어 비지(語言飛地, outlier)를 형성하기도 한다.

서양의 전통방언학(傳統方言學, traditional dialectology)은 역사비교언어

학(歷史比較語言學, historical comparative linguistics)에 뿌리를 두고 있다. 역사적 관점에서 내부적으로 일관된 원시어(proto-language)가 인구 이동 등의 이유로 서로 다른 지역에 확산되면서 오랜 시간 동안 서로 다른 언어로 분화한다고 본다.

여러 종류의 다른 언어가 다시 또 분화한 결과 같은 언어에 속하는 여러 종류의 다른 방언을 생산해 낸다. 이는 마치 나무줄기가 가지로 분화되고, 가지가 다시 더 작은 가지로 분화되는 과정과 유사하다. 이렇게 공통의 기원을 가진 방언을 친속 방언(親属方言, related dialects)이라고 한다.

하나의 언어는 여러 종류의 방언으로 분화될 수 있고, 하나의 방언도 계속해서 더 작은 방언으로 분화될 수 있다. 따라서 비교적 큰 방언은 흔히 여러 계층에 있는 많은 친속 방언을 포함한다. 이러한 방언들은 계통적으로 방언(方言, dialect), 차방언(次方言, sub-dialect), 토어(土語, vernacular), 악센트(腔, accent)와 같은 네 개의 층위로 나눌 수 있다.

예를 들어, 민방언(閩方言)은 민난(閩南), 민베이(閩北), 민둥(閩東), 민중(閩中), 푸셴(莆仙), 충먼(瓊文) 등 여섯 개의 차방언으로 나뉜다. 그 중 민난(閩南) 차방언은 다시 취안장(泉漳), 다톈(大田), 차오센(潮汕) 세 가지 토어로 나뉘며, 이 중 취안장(泉漳) 토어는 다시 더 작은 방언으로 분화된다. 예를 들어 장저우음(漳州腔), 취안저우음(泉州腔) 등이 있다. 표1.1로 알 수 있다. 표에서는 차방언을 나열했으며, 토어(土語)와 악센트(腔)는 예시로 제시된 층위이다.

표1.1 민어의 계통(系)과 속(屬)의 층위표

- 閩方言
  - 閩北次方言
  - 閩東次方言
  - 閩南次方言
    - 潮汕土語
    - 泉漳土語
      - 泉州腔
      - 漳州腔
    - 大田土語
  - 閩中次方言
  - 莆仙次方言
  - 瓊文次方言

언어지리적 관점에서 지역 방언은 지구방언(地區方言)과 지점방언(地點方言)의 두 종류로 나눌 수 있다. 하나의 지구방언은 몇 개의 비교적 작은 지구방언과 많은 지점방언을 포함할 수 있다. 지점방언은 지구방언에 대응하는 것으로, 특정 도시, 지방 또는 기타 주거지점에서 사용되는 방언을 가리킨다.

언어지리적으로 방언에도 층위가 존재한다. 중국어 방언의 지리적 층위는 일반적으로 다음과 같은 네 층위 구(區)-편(片)-소편(小片)-점(點)으로 나눌 수 있다.

이를 예로 들어 설명하면 우어구(吳語區)를 기준으로 표로 나타낼 수 있다. 표1.2에서는 방언편을 나열했고, "소편"과 "점"이라는 두 층위는 예시로 제시된 것이다.

표1.2 우어 지리 층위표

- 吳語區
  - 宣州片
  - 太湖片
    - 蘇沪嘉小片
    - 毗陵小片
    - 苕溪小片
    - 杭州小片
    - 甬江小片
    - 臨紹小片
      - 紹興(方言點)
      - 蕭山(方言點)
  - 台州片
  - 甌江片
  - 婺州片
  - 處衢片

방언의 계통상의 층위와 지리상의 층위는 서로 대응될 수 있다. 즉, 방언(方言)은 구(區)에, 차방언(次方言)은 편(片)에, 토어(土語)는 소편(小片)에, 악센트(腔)는 점(點)에 각각 대응한다. 예를 들어 민방언(閩方言)은 민어구(閩語區)에, 민난 차방언(閩南次方言)은 민난편(閩南片)에, 차오산 토어(潮汕土語)는 산샤오편(汕小片)에, 차오셴 악센트(潮汕腔)는 차오양 방언점(潮陽方言點)에 각각 대응한다.

모든 대류 방언(大類方言)이나 모든 방언구(方言區)가 반드시 위의 네 개 층위와 등급으로 나뉘어야 하는 것은 아니다. 방언을 계통이나 지리상의 몇 개 층차로 나누는 것이 좋은지는 방언의 실제와 연구 필요에 따라 정해야 한다.

같은 언어의 서로 다른 지파가 어느 정도로 분화되어야 서로 다른 방언이 되는가? 같은 방언이 어느 정도로 분화되어야 서로 다른 차방언이 되는가? 이는 언어 요소 자체에 의해서만 결정되는 것이 아니라, 정치, 민족, 문화, 지리 등의 복잡한 요소와 관련이 있다.

그래서 만약 언어 자체의 요소만을 관찰한다면, 서로 다른 방언 간의 차이가 서로 다른 언어 간의 차이보다 클 수 있다. 예를 들어 중국어 각 대방언 사이의 차이는 프랑스어와 스페인어, 또는 네덜란드어와 독일어 사이의 차이보다 크다. 또한, 차방언 간의 차이도 방언 간의 차이보다 클 수 있다. 예를 들어 민어(閩語)의 "푸셴 차방언(莆仙次方言)"과 "민난 차방언(閩南次方言)" 사이의 차이는 "관화(官話)"의 각 차방언 사이의 차이보다 크다.

2. 사회방언

사회방언은 언어의 사회적 변이체이다. 같은 지점방언을 사용하는 사람들도 직업, 계층, 연령, 성별, 언어사용 환경, 개인 스타일 등의 차이로 인해 음성, 어휘 선택, 말투까지도 다를 수 있다. 이들 사회방언의 예는 다음과 같다.

사회 계층의 차이로 형성된 사회방언. 예를 들어 자오위안런(趙元任)의 "강소성 창저우(常州) 방언의 두 가지 성조변조 유형의 방언적 특성(*The dialectal nature of two types of tone sandhi in the Kiangsu Changchow dialet*)"[1]의 중문제요에 따르면 다음과 같다.

1 출처: 자오위안런(趙元任), "*The dialectal nature of two types of tone sandhi in the Kiangsu Changchow dialet*"(『청화학보(清華學報)』, 리팡구이(李方桂) 선생 80세 생일 특간, 신14권 33-34쪽, 1982년).

> "창저우어(常州話)에서 '신담(紳談)'과 '가담(街談)'은 사회의 두 계층을 대표하며, 사용하는 연독변조가 다르다. 예를 들어 '호로(好佬, something good)'는 'hau^1·lau', '신담'에서는 ˥屽$^{55-0.2}$, '가담'에서는 ˥栗$^{55\sim0.5}$로 발음한다. 본지인들 대부분은 이 두 가지 변조가 있다는 것을 모른다. '신담', '가담'은 외지인이 만든 명사이다."

이 두 가지 변조형은 창저우(常州) 성내에 공존하는데, 가정환경이 다른 학생들이 학교에서 서로 친구로 사귄 결과 이 두 가지 변조형은 부분적으로 혼재하게 되었다.

직업적 차이로 형성된 사회방언에서 가장 전형적인 것은 업계어(行業語)이다. 예를 들어 산시(山西)지역의 이발업계에는 적어도 200개의 특수 어휘가 있는데, 이는 업계 내부에서만 사용된다. 이러한 업계어의 구조는 세 가지로 나뉜다.

첫째, 연상구사(聯想構詞)는 "頭髮(머리카락)"을 "苗儿"라 하고, "鼻子(코)"를 "氣筒"이라 하는 것과 같다.

둘째, 협음구사(諧音構詞)는 "兵(병사)"을 "滴水儿"라 하는데, "兵" 글자는 물방울이 얼어서 얼음이 되는 "冰(빙)" 자와 협음이 되는 것과 같다.

셋째, 차용구사(借用構詞)는 "痛(아프다)"를 "辣(맵다)"이라 하는데, 매운 것과 아픈 것이 의미상 관련되어 차용한 것이다.[2]

---

2 참고: 호우징이(侯精一), 『산시 이발사군 업계어 연구보고(山西理髮社群行話的研究報告)』

여러 지역 민간의 반절어(反切語)는 종류가 많은데, 각각은 대체로 어떤 하나 혹은 어떤 사회 계층들에서만 유행하여 특수한 업계어의 하나로 볼 수 있다. '반절어(反切語)'는 '도어(倒語)', '절어(切語)', '절각(切脚)', '절구(切口)' 등으로도 불리며, 이는 정상적인 방언 어음을 변화시키는 방식으로 구성된다. 어음을 변화시키는 방식은 대체로 다음의 몇 가지가 있다.

첫째는 성운분해식(聲韻分拆式)으로 즉 한 글자를 성모와 운모 두 부분으로 나누어, 성모 뒤에 운모를 하나 더하고, 운모 앞에 성모를 하나 더하여 두 음절을 구성하는 것이다. 예를 들어 "ma(媽)" → "mai ka"이다.

둘째는 가음식(加音式)으로, 즉 음절을 추가하는 방식으로 반절어를 구성하는 것이다. 예를 들어 "飛(비)" 자의 원음은 "fei^{54}"인데, 광시 룽셴(廣西容縣)의 한 반절어에서 음을 더하면 "fei^{54}fen^{55}"이 된다.

셋째는 개음식(改音式)으로, 즉 원음의 성모, 운모 또는 성조를 바꾸는 것이다. 예를 들어 "광저우(廣州)"의 원음은 "kuɔŋ^{31} tsəu^{44}"인데, "광둥 메이셴(廣東梅縣)" 커쟈인의 반절어에서 소리를 바꾸면 "kuɛ^{31} tsɛ^{44}"가 된다.

연령층의 차이에 따라 방언의 특징도 다른데, 일반적으로 "노년층(老年層)"과 "청소년층(青少年層)"의 차이가 비교적 크며, "노파(老派)"와 "신파(新派)" 두 층위로 나뉜다. "노파"의 특징은 보수적이고 안정

[J]. 중국어문(中國語文), 1988(2).

적인 것이고, "신파"의 특징은 새로운 방언 성분이 많은 것이다. 방언의 연령층 차이에 관해서는 제4장에서 더 깊이 있게 논의하겠다.

성별의 차이로 인한 방언의 차이는 주로 다음과 같은 몇 가지 측면에서 두드러진다. 남성은 말할 때 내용에 더 관심을 두고, 어휘 선택에는 비교적 적게 주의를 기울이며, 평이하고 직설적인 서술이 많다.

여성은 말할 때 감정 표현, 어휘 선택, 어기와 어조에 더 주의를 기울인다. 일상 대화에서 여성은 남성보다 확인을 구하는 어기의 의문문, 감탄문과 여러 가지 완곡한 표현 방식을 더 많이 사용한다.

예를 들어 상하이의 여성은 남성보다 긍정적인 답변을 기대하는 의문문인 "對哦!(맞아요)", "是哦!(그래요)", "好哦!(알겠어요)"를 더 많이 사용하고, "要死!"(요염함 표현), "瞎嗲!"(찬탄 표현) 등의 감탄문을 더 즐겨 사용한다. 욕설에서도 남성과 여성은 뚜렷한 차이가 있다. 예를 들어 상하이어에서 "十三點!(부드럽게 꾸짖는 어투)", "神經病!"(여성이 남성의 희롱 행위를 꾸짖을 때), "死腔!"(희롱, 번복, 지연, 거절 등의 행위를 꾸짖을 때)과 같은 욕설은 거의 여성들만 전용한다.

서로 다른 언어사용 환경도 방언의 변이를 초래할 수 있다. 언어사용의 환격은 매우 다양하다. 예를 들어 방언 뉴스 방송(方言新聞廣播), 방언방송대화(方言廣播講話), 수업용어(課堂用語), 사무실용어(辦公室用語), 일상대화(家常談話), 어린이와의 대화(與幼童談話) 등이 있다.

서로 다른 환경에서 사용되는 방언은 서로 다른 특징을 가진다. 예를 들어 방송 언어의 특징은 두 가지가 있다.

첫째는 가능한 한 서면어나 보통화에 가깝게 하는 것이고, 둘째는 노파 방언의 특징을 남기려는 경향이다. 상하이 인민방송국(上海人民廣播電臺)의 "후어(滬語[Hùyǔ]:상해어의 다른 이름)" 프로그램에서 사용하는 방언은 음성상으로 여전히 첨단(尖團)음을 구분하고, 제1인칭 복수는 "我伲"을 사용하며, 피동문은 "被" 자로 대상(施事)을 이끈다. 위의 첫 번째, 두 번째 항목은 노파 상하이어의 특징이고, 세 번째 항목은 서면어의 표현 방식으로, 상하이어 구어의 피동문은 보통 "被" 자로 대상을 이끌지 않는다. 집안에서의 담화 특징은 문장 성분이 완전하지 않고, 주어가 자주 나타나지 않으며, 서면어 어휘를 적게 사용하고, 말하기의 리듬, 속도, 어조 등의 면에서 모두 매우 자연스러운 상태를 보인다.

자유시장이나 암시장 거래에서는 흔히 특수한 어휘로 숫자를 대체한다. 베이징의 개체호가 거래하면서 사용하는 숫자 은어로는 인민폐 1원 → "1分", 10원 → "一張", 100원 → "一顆", 1,000원 → "一堆儿", 10,000원 → "一方"이 있다.

청소년들은 비정식적인 교제에서 흔히 유행하는 신조어를 사용하기를 좋아하는데, 예를 들어 베이징 청소년 유행어로 "老冒儿" → "沒見過世面的人(세상 물정을 모르는 사람)", "磁兄" → "關係好(관계가 좋음)", "打的" → "乘出租汽車(택시)", "面" → "不利索(부자연스럽다. 둔하다.)", "掉價" → "失身份、差勁(체면을 잃음, 형편없음)" 등이 있다.

각 지역의 방언은 "문리(文理)"와 "토백(土白)" 두 층위를 포함하는데, 이는 중국어 특유의 사회방언 현상이다. 문리와 토백의 대립은 두 가지 의미가 있다.

첫째, 독서할 때는 문독음으로 한자를 읽고, 입으로 말할 때는 한자를 떠나 방언 구어를 사용하는 것을 가리킨다. 이러한 전통은 오래전부터 있어왔다. 명말의 풍몽룡(馮夢龍)이 저술한 푸젠『수녕대지(壽寧待志)』에서 다음과 같이 말한다.

> "수녕은 비록 향담이 많으나, 독서할 때는 여전히 본자를 사용하므로 어음을 분별할 수 있다. 장천과는 달리, 촌부와 노유 및 부인들의 말은 글자마다 번역하지 않으면 이해할 수 없다.(壽雖多鄉談, 而讀書仍用本字, 故語音可辨, 不比漳泉, 然村愚老幼及婦人語, 非字字譯之, 不解.)"

둥퉁허(董同龢)의 1940년대 조사에 따르면, 쓰촨(四川) 청두(成都) 부근의 "양수정(凉水井)" 커쟈인들은 글을 읽을 때는 쓰촨 관화를 사용하고, 입말로 할 때는 커쟈 방언을 사용했는데, 이는 특수한 "문리(文理)"와 "토백(土白)"의 대립 현상이다.

둘째는 일상 구어에서 어휘와 표현 방식에 "문리(文理)"와 "토백(土白)"의 구분이 있다는 것이다. 학력이 비교적 높은 계층은 "문리(文理)"를 많이 사용하고, 학력이 비교적 낮은 계층은 "토백(土白)"을 많이 사용한다. 또는 비교적 엄중하고, 공손하며, 정식적이고, 점잖은 장소에서는 문리(文理) 성분을 많이 사용한다. 각 방언 중의 문리(文理) 성분은 서면어와 같거나 비슷하며, 문리(文理) 성분은 방언 간의 차이가 비교적 작다. 예를 들어 우어(吳語) 저장(浙江) 황옌(黃巖) 방언에서

“相貌”는 문리이고, “面范”은 토백이며, “肚勿好”(즉 설사)는 문리이고, “拔肚”는 토백이다. “左邊”(또는 “左面”)과 “右邊”(또는 “右面”) 이 두 문리 어휘에 대한 일부 저장(浙江) 우어에서의 토백 표현법은 표1.3에 정리하였다.

표1.3 저장(浙江) 우어(吳語) 문리어와 토백어 대조표

方言點	왼쪽(왼편)	오른쪽(오른편)
江山	借邊、借手邊	順邊、順手邊
開化	反邊、反手邊	正邊、正手邊
壽昌	小手面	大手面
紹興	借半邊、借手	順半邊、順手
永康	揞碗故面	榕箸故面
温州	借手面	順手面

문리(文理)어휘는 두 가지 하위부류로 나눌 수 있다. 하나는 평시 구어에서 자주 사용하는 것으로 앞서 말한 황옌화의 “相貌”와 “肚勿好”와 같은 것이다. 다른 하나는 구어에서 사용하지 않는 서면어 어휘 또는 부분적인 문독음으로 이른바 “전문(轉文)”이다.

예를 들어 베이징 사람들은 평시 구어에서 “喝酒”라고 하고, 만약 “飲酒”라고 하면 이는 전문이다. “花草樹木”은 구어이고, “植物”은 전문이다. 예를 들어 “我們”은 서면어 어휘는 상하이 일상 구어에서는 사용하지 않지만, 텔레비전 프로그램에서 상하이어로 기자

의 질문에 답할 때는 흔히 전문 "我們"[$ŋu^{13-22}$ $məŋ^{13-44}$] 숫자는 원래 형태처럼 작게 오른쪽으로 올려 쓰기를 사용한다. 표현 방식에도 문리와 토백의 구분이 있는데, 예를 들어 상하이어에서 "尊姓大名?(성함이 어떻게 되십니까?)", "府浪鞋里?(어느 지역 분이십니까?)"는 문리이고, "儂叫啥名字?(네 이름이 뭐야?)", "啥地方人?(어디 사람인데?)"은 토백이다.

방언은 집단군의 차이에 따라 다를 뿐만 아니라, 언어사용 환경의 차이에 따라 다르며, 또한 사람에 따라서도 다르다. 개인적 방언 특징을 가진 방언을 "개인방언(idiolect)"이라고 한다. 개인방언 간의 차이는 주로 자음(字音)과 어휘(詞彙)의 선택 습관에서 나타난다. 예를 들어 허베이 창리(昌黎) 청관진(城關鎮)에서 어떤 사람은 ts(tsʰ, s 포함)와 tʂ(tʂʰ, ʂ 포함)를 구분하고, 어떤 사람은 ts와 tʂ를 구분하지 않는다. ts와 tʂ를 구분하지 않는 경우에는 두 가지 상황이 있다. 한 가지는 일률적으로 읽는 것이고, 다른 한 가지는 ts, tʂ 둘 다 가능한 것이다. 영성모 합구자는 현재 베이징에서 어떤 사람은 영성모로 읽고, 어떤 사람은 V성모로 읽는다. 예를 들어 "聞"은 uən/vən, "外"는 uai/vai이다. 상하이에서는 어떤 사람은 "味精"을 "味之素"라고 부른다. 개인의 언어적 차이가 방언이 변화하고 발전하는데 있어 하나의 원인이 되는 것이다.

같은 지점 방언 내부에도 사회방언의 차이가 있는데, 이러한 차이들은 이 "언어사회 공동체(speech community)" 내부의 상호 교제를 방해하지 않는다. 왜냐하면 같은 언어사회 공동체에서 생활하는 사람들은 이러한 차이에 매우 익숙하여, 심지어 습관이 되어 알아차리지 못하기 때문이다. 실제로 차이는 말할 때만 있을 뿐 들을 때는 차이를 의식하지 않거나 또는 차이가 있다고 느끼더라도 이해를 방해하지는 않는다.

제2절 방언과 보통화와 서면어

방언은 언어에 대응하는 개념이다. 방언과 언어의 관계는 개별과 일반의 관계이다. 언어는 일반이고, 방언은 개별이다. 방언은 언어의 존재 형식으로, 사람들은 일상적으로 개별적인 방언을 사용하지, 일반적인 언어를 사용하지는 않는다. 예를 들어 광저우(廣州) 사람은 광저우어를 말하고, 베이징(北京) 사람은 베이징어를 말한다. 방언은 일반적으로 구어 형식만 있다. 방언 연구와 언어연구는 본질적인 차이가 없으며, "작은 참새라도 오장육부를 다 갖추고 있는 것(麻雀雖小, 五髒俱全)"이다. 어떤 방언이든 비록 사용 인구가 매우 적은 지점 방언이라도 그 내부 구조는 모두 완전하고 언어 성분은 모두 풍부하며, 교제 기능은 모두 언어내부에서 해결하고 있다. 방언을 연구하는 것은 곧 언어를 연구하는 것이다. 다만 언어 연구의 범위가 방언연구 범위보다는 조금 더 넓기 때문에, 민족공통어(民族共同語), 서면언어(書面語言), 고대문헌(古代文獻), 고대언어(古代語言) 등을 포함할 수 있다. 언어를 연구할 때 방언연구에서 시작한다면, 더 단단하고 더 깊이 있고 더 큰 성과를 거둘 수 있다.

방언은 또한 민족공통어에 대응하는 개념이다. 민족공통어는 해당 민족이 사용하는 어떤 한 방언을 기초로 하고, 어떤 한 지점 방언의 음성을 표준음으로 하는 것이다. 가공과 규범을 거친 민족공통어를 "문학언어(文學語言, literary language)" 또는 "표준어(標準語, standard language)"라고 한다. 예를 들어 이탈리아의 문학언어는 "투스칸(Tuscan)" 방언을 기초 방언으로 "플로렌스(Florentine)" 방언을 표준음으로 한다.

"보통화(普通話)"는 중국의 민족공통어로 북방방언이 그 기초 방언이고 베이징어음이 그 표준음이다. 중국어의 각 대방언 중에서 북방방언의 분포 범위가 가장 넓고 사용 인구가 가장 많으며, 위세방언(prestige accent)인 베이징어의 사용지점 베이징은 원명청 이래 우리나라의 정치, 경제, 문화의 중심이었다. 중국어 서면어(문학언어)인 백화문과 옛날에 보급되었던 관화는 모두 북방방언을 기초로 한 것이다.

민족공통어가 어떤 한 방언을 기초 방언으로 삼는다고 하여 다른 방언 성분을 동시에 흡수하는 것을 배제하지는 않는다. 예를 들어 보통화 중의 "동사+掉+了"(예: "輸掉了") 같은 구조는 "우어(吳語)"에서 흡수한 것이다. "輸掉了"를 우어 "쑤저우어(蘇州話)"로 말하면 "輸脫哉"이다. 우어에서 "脫"은 보어이며, 결과를 표시하는 용법(예: "滑脫哉")과 동작의 간단한 완성을 표시하는 용법(예: "死脫哉") 두 가지 용법이 있다. 북방방언에서 "掉"는 원래 결과보어의 용법(예: "滑掉了")만 있었다. 그러나 우어 중의 상응하는 동형 구조의 영향을 받아, "掉"는 "간단한 완성(簡單的完成)"을 표시하는 새로운 용법(예: "輸掉了")을 갖게 되었다.[3]

---

3 이 예는 "자오위안런(趙元任)"의 『우어 대비의 약간의 측면(吳語對比的若干方面)』,

한나라의 민족 공통어가 형성된 역사는 매우 오래 되었는데 줄곧 북방방언을 기초로 삼아 왔었다. 일찍이 서주(西周) 시대에 이른바 "아언(雅言)" 또는 "하언(夏言)"이 존재했다. 아언은 곧 "주(周)"족 왕기 소재지인 "호경말(鎬京)"이다. 아언은 당시의 관장과 외교 장소에서 사용되었다. 『논어(論語)』의 기록에 따르면, 공자(孔子)는 『시(詩)』 『서(書)』를 송독하고, 의례를 주재할 때도 아언을 사용했다. 양한 교체기의 양웅(揚雄)이 『방언(方言)』에서 언급한 통어(通語), 범어(凡語), 범통어(凡通語), 통명(通名), 사방지통어(四方之通語)는 방언 구역의 제한을 받지 않는 어휘를 가리키는 것으로, 민족공통어의 성질을 지닌다.

원대의 민족공통어는 "천하통어(天下通語)"라 불렸는데, 주덕청(周德清)의 『중원음운(中原音韻)』에서 볼 수 있다. 그는 "단어를 만드는 10가지 방법(作詞十法)"의 조어(造語)조항에서 조어는 마땅히 "천하통어"를 사용해야 하고, "지방어(方語) (각 지방의 지방말(各處鄉談))"를 사용해서는 안 된다고 지적했다. 명대 이후 한민족의 공통어는 "관화(官話)"라 불렸는데, 이 명칭은 문헌에서 처음으로 장기(張奇)의 『문기집(問奇集)』에서 보이며, 최초에 관장(官場)에서 사용되었기 때문에 관화라고 불렸다.

청대 이전의 공통어는 단지 실질적인 면에서 존재했을 뿐, 인위적으로 제정되고 보급된 것은 아니었다. 한민족 공통어의 제도화된

『자오위안런 언어학 논문선(趙元任語言學論文選)』, 중국사회과학출판사, 1985년에 자세히 나와 있다.

제정과 보급의 시작은 1913년 "독음통일회(讀音統一會)"가 6,500여 한자의 표준음을 심정한 것을 기점으로 한다. 중국 민족의 오랜 역사를 지닌 공통어와 문학언어는 한자 내부의 일치성을 유지하는 중요한 기둥이다. 각 지역의 방언 가운데 문리 성분은 어음 형식을 제외하고는 문학언어와 완전히 일치하거나 매우 가깝기 때문에, 문리 성분은 각지 방언 간에 차이가 없거나 차이가 크지 않다. 민족공통어와 문학언어는 역사적으로 정부 관원과 문인 학사들에게 중시되어 왔다. 고염무(顧炎武) 일지록(日知錄)에서 다음과 같이 말했다.

"책을 저술하고 글을 쓸 때는 특히 비속함을 꺼린다. 공양에는 제나라 말이 많고, 회남에는 초나라 말이 많은데, 『역전』과 『논어』에 어찌 한 글자라도 있겠는가? 경을 강의하고 학문을 가르치는 데는 문언을 더욱 중시하니, 이 때문에 손상, 장현이 주관을 익혔어도 음이 초하와 달라서 학도들이 오지 않았고, 이업이 학문이 깊고 박학했어도 옛 음을 고치지 않아서 양나라 사람들의 웃음거리가 되었으며, 업하의 인사들은 음사가 비루하고 풍조가 졸렬하여 안지추가 자식의 스승으로 삼기를 원치 않았다.(권29 "방언")(著書作文尤忌俚俗.公羊多齊言, 淮南多楚語, 若『易傳』『論語』何嘗有一字哉? 若乃講經授學, 彌重文言, 是以孫詳、蔣顯曾習『周官』而音乖楚夏, 則學徒不至；李業興學問深博, 而舊音不改, 則為梁人所笑；鄴下人士音辭鄙陋, 風操蚩拙, 則顏之推不願以為兒師.(卷二十九『方言』))"

현대 사회에서 "보통화(普通話)"(또는 현대 중국어 서면어)는 더욱더 각 방언구 언어사용자들의 공통의 학습 대상이 되고 있다. 보통화가 방언에 미치는 영향은 갈수록 커지고 있다. 각 지역의 방언은 갈수록 더 많은 보통화 성분을 흡수하고 있다. 차용의 결과는 다음 네 가지 상황이 있다.

첫째는 차입된 새로운 성분이 이미 방언의 고유 성분을 대체한 경우이다. 예를 들어 우한(武漢) 방언에서 "一刻鐘([yíkèzhōng]:15분)"이 "一刮鐘"[4]을 대체하고, "單身漢([dānshēnhàn]:독신남)"으로 "寡漢條"를 대체하며, "罷工([bàgōng]:파업)"으로 "搖班"을 대체했다.

둘째는 차용 성분과 고유 성분을 겸용하여 동일한 개념을 표현하는 경우로, 신구 성분이 경쟁한다. 그 변화의 추세로 노파는 고유 성분을 많이 사용하고, 신파는 차용 성분을 많이 사용하고 있어, 차용 성분이 고유 성분을 대체할 것으로 예측할 수 있다. 아래는 몇 가지 신구 어휘가 여러 우어(吳語) 지점 방언에서 병존 경쟁하는 예이다. 화살표 앞은 고유의 방언 어휘로, 지금은 노파에서 많이 사용하고, 화살표 뒤는 새로 흡수한 보통화 어휘 또는 보통화에 더 가까운 어휘로, 신파에서 많이 사용하며, 괄호 안은 사용 지점이다.

세숫대야 : 面桶 → 面盆(황옌(黃巖))

보온병 : 熱水壺 → 熱水瓶(지아싱(嘉興))

---

4 여기에서 "刮"은 영어 "quarter"에서 왔다.

문지방 : 戶檻 → 門檻(안지(安吉))

끓인물 : 白滚湯 → 開水(쑹양(松陽))

비료 : 壅 → 肥料(원저우(溫州))

벽돌 : 碌磚 → 磚頭(상하이(上海))

셋째는 동일 개념을 표현하는 차용 성분과 고유 성분의 분포가 다른 경우, 즉 서면어 어휘는 차용 성분을 사용하고, 방언 구어 어휘는 고유 성분을 사용한다. 예를 들어 상하이어의 고유 동량사는 "轉(회)", "趟(차례)"이고, 상하이어의 "趟"의 사용 범위는 보통화의 "趟(차례)", "次(차례)"와 거의 같지만, 다음과 같은 "第二次世界大戰(제2차 세계대전)", "四屆三次會議(4회 삼차회의)", "97次列車(97번 열차)"의 서면어 어휘 중에서의 동량사는 반드시 "次"를 사용해야 한다.

넷째는 차용 성분이 소수의 서면어 성분에만 한정되는 경우이다. 예를 들어 피동 상태를 나타내는 개사 "被"는 다음과 같은 서면어 출처의 어휘에만 사용된다. "被捕(붙들리다)", "被告(피고)", "被殺(살해당하다)", "被害人(피해자)", "被壓迫者(피압박자)" 등 일상 구어에서 피동 상태를 나타내는 전치사는 습관적으로 "撥"을 사용하고, 절대로 "被"를 사용하지 않는다.

현대 중국어의 서면어인 백화문은 5·4운동 이후에야 형성되기 시작했기 때문에 역사가 비교적 짧아 그다지 안정적이지는 않다. 백화문은 이론상 북방어(北方話)를 기초로 하지만, 실제로는 많은 백화문 저작이 여전히 문언 성분과 방언 성분을 포함하고 있어서, 일상 구어와는 상당히 큰 거리감이 있다. 백화문 저작 중의 방언 성분은 작자 본인의 방언 영향을 받아 생긴 것이다. 예를 들어 "루쉰(魯迅)"의 저작에서는 "사오싱(紹興)" 방언의 성분을 쉽게 발견할 수 있다.

> 我也並未遇到全是荊棘毫無可走的地方過.
>
> 나 또한 결코 온통 가시덤불만 있어서 걸어갈 수 없는 정도인 곳을 맞닥뜨린 적은 없었다.(『兩地書』)
>
> 老頭子眼看著地, 豈能瞞得我過…….
>
> 영감의 눈이 땅을 보고만 있으면서 어떻게 나를 속일 수 있겠는가.(『狂人日記』)

이 두 예문에서 "過" 자가 동사 목적어의 뒤에 사용되는데, 이는 바로 사오싱(紹興), 닝보(寧波), 진화(金華), 리수이(麗水) 등지 우어의 문법적 특징이다.

> 電燈壞了, 洋燭已短, 又無處買添, 只得睡覺, 這學校真是不便極.
>
> 전등이 고장 났고, 양초도 이미 짧아졌으며, 다시 살 데도 없어, 잠을 잘 수밖에 없었다. 이 학교는 정말로 불편하기 짝이 없다.(『兩地書』 p.236)

이 예문에서 "添"은 보통화의 "再"과 같은 뜻이지만, 동사 술어 앞에 위치하지 않고 동사 뒤에 위치하는데, 이 또한 사오싱(紹興), 진화(金華), 원저우(溫州) 등 우어(吳語) 문법의 특징이다. 방언의 영향은 현대 중국어 서면어와 구어가 일치하지 않는 중요한 원인 중 하나이다. 백화문 저작을 현대 중국어 서면어 연구의 자료로 삼을 때는 그 중에서 방언 성분을 제거할 필요가 있다.

제3절 중국어 방언학의 대상과 의의

중국어 방언학의 연구 대상은 중국어 방언으로, 한족이 사용하는 방언과 일부 소수 민족이 사용하는 중국어 방언을 포함한다. 예를 들어 후이족(回族)과 만족(滿族)은 전국 각지에 흩어져 살면서 현지의 중국어 방언을 사용하고 있으며, 저장(浙江)과 푸젠(福建) 등지의 서족(畲族)이 사용하는 서어(畲話)는 중국어 커자방언(客家方言)에 가깝다.

중국어 방언학은 민족 공통어인 보통화를 연구 대상으로 삼지는 않고 있지만, 보통화의 기초 방언인 북방방언과 표준방언(standard dialect)인 베이징어(北京語) 연구를 배제하지는 않는다. 중국어 방언학은 지역방언 뿐만 아니라 사회방언도 연구한다. 인도유럽어와 비교할 때 중국어의 방언은 매우 복잡하고 다양하며, 특히 창강(長江) 이남, 징광 철로(京廣鐵路) 동쪽으로의 중국동남부 방언은 더욱 복잡하여, 심지어 한 현 내에서도 여러 종류의 서로 대화가 불가능한 방언이 분포하기도 한다. 예를 들어 푸젠(福建)의 "요우씨(尤溪)"와 저장(浙江)의 "핑양(平陽)" 같은 곳이 그렇다. 중국어 방언의 차이는 사회생활에 큰 영향을 미친다. 중국의 방언학은 서한(西漢) 말 양웅(揚雄)의 『방언(方言)』 이래로 지금까지 대부분의 방언학 저작은 모두 지역방언을 연구한 저작이었다. 지역방언 연구는 오랜 역사를 가지고 있지만, 지금까지도 조사나 연구가 필요한 방언이 여전히 많고 각종 방언의 종합적이거나 거시적인 연구가 여전히 부족하다. 한편 사회방언의 조사 연구는 이제 막 시작되었다.

중국어 방언학은 방언을 조사, 기록, 묘사, 분석할 뿐만 아니라 방언지리, 방언역사, 방언접촉, 방언변화, 방언비교 등의 문제도 연구한다. 본서는 선인들의 중국어 지역방언 연구를 기초로 위에서 언급한 여러 문제를 초보적으로 탐구할 계획이다.

중국어 방언학 연구는 언어학과 문화인류학에 매우 중요한 의의가 있으며, 또한 매우 큰 응용 가치도 가지고 있다. 중국어 방언학이 언어학에 가지는 의의는 이론언어학, 음성학, 어휘학, 문법학과 역사언어학 등의 방면으로 나누어 논의할 수 있다. 다음은 각각의 예를 들어 설명한다.

언어변화 이론에 관해서는 "왕스위안(王士元, William S-Y. Wang)"이 주로 중국어 방언 자료를 이용하여 1969년에 공식적으로 "어휘확산(lexical diffusion)설"을 제기하였다.[5]

천위안취안(陳淵泉, Matthew Chen)이 이 설에 대해서 "어휘의 음성변화는 일괄적으로 갑자기 발생하는 것이 아니며, 또는 통일된 시간표에 따라 돌변하는 것이 아니라, 한 단어에서 다른 단어로, 또는 한 부류의 단어에서 다른 부류의 단어로 점진적으로 변화한다. 이러한 음성 연변이 어소에서 어소로 확산되는 것을 어휘확산이라 한다."

---

5 자세한 내용은 William S-Y. Wang, Competing changes as a cause of residue, Language 45-1, 1969 참조.

고 정의 내렸다.[6]

예를 들어 민어(閩語) 차오저우어(潮州話)의 200여 남짓의 양거조(陽去調) 글자 중에서 이미 100여 개가 양상조(陽上調)로 귀속되었으며(예를 들어 "健[kieg^{3}]"), 다른 100여 개는 원래의 성조를 유지하고 있다(예를 들어 "陣[tig^{5}]"). 양거조 글자가 양상조로 확산되는 것이 이미 반 정도 진행되었다.

중국어 방언의 조사와 묘사는 음성학에 매우 풍부한 음성 샘플을 제공할 뿐만 아니라, 일반 음성학 이론의 발전을 위한 견실한 기초도 제공한다. 일반 음성학에서 입모양에 따른 모음[口元音]은 원순과 비원순을 구분하고, 콧소리 유무에 따른 모음은 원순과 비원순을 구분하지 않지만, 일부 우어 지점 방언의 조사 보고에 따르면, 비음 [n][ŋ]도 원순과 비원순의 구분이 있을 수 있다.

예를 들어 장쑤(江蘇) 치둥현(啓東縣)의 뤼쓰(呂四)방언의 [m]운에는 [u] 색채와 [y] 색채 두 종류가 있다. "官" 자는 [k^{u}m^{1}]로 읽고, "磚" 자는 [tɕ^{y}m^{1}]로 읽는다. 상하이 쟈오현(郊縣) 방언에는 원순의 [ŋ] 운이 있다. 충밍어(崇明話)에서 "我"는 [ɦŋ^{232}]로 읽고, 진산(金山) 노파는 "紅" 자를 [ɦŋ^{31}]로 읽는다.

방언 어휘 연구는 민족공통어의 규범화 작업에서 없어서는 안 될 기초 작업이다. 예를 들어 현대 중국어에는 방언 어휘에서 흡수

---

6 Matthew Chen, The time dimension: contribution toward a theory of sound change, Foundations of Language 8, 457-498, 1972.

한 동의어나 등의어가 많은데, 규범화 작업에서는 이 중 어떤 어휘를 흡수하고 어떤 것은 흡수하지 말아야 할지를 결정해야 한다. 이 작업을 잘하기 위해서는 반드시 이들 어휘의 유행 지역, 정확한 의미, 사용 빈도 등을 조사 연구해야 한다.

예를 들어 "嚏噴[tìpen]"와 "噴嚏[pēntì]" 이 두 동의어의 취사선택은 방언 조사 자료를 근거로 삼아야 한다. 표준어가 방언 어휘를 흡수할 때, 특히 문학 작품을 통해 방언 어휘를 흡수할 때는 이러한 방언 어휘의 현지 독음을 조사하여 표준어로 전환해야 한다. 예를 들어 "垃圾(lājī)"와 "尴尬(gāngà)" 이 두 단어는 우어의 독음을 기초로 전환한 것이다.

베이징: 天晴勒 想好勒再說

쑤저우: 天晴哉 想好仔再說

창저우: 天晴既 想好則再說

만약 방언의 비교연구를 거치지 않았다면, 베이징어의 두 개의 동음자 "了"의 서로 다른 기능을 쉽게 구별하기 어려웠을 것이다.[7]

다른 지역에서 언어의 발전은 불균형적이다. 즉, 어떤 지역에서는 발전이 빠르고, 다른 어떤 지역에서는 느리다. 따라서 현대 방언의 조사 자료를 활용하여 상고 중국어나 중국어 발전사를 연구할 수

7 참고: 「베이징, 쑤저우, 창저우 어조사의 연구」[J], 청화학보, 1927, 3(2)[「北京、蘇州、常州語助詞的研究」[J], 清華學报, 1927, 3(2).]

있다. 예를 들어 칼그렌(高本漢)은 수십 종의 방언 자료를 이용하여 절운음계의 음류(音類)와 음값(音值)을 해석하고 구현했다. 리룽(李榮)은 주로 웨어(粵語), 민어(閩語)와 우어(吳語)의 10여 개 지점 방언을 이용하여 절운음계의 "사성삼조설(四聲三調說)"을 논증했다.[8] 많은 고대 중국어의 어휘나 의미, 문법 구조가 현대 방언 구어에 남아있어서, 이들은 고대 문헌의 기록과 서로 증명할 수 있다. 예를 들면:

> 『시·주남·여분』: "왕실이 무너졌다."에서 모전은 "'무너지다(毁)'는 '불에 타다(火)'이다."(『詩·周南·汝坟』:"王室如毁."毛傳:"毁, 火也.")라고 하였다.

오늘날 민어 푸저우어(閩語福州話)에서는 여전히 "화(火)"를 "훼(毁)[hui^3]"라고 한다. 『광운(廣韻)』 입성(入聲) 몰운(没韻)에서는 "개(榾)는 과자 진열장이니, 『성보(聲譜)』에서 나왔으며, 호골절이다.[9]"라고 하였다. 오늘날 우어와 상하이어에서는 과일의 씨를 "榾[ɦuəʔ^8]"라고 한다. 상고 중국어에는 전정후편(前正後偏)의 명사성 구조가 있었는데, 예를 들어 "樹桑(『시경』)", "魚鮪(『예기』)"과 같은 것이 있고, 이러한 어순은 여전히 우어, 민어, 웨어에 남아있다. 예를 들어 민어 젠어우어(建甌話)의 "風台(台風, 태풍)", "病瘋(風濕病, 풍습병)", "病痨(痨病, 노병)", "病疥

---

8 참고: 리룽(李榮), 『절운음계(切韻音系)』, 科學出版社, 1956년, 152-162쪽.

9 참조: 榾, 果子櫥也, 出『聲譜』, 戶骨切.

(疥病, 옴병)" 등이다.

방언은 지방 문화의 중요한 특징이다. 방언은 타지에 사는 동향인들이 서로를 확인하는 가장 직접적이고 친근한 표지이다. 한편으로 방언은 작은 창문과 같아서, 이를 통해 지방 문화와 그 역사의 여러 사실을 볼 수 있다. 다른 한편으로 방언은 프리즘과 같아서, 그 뒤에 지방 문화가 반짝이기 때문에 오색찬란하게 보인다. 방언의 연구는 지방 문화와 그 역사를 떠날 수 없으며, 동시에 방언 연구의 성과는 지방 문화와 그 역사 연구에도 도움이 된다. 문헌 자료가 부족할 때, 방언은 지방 문화사의 수수께끼를 푸는 유일한 열쇠가 될 수 있다. 다음은 방언학이 지방 이민사, 민속학과 지명학에 가지는 가치의 예를 몇 가지 들어보겠다.

현대 방언의 특징은 이민 역사와 서로 증명할 수 있다. 예를 들어 동북의 "랴오둥(遼東)" 방언과 "랴오시(遼西)" 방언은 몇 가지 차이가 있는데, 랴오둥 방언의 일부 특징은 바다를 사이에 둔 "쟈오둥(膠東)"과 같고, 랴오시 방언의 일부 특징은 인접한 허베이(河北) 북부와 같다.

> 쟈오둥과 랴오둥의 공통 특징은:
>
> ng 성모가 없고, zh, ch, sh 성모가 없으며("다롄(大連)"과 "푸셴(復縣)" 제외), r 성모가 없고, d, t, z, c, s 다섯 성모가 uei, uan, un과 결합할 때 개음을 동반하지 않아 합구로 읽지 않으며, 음평조가 하강 오름조 조형이라는 것이다.

> 베이징과 랴오시의 공통 특징은:
>
> r 성모가 있고, zh, ch, sh 성모가 있으며, d, t, z, c, s 다섯 성모가 때로는 합구운과 결합할 수 있고, 음평조가 높은 수평 조형이라는 것이다.

랴오둥(遼東) 방언과 랴오시(遼西) 방언의 차이가 어떻게 형성되었으며, 랴오둥 방언이 어떻게 쟈오둥(膠東)의 특징과 같아졌고, 랴오시 방언이 어떻게 허베이(河北)의 특징과 같아졌는가? 이는 이민의 역사적 배경과 분리할 수 없다. 20세기 초부터 많은 한족(漢族)이 동북으로 이주했는데, 그들 중 허베이인과 산둥인(山東人)이 절대 다수를 차지했다. 허베이 북부와 랴오시는 인접해 있어서 허베이인들은 육로로 관문을 넘은 후 먼저 랴오시로 들어가 북부와 기타 지역으로 확장해 나갔다. 랴오시는 그들이 예로부터 동북 내지로 이민을 가는 거점이었다. "창관동(闖關東)"한 산둥인들은 주로 옛 "청주부(青州府)", "등주부(登州府)", "래주부(萊州府)"에서 왔다. 그들은 바다를 건너 상륙한 후 먼저 리아둥 반도와 요하(遼河) 일대로 가서 다시 본성 동부로 퍼져나갔다. 이 두 이민 집단의 원래 거주지 방언이 본래 달랐으며, 그들이 각각 다른 지역으로 이주했기 때문에, 방언이 서로 다른 것은 당연하다.

방언과 민속(folkway) 중에서도 구전 언어 민속은 방언과 가장 밀접한 관계를 가진다. 구전 언어 민속(口承語言民俗)이란 구어로 표현되는 민속을 가리키며, 민가, 곡예, 비밀어, 길상어, 기휘어, 속담, 언어

유희 등이 이에 포함된다.[10] 방언학은 이러한 민속 현상을 조사하고 연구하는 데 없어서는 안 되는 도구이다. 이러한 구전 언어 민속을 충실히 기록하려면 적절한 한자와 음성 부호가 필요하다. 많은 방언 구어 어휘를 기록할 때는 방언학의 지식을 활용하여 어원이나 본자를 고증하는 공력이 필요하며, 음성으로 기록하는 것은 더욱 방언학의 훈련이 필요하다. 예를 들어, 우어(吳語) 사오싱화(紹興話)에는 "겨울 추운 건 추운 것도 아니다, 봄 추위가 얼어 죽인다(冬冷勿算冷, 春冷凍煞)[ã53]"이라는 날씨 속담이 있다. 마지막 글자는 [ã53]으로 읽히며 "송아지[牛犢]"라는 뜻인데, 어떤 사람들은 이를 기록하지 못하고 "犢" 자로 대체했다가 이 속담의 본래 의도를 크게 훼손했다. 사실, "犆" 자로 기록할 수 있다. 『집운(集韻)』 상성(上聲) 경운(敬韻)에 따르면, "오(吳)지역 사람들은 '犢'를 '犆'이라 부른다(吳人謂犢曰犆)"라고 기록되어 있다.

지명학은 여러 학문이 교차하는 경계 학문으로, 특히 역사학, 지리학, 언어학과의 관계가 매우 밀접하다. 지명학과 언어학은 서로 촉진할 수 있다. 한편으로는 역사적 지명을 이용하여 고음을 고찰할 수 있고, 방언 지명의 지리적 분포 특징은 방언 지리에 증거를 제공할 수 있다. 다른 한편으로 방언학 지식은 지명의 지역적 특징과 언어 층위 연구에 도움이 되고, 지명의 본자나 어원 고증에도 유익하

10 정확한 개념을 이해하기 위해 원문을 제시한다. 원문: 所謂口承語言民俗是指用口頭語表達的民俗, 如民歌、曲艺、秘密語、吉利詞、忌諱詞、谚語、語言游戲等.

며, 지명의 표준화 작업에도 기여할 수 있다.

예를 들어, 허베이성(河北省) 지도에는 "家" 자를 포함한 지명이 많은데, "장쟈커우(張家口)", "스쟈좡(石家莊)", "왕쟈러우(王家樓)", "리쟈바오(李家堡)" 등이 있고, 동시에 "各" 자를 포함한 작은 지명도 많다. 예로는 "쭤거좡(左各莊)", "스거좡(史各莊)", "량거좡(梁各莊)", "쉰거좡(荀各莊)" 등이 있다. 역사적 기원으로 볼 때, 이 두 종류의 지명에서 "家"와 "各"은 본래 동일한 어원으로, 모두 "家"이다. "家" 자는 중고음에서 견모(見母)에 속하여 *k로 읽혔는데, 나중에 견모가 베이징어에서 구개음화되어 tɕ로 변했다. 일부 지명에서의 "家" 자는 따라서 tɕ 성모로 읽히게 되었지만, 다른 일부 작은 지명의 독음은 비교적 보수적이어서, 그 중에서 "家" 자는 여전히 k 성모로 읽혔다. 그래서 k 성모로 읽히는 "各" 자로 기록하여 tɕ 성모로 읽히는 지명이 아닌 글자 사용에서 "家"와 구별하게 되었다. "各" 자 지명은 문헌상 비교적 늦게 나타났으며, 청대의 직예(直隸)에 "후거좡(胡各莊)", "리우거좡(劉各莊)", "바이거좡(柏各莊)" 등이 있다. "各" 자 지명의 출현은 견모가 북방 방언에서 역사적으로 변화한 것에 대한 증거도 제공한다.

방언학은 또한 많은 응용 가치를 가지고 있는데, 보통화 교육, 현대 중국어 규범화, 지방 희곡 음운 편찬, 공안 수사, 고문헌 고증 등에 도움이 된다.

방언과 보통화의 음성 대응 규칙은 방언 지역에서의 보통화 교육 효과를 높일 수 있다. 보통화에는 한 글자에 두 가지 독음이 있는 경우가 있는데, 때로는 방언학 지식에 근거하여 올바른 음을 정할 수 있다. 예를 들어 "蕁麻"의 "蕁"을 어떤 사람은 "尋"으로, 어떤 사람은 "潛"으로 읽는다. "蕁麻"는 쓰촨(四川), 윈난(雲南), 구이저우(貴州)에서 자라는데, 이 시난 관화 지역에서는 "蕁麻"를 "潛麻"로 읽으므로, 蕁자는 마땅히 qián으로 읽어야 한다.

중국의 지방 희곡 종류는 매우 많은데, 배우들의 발음은 모두 스승으로부터 구전심수로 이어져 왔으며, 통일된 규범의 표준 음운이 없어서 희곡의 학습 계승과 발전에 불리하다. 방언학은 각종 희곡의 표준 음운을 정리할 수 있다. 예를 들어 어떤 사람이 월극(越劇)의 발원지인 저쟝(浙江) 성현(嵊縣) 방언의 음계를 기초로 월극 음운을 편찬하여, 신구 월극 배우들에게 글자음의 표준을 제공했다.

형사 수사에서는 종종 방언학 지식을 활용하여 사건 언어를 감별하고, 이를 통해 사건 언어의 제작자를 발견하여 수사와 사건 해결의 근거를 제공한다. 예를 들어 어떤 사건에서 "香把杆"이라는 단어가 있었는데, 이것이 간방언(贛方言) 단어로 "향의 막대기"라는 뜻임을 알아냈다. 후에 체포된 언어 자료 제작자는 과연 쟝시(江西) 펑청(豐城)인이었다. 방언학은 또한 민간 계약서, 유언장의 진위 감별 등에도 응용될 수 있다.[11]

고대 문헌의 저자를 고증할 때, 다른 단서가 부족하거나 없을 경우 방언학 지식이 종종 도움이 될 수 있다. 예를 들어 원(元)·명(明) 이

11 참조: 치우다런(邱大任). 「약담안건어언감별」[J]. 어문도보, 1986(7).[邱大任. 「略談案件語言鑑別」[J], 語文導報, 1986(7)].

래 이른바 "사대전기" 중 하나인 『백토기(白兔記)』의 저자에 대해서는 지금까지 정설이 없었다. 1967년 상하이 가정[嘉定]시기 명대 묘장품에서 『신편유지원환향백토기(新編劉知遠還鄉白兔記)』가 출토되었다. 이는 당시 민간 예인이 공연한 대본으로, 오자가 매우 많았다. "家常"을 "家長"으로, "嘱付"를 "祝付"로, "重新"을 "從新"으로, "極"을 "藉" 등으로 잘못 썼다. 이러한 오자와 정자의 음운 지위를 비교함으로써, 간접적으로 그 저자의 방언이 쑤난(蘇南), 우어(吳語)임을 추론할 수 있다. 예를 들어 쑤난 우어에서는 양운의 징모(精母), 시아모(邪母)가 동음이며, 일반적으로 모두 [z]로 읽히므로, "常" 자가 "長" 자로 잘못 쓰일 수 있다.[12]

12 자세한 내용은 유루지에(游汝傑), 『성화본 백토기에서의 우어 성분(成化本白兔記裡的吳語成分)』, 『杭州師範學院學報』 1998년 제3기 참조.

2장

방언의 조사, 기록 및 묘사

어떤 방언을 연구하려면 우선 그 방언을 조사하고 기록해야 한다. 조사에 착수하기 전에, 조사 목적에 따라 조사 계획과 조사 요강을 수립하고, 조사 대상자(interviewee) 즉 발음 제공자(informant)를 선정한 뒤 방언 기록을 시작해야 한다. 문서로 기록된 언어 코퍼스(corpus)가 있어야만 비로소 한 방언에 대해 묘사하고 분석하며 연구를 시작할 수 있다.

충실하고 정확하게 방언의 사실을 기록하거나 나열하는 것은 결코 쉬운 일이 아니며, 이는 일반적인 언어학 지식뿐만 아니라 방언학의 전문 지식과 특수한 방법이 필요하다.

> "만약 아무렇게나 이곳저곳을 돌아다니며 듣고 기록한다면, 그러한 방식으로 얻은 내용물의 가치는 반드시 0이거나 0보다 작을 것이다. 왜냐하면 오류가 많은 기록은 차라리 기록이 없는 것만도 못하기 때문이다."("如果隨便到各處走走聽聽記記, 那所彳辱的東西的價值一定等於零或小於零, 因為多錯誤的記載, 還不如沒有記載."(趙元任語))

제1절 간접 조사와 직접 조사

방언 조사는 간접조사(indirect method)와 직접조사(direct method)의 두 가지 방법이 있다.

간접 조사는 서신 조사를 통해 이루어지며, 조사자(investigator)와 발음 제공자(發音合作人, informant)가 만나지 않고 진행된다. 제3자(intermediary)가 우편으로 발송된 질문표(postal questionnaire)를 작성하여 해당 지역의 방언 자료를 얻는다. 독일 방언학자 게오르그 벤커(Georg Wenker)와 그의 후계자들은 1870년대에 이 방법을 사용하여 『독일언어지도집』(Deutscher Sprachatlas)을 위한 자료를 수집하였다.[1]

그는 문제표에 40개의 문장을 나열했는데, 훗날 몇몇 단어는 추가로 보충하였다. 문제표는 각 시골 학교로 발송되었으며, 교사들에게 학생들과 지역 주민들 사이에서 본지(本地)의 방언을 조사하고, 표를 작성해줄 것을 요청하였다.

그 결과 유럽의 독일어 사용 지역에서 총 5만 개 지점의 방언 자료가 수집되었다. 『스코틀랜드 언어 조사(The Linguistic Survey of Scotland)』와 『웨일스 언어 조사(Linguistic Survey of Wales)』도 모두 이러한

---

1 참고: 게오르그 벤커(Georg Wenker), 『독일언어지도집(德國語言地圖集)』, Deutscher Sprachatlas.

방식을 사용하여 언어 자료를 수집하였다. 이 방법의 장점은 비교적 짧은 시간 안에 더 많은 장소의 언어 자료를 수집할 수 있다는 점이라고 하겠다. 특히 언어 지도 제작에서 조사 지점을 촘촘히 설정하여 자료를 수집하는 경우, 이 방법은 매우 매력적이다. 그러나 수집된 언어 자료의 신뢰성이 전적으로 설문지를 작성하는 지역 제삼자의 책임감과 언어학적 소양에 의존하기 때문에, 이 방법 자체에는 상당한 한계가 있다.

여러 가지 답변 선택지가 포함된 질문지(check-list)를 설계하면 앞서 언급한 한계를 피할 수 있다. 이러한 질문지에는 다양한 가능한 답변을 나열하고, 제삼자가 현지 방언을 조사하여 적합한 답변을 선택하도록 한다. 미국 방언학자 애트우드(Atwood)는 이러한 방법을 사용하여 텍사스주의 방언 어휘를 조사한 바 있다.[2] 그는 텍사스대학교(University of Texas) 학생들에게 고향의 방언을 조사하여 설문지를 작성하도록 요청하였고, 그 결과 텍사스주의 모든 군(county)과 루이지애나(Louisiana)주 및 오클라호마(Oklahoma)주의 일부 군을 포함한 총 273개 지역의 언어 자료를 얻었다. 이 방법은 대량의 언어 자료를 빠르게 수집할 수 있다는 장점이 있었지만, 조사자가 특정 지역 방언의 어휘 차이에 대한 많은 사실을 사전에 숙지해야만 다양한 답변을 포함한 설문지를 작성할 수 있어 이는 실현하기 어려운 일로 보

2 참고: E. Bagby, 『The Regional Vocabulary of Texas』, University of Texas Press, 1962.

인다.

중국 방언학계에서는 오늘날까지 간접법을 사용하여 방언을 조사한 적은 없었다. 간접 조사법(間接法)은 중국어 방언 조사에 적합하지 않은데, 그 이유는 훈련받지 않은 중간자가 방언을 기록할 경우 한자로만 기록이 가능하며, 이는 음성 문자가 아니기 때문에 복잡한 방언 음운을 반영할 수 없기 때문이다. 따라서 이러한 자료는 연구 작업에 활용하기가 매우 어렵다.

현대 중국 방언학계는 모두 직접 조사법(直接調查法), 즉 실지 조사법(實地調查法), 일명 현지조사(田野調查, field-work)법을 채택하고 있다. 이 방법은 조사자 또는 현지 조사자(field-worker)가 발음 협조자의 방언을 1:1로 조사하고 기록할 것을 요구한다.

이 조사법은 두 가지 경우로 나눌 수 있다.

첫째, 발음자의 고향 이외의 장소에서 조사를 진행하는 경우이다. 예를 들어, 1930~1940년대 역사언어연구소는 장시(江西), 후난(湖南), 후베이(湖北), 윈난(雲南), 쓰촨(四川) 방언을 조사할 때, 각 성의 성도(省都)에서 해당 지역 출신의 학생이나 직장인들의 발음자들에게 조사한 것이다.

둘째, 발음자의 고향에서 조사를 진행하는 경우이다.

발음 제공자의 고향에서 실지 조사(field-work)를 진행하는 것에는 여러 장점이 있다. 첫번째, 이상적인 발음 제공자를 선택할 수 있는 폭이 넓다. 두번째, 해당 지역 방언과 인접 방언의 차이점과 공통점을 이해하는 데 유리하다.

방언이 복잡한 지역에서는 심지어 한 개의 현(縣) 내에서도 약간씩 차이가 나는 두 종류 또는 여러 종류의 방언이 공존할 수 있는데, 외지에서 발음을 기록하면 기록된 것이 어떤 방언인지 판별하기 어렵다.

셋째, 기록된 내용을 보충하거나 확인하는 데 유리하다.

때로는 한 발음 제공자가 모든 조사 항목의 내용을 제공하지 못하거나, 조사자가 특정 조사 결과에 대해 의문을 가질 경우, 다른 현지 화자(native speaker)를 찾아 내용을 보충하고 확인할 수 있다.

넷째, 방언의 지역문화적 배경을 이해하는데 유리하며, 이는 방언 어휘를 기록할 때 특히 중요하다. 지역 특색이 담긴 농기구(農具), 기물(器皿), 주택(房舍) 등을 설명할 때 실물을 보지 않으면 부정확하거나 심지어 오류를 범할 가능성이 있다.

다섯째, 해당 지역 방언에 대한 감각적 이해(感性認識)를 얻어 내는 데 유리하다.

제2절 발음 제공자와 현지 조사자

간접 조사법을 사용하든 직접 조사법을 사용하든, 조사에 앞서 반드시 적절한 발음 제공자를 선정해야 한다.

발음 제공자(또는 被調查者, interviewee)는 방언 조사에 필요한 자료를 제공하는 사람으로, 방언 조사의 성패는 발음 제공자가 제공하는 자료의 정확성과 크게 관련이 있다. 따라서 적절한 발음 제공자를 선정하는 것이 매우 중요하다. 지역 방언을 조사할 목적에서 본다면, 발음자의 성별, 직업, 계층 등에 대해 반드시 고려할 필요는 없다. 이상적인 발음자는 다음과 같은 조건을 갖추어야 한다.

1. 해당 방언이 발음 제공자(이하 '그' 또는 '그녀')의 모어(母語, mother tongue)여야 한다. 발음 제공자의 부모도 모두 해당 방언 지역 출신이어야 한다. 그는 말을 배우기 시작한 이후로 줄곧 순수한 해당 지역 방언(本地話 basilect)을 사용해야 하며, 다른 방언이나 표준어(民族共同語)를 사용하지 않아야 한다.

발음 제공자는 본지(本地)에 계속 거주했거나, 단지 성년이 된 이후에 단기간 본지를 떠났던 경우여야 한다. 만약 외지에서 거주한 적이 있다면, 본지 방언과 차이가 큰 방언 지역에서 거주한 경우가 가장 바람직하다. 예를 들어, 쑤저우(蘇州) 사람이 베이징(北京)에서 거주한 적이 있는 경우와 같다. 차이가 큰 두 방언은 서로 간섭하는 정도가 오히려 작다. 만약 쑤저우 사람이 상하이에서 수년간 거주한 적이 있다면, 발음자 협력자로서 적합하지 않다. 왜냐하면 차이가 작은 두 방언은 서로 간섭의 정도가 오히려 크기 때문이다.

2. 발음 제공자는 중년 이상, 가능하면 노년이어야 한다.

청년은 언어 경험이 충분하지 않으며, 특히 지역 어휘가 풍부하지 않고 특정 어기조사의 사용법에 대한 경험이 부족하다. 또한, 본 지역과 인접 지역의 방언 음운 차이에 대한 감각적 이해도 부족한 경우가 많다. 현대 사회에서 청년의 방언은 표준어의 영향을 쉽게 받아 순수성이 훼손될 가능성이 있다.

3. 발음 제공자는 중등 이상의 교육을 받아야 한다.

교육 수준이 비교적 높은 발음 제공자는 조사 목적과 조사자의 질문을 더 빨리 이해할 수 있어 효율성을 높이고 시간을 절약할 수 있다. 예를 들어, 자오위안런(趙元任)은 우어(吳語) 조사에서 "교육 수준이 높은 사람은 조사자가 질문하는 '미묘한 차이점'을 이해하고, 본 지역에 적합한 방식으로 표현할 수 있다"[3]는 경험담을 남긴 바 있다.

또한, 현재 중국어 방언 음운을 조사하는 일반적인 방법은 글자 조사표를 제시하고 사람들에게 글자를 읽게 하는 방식이다. 실제로는 문독음을 중심으로 조사하는 것이어서, 학력이 낮은 사람은 글자

---

3 원문: "大概教育程度高一點的人差不多都能領略所要問的恰恰是怎麼一個味兒, 而且也能知道假如本地沒有相當的語助詞, 就應該用一種什麼說法或什麼語調來表示同樣的口氣."

를 잘 알지 못하거나 특정 글자의 발음을 확실히 알지 못하기 때문에 기대했던 자료를 얻는 데 어려움이 있다.

4. 발음 제공자는 발음기관이 정상이어야 하고, 발음에 영향을 미치는 결함이 없어야 한다.

5. 사교적이고 지역 문화를 잘 이해해야 한다.

발음 제공자는 이것저것에 대해 대화하는 것을 좋아하고, 지역 문화를 잘 아는 사람이라면 가장 좋다. 그는 방언 자료와 지역 문화적 배경을 풍부하게 제공할 수 있을 것이다.

이상의 5가지 조건을 모두 갖춘 이상적인 발음 제공자를 찾는 일은 특히 인구가 1,000명 미만인 마을과 같은 소규모 지역에서는 쉽지 않다. 따라서 실지 조사 때 어쩔 수 없이 기준을 낮추게 되는데, 가장 중요한 것은 발음 제공자가 반드시 해당 지역 출신으로 순수한 해당 지역 방언(本地話)을 구사할 수 있어야 한다는 점이다. 조사 초기에는 발음 제공자의 방언이 외지 방언과 혼재되어 있는지 판단하기 어려울 수 있다. 이 경우, 몇 개의 운(韻)에 속하는 글자를 선택해 여러 사람에게 읽게 하여 동일 운에 속한 글자들이 내부적으로 일치하는지로 확인할 수 있다.

발음이 일치하지 않으면 외지 방언이 섞여 있을 가능성이 높다. 각 지역 방언에는 문리(文理)와 토백(土白)의 차이가 존재한다. 현대에는 발음 제공자가 어느 정도 표준어에 대한 감각적 인식을 가지고 있어, 조사 초기에는 지나치게 토착적이라는 인식으로 인해 심리적 장벽을 가질 수 있다. 따라서 발음 제공자를 선정한 후 조사 질문을 시작하기 전에, 가장 자연스럽고 순수한 지역 토착어로 글자를 읽고 말을 하도록 유도해야 한다. 가능하다면 조사자가 본 지역 방언에 가까운 방언으로 질문하거나 조사 과정에서 본 지역 방언을 배우면서 질문하는 것이 발음 제공자의 심리적 장벽을 신속히 해소하는 데 유리하다.

현지 조사자는 조사에 앞서 조사 요강과 각종 표를 작성해야 하며, 조사 항목의 내용을 충분히 숙지해야 한다. 또한 조사 지역의 인문 역사와 현황, 자연 지리 등에 관한 자료를 가능한 한 수집하고 읽어야 하며, 특히 조사 계획서와 관련된 내용을 중점적으로 살펴야 한다. 지역 문화에 대한 지식은 방언 어휘를 조사, 기록하고 해석하는 데 특히 중요하다. 지역 이민 역사를 이해하는 것은 해당 방언의 변화와 현재 모습을 연구하는 데 큰 도움이 된다.

현지 조사자가 방언 조사와 발음 기록을 하는 과정에서 반드시 준수해야 할 원칙은 다음과 같다.

> "본 지역 주민은 자신의 방언에 관한 사실에 대해 최종적이고 최고의 권위를 가진다(本地人對無坐自己的方言的事實, 他是最後最高的權威)"
>
> "발음과 방언 사실에 대해 조사자는 발음 제공자와 논쟁할 권리가 없다(關於發音和方言中的事實, 你是無權與他爭辯的)"[4]

---

4 인용 (趙元任)

현지 조사자의 책임은 방언의 사실을 실제에 맞게 정확하고 세밀하게 기록하는 것이다. 결코 자신의 선입견에 따라 방언의 사실을 바꾸거나 수정해서는 안 된다.

예를 들어, 베이징의 발음 제공자가 "破绽"의 綻을 [tiŋ^{51}]로 발음한다면, 이를 [tʂan^{51}]로 수정해서는 안 된다. 발음 제공자 앞에서 현지 조사자는 항상 질문을 잘하고 기록을 열심히 하는 겸손한 학생이어야 한다.

특정 지역 방언의 음운을 조사할 때는 반드시 동일한 발음 협력자를 활용해야 한다. 이것은 개인 방언의 차이로 인해 음운 체계가 혼란스러워지는 것을 방지할 수 있다. 반면, 어휘 조사는 여러 발음 제공자를 활용하는 것이 바람직하다. 어휘의 양이 방대하기 때문에, 한 발음 제공자가 모든 어휘를 빠짐없이 제공하기는 어렵다. 여러 사람이 서로 보완함으로써 더 완전한 자료를 확보할 수 있다. 특히 멸종 위기에 처한 방언을 조사할 때는 발음 제공자를 여러 명 선정하여 서로 자극을 주고 보완하도록 해야 한다.

방언 조사는 사전에 마련된 조사 계획서의 내용에만 국한해서는 안 된다. 오히려 해당 지역 방언의 사용 현황까지 다루어야 한다. 예를 들어, 해당 지역 방언의 종류, 이중 언어 현상(bilingualism, 雙語現象), 양층언어현상(diglossia, 雙言現象) 발음 제공자가 본 지역과 인근 지역 방언의 특징에 대해 가지는 견해 등을 조사해야 한다.

심층적 조사를 계획하는 지역에서는 조사자가 본 지역 주민과 충분히 접촉하고 교류하여, 해당 지역의 인문 역사, 이주 배경, 민속

등을 파악해야 한다. 또한, 지역 운서(地方韻書)나 지방지문헌(地方志文獻)에 기록된 방언 관련 자료를 수집하는 데 주의를 기울여야 한다.

오늘날 현지 조사자(fieldworker, 田野工作者, 實地調査者)는 방언을 손으로 기록하는 것뿐만 아니라 녹음기를 활용해야 한다. 녹음의 가장 큰 장점은 현지 조사가 끝난 후에도 반복 청취와 재기록이 가능하며, 초안 기록을 지속적으로 교정하고 개선할 수 있다는 점이다. 또한, 녹음 자료는 오랜 기간 보관 가능한 음성 파일로 활용할 수 있다 그러나 발음 기록을 녹음기에만 의존해서는 안 된다. 녹음 테이프를 듣는 것보다 발음 제공자의 실제 발음을 직접 듣는 것이 음질이 훨씬 명확하고, 입 모양도 관찰할 수 있기 때문에 현장에서 손으로 기록하는 작업은 필수적이다. 물론, 비교적 녹음 테이프에 담긴 성조는 더 명확하게 들리기 때문에, 녹음 테이프를 들으며 성조나 변조를 기록하는 것은 충분히 가능하다.

현장에서 충분한 시간을 확보하지 못하거나 발음 제공자가 발음을 할 시간이 부족할 경우, 연속 변조는 현장 녹음만 남기고 추후 녹음 테이프를 기반으로 기록할 수 있다.

제3절 방언 음운의 기록 및 묘사

중국어 방언 음운을 기록할 때 주로 사용하는 표기는 국제 음성기호(International Phonetic Alphabet, IPA)이다. 국제 음성기호는 국제음성학회(國際語音學會, International Phonetic Association)가 1888년에 『어음교사(語音敎師)』지에 처음 발표한 후 여러 차례 개정을 거쳐 현재의 최신판으로 개정되었다. 국제음성기호의 최신판은 2015년 개정된 것이다.

국제 음성기호는 원래 인도유럽어를 기록하기 위해 개발된 것이지만, 현대 중국어 방언을 기록하는 데에도 적합하다. 그러나 국제 음성기호 외에도 중국어 방언학에서는 다음과 같은 몇 가지 습관적 표기법이 있다.

첫째, 중국어 방언학에서는 설면중 자음(舌面中補音) [tɕ] [tɕʰ] [dʑ] [ȵ] [ɕ] [ʑ] 등을 흔히 사용하지만, 국제 음성기호표(1979년 개정)에는 이 자음이 포함되어 있지 않다.

둘째, 국제 음성기호에서는 내파음(implosive)[5]을 [ɓ], [ɗ], [ɠ]로 표기하지만, 중국어 방언학 저술에서는 보통 [ʔb], [ʔd], [ʔg]로 표기하며, 축기(縮氣)[6]가 미약한 경우에는 [’b], [’d]와 같은 방식으로 표기한다.

---

5 역자주: 원저에서는 축기색음(縮氣塞音)으로 표기하였다.

6 역자주: 축기(縮氣)는 발음 시 공기의 흐름이 약화되거나 짧게 느껴지는 현상으로 성조나 자음에서 나타난다. 주로 중국어의 남방방언에서 두드러진다.

셋째, 중국어 방언에서 흔히 나타나는 설첨모음(舌尖元音) [ɿ], [ʮ], [ʅ], [ʯ]는 국제 음성기호표에는 포함되어 있지 않다.

ɿ, ʮ, ʅ, ʯ 이 네 가지 모음의 음성기호는 스웨덴의 한학자 버나드 칼그렌(高本漢, Bernhard Karlgren)이 처음 제안하여 중국어에서 사용되었다.

넷째, 『국제 음성기호』에서는 h를 사용하여 자음송기를 나타낸다. 예를 들어, [pʰ], [tʰ]는 중국어 방언학 저술에서는 통상적으로 "ʻ"기호를 사용하여 나타내며, [pʻ], [tʻ]와 같이 표기하기도 한다. 다만, 본 서에서는 편집 상의 편의를 위해 국제 음성기호와 동일하게 h로 송기를 나타낸다.

다섯째, 『국제 음성 기호』는 음절 위에 붙은 가로선이나 사선을 사용하여 성조를 표시한다. 예를 들어, "ā"는 높은 수평조를, "á"는 높은 오름조를 나타낸다. 중국어 방언학에서는 오도제 성조 자모(五度制聲調字母)를 사용하여 성조 자모의 윤곽(contour, 調形)과 조치(調值)를 나타낸다.

성조 자모는 음높이를 나타내는 음높이선(音高線)과 조형선(調形線) 두 부분으로 구성되며, 음절 오른쪽에 표기된다.

음높이 선은 음높이 척도로 사용되는 세로선으로, 낮음, 반낮음, 중간, 반높음, 높음의 5단계로 나뉘며, 음높이 값을 설명할 때 각각 숫자 1, 2, 3, 4, 5로 나타낼 수 있다. 조형선은 음높이 선에 연결된 선으로, 평평하거나(平) 기울거나(斜) 굽은(曲) 형태를 가지며, 시간과 음높이의 함수 관계를 나타낸다. 일반적으로 단일 음절 성조의 음높이 값을 표시할 때 조형선은 음높이 선의 왼쪽에 연결되며, 연속 성조를 나타낼 때는 음높이 선의 오른쪽에 연결된다.

예를 들어, 베이징어에서 "高[kau]"의 성조 표시는 [˥]이며, 여기서 세로선은 음높이선이다. 음높이선의 가장 높은 위치에서 왼쪽으로 수직으로 뻗어나가는 선이 조형선인데, 이 표시는 "高" 음절의 조형이 고평(높은 수평조)이며, 조값이 55임을 나타낸다. 음높이를 나타내는 숫자는 음절의 오른쪽이나 오른쪽 위에 적어 조형과 음높이 값을 직접 표시하기도 한다. 성조의 음높이 시작점과 끝점을 나타내기 위해 두 개의 숫자를 사용하며, 조형에 중간 굴곡이 있는 경우에는 굴곡 지점의 음높이를 나타내는 추가 숫자를 사용하여 조형과 음높이 값을 표시한다.

예를 들어, 베이징음(北京音)에서 梨li^{35}李li^{214}이다. 또한, 단음절에서 성조의 시간이 짧음을 나타내기 위해 숫자 아래에 가로선을 추가하기도 한다. 예를 들어, 상하이음(上海音)에서 讀doʔ^{12}로 표시한다. 만약 입성자의 음높이 시작점과 끝점에 변화가 없으면, 가로선을 추가하지 않고 하나의 숫자로만 표시할 수 있다. 예를 들어, 상하이음(上海音)에서 竹fcoʔ^{5}로 표시한다.

문자 기반 성조 표기법[7]의 장점은 직관적이고 시각적으로 이해

---

7 字母標調는 문자 성조 표기법을 말한다. 시각적으로 성조를 표기할 수 있는 표기법으로 음절 위에 부호를 추가하여 성조를 표시한다. 본문의 예시와 같이 베이징어: 고평조: ˥ (높고 평탄한 소리, 예: kau˥55) 상승조: ˧˥ (중간에서 높은 음으로 상승, 예: 梨 li ˧˥35) 하강조: ˨˩˦ (낮은 음으로 하강, 예:李li ˨˩˦ 214)로 표기할 수 있다.

하기 쉽다는 것이며, 숫자 기반 성조 표기법의 장점은 조값이 명확하고 인쇄에 용이하다는 점이다. 필요할 경우, 두 표기법을 결합하여 사용할 수 있다. 예를 들어, 베이징어에서 베이징어에서 "高 kau"는 ˥55, "梨 li"는 ˧˥35, "李 li"는 ˨˩˦214로 표시할 수 있다. 문자 성조 표기법과 숫자 성조 표기법은 통칭하여 "5도제 성조 표기법"이라고 하며, 이 표기법은 처음에 자오위안런(趙元任)이 설계한 것이다. 자세한 내용은『일련의 음조를 표시하는 자모(一套標調的字母)』[8]에서 확인할 수 있다.

일부 초기 중국어 방언학 저작에서는 음악학에서 음표를 기록하는 오선보 표기법을 성조 표기에 참고한 바 있다. 예를 들어, 류푸(劉復)의『사성실험록(四聲實驗錄)』(1924), 자오위안런(趙元任)의『현대 우어의 연구(現代吳語的研究)』(1928), 뤄창페이(羅常培)의『샤먼 음계(廈門音系)』(1931) 등이 이에 해당한다. 그러나 악보 표기법은 기록과 읽기가 불편하여 오랜 시간 유행하지 못하고 곧 5도제 성조 표기법(五度制標調法)으로 대체되었다.

최근에는 일부 해외 방언학 저작에서 조층(調層, register) 표기법[9]

---

8 자오위안런(趙元任),『일련의 음조를 표시하는 자모(一套標調的字母)』(『방언』,1980년 제2호)

9 역자주: 조층표기법은 음높이 표기법으로 볼 수 있다. 5도체 표기법과 대비되며 H, M, L로 표기되는 상대적 표기법이라는 점과 연독변조, 음성데이터 단순화에 도움이 된다는 점에서 구조적 단순화를 위해 사용되는 표기법이다. 예를 들어 5도제 표기법에서 55로 표기한다면, 조층표기법에서는 HH로 표기하며, 5도제 표기법에서 31로 표기한다면, 조층표기법에서는 ML로 표기한다.

을 채택하기도 한다. 조층 표기법은 성조의 음높이를 높음(high), 중간(middle), 낮음(low)의 세 가지 층으로 나누고, 각각 영어 알파벳 H, M, L로 표시한다. 예를 들어, 5도제 성조 표기법으로 나타낸 "˥˧(53), ˥˩(51), ˨˩˦(214)"는 조층 표기법으로 HM, HL, MLM로 표현된다.

조층 표기법의 장점은 성조의 음운적 분류를 돕는 데 유리하다는 점이다. 또한, 조층 표기법은 두 글자나 여러 글자가 연달아 나오는 연독 변조를 기록하는 데도 활용할 수 있다. 예를 들어, 상하이어의 두 글자 조합인 "天窗"의 변조값은 5도제 표기법으로는 ˥55, ˧˩31로 나타나지만, 조층 표기법으로는 HH, ML로 간단히 기록할 수 있다.

여섯째, 『국제 음성 기호』에는 강세를 나타내는 기호만 포함되어 있고, 경성(輕聲)을 나타내는 기호는 포함되어 있지 않다. 그러나 중국어의 많은 방언에는 구별적(distinctive)인 경성이 존재한다. 관례적으로 경성 음절은 기호를 사용해 표시하며, 비경성 음절에는 기호를 추가하지 않는다. 경성 음절은 음절의 왼쪽에 작은 원점(·)으로 표시한다. 예를 들어, 베이징어(北京話)에서 경성 음절(輕聲音節) "-了"는 "[-lə]"로, 음절 오른쪽에 "[• l]"를 사용하여 나타낼 수 있다. 예를 들어 "了 • l[lə • l]"와 같이 나타낼 수 있다. 이러한 표기 방식은 5도제 성조 문자 표기법과 결합하여 사용된다. 만약 5도제 성조 숫자 표기법과 결합해 사용할 경우, 경성 음절은 숫자 "0"으로 표시할 수 있다.

중국어 방언의 성조 범주는 조류(調類)라고 한다. 한 방언 내에서 조류는 성조의 음높이 값 차이에 따라 구분되는 성조 범주를 말한다. 현대 중국어의 조류 명칭은 고대 중국어 조류와 연관이 있다. 같은 방언에서는 동일한 조류의 글자가 같은 음높이 값을 가진다. 그러나 방언이 다를 경우, 동일한 조류의 글자라도 음높이 값이 동일하지 않을 수 있다. 예를 들어, 음평(陰平)은 베이징어(北京話)에서는 [˥ 55]로 표시되지만, 난창어에서는 [˦˨ 42]로 표시된다.

조류를 나타내는 방식은 다음 두 가지가 있다.

첫째는 조류 코드 표기법이다. 이는 서로 다른 아라비아 숫자를 사용해 서로 다른 조류를 나타낸다. 숫자는 음절의 오른쪽 위에 적으며, 고대 조류와 각 숫자 코드의 대응 관계는 일반적으로 아래와 같다.

陰平1	陰上3	陰去5	陰入7
陽平2	陽上4	陽去6	陽入8

만약 어떤 방언에서 현대 조류가 8개보다 적다면, 합쳐진 조류와 해당 코드가 삭제되며, 남아 있는 조류와 코드의 대응 관계는 그대로 유지된다. 예를 들어, 현대 청두(成都) 방언에서는 거성(去聲)이 음양으로 나뉘지 않으며, 전탁 상성이 거성으로 합쳐지고, 입성(入聲)은 양평(陽平)에 합쳐진다. 따라서 청두 방언의 조류는 다음과 같다.

陰平1	陽平2	上聲3	去聲5

만약 갑과 을인 두개의 조류가 합쳐진다면, 합쳐진 조류에 甲 조류의 코드를 사용해야 할까, 乙 조류의 코드를 사용해야 할까? 같은 종류의 방언에서는 이는 양면적으로 해석될 수 있으므로, 甲 조류가 乙 조류에 합쳐졌다고 볼 수도 있고, 반대로 乙 조류가 甲 조류에 합쳐졌다고 볼 수도 있다. 하지만 각 지역 방언의 현대 조류와 고대 중국어 조류는 일정한 대응 관계가 있으며, 또한 각 지역 방언 간의 현대 조류 역시 일정한 상호 대응 관계를 가진다. 따라서 합쳐진 조류의 명칭을 선택할 때에는 다른 방언에서의 조류 병합 사례를 고려하여 방언 간 조류의 대응 관계를 훼손하지 않도록 해야 한다.

예를 들어, 우어(吳語) 쑤저우 방언에서 현대 양상조(陽上調)와 양거조(陽去調)가 합쳐졌을 때, 이를 양상조로 명명할지 것인가, 양거조로 명명할 것인가? 이는 타지역 우어(吳語) 방언의 조류 병합 사례를 비교하여 결정해야 한다. 우어권(吳語圈)의 많은 지역 즉, 위항(余杭), 항저우(杭州), 퉁루(桐廬), 린안(臨安)에서는 양상조(陽上調)의 전탁자(全濁字)가 양거조(陽去調)로 합류되었고, 양상(陽上)의 차탁자(次濁字)는 여전히 독립된 조류로 남아 있는 경우가 많다. 이는 이러한 방언들에서 양상조가 양거조로 합쳐지는 규칙을 보여준다. 반대로, 양거조의 일부 글자가 양상조와 합쳐진 사례는 발견되지 않았다. 따라서 쑤저우 방언의 양상조가 양거조로 합쳐졌다고 보는 것이 더 합리적이다.

또한, 만약 어떤 방언의 조류가 8개 조류 체계에서 추가로 분화되어 총 개수가 8개를 초과한다면, 분화된 조류를 두 개의 하위 조류로 나누고, 원래 조류 코드의 오른쪽에 "・1"과 "・2"를 추가하여 구별할 수 있다. 예를 들어, 쟝쑤성((江蘇) 우쟝방언(吳江方言)에서 음상(陰上)의 조류가 성모(聲母)의 유기음(送氣) 여부에 따라 두 개의 조류로 분화된 경우, 유기음이 아닌 조류는 3・1, 유기음 조류는 3・2로 표시한다. 예를 들어, 早 tsɒ$^{3\cdot1}$, 草 tsʰɒ$^{3\cdot2}$로 표기한다.

둘째는 반원법(發圈法)이다. 반원법은 전통 어문학에서 사용되던 고전적인 조류 표기법으로, 글자의 왼쪽 아래, 왼쪽 위, 오른쪽 위, 오른쪽 아래에 각각 반원을 그려 평성(平), 상성(上), 거성(去), 입성(入)의 네 성조를 표시한다. 만약 각 조류를 다시 음(陰)과 양(陽)으로 나누어 표시해야 한다면, 각 반원의 아래에 가로선을 추가하여 양조류를 나타낸다.

陰平꜀□	陰上꜂□	陰去□꜄	陰入□꜆
陽平꜁□	陽上꜃□	陽去□꜅	陽入□꜇

조류가 8개 미만인 방언에 대해서는 처리 방식은 코드법(代碼法)을 참고할 수 있다. 만약 해당 방언의 조류가 8개를 초과한다면, 원래 조류를 나타내는 반원을 "∘"로 변경하여 새로 분화된 조류를 표시할 수 있다. 예를 들어, 쟝쑤성 우쟝(江蘇吳江) 방언에서 음거조(陰去調)가 초성의 유기음(送氣) 여부에 따라 두 개의 조류로 분화된 경우, 유기음이 아닌 조류는 □꜄로 표시하고, 유기음 조류는 □°로 표시한다. 예를 들어, "再(tsɛ)"는 □꜄로, "菜(tsʰɛ)"는 □°로 나타낸다. 하지만 인쇄의 편리성을 위해 이 책에서는 반원법(發圈法)을 사용하지 않고

숫자 코드를 사용해 조류를 표시한다.

음성기호로 언어를 기록하는 방법에는 “정밀전사”(嚴式標音, Strict transcription)과 “광의전사”(寬式標音, Broad transcription)의 두 가지가 있다. 정밀전사는 “음질 표기(音質標音)”이라고도 하며, 들리는 실제 음성을 가능한 한 세밀하게 기록하며, 『국제 음성 기호』 표에 있는 다양한 부호를 활용한다. 광의전사는 “음소 표기(音位標音)”이라고도 하며, 목적은 특정 방언에서 의미를 구별할 수 있는 음소를 지적하는 데 있다. 이 방식은 실제 음성을 나타내는 세부적인 음성 기호를 사용할 필요가 없으며, 흔히 사용되는 일반적인 음성 기호만으로 충분하다. 예를 들어, 우어(吳語) 원저우어(温州話)의 호운(豪韻)의 발음을 정밀전사로 기록하면 [ɜ]이며, 예를 들어 “刀”는 [tɜ^{55}]로 나타난다. 여기서 [ɜ]는 [ə]보다 약간 낮은 중설모음이다. 하지만 광의전사로 기록할 경우, 흔히 사용되는 [ə]로 간단히 표시할 수 있다.

실제 음성을 청취하고 기록하는 과정에서는 반드시 정밀전사(嚴式標音)를 사용해야 한다. 이렇게 해야 이 방언의 음운 특징을 분석하고 음소(音位)를 귀납할 때 자료의 근거를 확보할 수 있다. 성운조체계(聲韻調系統)를 귀납할 때는 광의전사를 사용해야 한다. 특정 음운(語音) 또는 음소 변체(音位變體)의 음질(音質)에 대해서는 추가로 문자로 설명할 수 있다. 광의전사는 음소 귀납에 적합할 뿐만 아니라 인쇄와 읽기에 편리하다. 정밀전사는 위의 용도 외에도 방언 간 비교에 있어서도 필수적이다. 예를 들어, 우어(吳語) 쑤저우화(蘇州話)의 “당운(唐韻)”을 쑤저우어(蘇州話) 내부에서만 논할 경우, 약식전사로 “ɔ̃”으로 표기할 수 있다. 하지만 닝보어(寧波話)와 비교하려면 반드시 정밀전사로 "ɒ̃ŋ"으로 표기해야 한다. 이는 닝보어의 "당운(唐韻)"이 [ɔ̃]으로 발음되기 때문이다. 광의전사를 사용하면 두 방언 간의 차이를 희석시킬 수 있다.

화자가 발음하는 소리를 청취하여 기록하는 과정 사이에는 "음성 식별(審音)"이라는 절차가 존재한다. 음성 식별이란 청각 기관을 이용해 실제 언어에서 각종 음소를 분리하여 판별하고, 더 나아가 각 음이 어떤 특성을 지니는지 확인하는 과정이다. 음성 식별의 정밀함은 종종 사람마다 다를 수 있다.

음성 식별(審音)은 귀로 세심하게 청취하고 분별하는 것 외에도, 화자의 입 모양과 발음 동작을 관찰하는 과정을 수반해야 한다. 예를 들어, "ɸ"와 "β" 두 자음은 양입술이 살짝 맞닿고 양쪽 뺨에 공기가 차는 동작으로 발음된다. 단독으로 발음하기 어려운 음운은 짝을 이루는 글자를 사용해 반복적으로 감별해야 한다.

비교자(比字)의 기본 방법은 다음과 같다. 특정 방언에서 성모(聲母)와 운모(韻母)가 완전히 같은 글자를 선택하여 성조(聲調)가 동일한지 비교하는 방법(예: 稻—盜), 또는 운모와 성조가 완전히 같은 글자를 선택하여 성모가 동일한지 비교하는 방법(예: 精—經), 또는 성모와 성조가 완전히 같은 글자를 선택하여 운모가 동일한지 비교하는 방법(예: 飽—保)이다. 또한 비교자는 서로 다른 연조(連調) 조합의 조식(調式)이 동일한지 비교하는 데에도 사용될 수 있다. 예를 들어, "同班(양평(陽平)+양평(陰平))"과 "銅板(양평(陽平)+음상(陰上))"을 비교하는 것이다.

지역 주민은 보통 자국 방언의 글자음 차이에 매우 민감하므로, 주민들의 비교자 비교 결과에 대한 의견은 중요한 참고 자료로 삼을 수 있다. 극히 드문 예외(예: 우어(吳語) 항저우어(杭州話))를 제외하고, "문백이독(文白異讀)"은 중국어 방언에서 보편적인 현상이다. 문백이독은 방언에서 동일한 기원과 의미를 가지는 하나의 글자가 두 가지 발음을 가지는 현상을 말하며, 한 가지 발음은 "문언음(文言音)", "독서음(讀書音)", 또는 "자음(字音)"이라고 하고, 다른 발음은 "백화음(白話音)", "설화음(說話音)", 또는 "화음(話音)"이라고 한다.

예를 들어, 우한어(武漢話)의 문백이독은 주로 [i] 개음(介音)의 유무로 나타난다. 문언음에는 [i] 개음이 포함되지만, 백화음에는 없다. "夾" 글자의 문독(文讀)은 "tɕia²"이고, 백독(白讀)은 "ka²"이다. 방언 화자는 독서하거나 더 문어적인 단어를 말할 때 문언음을 사용하는 경우가 많으며, 백화음은 일상적인 대화에 사용된다. 문백이독 현상은 방언마다 발달 정도가 서로 다르다. 주요 방언들 가운데 민어(閩語)는 문백이독이 가장 두드러진다. 민어는 문백이독 글자의 수가 많을 뿐만 아니라, 하나의 글자가 백독 또는 문독으로 발음될 때 형태가 하나 이상인 경우도 있다.

예를 들어, 샤먼어(廈門話)에는 1,500개 이상의 문백이독 글자가 존재한다. 샤먼 주민은 "자음(字音)"을 "공자백(孔子白)"이라 부르고, "화음(話音)"을 "해설(解說)"'이라 부른다. 우어(吳語)의 경우 문백이독 글자가 약 200~300개로, 상용 글자의 5~7%를 차지한다.

문백독(文白讀)을 구별하기 위한 기호는 통사적으로 글자(字) 또는 음절(音節) 아래에 선을 그어 표시한다. 단선(單線)은 백독(白讀)을, 이중선(雙線)은 문독(文讀)을 나타낸다. 예를 들어, 푸저우어(福州話)의 경우 "投 tau^{2} / 投 tɛu^{2}"로 표기한다.

다음 세 가지 발음은 문백이독 현상과 혼동되기 쉬우므로, 문백이독을 기록할 때 반드시 이를 제외해야 한다.

첫째, 신파(新派)와 노파(老派) 간의 이독(異讀)이다. 예를 들어, 광저우어(廣州話)에서 "剖" 자는 노파에서는 "fɐu^{3}"로, 신파에서는 "p^{h}ɐu^{3}"로 발음된다.

둘째, 다의자(多義字)의 이독이다. 예를 들어, 쑤저우어(蘇州話)의 "孝" 자는 "hæ^{513}"과 "ɕiæ^{513}" 두 가지 발음이 있다. 전자는 "상례(喪禮)"와 관련된 어휘에 사용되며, 후자는 "효도(孝順)"을 의미한다.

셋째, 훈독음(訓讀音)이다. 예를 들어, 차오저우어(潮州話)에서 "竿" 자는 "kaŋ^{1}"과 "ko^{1}" 두 가지 발음이 있다. 이 중 후자인 "ko^{1}"는 "篙" 자의 훈독음으로, 전자의 발음 "kaŋ^{1}"과 문백이독 관계를 형성하지 않는다.

글자조사표(調査字表)를 사용해 화자에게 글자음을 읽도록 요청할 때, 특히 백독음을 누락하지 않도록 주의해야 한다. 화자는 글자를 보면 독서 습관의 영향을 받아 우선 문독음을 떠올리고 이를 발음하며, 백독음은 문독음 뒤에 숨겨져 있는 경우가 많다. 백독음을 얻으려면 인내심을 갖고 반복적으로 질문해야 하는 경우가 있다.

화용적 환경(語用環境)의 관점에서 문독음은 두 가지로 나눌 수 있다. 첫째, 독서에만 사용되는 경우이다. 둘째, 독서와 구어 모두에 사용되는 경우이다. 특정 방언의 문백이독을 심층적으로 연구하려면, 이 두 가지 화용 환경에서 다른 문독음을 명확히 조사할 필요가 있다. 예를 들어, 우어(吳語) 쑹쟝 방언(松江方言)의 아래 글의 문언음을 살펴보면, 첫 번째 그룹은 독서와 대화 모두에 사용되며, 괄호 안에는 구어 어휘의 예를 나타낸다. 두 번째 그룹은 독서에만 사용되는 문언음으로, 대응하는 백독음은 왼쪽에 쓰이고 괄호 안에 구어 어휘의 용례가 제시 되어있다.

第一組	
争 tsɛ̃^{53}(～吵)	tsɐŋ^{53}(斗～)
生sɛ̃(先～)	sɐŋ^{53}(～存)
赤tsʰaʔ$^{\underline{55}}$(～豆)	tsʰʌʔ$^{\underline{55}}$(～道)
假ka^{55}(～山)	tɕiɑ^{55}(～ 使)
第二組	
姐 tsia^{55}(小～)	tsi^{55}(姊)
快 kʰua^{35}(快快)	kʰuɛ^{35}
牙 ɦŋa^{31}(～齒)	ɦia^{31}
蜻 siɐŋ^{53}(蜻蜓)	tsʰiəŋ^{53}

문백독(文白讀)의 분화가 심하여 독립적이고 체계적인 시스템을 형성한 방언에 대해서는, 문독 시스템과 백독 시스템의 성운조(聲韻調) 체계를 각각 정리해야 한다. 예를 들어, 우어(吳語) 단양어(丹陽話)은

문백이독에서 성조 체계가 다르고, 서우창어(壽昌話)은 운모 체계가 다르다.

특정 방언의 글자음을 조사·기록한 후에는 해당 방언의 음소 체계를 귀납해야 한다. 모든 언어나 방언의 음소 체계를 귀납할 때, 정답은 단일하지 않다. 즉, 동일한 언어나 방언의 음소 체계를 여러 가지 방법으로 귀납할 수 있으며, 최종적으로 서로 다른 결론이 도출될 수 있다. 이러한 결과에는 정오(正誤)의 구분이 없으며, 다만 우열(優劣)의 차이가 있을 뿐이다. 중국어 음소 체계를 귀납하는 데 있어 어떤 방법이 더 나은가에 대해 두 가지 상반된 의견이 있다. 하나는 모음과 자음 체계를 기준으로 음소를 귀납하여 모음 음소, 자음 음소, 성조 음소를 도출하는 방법이다. 다른 하나는 성운조 체계를 기준으로 음소를 귀납하여 성모 음소(音位, 聲位), 운모 음소(韻母音位, 韻位), 성조 음소(聲調音位, 調位)를 도출하는 방법이다. 필자는 두 번째 방법이 첫 번째 방법보다 훨씬 우수하다고 본다. 일반적인 이유 외에도, 중국어 방언의 음소 체계를 귀납할 때 다음 세 가지 특별한 이유가 있다.

첫째, 여러 중국어 방언의 사실을 처리하는 데 유리하다. 예를 들어, 장화이관화(江淮官話)에서는 음절 앞의 “n”과 “l”이 임의로 교체되어 발음되지만, “n”만이 운미(韻尾)로 사용될 수 있으며, “l”은 운미로 사용되지 않는다. 성운조 체계에 따라 음소를 귀납하면, 하나의 성모 음소 /n/을 사용하여 “n”과 “l” 두 가지 음을 포함할 수 있으며, 이는 운미 “n”과 혼동되지 않는다. 또 다른 예로, 우어 방언에서는 음절 앞의 "n"과 "ŋ"이 의미를 구별할 수 있다. 예를 들어 상하이어(上海話)에서 "男"은 "$nø^{13}$ ≠ 岸 $ŋø^{13}$"과 같다. 그러나 운미 위치에서는 "n"과 "ŋ"이 의미를 구별하지 않고 둘 다 가능하다. 성운조 체계에 따라 음소를 귀납하면, 상하이어에서 "人" 글자가 [$niŋ^{13}$]으로 발음되든 [nin^{13}]으로 발음되든 의미는 변하지 않는다. 이 경우 두 개의 성모 음소 /n/과 /ŋ/을 귀납할 수 있으며, 이들은 운미로서의 [n] 및 [ŋ]과 혼동되지 않는다.

둘째, 서로 다른 방언 간의 음운 체계를 비교하는 데 유리하다. 이 두 가지 방법으로 방언을 귀납한 결과, 성모에서는 차이가 거의 없지만, 운모에서는 큰 차이가 나타난다. 예를 들어, 많은 방언에서 다양한 정도의 비운미(鼻韻尾) 탈락 현상이 나타난다. 예를 들어, "三" 자의 발음은 다음과 같다.

베이징 北京	쑤저우 蘇州	쐉펑(샹어) 雙峰(湘語)	메이셴 梅縣	샤먼 厦門
san^1	$sᴇ^1$	$sæ̃^1$	sam^1	$sã^1$

성운조(聲韻調)를 기준으로 음소를 귀납하면, 쑤저우(蘇州)의 "ᴇ", 쐉펑(雙峰)의 "æ̃", 메이셴(梅縣)의 "am", 샤먼(厦門)의 "ã", 베이징(北京)의 an이 서로 대응한다고 말할 수 있다. 이는 간단하고 명료할 뿐만 아니라, 이를 통해 음운 발달의 역사적 궤적을 파악할 수 있다. 반면, 모음과 자음 체계를 기준으로 음소를 귀납하면, 베이징어의 "[an]"

은 /a/와 /n/ 두 음소에 속하고, 메이셴어의 "[am]"은 /a/와 /m/ 두 음소에 속하므로, 방언 간 음운의 대응 관계를 설명하는 것이 훨씬 복잡해진다.

셋째, 방언의 역사적 음운을 고려하는 데 유리하며, 이는 현대음과 고대음의 비교에도 유리하다. 예를 들어, 과섭 합구(果攝合口) 일등(一等)의 "과운(戈韻)", "병모(並母)"에서, "婆"는 원래 원저우어(温州話)에서 "[bu^2]"로 발음되어 단모음을 가졌지만, 현대음에서는 "[bøy^2]"로 발음되어 운모가 이중모음으로 바뀌었다. 그러나 글자음의 범주는 변하지 않았으며, 중고(中古) 시기의 과섭합구(果攝合口) 과운(戈韻) 자는 현대 원저우어에서 대체로 "[øy]" 운모로 발음된다. 성운조 체계를 기준으로 음소를 귀납하여 "/øy/" 운모를 도출하면, "u"에서 "øy"로의 역사적 음변화 규칙을 설명하는 데 유리하다. 반면, 모음과 자음 체계를 기준으로 하면 "[øy]"는 /ø/와 /y/ 두 음소에 속하므로, 역사적 음운을 고려할 수 없고 고대음과 현대음을 비교하기에도 적합하지 않다.

중국 전통의 음운학과 방언학은 본래 성운조 체계를 기준으로 중국어 음운을 분석해왔다. 실제로, 현대 방언학의 거의 모든 저작에서도 성운조 체계를 기준으로 방언의 음소를 귀납하고 있다.

음소(音位)의 정의와 관련하여, 자오위안런(趙元任)은 다음과 같이 설명한다.

"유사성, 상보적 분포(complementary distribution), 체계성, 이 세

가지가 음소 개념에서 기본적인 요점이다. 이 세 가지를 결합하면 음소의 정의가 될 수 있다. 우리는 이렇게 말할 수 있다. 어떤 언어에서든, 한 음군이 있는데, 그 구성 음들의 성질이 유사하며 상보적으로 배치되고, 다른 동일 조건을 충족하는 음군과 함께 단순하고 정연한 체계를 이루는 경우, 이 체계를 그 언어의 음소 체계라고 부른다. 간단히 말하면 음계(音系)이다."[10]

또한 그는 상보적 분포(對補分配(complementary distribution))를 음소 개념에서 가장 중요한 점이라고 보았으며,[11] 음소 귀납의 부수적 조건으로 세 가지를 제안했다.

첫째, 음소의 총수를 가능한 한 줄일 것, 둘째, 화자의 감각(feeling of native speaker)에 부합할 것, 셋째, 역사적 음운에 최대한 부합할 것이다.

그러나 중국어 방언 음소를 귀납하는 실제 작업에서는 기본 조건 중 체계성과 부수 조건 중 '역사적 음운'이 가장 중시되었으며, 상보적 분포는 상대적으로 덜 중요하게 여겨졌다.

가장 두드러지는 사례로 다음 두 가지 상황이 있다. 이를 예로 들어 설명하겠다.

---

10 원문: 相似性、對補性、系統性, 這三者是音位觀念裡頭基本的要點, 把這三點合起來就可以成為一個音位的定義。那麼, 我們可以這麼說: 一個語言裡, 凡是一個音群, 其中各音的性質相似而成對補分配, 又跟其他合乎以上條件的音群成為一個簡單整齊的系統, 這個系統就叫這個語言裡的音位系統, 簡單說起來就是音系。

11 출처: 자오위안런(趙元任), 『언어 문제(語言問題)』, 상무인서관, 1980년, 33쪽.

우어(吳語) 원저우어(温州話)의 성운조 표는 다음 여섯 쌍의 개구(開口) 및 제치(齊齒) 운모를 포함한다.

1	ɛ	行杏	iɛ	標生略
2	a	媽反閑获	ia	曉脚
3	ai	杯灰北十	iai	吃吸翼
4	au	斗口牛	iau	扭久優
5	əu	拖羅初毒	iəu	就周郁
6	əŋ	枕本燈	iaŋ	琴巾寧興

원저우어(温州話)의 성운조(聲韻調) 조합 관계에서, 앞서 언급한 다섯 번째 개구호(開口呼) 운모와 제치호(齊齒呼) 운모는 상보적 분포에 속한다. 즉, 제치호는 tɕ, tɕ^{h}, dʑ, ɕ, ȵ과 반모음 j 및 영성모(零聲母)와만 결합하고, 개구호는 t, t^{h}, d, n, l, ts, ts^{h}, s 성모와 결합한다. 음소 상보적 분포의 특징에 따라, 이 두 그룹은 각각 동일한 음소로 통합될 수 있다. 그러나 성운 조합의 체계성을 고려하여, 두 그룹을 별개의 음소로 구분하여 다른 그룹과 균형을 맞춘다. 중국어 방언의 운모 음소는 개구호, 제치호, 합구호(合口呼), 촬구호(撮口呼)로 나뉘며, 매우 정연한 체계를 가진다. 다만, 일부 방언은 촬구호 운모가 없거나(예: 윈난 관화(雲南官話)), i, u, y 개음(介音) 외에 추가적인 14개 개음을 가진 경우가 있다(예: 항저우어(杭州話)). 따라서 방언 운모 음소를 귀납할 때는 이러한 체계성이 상보성보다 더 중요하게 여겨지는 경우가 많다.

중국어 방언 음소 귀납의 관례에 따르면, 상하이 쑹장어(上海松江話)의 성조, 음소는 여덟 가지로 귀납될 수 있다. 즉,

음조(陰調)	음평(陰平): 53	음상(陰上): 55	음거(陰去): 35	음입(陰入): 55
양조(陽調)	양평(陽平): 31	양상(陽上): 22	양거(陽去): 13	양입(陽入): 22

네 가지 음조(陰調)의 조형은 각각 네 가지 양조(陽調)의 조형과 완전히 동일하며, 단지 조층(調層), 즉 음높이의 시작점과 끝점이 다를 뿐이다. 음조는 청성모(清聲母) 글자와만 결합하고, 양조는 탁성모(濁聲母) 글자와만 결합한다. 상보성 원칙에 따르면, 여덟 개의 조위(調位)는 네 개로 통합될 수 있다. 즉, 내림조(降調, 평(平)), 수평조(平調, 상(上)), 오름조(升調, 거(去)), 짧은 수평조(短平調, 입(入))이다. 또한 짧은 수평조는 성문 폐쇄 운미(喉塞韻尾)를 가진 글자와만 결합하고, 긴 수평조(長平調)는 성문 폐쇄 운미가 없는 글자와만 결합하므로, 두 조위도 상보적 분포에 있어 하나의 성조 음소로 통합될 수 있다. 이렇게 하면 쑹장어의 성조 조위는 내림조(降調), 수평조(平調), 오름조(升調) 세 가지로 줄어든다. 하지만 이러한 귀납법은 방언 성조 조위(調位) 귀납의 관례와는 명백히 맞지 않다. 방언 성조 조위 귀납의 관례는 실제로 역사 음운을 고려하는 관점에서 출발한다. 즉, 중국어의 성조가 평, 상, 거, 입 네 종류로 나뉘고, 성모의 청탁에 따라 각각 음조와 양조로

나뉘어 여덟 가지로 분화된 후, 규칙적으로 통합되어 일곱, 여섯, 다섯, 네 종류 또는 그 이하로 줄어들었다고 가정한다. 따라서 역사 음운을 기준으로 성모의 청탁과 조층의 높낮이 차이가 있는 방언에서는 조위를 통합하지 않고 나누어 귀납한다. 여기서 역사 음운의 원칙이 상보성보다 더 중요하다.

체계성과 역사 음운을 중시하는 중국어 방언 음소 귀납법(音位歸纳法)은 현대 방언 간의 상호 비교뿐만 아니라 현대 방언과 고대 중국어 간의 비교에도 유리하다.

방언학 저서에서는 보통 표를 사용하여 특정 방언의 모든 음소를 나열한다. 표는 성모표(聲母表), 운모표(韻母表), 성조표(聲調表)의 세 가지로 구성된다. 표에 배열된 각 음소의 위치는 언어의 체계성을 반영해야 하며, 음소 뒤에 제시된 예문은 음소가 글자음에서 차지하는 분포 범위와 역사적 출처를 최대한 반영해야 한다. 방언의 성운조 표는 해당 방언의 특징을 보여주는 창(窓)으로서, 이를 통해 방언의 음운 체계와 특성을 파악할 수 있다. 예를 들어, 베이징어(北京話)의 성운조 표에 나열된 성모와 운모 음소 및 그 예문은 다음과 같은 특징을 보여준다.

성모(聲母): t(顛大低) t^h(天同突)

예를 들어, 顛[$tiεn^{55}$]≠天[$t^hiεn^{55}$]은 성모(清聲母)의 송기(送氣) 여부가 음소 차이를 구성한다. "顛"과 "低"는 t 성모로 발음되며, 이는 고대의 단모(端母)가 현대에 t로 발음됨을 보여준다. “天”은 tʰ 성모로 발음되며, 이는 고대의 투모(透母)가 현대에 tʰ로 발음됨을 보여준다. 또한 “大”는 t 성모로, “同”은 tʰ 성모로 발음되며, 이는 고대의 탁음 평성 모음이 현대에 유기음 청성으로 발음됨을 보여준다.

측성(仄聲)은 불송기(不送氣) 청색음(清塞音)으로 읽는다.

운모(韻母): in(林心巾因) iŋ(冰杏丁京)

巾[tɕin[55]] ≠京 [tɕi]에서 설첨비운미(舌尖鼻韻尾)와 설근비운미(舌根鼻韻尾)가 음소 차이를 구성함을 알 수 있다. “林心巾因” 네 글자는 모두 -n 운미로 끝난다. 이를 통해 고대 침섭(侵攝, _m 운미)과 고대 진섭(臻攝, -n 운미)이 현대에 모두 _n 운미로 통합되었음을 알 수 있다. “冰杏丁京” 네 글자는 모두 -ŋ 운미로 끝난다. 이를 통해 고대 증섭(曾摄)과 고대 경섭(梗攝)이 현대에도 여전히 -ŋ 운미로 유지되고 있음을 알 수 있다.

이독(異讀)이 있는 글자는 성운조 표의 예문으로 적합하지 않다. 예를 들어, “波(파)” 글자는 베이징어에서 [po[1]]와 [pʰo[1]]두 가지 독법이 있으므로 P운(韻)의 예문으로 선택하기에 부적합하다.

방언의 성조는 크게 두 가지로 나뉜다. 단자조(單字調)와 연독조(連讀調)이다. 단자조는 한 글자가 단독으로 사용될 때의 성조를 말하며, 화자에게 단일 한자를 읽게 하여 얻은 성조이다. 단자조는 변조(變調)에 대응하는 개념으로, 본조(本調)라고도 한다.

연독조는 두 글자 이상의 조합에서 나타나는 성조로 간단히 연조(連調)라고 부른다. 예를 들어, "花(화)" 글자가 "花生米(화생미)"라는 세 글자 구조에서 나타내는 성조이다. 만약 한 글자의 연조가 단자조와 다르다면, 이를 연독 변조(tone sandhi), 줄여서 변조라고 한다. 즉, 변조란 기본조(本調, base form)가 다자(多字) 조합에서 연독 형식으로 변한 것이다.

예를 들어, 저장(浙江) 우이어(武義話)에서 "花(화)" 글자의 단독 발음은 hua^{24}이고, 기본조는 [^{24}]이다. 그러나 "花生米"에서 "花"는 $hua^{24\text{-}55}$로 발음되며, 여기서[$^{-55}$]는 "花"의 연독 변조이다. 변조를 나타내는 조번호(調号)는 음높이를 나타내는 세로선 오른쪽에 j 조형선으로 표시된다. 예를 들어, 베이징어에서 "好馬(좋은 말)"는 xau ˨˩˦ ˧˥ ma ˨˩˦로 나타내거나, 숫자로 $xau^{214\text{-}35}$ ma^{214}로 나타낼 수 있다. 여기서 짧은 선 뒤의 숫자는 변조값을 의미한다. 기본조가 연조에서 경성(輕聲)으로 변하면, 음높이 선의 오른쪽에 작은 검은 점을 추가할 수 있다. 예를 들어, 베이징어에서 "棉花(면화)"는 miɛn˧˥ xua˥ 로 표기하거나 $mi\varepsilon n^{35}xua^{55\text{-}0}$으로 표기할 수 있다. 본서는 숫자를 사용해 변조를 기록한다.

다자(多字) 조합에서 각 글자가 변조된 후의 조형과 음표기 값이 앞뒤로 연결되어 하나의 연속된 형태를 이루며, 이를 연조 조식(連調調式)이라고 한다. 간단히 연조식(連調式) 또는 조식(調式)이라고 부른다. 예를 들어, "好馬"의 연조식은 ˧˥35 ˨˩˦214이다.

어떤 경우에는 방언의 연독 변조 규칙의 체계성을 고려하여, 본조와 동일하게 발음되는 연조도 변조로 간주할 수 있다. 예를 들어, 자오양어(潮陽話)에서 "厝頂(집의 지붕)"은 $ts^{hu31-55}teŋ^{53}$으로 발음된다. 여기서 "頂"의 본조는 53이고, 변조도 53이다.

변조는 중국어 방언에서 보편적인 현상이다. 그러나 각 지역 방언의 변조 현상에 대한 조사는 아직 일반적이지 않으며 심층적으로 이루어지지 않았다. 대략적으로 우어(吳語)의 변조 현상이 가장 복잡하며, 관화(官話)는 비교적 단순하다. 관화에서도 변조가 복잡한 경우가 있지만, 이는 드문 사례이다. 예를 들어, 전장방언(鎮江方言)의 변조가 그러하다.

변조 현상을 조사하기 전에, 반드시 조사 표를 설계해야 한다. 변조 규칙을 조사하기 위한 표는 일반적으로 8개의 고조류(古調類)를 기준으로 하여, 서로 다른 조류에 속하는 글자들을 교차 결합하여 다양한 조합의 글자 그룹을 형성한다.

예를 들어, 두 글자 조합 변조 조사표를 보면, 고조류 평, 상, 거, 입이 각각 음양으로 나뉘므로, 두 글자의 앞글자와 뒷글자가 각각 8개의 조류를 가진다. 서로 다른 조류에 속하는 앞글자와 뒷글자를 조합하면 총 64개(8×8=64)의 글자 조합이 만들어진다. 배열 순서는 "음평陰平+음평陰平"부터 시작하여 "양입陽入+양입陽入"으로 끝난다. 각 글자 조합에는 여러 예문을 나열할 수 있다. 예를 들어, "음평陰平+음평陰平" 조합에는 "飛機(비행기), 公司(회사), 天窗(천창)" 등을 예문으로 들 수 있다.

조사할 때 화자에게 각 글자 조합의 예문을 하나씩 읽게 하며, 조사자가 그 연조를 기록한다. 연조 조사는 방언의 성운조 체계를 귀납한 이후에 진행해야 한다. 일부 방언에서는 차탁자(次濁字) 또는 차청자(次清字)의 조류가 별도로 변화하는 경우가 있다. 이러한 방언의 연독 변조를 조사하기 전에, 조사표에 있는 차탁자나 차청자의 예문을 적절한 글자 조합에 조정해야 한다. 예를 들어, 항저우어(杭州話)에서 양상조(陽上調)는 일반적으로 13으로 읽히지만, 고양상(古陽上) 차탁자는 53으로 발음되며, 이는 "馬(ma[53])", "吕(ly[53])"과 같이 음상조(陰上調)와 음높이 값이 동일하다. 따라서 "馬車(마차)"는 "음상陰上+음평陰平' 조합에 귀납되어야 하고, "旅行(여행)"은 "음상陰上+양평陽平" 조합에 귀납되어야 한다.

일부 방언에서는 단자조(單字調)의 조류가 통합된 이후 8개 미만이 될 수도 있지만, 조사표의 글자 조합은 여전히 8×8, 총 64개 조합을 유지해야 한다. 이는 일부 방언에서 단자조로서 특정 조류가 다른 조류에 통합되더라도, 연조에서는 여전히 독립적인 변조 규칙을 가지는 경우가 있기 때문이다. 예를 들어, 상하이 진산 방언(上海金山方言)의 양상조(陽上調)는 단자조로서는 이미 양거조(陽去調)에 통합되었지만, 글자 조합에서의 변조 규칙은 양거조와 다르다.

조사표의 예문은 가능한 한 해당 방언 지역의 구어 단어를 선택해야 하며, 일상적으로 사용되지 않는 문독 단어는 배제해야 한다. 따라서 조사표의 예문은 해당 지역의 어휘를 초기에 조사한 후 작성하는 것이 가장 적합하다.

일부 방언에서는 변조가 조류 조합뿐만 아니라 글자 조합 내부의 문법 구조와도 관련이 있다. 이러한 방언에 대해서는 문법 구조에 따라 분류된 연조 조사표를 별도로 작성해야 한다.

일부 방언에서는 친족어(親屬詞), 지명어(地名詞), 인명어(人名詞), 수량어(數量詞), 아미어(儿尾詞)와 같은 특정 범주의 단어들이 독자적인 연조 변화 규칙을 가지므로, 이를 위해 별도의 조사표를 작성해야 한다.

각 글자 조합의 조식을 기록한 후, 귀납 과정을 통해 연독 변조 규칙을 도출할 수 있다. 특정 방언의 연독 변조 규칙은 일반적으로 표 형식으로 공개된다. 예를 들어, 항저우어 두 글자 조합 변조 규칙표(표2.1 참고)에서는, 세로 열에는 각 조류에 속하는 앞글자가 나열되고, 가로 행에는 각 조류에 속하는 뒷글자가 나열된다. 조류별 앞글자와 뒷글자가 교차하는 지점이 해당 글자 조합의 변조식이다. 규칙 설명을 용이하게 하기 위해, 동일한 가로 행은 동일한 "계(系)"로 간주하며, 뒷글자는 다시 서성(舒聲)과 촉성(促聲) 두 그룹으로 나뉜다. 예를 들어, 앞 글자가 양거계(陽去系)이고 뒷글자가 서성그룹인 경우의 연조식은 12-42이다.

표2.1 상하이 진산(金山) 방언 2자군 변조표

後字 / 前字	舒聲組						促聲組	
	陰平	陽平	陰上	陽上	陰去	陽去	陰入	陽入
陰平(系)			33	44			33	4
陽平(系)	22	34	A22 B22	53 44	22	34	22	4
陰上(系)			44	31			44	3
陽上(系)			12	42			12	4
陰去(系)			34	42			34	4
陽去(系)			12	42			12	4
陰入(系)	3	42		A3 42 B3 44	3	45	3	4
陽入(系)			2	34			2	4

제4절 방언 성조의 표기와 음운 기록 방식

중국어 방언 조사의 일반적인 절차는 먼저 음운을 조사하고, 그 다음 어휘를 조사하며, 마지막으로 문법을 조사하는 것이다. 방언의 음운 체계, 문백독(文白讀), 변조(變調) 등을 파악한 후에 어휘를 조사하고 기록하면 큰 어려움 없이 진행할 수 있다.

어휘를 조사하기 전에 반드시 어휘 조사표(詞匯調查表)를 작성해야 한다. 어휘 조사표(詞匯調查表)의 항목은 일반적으로 품사별로 배열되며, 각 품사 내에서는 의미에 따라 여러 소분류로 나뉜다. 예를 들어, 명사류는 천문(天文), 지리(地理), 날짐승(飛禽), 들짐승(走獸), 가옥(屋宇), 인체(人體), 의복(服飾), 명절(年節) 등으로 나눌 수 있다.

어휘 조사표는 간략형과 상세형 두 가지로 나뉜다.

간략형은 방언 일반 조사를 위한 것으로, 방언에서의 상용 어휘와 표준어의 차이를 조사하는 데 목적이 있다. 이러한 조사표는 표준어(普通話)의 어휘를 기준으로 설정하고, 각 어휘 뒤에 이에 해당하는 방언 어휘를 몇 가지 나열하여 조사나 질문 시 참고 자료로 사용한다. 예를 들어, "[頭頸(머리와 목)]—[脖子(목덜미), 頸子(목), 項頸(뒷목), 頸項(목덜미)]"와 같은 형식이다.

상세형은 특정 방언의 어휘를 보다 포괄적이고 깊이 조사하기 위한 것이다. 이러한 조사표의 분류와 항목 설정은 세부적으로 이루어져야 한다. 인접한 이미 알려진 방언의 어휘를 기준으로 조사표 항목을 설정하는 것이 바람직하다. 예를 들어, 상하이 시 교외 지역 방언을 조사할 때는 상하이 시내 노파 방언(老派方言)의 어휘를 기준으로 삼는 것이 유리하다. 이렇게 하면 방언적 특색이 있는 어휘를 세부적으로 발굴하는 데 도움이 된다.

어떤 방언의 어휘량은 매우 방대하여, 하나의 어휘 조사표로는 모두 포함할 수 없다. 따라서 방언의 어휘를 깊이 조사하려면 조사표에 있는 항목에만 국한되지 말아야 하며, 이러한 항목들은 방언 어휘를 더 깊이 발굴하기 위한 실마리일 뿐이다.

의미별로 분류된 조사표를 이용한 어휘 조사 외에도, 특정 주제를 중심으로 방언 어휘를 철저히 탐색할 수 있다. 예를 들어, 아미어(儿尾詞), 애칭어(小稱詞), 변음어(變音詞), 속어(俚語, slang), 금기어(忌諱詞), 지명(地名), 인명(人名) 등을 조사할 수 있다. 이들 각 범주의 어휘량은 상당히 클 수 있다. 예를 들어, 항저우의 아미어는 최소 2,000개를 수집할 수 있다.

발음자에게 직접 방언 어휘를 조사하는 방법은 최소 다섯 가지가 있다.

첫째, 번역법(翻譯法)이다. 발음자에게 조사표의 표준어 어휘 또는 다른 지역 방언 어휘에 해당하는 자국어 어휘로 번역하게 한다. 예를 들어, 커자인이 표준어 "眼睛"을 "目(눈)"으로 번역하는 경우이다. 이 방법을 사용할 때는 화자가 "문어체 답변(轉文)"을 하지 않도록 주의해야 한다. 이는 화자가 단순히 글자음을 읽어내는 것으로, 일상 구어로 사용하지 않는 경우를 의미한다. 예를 들어, 커쟈인이 “눈”을 [nian^{4} tsin^{1}]으로 읽는 것은 문어체 답변으로, 평소 구어로는 “目[muk^{7}]”만 사용하는 경우다. 또한, 이 방법은 표준어와 글자 표기가 같은 경우에도 의미가 다른 방언 어휘를 조사하기에는 한계가 있다. 예를 들어, 원저우어에서 “蠶豆”가 “강낭콩”을 의미하는 경우다.

둘째, 설명 질문법(解釋提問法)이다. 화자에게 특정 단어의 의미를 설명하도록 요청한 후, 해당 사물을 나타내는 방언 어휘를 묻는 방법이다. 예를 들어, “荸薺(연못밤, 남방개)”를 설명하면서, “초본 식물의 땅속줄기의 한 종류로, 형태는 납작하고 둥글며 주판알과 비슷하다. 껍질은 얇고 적갈색 또는 흑갈색을 띠며, 속살은 하얗고 수분이 많아 배와 비슷하며 생으로 먹을 수 있다”라고 정의한 후, 이것을 지역 방언으로 뭐라고 부르는지 묻는 방식이다. 이 방법은 문어체 답변 문제를 피할 수 있으며, 순수한 방언 어휘를 발굴하는 데 유리하다.

셋째, 제시법(提示法)이다. 실물이나 그림을 제시하며 방언 어휘를 묻는 방법이다. 예를 들어, 신체 외부 부위인 머리, 손, 발, 귀와 같은 부분(body parts)은 직접 지적하여 질문할 수 있고, 눈동자처럼 세부적인 부분은 그림으로 질문할 수 있다. 이 방법은 설명 질문법의 장점을 가지면서도 직관적이며 오해를 줄일 수 있다. 예를 들어, 광저우어(廣州話)에서 “脚(발)”은 베이징어(北京話)의 “脚(발), 大腿(허벅지), 小腿(종아리)”를 모두 포함하는데, 글자 번역법으로는 오해를 초래하기 쉽다. 그러나 실물이나 그림을 사용하면 이를 피할 수 있다.

넷째, 예문 제시법(舉例法)이다. 단어를 문장 속에 넣어 화자에게 그 문장을 방언으로 어떻게 표현할지 묻는 방법이다. 예를 들어, 지시 대명사를 조사할 때 "나는 이 파란 꽃병이 아니라 저 빨간 꽃병을 원해[12]"와 같은 문장을 제시하여, 이를 방언으로 어떻게 표현할지 묻는 방식이다. 이 방법은 형용사, 동사, 조사와 같은 조사하기 어려운 어휘를 탐구하는 데 적합하다. 1940년 둥퉁허(董同龢), 양스펑(楊時逢) 등의 사람들은 쓰촨 조사방언에서 이 방법으로 가장 기본이 되는 어휘들을 조사하였다.

다섯째, 대화법(談話法)이다. 화자에게 특정 주제에 대해 이야기하도록 요청하고, 그 대화 중에 해당 주제와 관련된 일련의 어휘를 수집하는 방법이다. 예를 들어, 누에 양잠이 발달한 농촌 지역에서는 누에의 성장 과정과 양잠 경험에 대해 이야기하도록 요청하면, 양잠 관련 어휘를 체계적으로 수집할 수 있다. 이 방법은 화자가 자유롭게 이야기하도록 권장하며, 자연스럽고 구속받지 않는 상태에서 이루어지므로 순수한 지역 방언을 수집하는 데 유리하다. 또한 문맥이 제공되기 때문에 어휘의 의미가 더 분명하게 드러난다. 다만, 이 방법은 시간이 비효율적이라는 단점이 있다. 이를 보완하기 위해 현장에서 녹음한 후, 사후에 정리하며 문제가 있을 경우 간단히 질문하는 방법으로 시간을 절약할 수 있다.

위의 이 방법들은 각각 장단점이 있으므로 조사 시 상황에 따라 교차적으로 사용할 수 있다.

---

12 我不要這個藍色的花瓶, 要那個個紅色的花瓶.

어휘는 다채로운 사회적 삶과 자연환경을 반영한다. 어떤 방언의 어휘도 풍부하며, 그 수량은 매우 방대하다. 또한 음운 체계의 폐쇄성과는 달리, 어휘는 개방적이며, 체계성은 음운보다 훨씬 약하다. 어떤 지역민도 자신 지역의 모든 어휘를 완벽히 숙지하지 못한다.

따라서 특정 방언의 어휘를 심층적으로 조사하려면, 단일 화자나 조사 대상자가 제공하는 자료에만 의존해서는 안 된다. 여러 사람에 걸친 조사가 필요하며, 다양한 직업, 연령, 성별을 가진 지역민의 어휘를 조사해야 한다. 예를 들어 동일한 지역의 교사와 어부는 음운 체계가 완전히 일치할 수 있지만, 이들이 사용하는 어휘는 종종 현저히 다르다.

방언 문법 조사는 음운 및 어휘 조사에 기반하여 이루어진다. 문법 조사를 위해서는 먼저 자료를 기록해야 하며, 이를 위해 해당 방언의 음운 체계와 기본 어휘를 사전에 숙지해야 한다. 게다가 일부 문법 현상의 변화는 음운 변화와 연관된다. 예컨대 특정 우(吳) 방언에서는 문법 구조와 변조(變調) 유형이 함께 변하는 경우가 있다.

방언 문법 조사는 간략 조사와 상세 조사로 나눌 수 있다. 간략 조사의 목적은 주로 방언 문법과 표준어 문법의 중요한 차이점을 발견하는 것이다. 이러한 조사는 사전에 작성된 문법 조사 요강을 활용해 항목별로 지역민에게 묻고, 최종적으로 수집된 자료를 정리하는 방식으로 진행된다. 조사표의 항목은 표준어 문법을 기준으로 설계할 수 있다. 조사 항목은 시제, 태, 상, 수 등의 다양한 문법 범주, 서술문, 의문문, 명령문, 비교문과 같은 문장 유형, 구조 조사(助詞),

어기 조사(語氣助詞) 등 다양한 허사(虛詞), 접두사(前綴), 접미사(後綴), 접요사(中綴)와 같은 다양한 구성 요소를 포함해야 한다. 각 항목 아래에는 몇 가지 예문이나 예시를 나열해야 한다. 예를 들어 "비교문" 항목 아래에는 다음과 같은 예문을 제시할 수 있다.

(1) 弟弟比哥哥聪明. '동생이 형보다 똑똑하다.'
(2) 重慶的天氣不如昆明. '충칭(重慶)의 날씨는 쿤밍(昆明)만 못하다.'
(3) 桂林的風景跟杭州一样美. '구이린(桂林)의 풍경은 항저우(杭州)만큼 아름답다.'

첫 번째 예문과 두 번째 예문은 서로 다른 수준의 비교문이며, 첫 번째는 "우월 비교(較勝比較)"이고 두 번째는 "열등 비교(不及比較)"이다. 세 번째 예문은 동등 비교문이다. 조사는 이러한 예문을 본 지역에서는 어떻게 표현하는지 묻는 방식으로 진행되며, 항목 자체를 직접 묻는 것이 아니라 실제로는 번역법을 사용하는 셈이다. 발음 제공자가 제공하는 지역 방언 문장(本地句子)을 바탕으로 분석하여 문법 규칙(語法規律)을 발견한다. 조사표로 얻은 결과는 여전히 단순히 자료일 뿐이며, 문법 규칙을 귀납하기 위해서는 일반 문법학 지식이 필요하다.

방언문법을 보다 심층적이고 상세히 조사하려면, 방대한 양의 자료 수집에서 출발해야 한다. 문법 연구를 위한 자료란 맥락, 즉 언어 환경을 갖춘 언어 자료를 의미한다. 자료는 주로 네 가지로 나눌 수 있다. 자연 구어 자료(自然口語語料), 민속 자료(民俗語料), 방송 자료(廣播語料), 그리고 문어 자료(書面語料)다. 이 중에서도 자연 구어 자료가 가장 중요하다.

자연 구어 자료(自然口語語料)는 지역민이 일상생활에서 다양한 상황에서 사용하는 언어이다. 예를 들어, 우어(吳語), 쑹쟝어(松江話)의 이인칭 단수는 조사에서는 흔히 zəʔ^{2}nu^{13}으로 나타나지만, 실제 구어에서는 zu^{13}이 더 흔하다. 이는 zu^{13}zəʔ^{2} nu^{13}의 합음이다. 이러한 구어 자료를 수집하는 방법으로는 첫째, "현장에서 듣고 바로 기록하기(隨聽隨記)" 방식이 있다. 그러나 필기 속도가 구어 속도를 따라가지 못하기 때문에 긴 문장이나 긴 대화 자료를 정확히 기록하기 어렵다. 발음자에게 다시 말해달라고 요청하면, 불편하고 부자연스러울 수 있다. 따라서 "현장에서 듣고 기록하기"는 우연히 짧고 독특하거나 드문 사용 사례를 기록하는 데 중점을 둔다. 둘째, 녹음기를 이용해 녹음하는 방법이 있다. 녹음은 화자가 녹음되고 있다는 사실을 인지하지 못한 상황에서 이루어져야 한다. 이후 녹음을 듣고 한자나 음성 기호로 자료를 기록한다. 녹음 방법으로 자료를 수집하는 것은 가능할 뿐 아니라, 특정 지역 방언 문법을 보다 포괄적이고 심층적으로 기술하기 위해 필수적이다. 필자는 『상하이(上海) 시내 방언지(上海市區方言志)』의 문법 부분을 집필할 때 녹음 자료를 활용했으며, 녹음 테이프 길이는 30시간 이상, 36만 음절 이상의 자료를 포함한다.

민속 자료(民俗語料)는 지역의 속담(俗語), 수수께끼(谜語), 노래(歌谣), 말장난(繞口令), 민간 이야기(民間故事), 곡예(曲藝)나 희곡(戲曲) 등을 포함한다. 이러한 자료는 구두로 수집하는 것을 우선으로 해야 하며, 기존에 작성된 문어 자료를 참고 자료로 활용할 수도 있다. 각 지역 방언 문법의 차이와 공통점을 비교하기 위해, 각 지역의 발음자에게 동일한 문어 이야기를 방언으로 번역하게 할 수 있다. 동시에 각 방언의 이야기를 단어별로 발음과 의미를 표기하여, 이른바 "자역(字譯)"을 진행할 수 있다. 예를 들어, 『북풍과 태양(北風和太陽)』 이야기에서 다음과 같은 샤먼음(廈門音) 자역(字譯)이 있다.

pak^{32-4}	$hɔːŋ^{55-44}$	$kɔːŋ^{51}$	gua^{51-55}	e^{24-44}	pun^{51-55}	su^{33-22}	$tɕin^{33-22}$	tua^{33}
北	風	講	我	個	本	事	甚	大
北	風	說	我	的	本	事	甚	大

이 유명한 이야기는 『국제 음성 기호』의 끝에 발음 예시로 사용된 표준 텍스트로 첨부된 적이 있다.

방송 자료(廣播語料)는 지역 방언 방송 프로그램에서의 언어 자료를 가리키며, 이러한 자료는 사회 방언 연구에 활용될 수 있다. 예를 들어, 이러한 계획된 언어를 자연 구어와 비교 연구할 수 있다.

문어 자료(書面語料)는 방언 문학 작품, 방언 『성경(聖經)』, 방언 교과서 등을 포함한다. 이러한 문어 자료를 활용하면 역사적인 방언 문법을 연구할 수 있다. 예를 들어, 『산가(山歌)』를 이용해 명나라 말기의 쑤저우어(蘇州話) 문법을 연구할 수 있다.

방언 문법을 전면적이고 심층적으로 조사하려면 위에서 언급한 여러 종류의 자료를 수집하는 것 외에도, 상세한 조사 요강을 작성해야 한다. 요강에 따라 각 항목별로 체계적으로 발음자에게 자료를 수집해야 한다. 위의 네 가지 자료 수집은 우발적이다. 그러나 문법은 체계성이 있다. 우발적으로 수집된 자료는 체계성의 요구를 충족하지 못하는 경우가 많다. 다시 말해, 체계적인 문법을 설명하려면 우발적으로 수집된 자료는 종종 누락이 있다. 따라서 문법 체계에 근거하여 설계된 조사표를 통해 자료를 보충 수집해야 한다. 이러한 조사표는 인접 방언의 문법을 바탕으로 설계할 수 있다. 예를 들어 샤먼(廈門) 방언 문법을 바탕으로 취안저우(泉州) 방언 문법 조사표를 설계할 수 있다.

이러한 조사표는 방언 문법의 특징을 심층적으로 발굴하는 데 유용하다. 방언 문법을 기술할 때 다음 세 가지 원칙적인 문제를 주의해야 한다.

첫째, 문법 규칙의 귀납은 방언 자료의 사실에서 출발해야 하며, 가능한 한 문어 문법의 틀, 개념 또는 문법 구성 요소에 구애받지 말고 방언 문법의 특징을 발견하는 데 주력해야 한다. 필요한 경우, 문법 용어를 직접 만들어 사용할 수 있다. 예를 들어 상하이(上海) 방언에서 "日日要燒姥買啫汰姥, 煩煞!"(매일 요리하고 사고 세탁해야 하니, 정말 귀찮다!)라는 문장에서 "姥"는 표준어 문법에서의 "和"와 쉽게 비교될 수 있어 연결 기능을 가진 접속사로 오해되기 쉽다. 그러나 더 많은 자료를 비교하고 자세히 구분하면, '姥'는 열거를 나타내는 어기 조사임을 알 수 있다. 이는 '和'와 다르며, 최소 두 가지 점에서 차이가 있다. 첫번째, "和"는 반드시 두 가지 사안을 연결하지만, "姥"가 구분하는 사안은 두 개 이상일 수 있다. 두번째, 두 개 이상의 "姥"가 연속 사용될 때, 각 "姥" 뒤에는 종종 음성적 멈춤이 있지만, "和" 뒤에는 음성적 멈춤이 없다.

둘째, 표현 방식의 관점에서 자료를 분석하는 것이 중요하며, 이는 문어 문법 틀의 간섭을 피하는 데 유리하며 방언 문법의 특징을 발견할 수 있다. 예를 들어 상하이 방언 자료에서 형용사가 정도를 어떻게 표현하는지 분석하면, 주로 부사가 형용사를 수식하여 정도를 표현한다는 것을 발견할 수 있다. 예컨대 "交關多, 邪氣高"와 같은 표현이다. 또한 중첩법(重疊法, 예: "綳綳硬"), 어휘 삽입법(詞嵌法, 예: "鄉里鄉氣"), 접미사 첨가법(加綴法, 예: "紅希希"), 확장법(擴展法, 예: "金光鋥亮") 등을 통해 정도를 표현하기도 한다. 이 네 가지 방법은 사실상 상하이 방언에서 형용사가 정도를 나타내는 문법적 수단이다.

자료를 더욱 귀납하고 분석하면, "有眼(약간)"을 판별 단어로 사용하여 이 두 가지 문법 수단을 두 부류로 나눌 수 있다. 첫 번째 부류는 접미사 첨가법과 어휘 삽입법으로, "有眼"과 결합하여 약한 정도를 나타낼 수 있다. 예를 들어 "有眼紅希希, 有眼鄉里鄉氣"와 같다. 두 번째 부류는 중첩법과 확산법으로, "有眼"과 결합할 수 없는 것이다. 예를 들어, "筆筆直和", "金光鋥亮"과 같은 것은 모두 앞에 "有眼"을 더할 수 없다. 세 번째, 서양 문법 개념과 용어를 그대로 사용하는 것을 피해야 한다. 예를 들어 인칭 대명사의 복수는 일부 방언에서 겉보기에 접미사(suffix)로 구성된 것처럼 보이지만, 조금 더 심층적으로 연구하고 분석하면 중국어 방언에서 인칭 대명사 복수는 주로 어휘적 수단을 통해 구성되며, 문법적 수단을 사용하지 않는 경우가 많음을 쉽게 발견할 수 있다. 예를 들어 우어(吳語)의 인칭 대명사 복수가 있다.[13]

13 자세한 내용은 필자의 『각 지역 우어 인칭 대명사 비교 연구(各地吳語人稱代詞的比較研究)』, 『우어 연구(吳語研究)』 논문집, 홍콩 중문대학, 1992년 참조.

제5절 중국어 방언 조사 방법

1920년대 이후, 중국어 방언 조사 방법은 관례적으로 먼저 미리 선정된 특정 한자의 발음을 기록하여 성운조(聲韻調) 체계를 파악한 후, 어휘와 문법을 조사하고 기록하는 방식으로 이루어졌다. 미리 선정된 한자는 방언 발음 조사표(方言字音調查表格)에 배열되었다. 이 조사표는 1930년 중화민국 중앙연구원 역사언어연구소에서 처음 제작되었으며, 이후 보완과 수정을 거쳐 현재 널리 사용되는 『방언 조사 자표(方言調查字表)』가 되었다. 이 조사표는 『절운(切韻)』을 대표로 하는 고음 체계를 기준으로 배열되었고, 미리 선정된 한자는 해당 음운적 지위에 따라 특정 위치에 배치되었다.

이 조사표의 제작과 활용에는 두 가지 기본 인식이 있었다. 첫째, 절운 음계(音系)는 현대 중국어 방언의 총체적 근원이라는 점, 둘째, 음운 변화는 일정한 규칙성을 가진다는 점이다. 따라서 현대 방언과 절운 음계 간에는 음운 대응 관계가 존재하며, 절운 음계를 바탕으로 현대 방언 음계의 조사, 정리, 연구를 진행하는 것이 합리적이고 편리하다고 여겨졌다. 이 자표를 이용해 방언의 음운을 조사하면, 짧은 시간 안에 방언 음운 체계의 전체적 윤곽을 대략적으로 파악할 수 있다는 이점이 있다. 예를 들어, 훈련받은 조사자는 30분 내로 특정 방언의 단자조(單字調)의 조류(調類)와 조치(調值)를 이해할 수 있다.

그러나 이 조사 방법은 본질적으로 문자에서 출발하여 언어를 조사하는 방식으로, 이로 인해 얻어진 결과는 이론적으로 특정 방언 내 한자 발음 체계에 불과하다. 그 이유는 다음과 같다. 첫째, 각 방언에는 보편적으로 문백이독(文白異讀) 현상이 존재하며, 발음자는 일반적으로 글자를 보면서 문독음을 발음하는 습관이 있다. 둘째, 일부 한자, 심지어는 매우 일반적인 한자조차 방언 구어에서는 사용되지 않는다. 예를 들어, “坏”라는 한자는 원저우(温州) 구어에서 사용되지 않으며, “晚”이라는 한자는 상하이(上海) 구어에서 사용되지 않는다. 셋째, 일부 한자는 결코 단독으로 사용되지 않으며, 예를 들어 “宵”라는 한자는 상하이에서 “元宵”나 “宵夜”와 같은 표현에만 사용된다. 넷째, 일부 구어에서 자주 사용되는 음절은 한자로 기록할 수 없거나, 방언의 속자(俗字)로만 기록될 수 있다. 예를 들어, 허베이(河北) 창리(昌黎) 방언에서 “羅□ luo^{35}lən^{o}”는 “폐를 끼치다”, “□tsʰou^{35}”는 섬유 등을 씻는 것을 특별히 지칭하며, 이러한 한자는 조사 자표에 포함될 수 없다.

이와 같이 『방언 조사 자표(方言調查字表)』를 통한 조사는 “자본위 방언 조사법(字本位的方言調查法)”으로 불린다. 이러한 조사 자표는 사용된 지 이미 60년의 역사를 가지고 있다. 과거 각 지역의 초중등 교육에서는 한자의 학습과 한자 발음을 중시했으며, 한자 발음은 주로 방언 발음을 기준으로 가르쳤다. 따라서 네 가지 성조를 구별하는 데 큰 비중을 두었다. 그러나 현대에는 초중등 학교에서 보통화를 교육하며, 지역 방언으로 한자를 읽는 방법을 더 이상 가르치지 않기 때문에 이상적인 발음자를 찾기가 점점 어려워지고, 조사 자료의 적응성과 효율성도 점점 낮아지고 있다.

문자는 언어의 기호에 불과하며, 언어 연구는 문자에 의존해서는 안 되고, 구어에서 출발해야 한다. 언어학자들은 이미 구어에서 출발하여 언어를 조사하는 데 풍부한 경험을 축적했다. 예를 들어, 미주 인디언 언어 조사나 국내 소수민족 언어 조사가 그러한 사례이다. 그렇다면 중국어 방언 조사도 언어학적 원칙과 조사 절차를 엄격히 따르며, 한자를 배제하고 순수하게 구어에서 출발할 수 있을까?

1946년 둥퉁허(董同龢)는 위와 같은 방법을 사용해 쓰촨(四川) 화양(華陽) 량수이징(凉水井)의 커쟈어(客家話)를 조사하고 기록했으며, 그 결과를 『화양 량수이징 커쟈어 기음(華陽凉水井客家話記音)』(1947년 출판)으로 집필했다. 화양 량수이징 지역의 커쟈어(흔히 '토박이 광둥어(土廣東話)'로 불림)는 문자와는 완전히 단절되어 있었으며, 그곳 사람들 중 커쟈어로 글을 읽는 이는 없었다. 초등학교와 사숙에서는 일반적인 쓰촨 방언으로 교육했기 때문에 구어에서 출발하는 조사가 더욱 합리적이었다.

조사 절차는 먼저 사물의 명칭이나 표현을 묻는 방식으로 짧은 어구에서 필요한 음운을 구별하는 데 중점을 둔다. 음운 구별에 익숙해지면 곧바로 문장이나 단락, 나아가 긴 텍스트까지 자연스러운 흐름 속에서 포괄적으로 기록한다. 이러한 조사 방법은 자연 언어의 진정한 모습을 더 잘 반영하지만, 조사 시간이 비효율적이라는 단점이 있다. 이러한 방식은 현재까지 다른 학자들이 동일하게 사용한 사례가 거의 없다. 구어 어휘에서 출발하여 방언을 조사하는 방식을 "단어본위 방언 조사법(詞本位的方言調查法)"이라 부를 수 있다.

전통 방언학에서는 특정 지역 방언의 내부 음운 체계가 반드시 일관성이 있을 것이라고 보며, 단지 한 명의 지역 발음자를 찾으면 그 지역의 표준 방언을 조사할 수 있다고 여긴다. 그러나 현지 조사 경험은 서로 다른 지역민들의 음운 체계가 종종 완전히 일치하지 않음을 보여준다. 예를 들어, 상하이(上海) 진산(金山) 주징전(朱涇鎮)에서 두 명의 구세대 발음자를 조사한 결과, 한 명은 8개의 성조를 가지고 있었고, 다른 한 명은 7개의 성조를 가지고 있었으며, 양상(陽上)이 양거(陽去)로 합쳐져 있었다. 한 명은 추가적으로 ŋ운(韻)을 가지고 있었고, 다른 한 명은 추가적으로 yẽ 운을 가지고 있었다.

이처럼 상호 모순되는 경우가 발견되면, 그들은 각자 자신의 발음이 해당 지역의 표준 발음이라고 주장하며 상대방의 발음을 비표준이라고 비판한다. 이러한 상황에 직면하면, 조사자는 누구의 발음을 기준으로 삼아야 할지 결정하기 어렵다.

사실, 사회언어학의 관점에서 보면, 특정 지역 방언의 내부 차이는 객관적으로 존재한다. 전통 방언학은 스스로의 고정관념에 갇혀, 특정 지역 방언을 조사할 때 처음부터 단일한 표준 발음자를 선택하여 조사 끝까지 이를 고수해야 한다고 본다. 그러나 여러 차례에 걸친 조사는 전통 방언학의 과제가 아니라, 사회언어학의 과제이다.

3장

방언 지리

방언 지리학(方言地理學)은 방언의 지리적 분포와 변화를 연구하며, 이러한 분포와 변화 및 그 규칙성을 조사, 묘사, 분석하는 방법을 다룬다.

제1절 방언의 경계 설정과 분구

1. 방언 경계 설정의 가능성

사용 지역이 매우 협소하고 사용 인구가 극히 적은 언어를 제외하면, 일반적인 언어는 모두 방언의 차이를 지닌다는 것이 일반인의 상식이다. 사회심리학과 언어학의 관점에서 보아도 방언의 존재는 논쟁의 여지가 없는 사실이다. 방언은 지역 문화 정체성을 나타내는 가장 중요한 표지이다. 한 번이라도 고향을 떠나본 사람이라면 모두 이런 경험이 있다. 여행 중이거나 타지에서 고향 말을 들었을 때, 저절로 친근감과 기쁨이 생겨난다.

향음(鄉音)은 또한 동향(同鄉) 사람들끼리 서로를 알아보고 동일시하는 데 있어서 가장 직접적이고 중요한 조건이다. 언어학의 풍부한 자료 역시 각 지역 방언 간에는 차이가 있음을 보여준다. 방언의 존재가 의심할 여지 없이 널리 인정되는 사실임에도 불구하고, 각 지역 방언의 서로 다른 특징을 근거로 방언을 구분된 영역으로 나눌 수 있는가에 대해서는 극명하게 엇갈리는 견해가 존재한다. 방언학사(方言學史)에서는 일부 방언학자들은 방언들 사이에는 분명한 경계선이 존재하지 않는다고 본다. 지리적으로 방언은 점진적인 연속체이며, 그 연속체 가운데에는 단절된 지점이 없다. 특징이 점차 변화한 결과, 이 연속적 사슬의 양 끝에 위치한 방언은 차이가 매우 뚜렷하지만, 그 중간은 단지 과도기적 지역일 뿐이다. 마치 무지개가 빨간색에서 노란색으로 서서히 바뀌는 것처럼, 그 사이에는 명확한 경계선이 없다. 프랑스 문학자 가스통 파리(Gaston Paris)는 이미 1888년에 이와 같은 견해를 지니고 있었으며, 이를 매우 생동감 있게 설명한 바 있다.

> "실제로는 방언이 존재하지 않는다……언어의 다양한 변형은 관찰하기 어려운 점진적 변화 속에 존재한다. 어떤 시골 사람이 자기 마을의 방언만 할 줄 알아도 인근 마을의 방언은 쉽게 알아들을 수 있으며, 같은 방향으로 계속 걸어가면 다음 마을에 가서는 이해가 조금 어려워지고, 그렇게 점점 멀리 가면 결국에는 거의 알아들을 수 없는 방언 지역에 도달하게 된다."[1]

---

1 원저자 번역: 實際上方言並不存在……語言的不同變種存在於難以觀察的漸變之中。一個只會本村方言的鄉下人, 很容易聽懂鄰村方言, 如果他向同一個方向繼續步行, 到了另一個村子, 要聽懂那兒的話就要難一點了, 這樣越走越遠, 越聽越難, 最後他才到達一個方言很難聽懂的地方。

가스통 파리가 말한 "방언은 실제로 존재하지 않는다(there really are no dialects)"라는 말은 사실상 방언 간의 경계선이 존재하지 않는다는 의미이다. 스위스의 방언학자 고샤(Gauchat)와 프랑스의 방언학자 가스통 튀아용(Gaston Tuaillon) 등도 유사한 견해를 지닌다. 이와는 다른 견해도 있는데, 이는 서로 다른 방언 사이에 명확한 경계선이 존재하며, 방언지리학의 과제는 바로 이 객관적으로 존재하는 경계선을 찾아내는 것이라고 본다. 이러한 견해는 대체로 순수한 자연지리학적 관념의 영향을 받은 것으로, 방언의 경계도 자연지리 경계와 마찬가지로 분명히 구분된다고 여긴다. 이 두 견해는 각각 일정한 타당성을 지닌다.

서로 다른 방언 간의 경계선 문제는 방언 분구(分區) 문제와 관련되며, 방언 분구는 방언 분류 문제와 관련되고, 방언 분류는 다시 민계(民系) 분류와 관계된다. '민계'는 민족보다 하위의 개념으로, 하나의 민족은 여러 개의 민계로 나뉠 수 있다. 예를 들어, 커자런(客家人), 민런(閩人), 웨런(粵人) 등은 한족(漢族)의 민계이다. 민계의 특징 중 하나는 독립된 방언을 보유한다는 점이다. 특수한 상황에서는 같은 민계에 속한 사람들이 서로 다른 방언을 사용할 수도 있고, 서로 다른 민계에 속한 사람들이 같은 방언을 사용할 수도 있는데, 이 관계는 민족과 언어의 관계와 마찬가지로 반드시 일치하지는 않는다.

만일 서로 인접한 두 민계 사이에서 방언이 혼화되지 않았다면, 이 두 방언의 경계선은 분명하게 식별 가능하다. 이럴 경우 경계선 양측 주민은 자신이 사용하는 방언이 이웃 민계의 방언과 완전히 다르다는 사실을 아주 뚜렷하게 인식하고 있으며, 이러한 분계는 언어학자의 조사 없이도 현지 주민들이 분명하게 구분할 수 있고, 그에 대한 답도 유일하다. 예를 들어, 저쟝(浙江) 서북부 지역의 우어(吳語)와 관화(官話)의 경계, 쟝쑤 북부 징쟝현(靖江縣) 경내에서 어떤 마을이 쟝쑤 북부 관화를 사용하고, 어떤 마을이 우어를 사용하는지는 명확하게 구분된다. 좁은 의미의 "방언섬"(方言島)과 그를 둘러싼 방언 간의 경계 역시 매우 분명하며, 방언섬의 외곽 경계는 대체로 논쟁의 여지가 없다(이와 관련하여 본 장 제3절 참조). 위에서 언급한 상황에서는 방언이 지리적으로 점진적으로 변화하는 것이 아니라, 갑작스럽게 변화하기 때문에, 방언 경계를 확정하는 일이 그렇게 어렵지는 않다.

반대로 다음의 두 가지 경우에는 방언이 지리적으로 점차 변화하므로, 방언의 경계 설정이나 분구 문제가 매우 복잡하게 나타난다. 이 절에서 논의하고자 하는 방언 분구 문제는 주로 이 두 가지 상황에 해당된다. 첫째는 두 민계의 경계 지역에서 방언이 이미 혼화된 경우이다. 예를 들어, 민어(閩語)와 커쟈어(客家話)는 푸젠 서부 지역에서 이미 혼화되었으며, 저쟝 남부 창난현(蒼南縣) 내부의 '만화(蠻話)'는 민어화된 산간 방언의 산물이다. 둘째는 동일한 민계 내부에서 사용되는 방언이 지리적으로 대체로 점진적인 연속체를 이루는 경우로, 이때 내부 하위 방언 간의 경계를 설정하기가 매우 어렵고 종종 논쟁이 일어난다. 예를 들어, 관화 내부의 하위 방언들 간의 분화 문제 등이 그러하다.

2. 방언의 분구

방언 분구(方言分區)는 방언의 경계 설정과는 다르다. 방언 경계 설정이 인접한 두 방언 간의 경계선을 정하는 것이라면, 방언 분구는 방언의 지리적 분포를 여러 영역으로 나누는 것을 말한다. 방언 분구는 방언 경계 설정을 바탕으로 이루어진다.

방언 지리는 자연지리적 현상이 아니라 인문적 현상이다. 방언의 구역 설정은 지형적 특징에 따라 쉽게 결정되는 것이 아니라, 인위적으로 설정된다. 방언 분구의 기준과 방법은 다양하며, 동일한 원자료를 사용하더라도 기준과 방법에 따라 결과가 다를 수 있다.

예를 들어, 『중국 언어 지도집』은 중국어 방언을 10대 구역으로 나눈다.[2] 즉, 관화(官話), 진어(晉語), 후이어(徽語), 우어(吳語), 민어(閩語), 웨어(粵語), 커자어(客家話), 샹어(湘語), 간어(贛語), 핑화(平話)이다.

딩방신(丁邦新)의 『중국언어지도집을 평하다(評中國語言地圖集)』에서는 진어는 독립적이지 않고 관화에 속한 것인데, 핑화가 독립적인 이유가 부족하기 때문이다. 관화의 내부어인 초어가 쟝화이관화에 속하지 않으므로 동북관화는 독립되지 않는다고 평하였다.

반면, 제리 노먼(Jerry Norman)의 『중국어 개설』(Jerry Norman, Chinese, Cambridge University, 1988)에서는 중국어 방언을 세 가지로 구분한다.

---

2 리룽(李榮) 주편, 『중국언어지도집(中國語言地圖集)』(中澳合作, 香港朗文(longman), 1988年)), 딩방신(丁邦新), 『중국언어지도집을 평하다(評中國語言地圖集)』(『國際中國語言學評論』第1, 1996年)

a. 북부 방언(北部方言, 관화官話)

b. 중부 방언(中部方言, 우어吳語, 샹어湘語, 간어贛語)

c. 남부 방언(南部方言, 민어閩語, 웨어粵語, 커자어客話)

(진어(晉語), 후이어(徽語), 핑화(平話)는 제외한다.)

제리 노먼은 10개 표준항목으로 소리와 어휘항목을 포함하여 방언으로 나누었다. (3.1표를 참고) (+는 해당 항목이 있음을, ~는 해당 항목이 없음을 나타낸다. 이하 동일함)

우리가 이 10개 항목을 약간 조정하면 결과는 크게 달라지며, 즉 중국어 방언은 두 개의 큰 구역으로 나뉘게 된다. 북방어(관샹어(官湘語), 간어(贛語), 북부 우어(北部吳語))와 남방어(민어(閩語), 웨어(粵語), 커자어(客話), 남부 우어(南部吳語))이다. 표3.2를 참조하라.

표3.1 제리 노먼(Jerry Norman)의 방언 분구 특징표

	1	2	3	4	5	6	7	8	9	10
	他	的	不	母雞	平分陰陽	見母腭化	站	走	儿尾	房子
官話	+	+	+	+	+	+	+	+	+	+
湘語	+	~	+	~	~	+	+	+	~	+
贛語	~	~	+	~	~	+	+	+	~	~
吳語	~	~	+	+	~	+	~	+	+	+

客話	~	~	~	~	~	~	~	~	~	~
粵語	~	~	~	~	~	~	~	~	~	~
閩語	~	~	~	~	~	~	~	~	~	~

표3.2 필자의 방언 분구 특징표 (1)

	1	2	3	4	5	6	7	8	9	10
	他	的	不	母雞	平分陰陽	見母腭化	站	走	儿尾	房子
官話	+	+	+	+	+	+	+	+	+	+
湘語	+	~	+	~	~	+	+	+	~	+
贛語	~	~	+	~	~	+	+	+	~	~
北吳	~	~	+	+	~	+	~	+	+	+
南吳	~	~	~	~	~	~	~	~	~	~
客話	~	~	~	~	~	~	~	~	~	~
粵語	~	~	~	~	~	~	~	~	~	~
閩語	~	~	~	~	~	~	~	~	~	~

방언 구획(方言分區)은 서로 다른 기준과 방법을 채택하는 것이 허용되지만, 어떤 특정 지역에서 어떤 기준과 방법을 사용할지에 대해서는 우열이 존재한다.

표3.3 필자의 방언 분구 특징표 (2)

	1	2	3	4	5	6	7	8	9	10
	找	的	稻子	米湯	說	陰陽平	豎	這	圳	孩子
官話	+	+	+	+	+	+	+	+	~	+
湘語	~	~	~	~	~	~	~	~	+	~
贛語	~	~	~	~	~	~	~	~	+	~
吳語	~	~	~	~	~	~	~	~	+	~
客話	~	~	~	~	~	~	~	~	+	~
粵語	~	~	~	~	~	~	~	~	+	~
閩語	~	~	~	~	~	~	~	~	+	~

방언 구획(方言分區)과 방언 분류(方言分類)는 다르다. 방언 구획은 단지 방언의 지리적 분포를 연구하는 구획 작업일 뿐이다. 일반인들이 지역적으로 방언간 차이가 있다는 사실을 느낄 수 있으며, 어느 지역의 사람이든 특별히 조사나 연구를 하지 않아도 본 지역 방언과 인접 지역 방언의 친소 관계에 대해 나름의 견해를 가질 수 있다.

다시 말하면, 일반인(여기에는 언어학 연구자도 포함된다)이 연구를 하지 않은 상태에서도 본 지역 방언의 구획에 대해 대략적인 인상을 가지고 있는데. 이러한 인상을 "지역민의 언어 감각(本地人的語感)"이라 한다.

방법의 우열은 그 결과가 대체로 지역민의 언어 감각에 부합하는지, 즉 방언의 지리적 차이라는 사실에 부합하는지를 통해 판단해야 한다.

지역민이 서로 소통에 전혀 어려움이 없는 갑지역과 을지역을 다른 구역으로 나눈다거나, 반대로 소통에 큰 어려움이 있는 을지역과 병지역을 같은 구역으로 귀납하는 것을 좋은 방법으로 생각할 수는 없다.

예를 들어, 난징어(南京話)과 우시어(無锡話)를 같은 방언 구역으로 묶으면서도, 우시어과 쑤저우어(蘇州話)을 서로 다른 방언 구역으로 나눈다는 것은 상상하기 어렵다. 또한, 취안저우어(泉州話)와 차오셴어(潮汕話)를 같은 구역으로 묶으면서, 샤먼어(厦門話)와는 다른 구역으로 나누는 것도 비합리적이다.

1) 특징 판단법(特徵判斷法)

특징 판단법은 "동언선법(同言線法)"이라고도 불린다. 방언 지도상의 동언선(isogloss, 또 다른 번역: 등어선(等語線))은 선 양쪽의 방언 특징이 다르다는 것을 나타내며, 방언 지도에서 일정 지역을 구분하여 그 내부의 방언 특징이 동일하다는 것을 나타낼 수도 있다. 예를 들어, 방언섬 내부의 방언이 그러하다. 여러 개의 동언선이 밀집되거나 겹치는 곳은 "동언선 다발(同言線束bundle of isoglosses)"이 된다. 전통적으로 방언 구분 경계를 정하는 데 동언선이나 동언선 다발이 사용되었다. 그러나 동언선이나 동언선 다발이 반영하는 것은 방언의 일부 혹은 몇 가지 특징에 불과하며, 방언의 모든 특징을 나타내는 것은 아니다. 따라서 이 방법을 "특징 판단법("特徵判斷法)"이라고 부른다. 이는 동물학에서 척추 유무라는 특징으로 척추동물을 구분하는 것과 유사하다.

이 방법의 장점은 간단하며, 중요한 동언선이 명확하거나 동언선 다발이 밀집된 지역에서 효과적이다. 예를 들어, "파열음의 3단계 구분"이라는 단일 동언선으로 우어(吳語)와 인접 방언 구역을 나눌 수 있다.

문제는 일부 지역에서 동언선이 매우 산발적으로 나타나며, 밀집되동언선지 않을 뿐만 아니라 간격도 멀고, 주요선과 부차적인 선의 구분이 어려운 경우이다. 이럴 때 동언선 중 하나를 주관적으로 선택해 구분 경계로 삼으면 편파적인 결과를 초래할 수 있다.

예를 들어, 우어 내부에서 "沙" 음운(麻韻 開口二等)을 [ɑ]로 발음하는 동언선을 기준으로 하면 항저우(杭州)와 진화(金華)는 동일한 하위 방언 구역에 속한다. 반면, "看" 음운(寒韻 開口一等)을 [E]로 발음하는 동언선을 기준으로 하면 두 지역은 다른 방언 구역에 속한다. 따라서 "특징 판단법"의 한계와 실현 가능성이 낮다는 점은 명확하다.

"동언선(同言線, isogloss)"은 "등온선(等温線, isotherm)"을 모방해 제정된 것이다. 두 지역의 기온 차이는 온도라는 단일 지표로만 나타낼 수 있지만, 두 지역의 방언 차이를 형성하는 요인은 훨씬 더 복잡하다. 따라서 자연지리 개념인 등온선을 빌려 방언 구분 문제를 연구하는 것은 애초에 적절하지 않다.

더욱이 방언 지도상의 언어적 사실은 동언선 양쪽의 방언 특징이 항상 명확히 구분되지 않는 경우가 많음을 보여준다. 동언선 양쪽의 방언 특징 관계는 대체로 다음 네 가지 유형으로 나눌 수 있다.

다음은 푸구어퉁(傅國通) 등『저장성 방언 분구 연구(浙江省方言分區)』(1985)의 30개 방언 지도가 제공하는 자료를 분석하여 설명한 것이다.

첫째, 동언선 양측의 방언 특징이 완전히 다르고, 서로 간섭하지 않는다. 한쪽의 특징이 A라면, 다른 쪽은 예외 없이 B이다. 이러한 사례는 극히 드물며, 30장의 지도 중 단 한 건만 확인된다. 예를 들어, "생두부"라는 표현은 저장 북부에서는 "生豆腐"라고 하지만, 저장 남부에서는 "豆腐生"이라고 한다.

둘째, 동언선의 한쪽 방언 특징이 A일 경우, 반대편의 방언 특징도 A이거나 A와 B 둘 다 가능하다. 예를 들어, "月"(山攝 合口 三等 月韻 疑母)이라는 단어는 저장 서북부에서 무성음으로 발음된다. 예를 들어, 호주(湖州)에서는 [ɦiəʔ⁸]로 발음되지만, 그 외 지역에서는 비음 성모(鼻音聲母)로 발음되거나 무성음과 비음 성모가 공존한다. 예를 들어, 운화(雲和)에서는 [n̥yəʔ⁸], 신창(新昌)에서는 [ɦiəʔ⁸/n̥yəʔ⁸]로 발음된다.

셋째, 동언선의 한쪽 방언 특징이 A라면, 반대편은 B, C, D 등 다양한 특징을 가진다. 예를 들어, "房子"(집)라는 단어는 전당강(錢塘江) 이북에서는 3~4개 현을 제외하고 대부분 "房子"라고 부르지만, 다른 지역에서는 "屋", "房屋", "處", "屋宕" 등 다양한 표현을 사용한다.

넷째, 동언선의 한쪽에서 나타나는 특징이 반대편에서도 일부 지역에 나타난다. 한쪽에서 주요 특징이 A이고, 다른 쪽에서 주요 특징이 B인 경우, A가 나타나는 지역에서도 일부 B가 등장할 수 있고, 반대로 B 지역에서도 일부 A가 나타날 수 있다. 예를 들어, "周"(流攝 開口 三等 尤韻 章母)의 성모는 저장 남부에서 [ʑ]로 발음되지만,

저장 북부에서는 일반적으로 [ʦ]로 발음된다. 그러나 저장 남부의 특징([ʑ] 발음)이 저장 북부의 일부 지역(예: 호주(湖州), 덕청(德淸), 창화(昌化), 소산(蕭山))에서도 나타난다. 동언선 두 편의 방언 특징의 상호관계는 표1로 나타낼 수 있다.

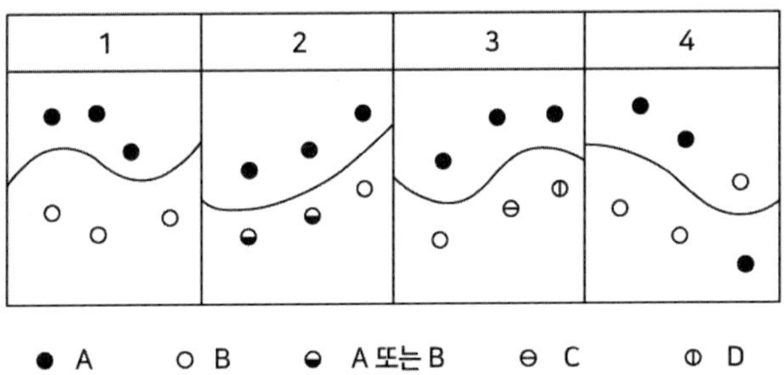

그림1. 동언선 양측의 복잡한 상황에 대한 시의도

그림에서 각 사각형은 특정 지역을 나타내며, 가운데의 곡선들은 동언선(同言線)이다. 이를 통해 단 하나의 동언선(동언선 다발이 아닌)을 방언 간의 절대적인 경계선으로 삼는 것이 쉽지 않음을 알 수 있다.

특징 판단법을 사용할 때 "특례자(特例字)"를 기준으로 삼을 수도 있다. 특례자는 "특자(特字)"라고도 하며, 이는 역사적 음운 변화를 따르지 않는 글자를 의미한다. 예를 들어, "鉛"(山攝合口三等 平聲仙韻 以母)의 발음은 웨어(粵語), 샹어(湘語), 민어(閩語), 커쟈어(客家話) 등에서는 음운 변화 규칙을 따르지만, 우어(吳語)에서는 규칙에 맞지 않다.

廣州	長沙	福州	廈門	梅縣	蘇州	温州
yn^1	$y\bar{e}^1$	$y\mathrm{ɔŋ}^1$	$i\mathrm{ɛ}n^1$	ian^1	$k^h\mathrm{ᴇ}^1$	k^ha^1

2) 고금비교 판단법

이 방법은 역사적 기원의 관점에서 방언을 구분하려는 시도이다. 중국은 아직 대규모 중국어 방언 지도집(漢語方言地圖集)을 편찬한 적이 없으나, 현재 중국어를 대략 7대 방언 구역으로 나누는 방법은 사실상 이 방법을 사용한 것이다.

판단의 절차는 대략 다음과 같다.

먼저 『절운(切韻)』이 중국어 방언의 총원이라고 가정하고, 각 지역의 방언 음운 체계를 『절운(切韻)』과 비교해 무엇을 보존하고 무엇을 잃었는지를 파악한 뒤, 특징이 유사한 지역들을 하나의 대방언 구역으로 묶는다. 즉, 각 대방언의 특징은 『절운』과 비교한 결과에서 얻게 된 것이다. 예를 들어:

> 웨어(粵語)는 『절운』 음계의 -m, -n, -ŋ 및 -p, -t, -k 운미(韻尾)를 보존했다.
>
> 우어(吳語)는 탁음 자음(濁塞音)과 탁음 마찰음(濁塞擦音)을 보존했다.
>
> 북방어(北方話)는 대부분 지역에서 입성(入聲)을 잃었다.

같은 대방언 구역 내부에서 차방언(次方言)을 나눌 때도 이 방법을 참고할 수 있다. 예를 들어, 우어(吳語) 구역의 원저우 방언(温州次方言區)은 다음과 같은 특징을 가진다.

> 중고시대 진운(真韻)의 aŋ 음으로 읽는다.
> 모음이 저화(元音低化)되었다.
> 호운(豪韻)과 효운(肴韻)이 현대에는 서로 다른 운으로 분화되었다

이러한 특징들은 다른 차방언 구역에서는 찾아볼 수 없다.

딩방신(丁邦新)[3]의 『중국어 방언 구획의 조건』에서는 이 방법을 가장 철저히 실행했다. 그는 다음과 같이 주장한다.

> "중국어 음운사를 근거로 초기 역사적 조건을 사용해 대방언을 구분하고, 후기 역사적 조건을 사용해 차방언을 구분하며, 현재 평면적 조건을 사용해 소방언을 구분해야 한다.
> 초기와 후기는 상대적인 용어이며, 특정한 시간을 지칭하지 않는다. 조건의 경중은 상대적 선후 순서에 따라 결정되며, 가장 초기 조건이 가장 중요하고, 가장 후기 조건은 현재의 평면적 음운 차이를 의미한다(以漢語語音史為根據, 用早期歷史性的條件區別大方言；用晚期歷史性的條件區別次方言；用現在平面性的條件區別小方言.早

3 딩방신(丁邦新), 『중국어 방언 구획의 조건(漢語方言區分的條件)』, (『칭화학보(清華學报)』 신14권 1, 2기 합본, 1982년 출판)

期、晚期是相對的名詞… 最早期的條件最重要, 最晚期的條件也就是平面性的語音差異了)."

딩방신은 6가지 초기 역사성 조건을 사용하여 중국어 방언을 7개 방언으로 나누었다.

> ① 고대 탁음 자음(b, d, g)의 변화
> ② 고대 -p, -t, -k 운미의 변화(보편조건, 普遍條件)
> ③ 고대 지·철·징모(知、徹、澄母) 글자가 t로 발음되는 여부
> ④ 고대 차탁 상성(次濁上聲)의 "馬, 買, 理, 領, 晚" 등의 글자가 음평(陰平)으로 읽히는 여부(특수조건, 獨特條件)
> ⑤ 고대 설근음(k, kʰ, x)이 전고모음(前高元音) 앞에서 변화하는 여부(보충조건, 補充條件).
> ⑥ 고대 평·상·거·입조(平上去入)의 변화(古調類平上去人的演變).

위의 첫 번째 조건(①)만 사용해서는 관화(官話)와 웨어(粵語), 간어(贛語)와 커자어(客話)를 구분할 수 없다. 하지만 두 번째 조건(②)을 추가하면 일곱 개 방언을 아주 명확히 구분할 수 있다. 전탁성모(全濁聲母)는 민어와 샹어에서 유사한 변화가 나타나므로, 세 번째 조건(③)을 추가하여 민어를 구분한다. 또 간어와 커자어는 구별하기 어려우므로, 네 번째 조건(④)을 추가하여 커자어를 구분한다. 다섯 번째 조건(⑤)은 전국의 방언을 두 개의 대범주로 나누었다. 관화, 우어, 샹

어, 간어는 "tɕ, tɕʰ, ɕ"로 변화하고, 커쟈어, 민어, 웨어는 "k, kʰ, x"로 읽는다. 여섯 번째 조건(⑥)은 성조(聲調)에 관련되며, 앞의 다섯 조건은 성모(聲母)와 운모(韻母)에 관련된다.

딩방신(丁邦新)은 후기의 역사적 조건을 사용하여 방언을 차방언으로 나눈다. 관화를 예로 들면, 다섯 개의 차방언은 북방(北方), 진(晉), 하강(下江), 서남(西南), 초(楚)이며, 네 개의 조건으로 나뉜다. 즉,

① 고대 입성(入聲)의 변화.

② 고대 니모(泥母)와 래모(來母)의 혼합 여부 (이상의 보편 조건).

③ 비음 운미(鼻音韻尾)의 약화 또는 소실.

④ 고대 어운(魚韻)·우운(虞韻)에 속하는 지계(知系)·장계(章系)·견계(見系)의 운모 ʮ 독음.

①의 조건으로 다섯 개 차방언을 구분하고, ②의 조건으로 진어와 하강관화를 구분한 후, ③과 ④조건으로 진어(비음 운미가 소실되거나 약화됨)와 초어(ʮ 운모가 있음)를 구분한다.

방언은 끊임없이 발전하면서 서로 간에 영향을 주고받기 때문에, 음운구조에서의 제한된 항목과 『절운(切韻)』과의 비교 결과를 근거로 방언구를 설정한다면, 방언의 실제구획과 종종 완전히 부합할 수 없게 된다.

예를 들어, 만약 유성 파열음(濁塞音)이라는 단 하나의 기준만을 가지고 판단한다면, 상서북(湘西北)의 화위안현(花垣), 지서우(吉首), 바

오징(保靖), 융순(永順), 구장(古丈), 루시(瀘溪), 전시(辰溪), 위안링(沅陵) 등 여러 현(縣)의 방언은 모두 노샹어(老湘語)에 속해야 한다. 그러나 다른 측면에서는, 이들 지역의 방언은 서남관화(西南官話)와 훨씬 더 가깝다. 이 방법은 경계 방언의 귀속이나 방언 내부의 재구획 문제를 다룰 때, 종종 큰 어려움에 직면하게 된다. 이 방법이 근거하는 원리는 사실상 "특징판단법"과 같은 것이며, 단지 정확한 "동언선(同言線, isogloss)"을 그리지 않은 것일 뿐이다.

3) 종합판단법

이 방법은 동언선(同言線)을 방언 구획의 기반으로 삼는 것을 포기하고, 체계적인 언어 요소와 언어 특질의 항목을 설정한 다음, 이 항목들에 대해 서로 비교하여 이질성과 동질성을 평가한다. 그 후 이질 항목의 개수와 현재 출현 빈도의 높고 낮음을 기준으로 방언 구역을 나눈다.

이 방법의 장점은 방언의 특징의 총합을 반영할 수 있다는 것이다. 그러나 단점은 계산 과정이 너무 복잡하다는 점이다. 예를 들어, 운모(韻母)의 이질성을 비교하기 위해서는 먼저 『광운(廣韻)』의 206개의 운(여기서는 자음, 등운, 출현빈도는 고려하지 않는다)을 나열한 후, 이들 운을 기준으로 각 지역 방언 간의 이질성과 동질성을 비교하고 접근율(接近率)을 계산해야 한다. 만약 어떤 지역의 비교 지점이 100곳이라면, 각 지점과 다른 모든 지점을 비교해야 하므로 총 $C^{2}_{100} \times 206 =$ 1,017,000번의 비교를 해야 한다. 계산 과정이 지나치게 복잡하기 때문에 이 방법은 현재로서는 거의 시행 불가능하다.

4) 군집 분석법

이 방법은 필자가 1984년 우어(吳語) 구획을 논의할 때 처음으로 제안한 것이다.

먼저, 특정 지역의 방언을 대략적으로 몇 개의 부류로 나눈다는 모호한 인상을 바탕으로 그 지역의 방언을 몇 개의 집단으로 구획할지 결정한다. 다음, 각 집단에서 하나의 표준점(標准點)을 선정하고 비교 항목으로 상대적으로 많은 수지만 제한된 항목을 선택한다. 이후 임의의 한 지점을 선택해 각 표준점과 비교하고 각 지점이 어느 집단에 속하는지를 접근율(接近率)을 바탕으로 판단한다.

이 방법의 주된 어려움은 한 지역을 몇 개의 집단으로 나눌지 결정하는 것과 각 집단의 표준점을 어떻게 선택할지를 정하는 것이다. 그러나 이 두 가지 문제가 상대적으로 쉽게 해결되는 지역에서는 집군 분석법이 매우 유용하게 적용될 수 있다.

이러한 지역은 대략 두 가지 유형으로 나눌 수 있다. 방언 차이가 옛날 행정 첫번째 유형은 옛날 행정 구획인 부(府治)나 주(州)와 밀접한 관계를 가진 지역이다. 밀접한 관계를 가진 지역이다. 예를 들어 쑤난(蘇南)과 저장(浙江)에서는 과거의 부치(府治)나 주치(州治) 지역의 방언을 표준점으로 삼아 비교할 수 있다.[4]

---

4 참고: 필자의 저서 『쑤난과 상하이 우어의 내부 차이(蘇南和上海吳語的內部差異)』(『방

다른 한 유형은 한 지역에서 몇 개의 여러 방언이 사용되는 경우로 여러 방언이 사용되며, 각 방언의 중심 지역(focal area, 核心地带)은 명확하지만, 과도지역(transitional area, 過渡地區)의 귀속은 정하기 어렵다. 중심도시를 표준점으로 삼을 수 있다. 예를 들어, 후난성(湖南省) 전역에서는 신샹어(新湘語), 라오샹어(老湘語), 관화(官話), 간어(贛語)의 네 가지 방언이 사용된다.[5] 여기서 각 방언의 4개 중심 도시를 표준점으로 삼아 비교할 수 있다. 예를 들어:[6]

창사(長沙): 신샹어(新湘語)의 표준점
청부(城步): 노샹어(老湘語)의 표준점
창더(常德): 관화(官話)의 표준점
핑장(平江): 간어(贛語)의 표준점

5) 이해도(Intelligibility) 측정법

이 방법은 언어 구조 자체에서 출발하여 방언을 구획하는 방식을 포기하고, 정보 이론의 관점에서 방언 구획을 시도하는 것이다.

이 방법의 장점은 설계가 적절하기만 하다면 지역민의 어감을

언(方言)』 계간지, 1984년 제1기)에 수록됨(參見拙著『蘇南和上海吳語的内部差異』, 載『方言』季刊 1984年 第1期).

5 와어(瓦話) 잔어는 여기에서 잠시 거론하지 않는다.

6 참고: 필자의 저서 『후난성 방언의 구획과 역사적 배경(湖南省方言的區画及其歷史背景)』(『방언(方言)』, 1985년 제4기)에 수록됨(參見拙著『湖南省方言的區画及其歷史背景』, 載『方言』 1985年 第4期).

가장 잘 반영할 수 있다. 지역민의 언어 감각을 가장 잘 반영할 수 있다. 지역민의 언어 감각은 실질적으로 이해도에 대한 모호한 인상에서 기인한다.

중국어 각 방언 구역에서 이해도에 영향을 미치는 주요 요인은 어휘(詞匯)이며, 음운이나 문법이 아니다. 예를 들어, 쓰촨 방언(四川話)과 베이징 방언(北京話)은 양평(陽平), 상성(上聲), 거성(去聲)의 조치(調值)에서 큰 차이가 있다. 하지만 어휘만 동일하다면, 조형(調形)이 달라도 서로 이해할 수 있다. 원형이 오목한 철제 조리 기구를 북방 방언에서는 "鍋(냄비)", 우어(吳語)에서는 "鑊", 민어(閩語)에서는 "鼎"이라고 부른다. 이 단어의 경우 세 방언 간 이해도는 0이다.

어휘는 음운을 통해 표현되기 때문에 어휘 이해도는 이미 음운 이해도(可懂度)를 포함하고 있다.

> 이해도 측정법
>
> (1)1~2천 개의 기본 어휘를 선택하여 단어 의미에 따라 의미별로 범주화한다.
>
> (2)갑류 방언 화자가 각 범주의 단어를 낭독하고 을류 방언 화자가 얼마나 이해했는지 조사하여 이해도의 백분율을 계산한다.

어휘의 이해도는 자연 언어에서 각 단어가 나타나는 빈도를 고려해야 하지만 현재 방언 어휘의 출현 빈도를 통계 내기는 어렵기 때문에 이 요인은 배제한다.

필자는 사오싱(紹興) 지역민을 대상으로 원저우(温州) 방언의 이해도를 측정했다. 일상생활 어휘 746개를 의미별로 분류하여 사오싱 사람에게 들려주었다. 270개의 단어(36.2%)를 이해했으며, 이해도는 36.2%를 차지한다. 이해하지 못한 단어(聽不懂)는 63.8%였으며, 그 원인은 다음 두 가지다.

하나는 사용하는 단어가 다르다. 예를 들어 샤오싱 방언에서 "筷(젓가락)"이라 하는데, 원저우 방언에서 "箸"라고 한다. 둘은 음운차이가 지나치게 심하다. 예를 들어 "龍"은 원저우 방언에서 [liɛ²], 사오싱 방언에서 [loŋ²]으로 발음된다.

그 원인은 주로 두 가지가 있다.

하나는 연상 작용이다. "飯(밥)"을 듣고 이해한 후 "mei⁴"를 듣고 "米(쌀)"임을 연상하기 시작한다. 다른 하나는 하나의 어휘로 여러 어휘를 유추하는 것이다. 예를 들어 "拖拉機(트랙터)"를 듣고 이해한 후 "機器(기계)"를 듣고 쉽게 이해한다. "機器(기계)" 또한 "機" 자가 있기 때문이다.

어떤 단어는 처음에는 이해하지 못했지만 나중에 깨달은 경우도 있었다. 이는 두 가지 요인 때문이다.

단어만으로 이해도를 측정하는 방법은 언어 환경이 부족하고 동음이의어 문제가 발생하기 때문에 측정 결과가 정확하지 않을 수 있다. 이를 보완하기 위해 TOEFL의 청해(Listening Comprehension) 시험처럼 핵심 어휘를 언어 환경에 배치한 문제를 설계할 수 있다.

TOEFL 청해 시험은 사실상 이해도 측정 시험과 동일하다.

방언 분구와 음위(音位) 귀납은 동일하게 모두 공시적일 수 있지만, 역사적인 것은 아니다. 그러나 모두가 중국어 방언 분구를 논할 때, 피할 수 없이 『절운(切韻)』과 얽히게 된다(이 글도 예외는 아니다). 이것은 중국어 방언 조사가 항상 『절운』 음계를 출발점으로 삼았기 때문이다. 그러므로 두 지역의 이질성과 공통성을 비교할 대상을 선택할 때, 모두가 그들의 중고(중국 중세) 음운 지위를 고려하는 데 익숙하다. 다행히도 비교 대상 자체는 여전히 공시적이다. 이 6가지 방법 중 마지막 하나만이 역사적 출처를 완전히 무시하는 것이다. 방언 분구는 공시적인 작업이지만, 만약 분구 결과가 역사적 상황과 일치한다면, 당연히 더할 나위 없이 좋다. 현재 중국어 방언 1차 지역 구분은 역사적 출처와 일치한다. 그러나 이해도(상호 이해 가능성)측면에서 가장 불합리한 부분 중 하나는 신샹어(新湘語)와 구샹어(舊湘語)를 동일한 방언구로 묶어 놓은 것이다. 신상어는 구상어와의 상호 이해가 매우 어렵지만, 서남 관화(官話)와는 비교적 쉽게 통한다.

무엇보다 방언 분구 작업은 반드시 현지인의 당지 방언 분류 의견을 참고할 필요가 있다. 어떤 현지 성인도 자신의 방언과 인접 방언의 차이에 대하여 대개 민감하며, 그들은 종종 방언 조사자에게 인근 지역의 다른 방언의 특정 음운, 어휘, 문장 특징을 알려주며, 의견이 상당히 일치한다. 그들의 해당 지역의 방언 분류에 대한 견해는 대개 언어학적 조사 결과와 일치한다. 예를 들어, 간난(贛南) 커자어(客話)지역 주민과 간어(贛語) 지역 주민은 자신들이 어떤 말을 하고,

다른 사람들이 어떤 말을 하는지에 대한 견해가 방언학 조사 결과와 완전히 일치한다. 방언 분구 조사 항목을 설계할 때 반드시 그들의 의견을 참고할 필요가 있다.

방언 분구 작업의 결과는 방언 분구 지도로 나타내야 한다.

방언 분구 지도에는 두 가지 비교적 특수한 구역이 존재할 수 있다. 하나는 방언 과도구(過渡區), 다른 하나는 언어 비지(飛地)이다. 두 가지 이상의 방언구의 경계 지역 방언은 두 가지 이상의 방언의 특징을 모두 가지며, 이러한 지역은 이 두 가지 이상의 방언의 과도구로 구분할 수 있다. 예를 들어, 장쑤(江蘇) 단양현(丹陽縣) 현성은 강회관화(江淮官話)와 우어(吳語)의 과도구다. 단양 방언에서는 고탁성(古濁聲) 평성(平聲)을 송기 청음(送氣清音)으로 읽고, 측성(仄聲)을 불송기 청음(不送氣清音)으로 읽는다. 이는 강회관화와 유사하다. 백독(白讀)음은 평측을 불문하고 비교적 약한 불송기 탁성모(不送氣濁聲母)로 읽는다. 예를 들어 '糖'은 문독(文讀)으로 [tʰ-], 백독으로 [d̥-], '蕩'은 문독 [tʰ-], 백독 [d-]으로 읽는다.

과도구의 면적은 매우 작은데 이러한 작은 면적의 과도 지역은 방언 경계 양쪽에 흔히 존재하지만 큰 축척의 지도에서는 흔히 생략된다.

또한 상당히 넓은 과도구도 존재한다. 예를 들어, 푸젠(福建) 서북부의 샤오우(邵武), 광쩌(光澤), 타이닝(泰寧), 젠닝(建寧), 쟝러(將樂), 순창(順昌) 등 여섯 현시는 남쪽으로 객가어 지역과 접하고, 동쪽으로는 민어(閩語) 지역과 접한다. 이 지역의 방언은 커쟈어의 일부 특징을 가지면서도 민어의 일부 특징도 지닌다. 따라서 이 지역을 민어와 커자어의 과도구로 분류할 수 있다. 예를 들어 샤오우는 민어와 커자어의 특징을 모두 갖추고 있다.

민어의 특징[7]으로 옛음 지(知)·철(徹)·징(澄) 성모는 오늘날 색음(t, t^h)으로 읽는다. 예를들어 竹 ty^1, 抽 $t^hәu^1$, 池 ti^2이며, "脚"는 "骹"로 부른다. 객가어의 특징[8]으로 고탁 색음 성모는 평측을 불문하고 현재 청 송기 성모로 읽는다. 예를들어 盤 p^hon^2, 糖 $t^hɔŋ^2$ 와 같다.

중고 효모(晓母)는 오늘날 성모 f로 변화하며 원순 모음이나 개음이 동반된다. 현재의 마찰음 성모는 중고 협(匣)성모와 대응하며, 민어에서는 설근 색음이나 영성모로 읽는다. 소무 및 민·객 공통 특징으로 타 방언에는 없는 점은 다수의 양순 성모를 가진 글자가 다른 방언에서는 순치음으로 읽힌다. 타 방언 혹은 중고 중국어의 마찰음 성모를 갖는 글자에 대해서도 색찰음으로 읽는 경향이 있다. 그러나 소무 및 다른 민 방언에서 이와 같은 예는 커자어보다 많다.

관화와 우어 사이의 후이어(徽語) 지역도 과도성 방언의 성격을 가지고 있다. 성조는 음양으로 나뉘며 우어에 가깝고, 성모에는 탁음이 없으므로 관화 방언에 가깝다. 방언 과도구는 방언의 지리적 점진성과 다양한 방언의 상호 접촉 및 융합으로 형성된다.

방언 비지는 본래 방언 지역의 본거지에서 떨어져 있으며, 다른

7 참조: 장진흥(張振興), 「민어의 분구」, 『방언』 1985년 제3기.

8 참조: Jerry Norman, 『The Classification of the Shaowu』, 『역사언어연구소집간』 53권 3호.

방언 지역에 의해 분리된 방언의 일부나 방언 점을 말한다. 방언 비지는 크게 두 가지 유형으로 나눌 수 있다. 하나는 두 가지 이상의 다른 방언에 의해 둘러싸인 비지이다. 예를 들어 민어의 본거지는 복건과 광동의 차오센(潮汕)이지만, 민어는 광둥성 해안에 매우 좁은 비지를 가지고 있는데, 이는 웨어(粵語)와 커쟈어에 둘러싸여 있다. 레이저우 반도(雷州半島)의 민어 비지도 이 두 방언에 둘러싸여 있다. 광시(廣西) 지역의 민어는 흩어진 점의 형상으로 분포하며 종종 여러 방언에 의해 나누어져 둘러싸여 있다. 다른 하나는 단일 방언에만 둘러싸인 것으로, 이를 방언 고도(孤島)라 한다. 예를들어 관화의 푸저우(福州) 난핑(南平)의 비지 토군화(土軍話)이다.

방언 비지의 대부분은 본거지를 떠난 이주민에 의해 형성된 것으로, 예를 들어 하이난(海南)섬의 민어 비지는 푸졘 동부 민어 지역 사람들이 대략 명대에 바다를 건너 형성된 것이다. 지금도 비지 방언은 푸졘 동부 지역의 민어와 비교적 유사하다. 소수의 비지는 본거지의 변두리가 다른 방언의 침식으로 인해 잔존한 경우이다(자세한 내용은 제3절 참조).

제2절 방언구획을 제약하는 비언어요소

언어 현상이 본래 지리적 분포에서 나타나는 차이점은 방언을 구획하는 근본적인 근거이다. 중국어 방언의 지리적 분포 양상을 형성하는 원인은 언어적 요소 자체(방언 내부의 변화(方言內部演變), 방언 차용(方言借用), 방언 융합(方言交融)) 외에도 다음과 같은 세 가지 주요 비언어적 요인이 있다.

인구 이동은 방언 지리적 양상의 변화를 초래하는 가장 직접적이고 중요한 원인이라는 점은 매우 분명하다. 중국어 방언 지리적 양상은 역사상 몇 차례의 중요한 변화가 있었으며, 이는 대부분 인구 이동으로 인해 직접적으로 발생했다(자세한 내용은 제4장 참조).

예를 들어, 장쑤의 닝진(寧鎭) 지역은 원래 우어 지역(吳語區)에 속했으나, 진나라 영가(永嘉) 시대의 혼란 후 북방 이민이 대량으로 이 지역으로 이주하면서 결국 북방 방언 지역(北方話區)이 되었다.

행정 구획과 방언 구획은 결코 같은 개념이 아니지만, 역사적으로 장기간 안정된 행정 구획, 특히 중국 역사에서의 2급 행정 구획(부(府) 혹은 주(州))은 방언 구획의 형성에 뚜렷한 역할을 한다.

이에는 두 가지 이유가 있다. 첫째, 부(府)나 주(州)는 여러 현(縣)을 유기적으로 결합한 개념이며, 부치(府治)는 단순히 정치 중심지일 뿐만 아니라 해당 부의 경제, 문화, 교통 중심지이기도 하다. 고대에는 교통이 발달하지 않아 사람들은 대개 한 곳에 정착하려는 경향이 있었기 때문에, 천재지변이나 전란이 없으면 해당 지역(부(府))을 떠날 기회는 거의 없었다. 따라서 사회 활동은 대체로 부의 범위 내에서 이루어졌으며, 이로 인해 해당 부의 방언은 자연스럽게 부치 방언을 중심으로 결집하는 역량이 생겨났다. 둘째, 많은 부의 속현(屬縣)은 대부분 그 부 내에서 가장 오래된 모현(母縣) 중 하나에서 나누어 신현(新縣)을 형성한 것이다.

예를 들어 저장(浙江)의 원저우부(温州府) 6현은 동한 시대의 영녕현(永寧縣)에서 분리된 것이고, 타이저우부(台州府) 6현은 닝하이(寧海)를 제외하고는 모두 서한 시대 회포현(回浦縣)에서 분리된 것이다. 이런 경우 같은 부에 속한 여러 현의 방언이 서로 비슷해지는 것은 자연스러운 일이다.

역사적으로 2급 행정구역의 관할 범위가 장기간 안정된 지역에서는 현대 방언의 구획이 종종 2급 행정구역의 경계선과 대체로 일치한다. 가장 대표적인 예는 청대의 저장성(浙江省) 11개 부의 행정구역이 매우 완전하게 방언 구획과 대응하는 것이다. 즉:

타이후편(太湖片)	지아싱부(嘉興府), 후저우부(湖州府), 항저우부(杭州府), 사오싱부(紹興府), 닝보부(寧波府)
우저우편(婺州片)	진화부(金華府)
리취편(麗衢片)	추저우부(處州府), 취저우부(衢州府)
어우장편(甌江片)	원저우부(温州府)

타이저우편(台州片)	타이저우부(台州府)

외에도 옌저우부(嚴州府)는 현재 후이어(徽語) 지역에 속한다. 푸젠(福建)의 방언 구획 역시 북송(北宋)의 행정 구역과 대체로 대응된다. 예를 들어 민어(閩語)의 민베이편(閩北片)은 젠어우(建甌), 젠양(建陽), 충안(崇安), 쑹시(松溪), 정허(政和), 푸청(浦城) 등을 포함하며 이는 옛 건녕부(建寧府)의 관할 구역에 해당한다.

이 지역은 동오(東吳) 시대에 건안군(建安郡)이었고, 당대(唐代)에는 건주(建州), 남송(南宋) 이후에는 건녕부(建寧府)였으며, 오랜 기간 동안 2급 행정 구역에 속했다. 교통의 왕래는 서로 다른 지역 방언이 서로 가까워지게 되는 중요한 조건이다. 교통이 편리한 지역에서는 사람들이 왕래가 편해지기 때문에 방언은 자연스레 가까워진다. 예를 들어 광둥(廣東) 경내의 경광철로(京廣鐵路)선 인근 주민 거점의 방언은 점점 광저우어(廣州話)와 비슷해지고 있으며, 사오관(韶關) 관내에서는 이미 광저우어(廣州話)가 통용되고 있다.

또한, 쑤난(蘇南), 상하이(上海), 저장(浙北), 북부의 타이후(太湖) 주변 지역은 평원과 수로망이 밀집된 곳으로, 예로부터 교통의 왕래가 매우 편리했다. 따라서 방언은 넓은 범위에서 일치하며, 교통단절이 심각한 저장 남부(浙南)와 달리 방언이 복잡하고 상호 소통이 어렵지 않다. 깊이 연구하지 않으면 산천의 지형이 방언 구획에 영향을 미친다고 잘못 생각할 수 있지만, 실제로 산천의 지형이 방언에 미치는 영향은 교통 왕래를 전제로 한다. 예를 들어 뱃길이 잘 발달한 강은 방언의 장벽이 되지 않는다. 푸젠의 여러 방언편은 각기 한 개의 강 유역에 대체로 해당한다. 예를 들어 민중편(閩中片)은 사시(沙溪) 유역에 해당한다. 대운하 역시 방언의 경계선이 되지 않는다. 강이 항행에 불리할 경우에만 방언의 경계선이 될 수 있다. 예를 들어 윈난(雲南)의 란창강(瀾沧江)은 급류와 험한 여울이 많아 서쪽의 윈현어(雲縣)와 동쪽의 징둥어(景東) 및 웨이어(巍山)는 서로 다른 방언 체계에 속한다. 높고 큰 산맥은 흔히 교통을 차단하기 때문에 방언의 경계선이 되곤 한다. 예를 들어 저장성 린안현(臨安縣) 서북부의 톈무산(天目山)은 양쯔강 수계(長江水系)와 첸탕강 수계(錢塘江水系)의 수령(水岭)으로, 산맥 대부분이 해발 1,000m 이상에 달한다. 이 산맥은 남북 및 동서 주민들의 왕래를 차단하며, 이는 우어(吳語) 타이후편(太湖片)과 쉬안저우편(宣州片) 및 후이어(徽語, 관화(官話))의 경계선이 되기도 한다.

또한 푸젠(福建)에는 바다로 직접 흘러가는 독립된 강들이 많아, 대부분의 경우 한 두 개의 개의 강 유역이 하나의 방언 구획을 형성하며, 각 유역 사이에는 모두 높은 분수령으로 분리되어 있어 사람들이 왕래하는 데 불편하다. 예를 들어 솽시(雙溪)와 쑹시(松溪는 석봉산(石峰山))를 분수령으로 나뉜다. 솽시유역(雙溪流域) 방언은 민동편(閩東片)에 속하고, 쑹시 유역(松溪流域)의 방언은 푸셴편(莆仙片)에 속한다. 또한 푸딩(福鼎), 롄청(連城), 여우시(尤溪), 칭류(清流) 등 푸젠성의 산간 지역은 주변 50리(약 25km) 이내에서 서로 의사소통이 불가능한 여러 방언이 존재한다.

제3절 방언섬(方言島)

1. 방언섬(方言島)의 함의

중국과 외국의 언어학 저서에서 다양한 방언섬에 대해 종종 언급하지만, 방언섬의 함의에 대해서는 명확히 설명되지 않는 경우가 많다. 본서는 "방언섬(方言島, speech island)"이라는 용어를 다음과 같은 의미로 사용한다. 방언지리학에서 한 방언(또는 언어)에 의해 둘러싸인 방언을 방언섬(方言島)라고 한다. 방언섬의 의미에 대해서는 다음과 같은 몇 가지 사항을 설명할 필요가 있다.

(1) 두 개 이상의 방언 사이에 위치한 방언은 방언섬으로 여기지 않는다.

예를 들어 후난성(湖南省) 내 샹어(湘語)와 관화(官話) 사이의 향어(鄉話)가 이에 해당한다. 즉, 방언섬을 둘러싼 방언은 반드시 단일해야 한다. 예를 들어 푸젠(福建) 난핑(南平)의 관화 방언섬은 사방이 단일한 민어(閩語)로 둘러싸여 있다.

특수한 경우로 방언섬의 일부 경계가 국경과 맞물려 있으며, 국경 밖에서 외국어가 사용되는 경우 이러한 방언섬은 준(準)방언섬으로 연구할 수 있다. 예를 들어 헤이룽장성(黑龍江) 후린(虎林) 방언섬은 일부 경계가 중·러 국경과 겹치며, 국경 밖에서는 러시아어가 사용된다.

(2) 섬(海島)에서의 방언은 방언섬으로 여기지 않는다.

예를 들어 북부만(北部灣)의 웨이저우섬(潿洲島)는 민어(閩語)를 사용하지만, 바다 건너편의 베이하이(北海)시는 웨어(粵語)를 사용한다. 광시(廣西) 친저우(欽州) 연안은 웨어(粵語)를 사용하지만 룽먼섬(龍門島)는 관화(官話)를 사용한다.

쟝쑤성(江蘇省) 창강(長江)의 양중현(揚中縣)은 쟝화이관화(江淮官話)를 사용하고, 저쟝(浙江) 연안의 일부 섬들은 민어(閩語)를 사용하며, 가장 북쪽의 섬은 저우산(舟山)의 화냐오산(花鳥山)이다. 이러한 섬들에서의 방언은 방언섬으로 간주되지 않는다.

(3) 협의의 방언섬은 섬의 방언과 이를 둘러싼 방언이 서로 다른 두 대방언계(系)로 나뉘어야 한다.

예를 들어 민어로 둘러싸인 관화, 또는 우어로 둘러싸인 민어 등이 이에 해당한다. 즉, 섬 내외의 방언은 반드시 차이가 커야 한다. 광의의 방언섬은 섬 내외의 방언이 같은 대방언계에 속하지만 하위 방언이 다를 수 있다.

예를 들어 쓰촨성 시창(西昌)의 허난화(河南話) 방언섬은 섬 내의 허난어(河南話) 방언과 섬 외의 쓰촨어(四川話) 방언 모두 관화방언에 속하지만, 하위 분류가 다르다. 허난어(河南話)는 중원관화(中原官話)에 속하고, 쓰촨어(四川話)는 시난관화(西南官話)에 속한다. 또는 섬 내 방언이 섬 외 방언과 다른 중요한 특징을 가지는 경우도 있다. 예를 들어 대부분의 도시 방언섬은 도시 사람과 농촌 사람의 방언이 명확히 다르다.

(4) 방언섬의 중요한 특징은 섬의 외연이 명확하며, 동시에 섬 내 주민이 사용하는 방언이 단일하다는 점이다.

예를 들어 우어 지역(吳語區)의 항저우 반관화 방언섬(杭州半官話方言島)의 지역은 성내에 국한되며, 도심 내외의 방언과 확연히 다르다. 방언섬의 경계는 쉽게 구분되지만 일반적인 방언 경계는 종종 학자들 간에 의견이 엇갈린다. 예를 들어 샹어(湘語)와 간어(贛語)의 경계가 그러하다.

(5) 협의의 방언섬은 하나의 언어적 비지(飛地, enclave)로서 섬 내 방언이 본토 방언의 뚜렷한 특징을 유지한다.

방언섬이 형성된 기간이 길어질수록, 섬 내부 방언은 점차 섬 외부 방언의 영향을 받아 외부 방언의 요소를 흡수하기도 한다. 예를 들어 우어구(吳語區)의 항저우 반관화 방언섬(杭州半官話方言島)은 송대 남천(南遷) 시기에 형성되었다.

오늘날 섬 내 방언의 어휘는 여전히 인칭대명사와 같이 관화 계통의 요소를 유지하지만, 음운은 전형적인 우어 시스템을 따른다.

예를 들어 파열음(塞音)과 파찰음(塞擦音)의 성모는 탁음(濁音), 송기청음(送氣清音), 불송기청음(不送氣清音)의 세 가지로 나뉜다.

한편, 대부분의 한자음에서는 문독과 백독의 구분이 없으나, "晚米(늦게 수확한 쌀)"의 "晚(만)" 자는 mε^{53}(백독)으로 발음되며, 이는 백독음이며, 문독 발음은 uε^{53}이다. 이 백독 발음은 벼농사를 짓는 농촌 지역 주민들로부터 배워 유입된 것으로 보인다.

또한 민어구역(閩語區)의 난핑(南平) "토관화(土官話)" 방언섬은 명대 북방에서 남하한 군대가 장기간 주둔하면서 형성되었다. 현재 섬 내 방언의 어휘 시스템은 명확히 북방 관화에 가깝지만, 이웃한 졘어우화(建甌話)와는 큰 차이를 보인다.

난핑어 (南平話)	방 (房子)	솥 (鍋)	젓가락 (筷子)	다리 (腿)	눈물 (眼泪)	차잎 (茶葉)
졘어우어 (建甌話)	厝	鼎	著	骹腿	目澤	茶箬

그러나 난핑어(南平話) 역시 이를 둘러싸고 있는 민어(閩語)로부터 일부 어휘와 특정한 조어법을 분명히 흡수하였다.

관화 (官話)	밀가루 (面粉)	국수 (面條)	강가 (河邊)	흙 (土)	암캐 (母狗)	아침밥을 먹다 (吃早飯)

난핑어 (南平話)	面灰	面	溪邊	泥	狗母	吃早起
젠어우어 (建甌話)	面灰	面	溪邊	泥	狗㛙	餢早

가장 마지막 두 예시의 관계는 구어법에 이른다.

민어(閩語) "狗㛙(암캐)" 유형의 단어 형성 규칙은 암수(雌雄)를 나타내는 형태소를 뒤에 배치하는 것이다. 난핑어(南平話)에서는 이러한 유형의 단어로 牛公(숫소) , 牛母(암소), 鴨雄(숫오리), 鴨母(암오리), 猪男(숫돼지). 猪婆(암퇘지), 雞男(숫닭), 雞婆(암닭) 등이 있다. 또한 젠어우어(建甌話)의 "餢早(아침을 먹다)" 유형의 단어는 "飯" 자를 생략한 형태로, 원래 "䭇早飯"이 "餢早"가 된 것이다. 난핑어(南平話)에서는 이와 유사한 예로 "吃掃午"가 있으며, 이는 젠어우화의 "餢昼"에 해당하며 "吃中飯"(점심을 먹다)의 의미이다. 그러나 저녁 식사를 의미하는 표현은 난핑어(南平話)에서는 여전히 관화(官話)의 표현을 사용하여 "吃晚飯"이라고 하며, 젠어우화에서는 "餢暝"이라고 한다.

이 책에서 방언섬(方言島)의 개념을 이해하는 방식에 따르면, 방언학 저작에서 흔히 언급되는 이른바 "방언섬" 중 일부는 실제로는 진정한 방언섬이 아니다. 예를 들어, 하이난섬(海南島) 싼야시(三亞市, 원래 야현(崖縣))의 군화(軍話)는 관화(官話) 계통의 방언섬으로 간주되지만, 사실상 이 지역의 군화는 마이어(邁話, 비민어 방언) 및 민어(閩語)와 인접해 있다. 동쪽으로는 청뚱향(城東鄉)과 남쪽으로는 수이난향(水南鄉)

이 있는데, 이들 지역에서는 마이어(邁話)를 사용하며, 서쪽으로는 린가오향(臨高鄉)이 위치하여 민어인 치옹야어(瓊崖話)를 사용한다. 따라서 이 지역의 군화는 단일한 방언으로 둘러싸인 것이 아니다. 다만, 이러한 유사하지만 엄밀히 보면 방언섬이 아닌 "방언섬"은, 이 책에서 논하는 방언섬(이민에 의해 형성되지 않은 방언섬 제외)과 한 가지 공통점을 갖는데, 그것은 지리적으로 본토에서 떨어져 있는 유리된 방언점(方言點) 또는 방언편(方言片)이라는 점이다. 필자는 이러한 두 가지 유형의 방언점과 방언편을 포괄적으로 설명하기 위해 방언 "비지(飛地, outlier)"라는 용어를 사용할 것을 제안한다.

2. 방언섬의 지리형상과 유형

방언도는 역사형성 요인과 이민의 배경은 다르다. 지리형상과 유형 또한 다르다. (참고 그림2)

(1) 판상(板块狀) — 거도형(巨島型)

이 유형의 방언섬은 면적이 크고 넓게 연결되어 있으며, 지도상에서 판상형(板块狀)으로 보인다. 예를 들어, 안후이성(安徽省) 남부 칭양(青陽)과 난릉(南陵)의 장화이관화(江淮官話) 방언섬은 외부가 우어(吳語) 지역이다. 또한, 장시성(江西省) 통구(銅鼓) 지역의 커쟈어(客家話) 방언섬은 외부가 간어(贛語) 지역이다. 이러한 유형의 방언섬은 역사적으로 대규모 이민에 의해 형성되었다.

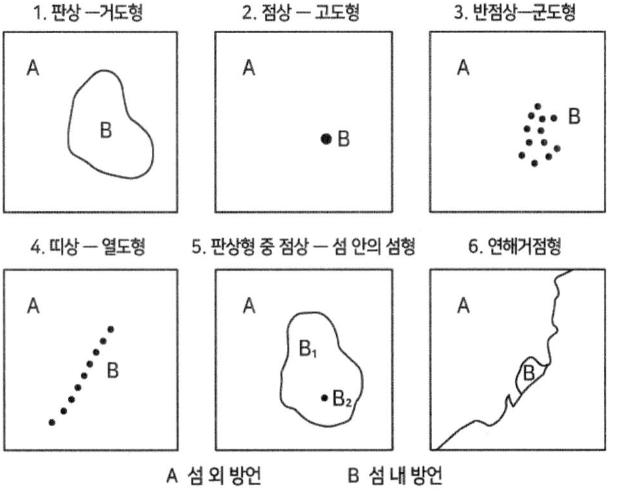

그림2 | 중국어 방언섬의 지리형상과 유형 시의도

(2) 점상(點狀) — 고도형(孤島型)

이 유형의 방언섬은 면적이 작으며, 언어 분포 지도에서 점상(點狀)으로 나타나 마치 대양의 고립된 섬과 같다. 대부분 특정 지역 방언을 사용한다. 예를 들어, 푸젠성(福建省) 창러(長樂) 양위(洋嶼의 관화(官話)) 방언섬은 외부가 민어(閩語) 지역이고, 쟝쑤성(江蘇省) 정강(靖江)의 우어(吳語) 방언섬은 외부가 쟝화이관화(江淮官話) 지역이다. 또한, 쓰촨성(四川省) 후이둥현(會東縣) 다쟈오구(大橋區) 쟝시가향(江西街鄉)의 간어(贛語) 방언섬은 쓰촨관화(四川官話) 지역에 둘러싸여 있다.

도시 방언섬도 점상형—고도형에 속하며, 서남 지역의 도시 방언섬이 가장 전형적이다. 예를 들어, 구이저우(貴州)의 여러 현성(縣城)에서는 도심에서 시난관화(西南官話)를 사용하지만, 외곽에서는 소수민족 언어를 사용한다. 광시(廣西)의 일부 현성에서는 도심에서 시난관화나 웨어(粵語)를 사용하지만, 외곽에서는 핑화(平話)나 좡어(壯語)를 사용한다.

이러한 도시 방언섬의 인문·역사적 배경은 명·청 시대에 한족이 서남 지역의 도시로 이주하여 집단을 형성한 것과 관련이 있다. 명대(明代) 『서하객유기(徐霞客游記)』에도 이러한 특징이 반영되어 있다. 예를 들어, 저자는 윈난성(雲南省) 루어핑(羅平) 도시를 언급하며 "주성(州城)의 벽돌과 기와가 비교적 정돈되어 있으며, 주치(州治)가 동문 안에 있다. 모두 한족(民)이지만, 동문 밖은 시장(闤闠)으로 형성되어 있다.(州城磚甃頗整, 州治在東門內, 俱民, 惟東門外頗成闤闠)"고 서술했다. 여기서 "민(民)"은 한족을 의미하며, "이(夷)"와 대비된다. 또한, "闤闠"는 "시장"을 의미한다.

(3) 반점상(斑點狀)—군도형(群島型)

이 유형의 방언섬은 면적이 작으며, 언어 분포 지도에서 반점상(斑點狀)으로 나타나 마치 대양의 군도(群島)처럼 보인다. 이들 방언섬은 동일한 계통의 방언을 사용하며, 상대적으로 집중된 지역에 흩어져 있다. 예를 들어, 장시성(江西省) 동북부의 민어(閩語) 방언 군도는 우어(吳語) 또는 간어(贛語) 지역에 흩어져 있고, 쓰촨성(四川省)의 커자어(客話) 또는 샹어(湘語) 방언 군도, 광시(廣西)의 민어 방언 군도 등이 있다.

가장 전형적인 예는 저장성(浙江省)의 서어(畲話) 방언 군도이다. 세어는 저장·푸젠(浙江·福建) 지역의 서족(畲族) 언어로, 한어(漢語) 커자어(客家話)와 유사한 특징을 가진다. 저장성에는 약 15만 명의 서족이 있으며, 저장 중부 및 남부의 20여 개 현(縣)과 도시에 분포하며 대부분 산간 지역에 거주한다. 서족 인구가 가장 많은 징닝(景寧) 자치현에서도 전체 인구의 10%를 넘지 않는다. 이들의 자연촌락은 한족 마을에 흩어져 있으며, 한 마을에는 보통 몇 가구에서 수십 가구의 서족이 거주하며, 적은 경우에는 단 두세 가구뿐이다. 서족이 가장 집중된 곳은 징닝현(景寧縣) 와이서향(外舍鄕)으로, 총 1,192명이 거주하며, 이는 향 전체 인구의 31.7%를 차지한다. 또한 하이난섬(海南島)의 리어(黎語) 지역에 둘러싸인 민어 방언섬도 반점상형이다.

(4) 띠상(带狀) — 열도형(列島型)

이 유형의 방언섬은 고대 교통 요로의 양측에 분포하며, 띠상(带狀)으로 나타나 마치 대양의 열도(列島)와 같다. 예를 들어, 광시(廣西)의 핑화(平話)는 고관도(古官道, 현재의 철도 노선) 양측에 분포하며, 주요 축선은 영천(靈川)에서 남쪽으로 난닝(南寧)까지 이어진다. 또한, 헤이롱장성(黑龍江省)의 잔어(站話)는 과거에 대상 방언섬을 이루었으며, 자오칭(肇慶)에서 모허(漠河)까지 이어지는 고역도(古驛道) 양측에 분포하였다. 오늘날의 잔어(站話)는 일부 잔재적 특징만 남아 있다.

(5) 판상형 중 점상(块中點狀) — 섬 안의 섬형(島中島型)

이 유형의 방언섬은 판상형(板块狀) 방언섬 내 특정 지역에 분포하며, 면적이 작고 인구도 적다. 예를 들어 하이난다오(海南島) 싼야시(三亞市) 텅챠오(藤橋) 및 린왕(林旺) 지역에는 리어(黎語) 지역에 둘러싸인 민어(閩語) 방언섬이 있으며, 그 안의 어촌에서는 단쟈어(疍家話, 웨어의 일종)를 사용한다. 또한, 푸젠성(福建省) 사칭화(沙埕話)는 민난어(閩南話) 방언섬이며, 주변은 민둥어(閩東話) 지역에 둘러싸여 있다. 이 방언섬 내에는 다시 민어 푸톈 방언섬(莆田方言島)인 아오야오화(澳腰話)가 존재하며, 아오야오촌(澳腰村)과 허우장촌(後港村)에서 사용되며, 인구는 2천여 명에 불과하다. 아오야오촌과 허우장촌의 주민들은 3~4대 전에 푸톈현(莆田縣) 한장진(涵江鎮) 일대에서 이주해 왔다.

장쑤성(江蘇省) 징장(靖江)은 현재 창강(長江) 북안에 위치하며, 징장의 우어(吳語) 지역은 쟝화이관화(江淮官話) 지역에 둘러싸인 방언섬이다. 이 방언섬 내에도 작은 구역에서 쟝화이관화가 사용된다.

(6) 연해거점형(沿海據點型)

이 유형의 방언섬은 바다에서 온 이민자들이 상륙한 후 거점을 형성하면서 만들어졌다. 일반적으로 면적이 크지 않고, 인구도 비교적 적다. 예를 들어, 저장성(浙江省) 온링(温岭), 루이안(瑞安), 위환(玉環) 등 연해 지역에서 우어(吳語) 지역에 둘러싸인 민어(閩語) 방언섬이 존재하며, 하이난다오(海南島) 삼아시(三亞市) 연해 지역에서도 몇 개의 탑가어(疍家話) 방언섬이 존재하며, 이들은 민어(閩語) 지역에 둘러싸여 있다.

연해거점형 방언섬과 유사한 형태로는 연강(沿江) 또는 연변(沿邊) 방언섬이 있다. 예를 들어, 연강형 방언섬으로는 창강(長江) 남안의 강소성(江蘇省) 경내(境內)에 있는 사저우 지역에서 중신허(中心河) 동쪽과 사차오허(沙槽河) 북쪽에서 장화이관화(江淮官話)가 사용되며, 이 지역과 인접한 장난(江南) 지역에서는 우어(吳語)가 사용된다.

연변형 방언섬의 사례로는 헤이룽장성(黑龍江省)의 얼리툰화(二里屯話) 방언섬이 있다. 이 방언섬은 헤이룽장(黑龍江)과 우쑤리강(烏蘇里江)이 합류하는 지점에 위치하며, 국경 내에서는 동북관화(東北官話)가 사용되지만, 국경 밖에서는 러시아어가 사용된다. 과거 헤이룽장 동쪽 지역은 원래 중국인이 거주하던 곳이었으나, 1900년 이후 러시아 제국이 강제 점령하면서 현재는 중국어가 거의 사라졌다. 얼리툰화(二里屯話)는 교요관화(膠遼官話)의 특징을 일부 유지하고 있다.

(7) 유동상(流動狀) — 부도형(浮島型)

유동상 방언섬은 주로 수상 거주민들의 방언을 의미한다. 이들 수상 거주민들은 배에서 생활하며, 강과 해안을 따라 이동하며 살아가는데, 이들의 방언은 독특한 특징을 가지고 있다. 가장 유명한 수상 거주민의 방언은 단자어(疍家話)와 선어(船話)이다.

선어(船話)는 광둥성(廣東省) 북부의 우장(武江), 전장(湞江), 베이장(北江) 및 그 연안 지역에서 사용되며, 커자어(客家話) 지역에 둘러싸여 있다. 선어(船話)는 내부적으로 상류 선어(上河船話)와 하류 선어(下河船話)

로 나뉜다.

단자어(蛋家話)는 웨어(粵語)의 한 갈래로, 주강 삼각주(珠江三角洲) 및 시장(西江) 등의 지역에서 수상 거주민들이 사용하는 방언이며, 광시(廣西) 베이하이시(北海市) 인근 해안과 섬 지역에서도 사용된다.

광둥 연해 지역의 단민(蛋民) 중 일부는 근대 이후 외국 상선에서 하인이나 하역 노동자로 일하기도 했으며, 외국인과의 접촉이 많아 방언이 외래어의 영향을 받았다. 예를 들어, "앉다"를 영어 "sit down"에서 유래한 "識當"이라고 표현하는 것이 그 예이다.

3. 방언섬의 성립원인

방언섬의 형성 원인은 크게 두 가지로 나눌 수 있다. 첫째, 특정 방언 자체의 변화이며, 둘째, 인구 이동이다.

일반적으로 도시의 방언은 주변 농촌 방언과 차이를 보이는데, 많은 도시 방언이 넓은 의미에서 방언섬에 속한다. 도시 방언은 농촌 방언보다 빠르게 변화하는 경향이 있어, 도시와 농촌 간의 언어적 차이를 만들어낸다. 이는 마치 도시의 유행이 더 빠르게 변하면서 도시와 농촌의 생활 방식이 차이를 보이는 것과 유사하다.

예를 들어, 상하이(上海)와 베이징(北京) 방언은 주변 농촌 방언과 차이를 보인다. 베이징 방언은 고청음(古清音)과 입성자(入聲字)의 분류에서 농촌과 다르며, 상하이 도심 방언은 성조 체계가 5개로 줄어든 반면, 농촌 지역은 더 복잡한 성조 체계를 유지하고 있다.

이러한 대도시는 이주민 배경이 복잡하여, 방언 변화 속도가 빠른 것이 방언섬 형성의 대표적인 사례라고 보기 어렵다. 반면, 중소도시는 인구가 비교적 안정적이며, 방언이 주변 지역과 뚜렷한 차이를 보인다. 예를 들어, 저장성(浙江省) 원저우(温州)시는 도시 내 인구가 오랫동안 비교적 안정적이었으며, 방언 변화가 주변 농촌보다 빠르게 진행되었다. 예를 들어, 원저우 도시 방언에서는 모운(模韻) 합구(合口) 1등(一等) 음의 幫, 端, 泥, 精계열 글자(예: 布·肚·盧·租 등)가 [øy] 운미로 변화하였으나, 농촌에서는 여전히 [u] 운미를 유지하고 있다.

방언의 빠른 변화로 인해 방언섬이 형성된 사례는 주로 도시 방언섬뿐이며, 이외의 대부분 방언섬은 이민으로 인해 형성되었다.

(1) 토착 방언이 이민 방언에 의해 둘러싸여 방언섬이 된 경우

토착 방언 지역이 외부 이민자들의 이주로 인해 점점 축소되면서, 마지막 남은 지역이 방언섬으로 고립되는 경우가 있다.

예를 들어, 저장성 남부(浙江南部)의 페이윈강(飛雲江) 남쪽 지역은 원래 우어(吳語) 원저우 방언(温州話) 지역이었으나, 명(明) 말기부터 민어(閩語) 이민자들이 유입되면서 점차 민어가 확산되었다. 현대에 이르러서는 원저우 방언이 푸먼진(蒲門鎮)이라는 작은 방언섬에서만 유지되고 있다. 현재 푸먼진 주민들은 원저우 방언과 민난어(閩南話)를 함께 사용하는 이중언어(diglossia) 환경을 유지하고 있다.

또한, 안후이성 남부(安徽南部) 랑시현(郎溪縣)은 원래 우어(吳語) 지역이었으나, 태평천국(太平天國) 전쟁 이후 점차 관화(官話)로 대체되었으며, 현재는 산속에 작은 우어 방언 군도만 남아 있다. 비슷한 사례로는 안후이성(安徽省) 우후(蕪湖) 지역의 쓰산(四山) 우어 방언섬이 있으며, 이 지역은 쟝화이관화(江淮官話) 지역에 둘러싸여 있어 본래의 우어 쉬안저우편(宣州片) 방언과 단절되었다.

이러한 유형의 방언섬은 비교적 드문 사례이며, 대다수 방언섬은 이민에 의해 직접 형성되었다.

(2) 이민과 그들의 방언이 직접적으로 방언섬을 형성한 경우

방언섬의 형성과 직접적으로 관련된 이민 운동은 그 역사적 배경이 매우 복잡하다. 대체로 다음과 같은 몇 가지 유형으로 나눌 수 있다.

① 군대 주둔

다양한 군사적 목적 때문에 역대 왕조는 자주 병사들을 변경의 주요 지역이나 군사 요새에 파견하였다. 이 병사들이 현지에 장기간 주둔하며 후손을 번성시키면 방언섬이 형성될 가능성이 크다.

저쟝(浙江) 창난(蒼南)의 진샹(金鄉) 방언섬은 전형적인 군대 주둔으로 인해 형성된 대표적인 사례이다.

명대(明代) 동남 연해 지역은 왜구(倭寇) 침략의 고통을 크게 겪었고, 명 정부는 이를 방어하기 위해 저쟝성에 10여 개의 군위(軍衛)를 설치하였다. 이 중 하나가 진샹위(金鄉衛)였다.

진샹위(金鄕衛)에 파견된 병사들은 북방 관화(北方話)를 가지고 왔다. 500년이 지난 오늘날에도 진샹화(方言)에는 북방 관화의 특징이 적지 않게 남아 있다.

예를 들어 마운(麻韻) 개구(開口) 2등 “마(馬), 차(茶)” 등의 글자는 a 운모로 발음되고, 견모(見母) 2등 “가(加), 가(價)” 등의 글자는 tɕ 성모로 발음되며 백독음(白讀音)이 존재하지 않는다.

오늘날 진샹 방언섬은 민어(閩語)에 둘러싸여 있지만, 진샹 방언은 500년 전 방언이 형성된 이후 오랜 기간 동안 우어(吳語)에 둘러싸여 있었다. 창난현(蒼南縣)의 민어는 대략 명말 청초(蒼南縣)에 푸젠(福建)에서 침투한 것이기 때문이다. 이런 이유로 오늘날 진샹 방언에는 우어의 특징도 남아 있다. 예를 들어 고대 전탁음(全濁音)은 현대에 와서도 여전히 탁음으로 발음되며, 비운미(鼻韻尾)는 ŋ하나만 존재한다.

또한 저장 북부(浙北) 츠시현(慈溪縣) 관청진(觀城鎭)의 일부 사람들이 사용하는 “웨이리어(衛里話)”는 우어에 둘러싸인 민어 중 하나이다. 관청(觀城)은 원래 “관해위(觀海衛)”라고 불렸으며, 이는 왜구에 대항하고 해안을 방어하는 군위 중 하나였다. 당시 척계광(戚繼光)이 왜구를 방어하기 위해 이곳에 주둔했을 때 군대는 모두 푸젠 출신이었다. 그 후손들은 여전히 오늘날까지 내부 의사소통 언어로 민어를 사용하고 있다.

② 군둔(軍屯)

중국의 둔전(屯墾)은 한 문제(漢文帝)부터 청대(清代)에 이르기까지 2

천 년이 넘도록 지속되었다. 둔전은 처음에는 군대가 주둔하는 곳에서 농지를 개간하는 것을 의미했으나, 이후에는 국가가 조직적으로 인력을 동원하여 국유지나 미개간지를 개척하는 것을 뜻하기도 했다. 역대의 둔전에는 군둔(軍屯), 민둔(民屯), 상둔(商屯), 범둔(犯屯, 죄수를 변경으로 보내 개간하게 하는 것)의 네 종류가 있었으며, 이 중 앞의 두 종류는 방언섬을 형성할 가능성이 매우 컸고, 특히 군둔이 가장 중요한 역할을 했다.

구이저우(貴州) 리핑(黎平) 방언은 군둔에 의해 형성된 방언섬의 대표적인 예이다. 현대의 첸둥난(黔東南) 지역은 시난관화(西南官話) 지역에 속하지만, 그중에서도 리핑현(黎平縣)의 청관진(城關鎮), 더펑구(德鳳區), 중차오구(中潮區)와 멍옌구(孟彦區)의 일부, 그리고 진핑현(錦屛縣)의 둔자이구(敦寨區)에서는 간어(贛語)의 흔적이 남아 있는 방언이 사용되며, 즉 일부 간어 어휘가 포함되어 있어 하나의 방언섬을 형성하고 있다.

이러한 간어 어휘에는 "주다(給)"의 [pɑ^{31}], "아프다(痛)"의 [t^{h}ən^{24}], "여자아이(女儿)"의 [nio^{24}], "소변(尿)"의 [sei^{33}], "무엇(甚麼)"의 [sən^{53}tʂɿ^{31}], "하다(搞)"의 [u^{31}], "~와(和)"의 [niɑ^{33}], "사촌누이(表姐)"의 [piɑu^{31}tɑ^{53}] 등이 있다.

이 방언섬의 역사는 명(明) 초기에 이루어진 군둔까지 거슬러 올라갈 수 있다. 건륭(乾隆) 연간에 편찬된 『개태현지(開泰縣志)』에는 다음과 같은 기록이 있다.

> "옛 오개위(五開衛)는 오계십동(五溪十洞) 중 하나로, 명나라가 이 지역을 정복하고 군대를 주둔시켜 수비하게 하였다.(前五開衛系五溪十洞之一, 自有明徵其地而屯守之.)"

명 초기에 첸둥난의 둥족(侗族) 지역에 오개위(五開衛)와 동고위(銅鼓衛)가 설치되었으며, 주둔한 군대는 대부분 장시(江西) 출신의 한인이었다. 주둔 군민(軍民)이 가장 많았던 때는 약 3만 3천 명에 이르기도 하였다. 오늘날 리핑 방언섬의 범위는 명 초기에 오개위와 동고위가 관할했던 지역과 거의 일치한다.

③ 전란(戰亂)

전란의 피해를 피하는 것은 역사적으로 이민 운동의 주요 동력 중 하나였다. 그러나 역사적 문헌에서 전란으로 인해 형성된 방언섬에 대한 명확한 증거를 찾기는 어렵다. 우어(吳語) 지역에서는 항저우(杭州) 방언의 반(半) 관화(官話)적 성격이 두드러진다. 그 문법 구조는 본래의 우어 체계를 따르지만, 어휘 체계는 관화적 성격을 띤다. 예를 들어, 인칭대명사는 "我, 你, 他"를 사용하며, 구조조사는 "的"를 사용한다.

음운 체계에서는 백독(白讀)이 없고 문독(文讀)만 존재한다. 항저우 방언의 반 관화적 성격은 명백히 북송(北宋) 말기 송 왕조의 남천(南遷)에서 기원한다.

『건염이래 계년 요록(建炎以來系年要錄)』은 아래와 같이 기록하고 있다.

"임안부(臨安府, 즉 북송 시대의 항저우)는 전란을 여러 차례 겪으며 가옥과 인구가 거의 남지 않았으며, 생존한 가구 수는 열두세 집에 불과하였다. 반면, 서북에서 이주한 사람들이 임금을 따라 몰려들어 토착민보다 몇 배나 많았다.(切見臨安府(即北宋時杭州)自累經兵火之後, 戶口所存, 裁十二三.而西北人以駐蹕之地, 輻輳骈集, 數倍土著.)"

북방 이민자들이 가져온 북방 방언이 현지의 우어와 융합되면서 항저우 방언이라는 혼합형 방언이 형성되었다.

북방 이주민들은 황족, 귀족, 부유한 상인 및 그들의 수행원 등 사회적·경제적 지위가 높은 계층이었으며, 주로 도심에 거주하였다. 따라서 항저우 방언섬의 범위는 도심 지역에 국한되었다. 마찬가지로 톈진(天津)시 구시가지 일대의 방언도 주변 방언과 차이를 보이며 하나의 방언섬을 형성하였다. 구전(口傳), 가보(家譜), 묘지명(墓誌銘) 등의 자료에 따르면, 톈진 사람들의 조상은 명대 초기 연왕(燕王) 주체(朱棣)의 소북(掃北) 작전 당시 군대에 동행했던 관군(官軍) 출신이었다. 만약 이 기록이 사실이라면, 현재의 톈진 방언은 명대의 완둥(皖東)과 쑤베이(蘇北) 방언에서 기원했을 가능성이 크다.

④ 기근(逃荒)

기근으로 인한 주민들의 이주와 방언섬의 형성은 매우 일반적인 현상이다.

예를 들어 쓰촨(四川) 중장(中江), 진탕(金堂), 젠양(簡陽), 러즈(樂至) 네 현의 경계 지역에 형성된 노후광어(老湖廣話) 방언섬의 주민들은 명대 기근을 피해 후난 남부에서 쓰촨으로 이주한 이민들의 후손이다.

중장(中江) 지진향(积金鄉)의 이씨 가보 『이씨종보서(李氏宗譜叙)』에서는 다음과 같이 기록하고 있다.

> "명나라 만력(萬歷) 39년(1611)부터 41년(1613)까지 호광(湖廣) 남북 지역은 계속 수해와 기근으로 고통받았고, 많은 주민들이 마을을 떠나 유랑 생활을 하였으며, 더불어 변방의 소란과 전쟁이 끊이지 않아 많은 사람들이 다른 지역으로 이주하였다.(明朝萬歷三十九年(1611)至四十一年(1613)湖廣南北屢被水荒, 民多流離, 兼之邊境騷然, 徵伐不息, 所在居民散處他處……)"

⑤ 개간(墾荒)

"도황(逃荒)"이 인구 이동의 원인을 설명하는 것이라면, "개간(墾荒)"은 인구 이동의 목적을 설명하는 것이다. 그러나 다른 지역으로 이주해 개간하는 이유가 반드시 "기근을 피하기 위한 것"은 아니었다.

안후이 남부 완난(皖南) 지역은 태평천국(太平天國) 전쟁 기간 동안 전란이 빈번하였고, 전쟁 후에는 전염병이 유행해 인구가 급격히 감소하였다. 이에 청 정부는 외지 사람들에게 이주해 개간하도록 장려하였다.

당시의 기록은 각 지방지(地方志)에 남아 있다. 예를 들어 『광덕현지고(廣德縣志稿)』(1948년 간행본)에서는 다음과 같이 기록하였다.

"이 지역 주민들은 함동(咸同) 연간 전란으로 인해 열 명 중 한 명도 살아남지 못했으며, 외부 이민을 불러들여 개간을 시켰다. 그중 후베이 사람들이 40%, 허난 사람들이 30%를 차지하였다.(州民被咸同兵燹後, 土著不及十分之一, 招客民開墾人籍, 湖北人居其四, 河南人居其三……)"

또한 『영국현지(寧國縣志)』(1936년 수록)에서는 다음과 같이 기록하였다.

"동치 원년(1862)에 전란이 끝난 후, 오월에 닝궈 지역 전역에 전염병이 퍼져 시체가 방치되었으며 이를 수습할 사람이 없었다(同治元年亂定, 五月寧國瘟疫流行全境, 死亡枕藉, 無人掩埋)."[9]

현대 안후이 동남부에는 장화이 관화(江淮官話)(안칭어(安慶話), 후베이어(湖北話)), 우어(吳語), 민어(閩語), 간어(贛語), 커자어(客家話), 샹어(湘語)로 이루어진 소규모의 반점 형태의 방언섬이 다수 분포한다.

예를 들어 우후(蕪湖) 지역에는 우어 선주편(宣州片) 속에 후베이어(湖北話) 방언 군도가 존재한다.

동북 지역의 일부 연변 방언섬 또한 이민의 개간으로 인해 형성

9 『영국현지(寧國縣志)』(1936년 續修)

되었다. 예를 들어 얼리툰(二里屯) 방언섬의 이민은 산둥 안치우(安丘), 예현(掖縣), 황현(黃縣) 출신이며, 후린(虎林) 방언섬의 이민은 대부분 랴오닝 단둥(丹東) 출신이다.

타이핑툰(太平屯) 방언섬의 이민은 대부분 허베이(河北) 둥광(東光)과 산둥 차오현(曹縣), 타이안(泰安)에서 이주한 사람들이다.

⑥ 유배(流放)

해외에 거주하는 화교들은 고향의 중국어 방언을 함께 가지고 가서, 이를 독자적인 방언섬으로 형성하였다. 해외 거주로 인해 형성된 방언섬은 세계 여러 대륙에서 찾아볼 수 있다. 예를 들어, 동남아시아에서는 태국에 차오저우어(潮州話), 필리핀에 민난어(閩南話), 인도네시아의 자와(爪哇)섬에 민어(閩語), 칼리만탄에 커쟈어(客家話), 캄보디아와 베트남에 웨어(粵語) 방언섬이 존재한다. 줘자옌(鄒嘉彥)은 논문을 통해 해외에서 사용되는 중국어 지역을 총 160곳 이상 열거한 바 있다. 여기서는 중아시아의 동간어(東干語) 방언섬을 예로 들어 조금 더 자세히 설명한다.

19세기 후반, 간쑤(甘肅)성과 산시(陝西)성의 훼족(回族)은 봉기가 실패하자 당시 러시아로 도피하였다. 이들은 스스로를 “중원인(中原人)”이라 부르고, “중원어(中原話)”를 사용한다고 하였으나, 구(舊) 소련 및 일본 등 여러 국가의 학자들은 그들을 “동간인(東干人)”, 그들의 언어를 “동간어(東干語)”라고 불렀다.

동간족이 사용하는 언어는 란인 관화(蘭銀官話)의 한 갈래로 볼 수 있다. 동간족의 원래 거주지는 중국 내에서는 간쑤(甘肅), 산시(陝西), 신장(新疆)의 투루판(吐魯番)과 이리(伊犁)였으며, 국외에서는 주로 카자흐스탄, 키르기스스탄, 우즈베키스탄에 집단 거주하고 있다. 1989년 당시 동간족 인구는 약 7만 명에 달했다.

각 지역의 동간어 음운 체계는 대체로 시베이 관화(西北官話)와 유사하다. 이들의 문어(文語)는 간쑤 관화(甘肅官話)를 표준음으로 삼고 있지만, 성조가 단순화되어 세 개만 남아 있다. 현재 사용되는 문자는 슬라브 문자(Slavic alphabet)를 기반으로 한 표기법을 따른다.[10]

4. 방언섬의 변화

방언섬의 변화에는 네 가지 방향이 있다.

첫째, 섬 주민들이 이중 언어를 사용한다.(島民使用雙言)
둘째, 방언섬이 사라진다.(方言島消失)
셋째, 방언섬이 안정적으로 유지된다.(方言島稳定發展)
넷째, 섬 안의 방언과 섬밖의 방언이 융합된다.(島內方言與島外方言融合)

10 후전화(胡振華), 『중아시아의 동간족 및 그들의 언어·문학(中亞的東干族及其語言文學)』, 다이칭샤(戴慶厦) 편저 『국경을 넘는 언어 연구(跨境語言研究)』, 중앙민족학원 출판사(中央民族學院出版社), 1993년 참조.

(1) 섬 주민들이 이중 언어를 사용한다

섬 주민들이 이중 언어를 사용한다는 것은, 섬 주민들이 섬 내 방언과 섬 외 방언을 모두 사용할 수 있으며, 서로 다른 상황에서 서로 다른 방언을 사용하는 것을 의미한다.

예를 들어, 둥퉁허(董同龢)가 1940년대 쓰촨성 화양(華陽) 량수이징(凉水井)을 조사한 바에 따르면, 청두 근처의 커쟈 방언섬 섬 주민들은 외부에서는 일반적으로 쓰촨 관화(四川官話), 시난 관화(西南官話)를 사용하고, 가르치거나 책을 읽을 때도 쓰촨 관화를 사용하였다. 그러나 커쟈 사람들 내부에서는 "토박이 광둥어(土廣東話,(客家話))"를 사용하였다.

해외의 중국어 방언섬에서는 이중 언어 현상이 더욱 흔하며, 이는 특정 중국어 방언뿐만 아니라 다른 여러 현지 언어를 사용하는 경우도 많다.

(2) 방언섬의 소멸

방언섬의 이주민 집단이 해체되면, 방언섬 자체가 존재하지 않게 되는 것은 자명하다. 예를 들어, 청(清)대의 항저우(杭州)에서는 만주족이 "치샤(旗下)"라 불리는 지역(현재의 후빈(湖滨) 지역)에 집단 거주하며, 주변을 성벽으로 둘러싸 한족 거주 지역과 구분된 만어(滿語) 방언섬을 형성하였다. 그러나 신해혁명 이후 성벽이 철거되고, 만주족이 사방으로 흩어지면서 만어 방언섬도 자연스럽게 사라졌다.

여기서 논의할 것은, 이주민 집단이 흩어지지는 않았으나 방언섬이 점차 소멸해가는 경우이다.

소멸해가는 방언섬은 대개 먼저 이중 언어 단계를 거친다. 즉, 섬 주민들이 섬 내 방언과 섬 외 방언을 병용하는 단계가 존재한다. 이 단계를 거친 후에는 섬 내 방언이 점차 고령층으로 후퇴하고, 결국 사라지며, 섬 주민들은 완전히 단일한 섬 외 방언으로 전환하게 된다. 예를 들어, 쓰촨 러즈(樂至)의 징저우창(靖州腔) 방언섬은 현재 소멸 과정에 있는 방언섬이다.

이 방언섬의 주민 조상은 300년 전 후난(湖南) 징저우(靖州) 회통현(会同縣)과 융저우(永州) 링링현(零陵縣)에서 이주해 왔으며, 원래 그들의 방언은 샹어(湘語)에 속하는 것으로, 현지에서는 "징저우챵(靖州腔)"이라 불린다. 반면 섬 외의 쓰촨관화(四川官話)는 "구이저우챵(貴州腔)"으로 불린다. 현재 "징저우챵"을 구사할 수 있는 사람들은 대부분 중년 이상의 주민들로, 이들은 청소년이나 외지인과 대화할 때 유창한 "구이저우챵"을 사용한다.

이처럼 이중언어 단계를 거친 후 점차 소멸하는 방언섬은 대체로 "좁은 의미의 방언섬"으로, 섬 내외 방언이 서로 다른 대방언(大方言)에 속하고 그 차이가 큰 경우가 많다. 반면, 방언 차이가 크지 않다면 이중언어 현상이 나타나기 어렵다. 방언섬이 소멸하는 원인은 대체로 다음과 같다.

첫째, 이들 방언섬이 정치, 경제, 문화적으로 지역 내에서 우세한 지위를 차지하지 못한다. 둘째, 인구가 적다(예를 들어, 앞서 언급한 징저우창 방언섬의 인구는 1,000여 명에 불과하다). 셋째, 섬 주민들에게 강한 "언어 충성도"가 없으며, 즉, 방언을 보존하려는 의식이 매우 희박하다.

(3) 방언섬의 안정적 유지

방언섬의 안정적 발전이란 섬 주민들이 지속적으로 단일한 섬 내 방언을 사용하며, 섬 내외 방언을 병용하는 현상이 발생하지 않는 것을 의미한다.

이러한 방언섬은 세 가지 유형으로 나뉜다. 첫째, 정치·경제·문화적 지위가 높은 방언섬이다. 둘째, "언어 충성도"가 매우 강한 방언섬이다. 셋째, 자연경제를 중심으로 한 폐쇄형 방언섬이다. 각각의 예를 살펴보면 다음과 같다.

항저우 방언섬은 남송(南宋) 왕조가 남천(南遷)하던 12세기에 형성되었으며, 800년이 넘는 역사를 거치면서도 유지되어 왔다. 이는 항저우가 전국적으로(남송 시기) 또는 전성적으로(남송 이후) 지대한 위상을 차지하고 있었기 때문이다. 위에서 언급한 도시 방언섬도 이 유형에 속한다.

중국 커쟈(客家)인들은 언어와 문화에 대한 의식이 특히 강하다. 그들은 커쟈 문화와 방언을 특별히 중시하며, "조상의 토지를 팔지언정 조상의 말을 잊어서는 안 된다"는 가훈을 가지고 있다. 커쟈 어린아이가 가정에서 커쟈어를 사용하지 않으면 어른들에게 꾸중을 들으며, 특히 과거에는 더욱 엄격했다. 커쟈 방언의 지리적 분포는 상당히 넓으며, 량광(兩廣), 쟝시(江西), 푸졘(福建), 쓰촨(四川), 심지어 저장(浙江), 안후이(安徽)에도 여러 개의 소규모 객가 방언섬이 존재한다.

이들 방언섬이 수백 년 동안 유지될 수 있었던 주요 이유는 "언어 충성도(language loyalty)"에 있다. 해외의 여러 웨어·커자어·민어 방언섬도 이에 속한다.

남방 지역에는 산속에 위치한 여러 개의 소규모 방언섬이 존재한다. 이들 방언섬은 자급자족적인 자연경제 공동체를 이루며, 외부와의 교류가 적다. 따라서 인구가 수십 가구에서 몇 가구에 불과하더라도 방언섬은 장기간 변하지 않고 유지된다. 예를 들어, 쑤난(蘇南) 이싱(宜興) 산악 지역의 민어 방언섬, 저장 남부의 반점형 서어(畲話) 방언섬, 안후이 남부 산악 지역의 우어(吳語) 방언섬 등이 이에 속한다.

(4) 방언섬의 융합(消溶)

방언섬의 소융이란 섬 내 방언이 섬 외 방언과 융합되는 것을 의미한다.

이러한 방언섬은 대체로 "넓은 의미의 방언섬"으로, 섬 내외 방언이 동일한 계통에 속하며 차이가 크지 않은 경우가 많다. 따라서 음운 구조나 어휘에서 일부 차이가 있을 뿐이며, 결국 섬 외 방언에 흡수된다. 예를 들어, 헤이룽장(黑龍江)의 잔어(站話)는 둥베이 관화(東北官話)와 동일한 관화(官話) 계열로, 원래 차이가 크지 않아 의사소통에 어려움이 없었다. 잔화는 자연스럽게 둥베이관화 속으로 흡수되었으며, 이러한 소멸 과정에서 이중언어 단계는 거치지 않았다.

특수한 사례로 해외 중국어 방언섬의 융합이 있다. 예를 들어, 필리핀의 민난(閩南) 화교들은 대부분 민난 방언을 포기하고 타갈로그어(他加禄語)로 전환하였다. 이러한 방언섬에서는 섬 내외에서 서로 다른 언어가 사용된다. 쩌우쟈옌(鄒嘉彦)의 조사 연구에 따르면, 해외 중국어 방언이 동화되는 과정은 다섯 단계를 거친다.

즉, 언어 이차적 차용(語言移借), 언어 대체(語言替代), 언어 교체(語訊交替), 이중언어(雙重語言), 그리고 잔류 간섭(殘余干擾) 단계이다.

5. 중국어 방언섬의 개관

본 절에서는 필자가 알고 있는 명확히 밝혀진 방언섬을 일람표로 정리하여 열람, 조회 및 보충이 가능하도록 하였다. 내용에는 사용 지역, 섬 내외 방언 계통, 방언섬 형성 원인 및 비고가 포함된다.

비고란에는 섬 내 방언의 기존 명칭(인용부호로 표시), 유형, 인구, 사용의 구체적인 지역 등을 기재하였다. 각 방언섬의 상황과 자료가 일률적이지 않기 때문에 비고란의 내용 항목 또한 통일할 수 없다.

다음의 몇 가지 방언섬은 표에 포함되지 않았다.

첫째, 반상형의 방언섬이다. 예를 들어, 쓰촨(四川) 농촌에 산재한 커쟈어(客家話)와 샹어(湘語) 방언섬(화양(華陽) 량수이징(凉水井)과 청두(成都) 근교의 객가어 방언섬 포함), 량광(兩廣) 및 하이난(海南)의 커쟈어 방언섬 등이 이에 해당한다.

둘째, 일반적인 도시 방언섬으로, 상하이(上海), 원저우(温州) 등이 이에 속한다.

셋째, 소수민족 집거 지역으로, 시짱(西藏), 신장(新疆), 네이멍구(內蒙古) 등의 중국어 방언섬이 이에 해당한다.

넷째, 유동형 방언섬으로, 접가어(疊家話), 선어(船話) 등이 있다.

다섯째, 1950년대 이후 형성된 방언섬이다. 예를 들어, 상하이(上海)에서 지변(支邊)[11]한 청년 2만여 명 및 그 자녀들은 신쟝(新疆)의 아커쑤(阿克蘇), 바추(巴楚), 스허쯔(石河子) 등의 군대식 개척단이나 농장에서 집중적으로 생활하며 상하이 방언섬을 형성하였다. 또한, 상하이 방언은 쓰촨(四川)과 구이저우(貴州)에도 분포하고 있다.

표3.4 관화구 방언섬 일람표

지역	섬내 방언	섬외 방언	요인	비고
四川西昌	客家話	官話	未詳	
四川会東	贛語	西南官話	駐防	
安徽蕪湖四山	吳語	江淮官話	萎縮	
貴州黎平	贛語	西南官話	軍屯	贛語 어휘 보존
貴州晴隆	湘語	西南官話	未詳	喇叭話, 약 8만 명
貴州東南部	湘語	西南官話	未詳	酸湯苗, 4만 5천 만 명

11 역자주: 여기에서 "지변"은 "변방지원"을 뜻한다. 1954년~1966년 이루어졌던 "지변청년"은 北京, 上海, 天津, 四川, 山東, 湖北, 河南, 江蘇 등 중고등 학교 학력의 졸업생들 약 15만 명을 신장 지역으로 이주시켜 개척단 또는 농촌 개혁으로 활동하던 것을 말한다.

山東郯城	中原官話	北方官話	未詳	
四川廣元	江淮官話	西南官話	未詳	安徽 이주어
天津舊城區	江淮官話	北方官話?	戰亂	명대 완둥(皖東) 쑤베이(蘇北) 이민방언
黑龍江撫远	胶遼官話	東北官話	墾荒	二三屯
黑龍江虎林	胶遼官話	東北官話	墾荒	
黑龍江嘉蔭	北方官話	東北官話	墾荒	太平屯
黑龍江古驛站	站話	東北官話	墾荒	거의 소멸
江蘇靖江	吳語	江淮官話	萎縮	

표3.5 우어구 방언섬 일람표

지역	섬내 방언	섬외 방언	요인	비고
江蘇金坛	江淮官話	吳語太湖片	未詳	
江蘇吳江	江淮官話	吳語太湖片	未詳	
江蘇宜興	閩語	吳語太湖片	萎縮	山區
江蘇沙洲	江淮官話	吳語太湖片	墾荒	西北部
浙江長興	中原官話	吳語太湖片	墾荒	허난(河南) 이민방언
浙江潛陽	閩語	吳語太湖片	墾荒	
浙江杭州	半官話	吳語太湖片	戰亂	성 지역에 한정함
浙江慈溪	閩語	吳語太湖片	駐防	행정구역(觀城衛里) 언어

浙江象山	官話	吳語太湖片	未詳	爵溪鎮
江蘇吳江	江淮官話	吳語太湖片	未詳	
福建浦城	客方言	吳語處衢片	未詳	
安徽青陽南陵	江淮官話	吳語宣州片	未詳	
温州澤雅	閩語	吳語甌江片	未詳	岙底鄉半村

표3.6 민어구 방언섬 일람표

지역	섬내 방언	섬외 방언	요인	비고
浙江苍南金乡	半官话	閩語閩南片	駐防	우어(吳語)의 특징도 함께 지님
福建南平①	官話	閩語閩北片	駐防	토어관화(土官話)
福建長樂洋嶼	官話	閩語閩東片	駐防	베이징관화(京官話)
海南三亞市	海南瓊雷話	閩語泉漳文片	木上屋民住進	섬안에 섬
浙江玉環市	吳語溫州話	閩語閩南片	駐防	민남(閩南)내에서만 통용.
福建霞浦	閩語閩東話	閩語閩南片	駐防	낙리 전음(轉音) 현상 (음운 전이 현상)
閩北沙埕港	閩語閩北話	閩語閩南片	未詳	섬안에 섬
福建武平中赤	客家話	客家話	駐防	
福建平和山格	官話	客家話	駐防	"군가어(軍家話)"

① 난핑 시내 및 교외 서근 지역

표3.7 휘주(徽), 장시(贛), 광동(粵), 커쟈(客家) 방언섬 일람표

지역	섬내 방언	섬외 방언	요인	비고
江西景德鎮	贛語	徽語	未詳	
江西銅鼓	客家話	贛語	未詳	
皖大官湖長江間	江淮官話	贛語	墾荒?	
廣東中山	閩語	粵語	未詳	"隆都話, 南朗話"
廣西钦州	客家話	粵語	未詳	張黃, 大旗一帯
江西贛州	西南官話	客家話	未詳	①
江西信丰	西南官話	客家話	未詳	②
安徽廣德	江淮官話	徽語	未詳	

① 뤄샹린(羅香林)의 『객가 연구 도론(客家研究導論)』에서는 비순수 객가거주현(非纯客住縣)에 열거하였다.

② 뤄샹린(羅香林)의 『객가 연구 도론(客家研究導論)』에서는 순수 객가거주현(纯客住縣)에 열거하였다.

부록: 중국어 방언섬 연구문헌 서목

中國社會科學院, 澳大利亞人文科學院.『中國語言地圖集(第一分冊)』[M]. 香港：朗文出版公司, 1988.(注：第二分冊已於1990年出版.『中國語言地圖集』第二版已於2012年出版)

崔榮昌.「四川省西南官話以外的漢語方言」[J]. 方言, 1986(3).

崔榮昌.「四川樂至縣"靖江腔"音系」[J]. 方言, 1988(1).

石林.「黎平的"北京話"」[J]. 南開大學學報, 1984(2).

李行健, 劉思訓.「天津方言詞匯」[J]. 方言, 1986(1).

陳岡.『古清入聲字在北京話裡的演變情況』[M]//中國語言學報(第3期). 北京：商務印書館, 1988.

郭正彥.「黑龍江方言分區略說」[J]. 方言, 1986(3).

顏逸明.「長江下游沿岸吳語和江淮官話的分界」[J]. 華東師範大學學報, 1983(6).

董同龢.『華陽涼水井客家話記音』[M]. 北京：科學出版社, 1956.

鮑士傑.『杭州方言與北方話』[M]//吳語論叢. 上海：上海教育出版社, 1988.

顏逸明.「平陽縣和泰順縣的方言情況」[J]. 方言, 1981(1).

福建省漢語方言調查指導組.『福建省漢語方言概況(討論稿)』[M]. 鉛印本. 福州：福建省漢語方言調查指導組, 1961.

詹伯慧.『海南島軍話語音概述』[M]//語言學論叢(第3輯). 上海：上海教育出版社, 1959.

李如龍.「澳腰莆田方言島紀略」[J]. 福建師大學報, 1985(2).

黃家教.「粵方言地區中的一個閩方言島——中山隆都話」[J]. 中國語文, 1985(6).

梁猷剛.「廣東省北部漢語方言的分佈」[J]. 方言, 1985(2).

包擬古(N. C. Bodman).「中山縣的一個閩東方言：南朗話——兼論閩語對其音韻和詞匯的影響(英文)」[J]. 清華學報(新十四卷一二期合刊), 1982.

葛維達.『蘇聯東干民族語言』[M]//王力先生紀念論文集(中文分冊). 香港：三聯書店香港分店.

鄒嘉彥.「雙重語言與文化同化」[J]. 抖擻, 1976(13).

顏逸明.「蘇南(宜興)閩語」[J]. 語文現代化, 1987(2).

黃谷甘.『海南省三亞市的語言分佈』[C]. 漢語方言學會第五屆學術討論會, 1989.
黃谷甘, 李如龍.「海南島的邁話──種混合型方言」[J]. 中國語文, 1987(4).
李如龍, 陳章太.「寧德碗窯閩南方言島二百年間的變化」[J]. 中國語文, 1982(5).
陳章太.『順昌縣埔上閩南方言島』[M]//閩語研究. 北京：語言出版社, 1991.
李如龍.『南平市北方方言島』[M]//閩語研究. 北京：語言出版社, 1991.
游汝傑, 徐波.「浙江慈溪的一個閩語方言島──燕話」[J]. 語言研究, 1998(2).
游汝傑.「黑龍江省的站人和站話」[J]. 方言, 1993(2).

제4절 방언지리 변천의 특징

중국어 방언이 지리적으로 변화하는 특징은 거시적으로 보았을 때 서로 다른 유형의 방언이 지리적으로 파문형으로 이동하고, 미시적으로 보았을 때는 방언 특성이 점진적으로 변화하는 것이다.

먼저 방언 유형의 파문형의 이동에 대해 논의하면, 가령 갑(甲), 을(乙), 병(丙) 세 방언이 차례로 인접해 있다고 가정할 경우, 갑 지역 중을 지역에 가까운 지대의 방언 유형은 을 지역과도 비교적 가까우며, 을 지역 중, 병 지역에 가까운 지대의 방언 유형은 병 지역과도 비교적 가까운 경향이 있다. 이러한 방언 유형의 파문형 이동 현상은 아래와 같은 사례들에서 전형적으로 나타난다.

관화 방언 중 우어(吳語)와 인접한 장화이관화(江淮官話) 하위방언은 음계와 어휘 체계 측면에서 다른 관화 하위방언보다 우어에 더욱 가까운 특징을 지닌다. 장화이관화는 우어와 마찬가지로 성문폐쇄음(喉塞尾)이 붙은 설입성(舌入聲)을 보존하고 있으며, 입성운(入聲韻)의 운류(韻類) 통합 및 분화 양상 또한 우어와 유사하다. 아래에 양저우화(揚州話)와 쑹장화(松江話)의 입성운 운류 분합 양상을 비교한 표3.8을 제시한다.

표3.8 양저우어(揚州話)와 쑹장어(松江話) 입성 운미 비교

揚州	松江	例子
aʔ	oʔ	莫托剝
iaʔ	iaʔ	雀削藥
uaʔ	ɔʔ	捉郭霍
æʔ	æʔ	八阿
	əʔ	雜
iæʔ	æʔ	甲壓
uæʔ	uæʔ	颳
	əʔ	刷
əʔ	əʔ	汁入德旦
ieʔ	iɪʔ	急
	iəʔ	筆
	əʔ	折
uəʔ	uəʔ	骨活
	əʔ	出
yəʔ	yoəʔ	月橘薛
	ioʔ	域
ɔʔ	oʔ	獨足北
iɔʔ	ioʔ	菊局育
uoʔ	əʔ	撥
	æʔ	說脫

우어(吳語) 중 쑹장어(松江話)의 입성 운미 분류는 가장 세밀하다. 예를 들어 iɪʔ과 iəʔ 두 운미는 쑤저우어(蘇州話)에서는 구분되지 않는다. 일반적인 우어 사용자의 성운(聲韻)을 기준으로 비교하면, 대응 관계가 더 명확하게 나타난다.

수대(隋代)의 양저우(揚州) 장두(江都) 출신인 조헌(曹憲)이 집필한 『박아음(博雅音)』 중 일부에는 오늘날 장수(江蘇)와 저장(浙江) 일대의 방언과 동일한 음운 현상이 기록되어 있다.

예를 들어, "해(蟹)"라는 글자는 "호매반(呼買反)"으로 주석되어 있다.

오늘날의 쑤베이(蘇北) 관화는 수대 이전에 우어의 특징을 더 많이 가지고 있었을 것이다.

우어 지역의 남쪽 극단은 원저우어(溫州話)를 대표로 하는 어우장편(甌江片)이며, 이 지역은 남쪽으로 민어(閩語) 지역과 연결된다. 어우장편의 어휘 체계는 다른 어떤 우어 하위 방언보다도 민어에 더 가깝다. 아래는 원저우 방언과 민난 방언(閩南方言)이 공유하는 어휘 일부로, 이러한 어휘는 다른 우어 지역 방언에서는 나타나지 않는다.

어휘	원저우어(溫州話)	민어(閩語)
那	許 hi^3	許 xi^3(福州)
冰雹	龍雹 liɛ^{2}bo^6	龍雹 lam^{2}p^{h}o^6(福安)
早晨	天光 t^{h}i^{1}kuɔ^1	天光 t$^{h\sim 1}_{1}$kŋ^1(厦門)
翅膀	翼 jai^4	翼 ek^8(潮州)
瘦	瘵 za^6	瘵 sø^1(建甌)
濕	爛 la^6	爛 laŋ^6(福州)
遺忘	拉爻 la^{6}ɦuɔ^2	拉甫 lo^{6}po^1(永安)
丟掉	□爻 daŋ^{6}ɦuɔ^2	□□ tɔŋ^{6}t^{h}iɔ^6(建甌)

푸젠민어(福建閩語) 해안 지역의 민난(閩南), 푸셴(莆仙), 민둥(閩東) 세 편(片)은 명확한 민어의 특징을 가지고 있다. 푸젠 중부지역의 민중편, 민베이편은 커자어적 요소가 자주 보인다. 예를 들어 고산섭 개구 1,2 등의 현재 음가는 운이 다르다(乾≠間). 3인칭 단수 대명사 '그'를 "渠"라 한다. 푸젠의 동쪽에서 서쪽으로 갈수록, 민어적 요소는 점차 약해지고 커자어적 요소가 점차 강해진다(장쩐싱(張振興)의 『민어의 구역 나누기(閩語的分區)』, 『방언(方言)』1985년제3기 논문을 참고). 민베이편(閩北片)을 지나면 민어, 커자어의 중간지역이며, 민중편(閩中片)의 서쪽은 온전히 커자어 지역이다.

후난성(湖南省)의 중국어 방언은 동쪽에서 서쪽으로 갈수록 간어(贛語)의 특징이 점차 약해진다. 후난성 동쪽 쟝시성(江西)과 맞닿아 있는 핑쟝(平江), 류양(瀏陽) 일대의 방언에서 보이는 간어(贛語)의 특징은 매우 명확하다. 양스펑(楊時逢)이 정리한 『후난방언 조사보고(湖南方言調查报告)』에서는 52개의 특징을 선정하여 후난성 각지역 방언의 차이를 나타내었다. 그의 52개 특징을 기준으로 본다면, 샹쟝(湘江) 유역의 샹인(湘陰)과 핑쟝(平江)의 동일한 소리는 29개 항목에 달하지만, 즈수이(資水) 유역의 이양(益陽)에서는 22개 항목만 동일한다. 서쪽으로 가서 웬쟝(沅江) 유역의 루시(瀘溪)는 오직 8개의 항목만 동일하다.

방언 유형이 지역에 따라 파도형으로 분산되는 이유는 두 가지이다. 하나는 두 종류의 방언이 만나는 지역의 거주민들은 교류를 통해 방언이 자연히 비슷해진다. 또 하나의 이유는 인구의 이동이다. 방언 유형이 파도형으로 움직이는 방향은 인구의 이동 방향과 자주 일치한다.

예를 들어 우어(吳語) 지역의 방언을 북방의 관화와 비교하자면, 남쪽으로 내려갈수록 관화와 같은 점은 적어지고, 민어(閩語)와 같은 점이 점차 많아진다. 쑤난 우어(蘇南吳語) 중에는 부사 첨(添)을 후치하는 문장이 없지만, 저베이 우어(浙北吳語) 중 사오싱어(紹興話) 같은 경우에는 이러한 문장을 사용한다. 즉 저베이 우어 "밥을 먹어 더(吃碗添)"와 같은 말을 사용하며, 또한 "당신이 가요 먼저(你走先)"나 "그가 갑니다 먼저(渠走起)" 같은 수식어 후치 문장을 사용한다. 방언 유형이 북에서 남쪽으로 파도형으로 이동하는 것은 우어구역의 개간의 정도와 이민의 역사와 관계가 깊다. 역사적으로 우어구는 북에서 남쪽으로 개척이 되었다. 군현의 설치는 대략적인 개발과 이민의 역사를 반영하고 있는데, 진(秦)나라 시기에 현재 우어 구역에는 17개의 현이 설치되어 있다. 단시(丹徒), 취아(曲阿), 양센(陽羨), 우현(吳縣), 러우현(婁縣), 하이옌(海鹽), 여우취엔(由拳), 우청(烏程), 장현(鄣縣), 위항(余杭), 첸탕(錢塘), 산인(山陰), 쥐장(句章), 인셴(鄞縣), 주지(諸暨), 우샹(烏傷), 다모(大末)이다. 주지(諸暨), 우샹(烏傷)이 저쟝의 중앙에 위치하고, 다모(大末)가 저쟝의 서남쪽에 위치하는 것을 제외한다면 나머지 14개의 현은 모두 쟝수의 남쪽과 저쨩의 북쪽에 집중되어 있다. 서한 시대에 저쟝의 중부 해인 지역에 후이푸(回浦)현을 설치하였고, 동한 시대가 되어서야 저쟝 남쪽 해안 지역에 용닝(永寧)현을 설치하였다. 서진(西晉) 태강(太康)연간이 되어서 오나라 손씨 정권의 노력으로 저쟝 중부 지역과 남쪽 지역에 대규모 개척 사업이 벌어졌고 많은 현이 설치되어 북방에서 온 이주민들도 이때 남쪽으로 점차 이동하였다. 이주민들은 점차 남쪽으로 이동하였고, 방언 역시 북방과의 차이가 점차 벌어졌다. 주나라 이전에 태백(太伯), 중옹(仲雍)이 남쪽으로 이주했다는 것을 시작으로 지금까지 역사에서는 북방 주민이 우어 지역으로 이주했다는 기록이 흔하다. 다만 장수 남쪽과 저장 북쪽은 저장 중부나 남쪽 지역에 비해 북방 이주민을 훨씬 더 많이 받아들였다. 예를 들어 진(晉)나라 황실이 저장으로 피난 온 이후 북방의 귀족들은 회계군(會稽郡)에 대부분 정착하였으며, 근대 이후 많은 수베이 주민들이 양쯔강을 건너 남하하였지만, 대부분 첸탕강(錢塘江) 북쪽에 정착하였다. 그래서 우어구에서 북방어의 특징은 저장 북쪽이 가장 명확하게 나타난다. 오늘의 우어에서도 북부 우어가 남부에 비해 북방어와 비슷하다. 어휘 사용빈도에서 그 현상은 더욱 돋보인다. 예를 들어 "抱", 명나라 말기 『산가(山歌)』의 기록을 보자면, 당시 쑤저우어에서는 "揲"글자를 사용했지만, 오늘의 쑤저우어나 다른 북부 우어에서는 "抱"로 변하여 북방어와 일치한다. 저장 중부에서 남쪽에 위한 황옌(黃岩), 러칭(樂清)과 저장 남부의 원저우(温州)에서는 여전히 "揲"를 사용한다. 다만 황옌(黃岩)의 일부 지역에서는 "抱"로 바뀌었다.

장기적으로 외래 이주민의 유입이 적은 지역에서도 지리적인 요소로 점차 말이 변하고 있다. 방언학자들은 20세기 초에 이러한 현상을 이미 관찰하였다(본 장의 제1절). 예를 들어 진어(晉語) 지역에서 옛 입성을 지금도 입성으로 읽는 글자는 북쪽에서 남쪽으로 갈수록 줄어든다. 입성이 아예 없어지는 지역은 바로 중원 관화 지역이다.[12] 비록 서로 말이 통하지 않는 종류가 다른 방언 구역에서도 서로 만나는 지역에서의 방언은 점차 변하게 된다. 제2절에서 커쟈어와 민어가 만나는 지역에 민어 중간지역이 존재함을 기술했다. 우어의 북쪽 끝은 창쟝(長江) 북쪽의 징쟝어(靖江話)이다. 그 음운 계통은 우어와 같지만, 어휘 계통은 관화의 특징을 가진다. 우어의 남쪽 끝인 저쟝 남쪽의 핑양만어(平陽蠻話)의 상황도 유사하다. 음운에서는 塞音과 塞擦音에는 세 가지 구분이 있어서 우어와 같다고 볼 수 있다. 그러나 어휘에서는 최소한 절반은 민어와 같다. 예를 들어 "먹다(食)", "때리다(拍)", "높다(懸)", "쌀(柚)", "입(喙)", "아이(囝)" 등이다. 두 종류의 방언이 마주하는 지역은 서로 서로의 특징을 흡수한다.

방언은 지리적 요소에 따라 점차 변하는 것이지, 돌변하는 것이 아니다. 방언이 변하는 본질적인 이유는 언어의 사회작용으로 사람 사이의 커뮤니케이션에 있다. 만약 방언이 돌변한다면 지금의 특징이 보이지 않을 것이다.

위에서 서술한 본질적인 이유 외에도 우세한 방언이 열세 방언 지역으로의 확산하는 것도 중요한 원인이다. 소위 우세한 방언이란 위세방언(prestige accent)으로 한 지역 방언에서 가장 힘있는 사람들이 사용하는 지역의 방언이다. 대부분 그 지역 중앙 도시의 방언으로 이 지역의 주민들은 언어 심리적으로 이 우세한 방언의 사용을 부러

---

12 리룽(李榮)의 『한어방언의 분구(漢語方言的分區)』, 『方言』(1989년 제4기를 참고).

워하고 심지어 따라한다. 우세한 방언 외의 해당 지역의 다른 방언들은 모두 열세 방언이다. 예를 들어 샤먼어(厦門話)는 민난 지역에서 우세 방언이며, 차오저우어(潮州話)는 차오센(潮汕) 지역에서, 원창어(文昌話)는 하이난 섬(海南島) 민어구에서, 광저우어(廣州話)는 웨어 지역(粵語區)에서 우세한 방언이다. 우세한 방언은 열세 방언이 따라하려고 하는 대상이며, 우세한 방언의 특징, 요소는 점차 열세 방언으로 확산된다. 중앙 도시와 인접하거나 교통이 편리한 지역에서 우세한 방언의 영향을 강하기 마련이며, 반대라면 약해진다. 예를 들어 상하이와 인접한 현들은 거리가 먼 지역의 방언에 비해 상하이 도심 방언의 성분을 더 많이 받아들인다. 또 각 현의 중심 지역은 교통의 편리함으로 인해 교외 지역에 비해 상하이 도심 방언을 더 많이 받아들인다.

한 지역의 우세한 방언은 해당 지역의 사회와 문화 배경의 변화에 따라 변한다. 그리하여 방언이 변화하는 지리적 방향에도 변화를 준다. 예를 들어 취안저우(泉州)는 민난 개발의 가장 이른 지역으로, 당나라 개원 시기에 5만 가구가 있었으며, 당시 푸젠 여섯 주에서도 가장 많은 인구를 자랑했다. 수당 시기 이후로 전국에서 해상 무역의 중심이 되었다. 청나라 가경년 간에 출판된 운서 『회음묘오(匯音妙悟)』는 민난 각 지역 음운의 중요한 자료이며, 민난 지역의 지방극 중 하나인 이원극(梨园戲)도 취안저우의 음을 표준으로 삼고 있다. 청나라 말기 전까지 취안저우의 방언은 민난 지역의 우세한 방언이었다. 민난 지역에서 장저우어(漳州話)의 지위는 장저우(漳州)의 웨강(月

港)이 민난 지역 무역의 중심이 되며 높아졌지만, 취안저우의 위상을 대신할 수는 없었다. 아편전쟁 이후 샤먼(廈門)은 대외 무역의 중요 도시가 되었고, 그 지위는 취안저우와 장저우를 넘어섰다. 이로 인해 샤먼어는 취안저우어를 대신하여 우세한 방언이 되었다. 우세한 방언의 변화는 방언의 지리적 변화의 중요한 원인이 된다.

제5절 방언지도

방언지도는 방언의 지리적 분포를 지도 위에 나타내 그 특징을 알기 위해 제작하는 것이다. 혹은 방언 지리 조사의 결과를 지도 형식으로 구성하여 방언의 지리 분포 현상을 더 직관적이며 더 명확하게 나타내고, 동시에 방언 지리 심화 연구를 가능하게 하고, 일반인들의 이해를 돕는데 쓰인다.

자주 보는 중국어 방언 지도는 4가지 종류가 있다. 방언 특징도(方言特徵圖), 방언 동언선도(方言同言線圖), 방언 분류도(方言分類圖), 방언 구획도(方言區劃圖)이며, 또 지점방언접근률도(地點方言接近率圖)가 있다.

이러한 네 종류의 방언 지도를 제작하기 위해서는 먼저 기본틀을 잘 그려야 한다. 기본틀의 내용은 시각적으로 간결해야 하고, 주요 방언 거점, 비교적 큰 하류나 호수, 행정구역 등이 필요하다. 또 지도의 축적을 표기해야 한다.

방언 특징도(方言特徵圖)는 비교하려는 항목이 각 지역에서 어떤 발음으로 쓰이는 지 지도 위에 표기한 것이다. 각 지역의 발음이 어떤 차이를 보이는 지에 따라 적합한 부호로 표기해야 한다. 또 이러한 부호를 상응하는 방언 지역에의 옆, 혹은 그 바로 위에 표시해야 한다. 그리고 지도의 설명에 각 부호의 뜻을 명시해야 한다. 일반적으로 한 가지 항목마다 하나의 지도를 사용한다. 그림 3은 산동 핑두현(平度縣)의 방언 특징도이다.[13] 각 지역 차이를 비교하는 항목은 "중고음 日모음 지섭 개구 삼등(日母止攝開口三等)의 현재 음이다. "儿耳二" 세 글자를 주로 표기하였다. 부호는 직접 방언지도에 그렸으며, 전체적으로 간결하고 가독성이 높다. 단 축적을 생략했다.

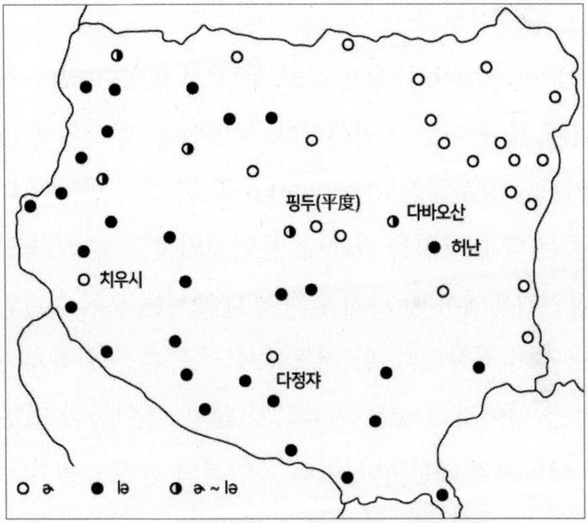

그림3 | 산둥 핑두현(平度縣) "儿耳二" 독음
(쳰쩡이(錢曾怡)의 『平度方言內部的語音差別』부록 그림을 근거로 수정)

방언 특징도는 규칙적이지 않은 방언 지리 분포 현상을 표현하는데 적합하다. 예를 들어 그림 3에서 각 지역 "儿耳二" 의 독음은 ɚ

13 쳰쩡이(錢曾怡), 차오즈윈(曹志耘), 뤄푸텅(羅福騰) 『핑두방언 내부의 어음 차별(平度方言內部的語音差別)』, 『方言』 1985년 제3기를 참고.

와 lə 두 종류 외에도, 또 ɚ, lə 둘 다 가능한 지역이 있다. 심지어 ɚ 로 읽는 지역 중에는 조건부로 lə 로 읽는 지역도 있다. 예를 들어 허난(河南)에서 다바오산(大寶山)은 둘 다 읽는 것이 가능한 지역이다. lə 로 읽으면서 ɚ 도 조건부로 읽는 것이 가능한 지역은 디정지아(大鄭家), 치우시(坵西)가 있다. 이러한 지역에 대해서 방언 동언선도보다는 방언특징도가 적합하다.

동언선도(同言線圖)의 내용은 주로 두 가지 항목이 있다. 하나는 방언 지역이며, 또 하나는 동언선이다. 동언선은 지도 위에 하나의 선을 그려 지도를 양분하는 기능을 한다. 즉 한 가지 항목에 대해 동언선의 양 측은 다른 특징을 가진다. 동언선의 한쪽 편의 방언 특징은 같으며, 방언지도에서 한 가지 항목에 대해서는 오직 하나의 동언선을 그리는 것이 적합하다. 한 지도에서 서로 다른 항목의 동언선은 네 다섯개를 넘어서는 것은 적합하지 않다. 동언선이 너무 많으면 가독성이 낮아지기 때문이다. 여러 동언선의 선 모양을 다르게 하여 한 장의 지도로 표기하는 것도 좋은 방법이다. 그런 선을 동언선 묶음(同言線束)이라 한다.

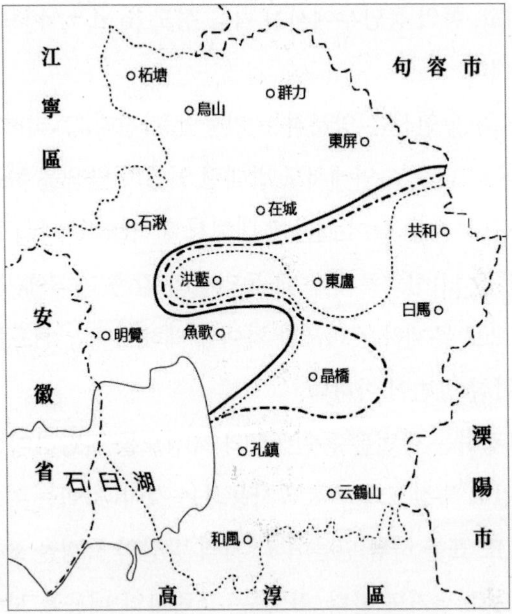

그림4 | 장쑤(江蘇) 리수이(溧水)현 동언선도

———— 同자 성모 동남[d-], 서북[t^h-],

- - — - - 別자 성모 동남[b-], 서북[p-]

············ 茶자 성모 동남[z/dz-], 서북[ts^h-]

그림4는 장수 리수이(溧水)현 동언선묶음도(同言線束圖)로 지도 위의 방언 지역을 보면 자이청(在城)은 리수이 현정부 소지지이며, 나머지는 향정부 소재지이다. 우어(吳語)와 관화(官話)의 분계선은 리수이 현의 일부를 나누고 있다. 이 지도에는 3개의 동언선이 있다 각각 중고음 並모, 定모, 澄모이 리수이현 서북부에서는 청음 성모[p, t^h, ʦʰ]를 가지고, 현의 동남부에서는 탁음 성모 [b, d, z/ʣ]로 표기되는 것을 나타낸다.

지도 위의 동언선은 양분하는 기능만 가진다. 그러나 현실적으로 동언선으로 나눈 지역에서도 반대편 지역의 발음을 하는 일부 지역이 존재한다. 예를 들어 同자에 대해서 윈허(雲鶴)는 [tʰ]로 읽고, 우산(烏山)에서는 [d]성모로 읽는데 동언선의 같은 지역에 있을 수 있다. 현실적으로 존재하는 미세한 차이에 대해서 동언선도는 이를 표현하는 적합한 방법이 아니다.

이를 보정하는 방법은 동언선도와 특징도를 결합하여 지도 위에 동언선도 있고 특징도의 부호도 사용하는 것이다. 이는 지도를 간결하게 한다. 또 표를 하나 만들어 각 지역 방언의 특징을 표현하는 데에 참고용으로 두기도 한다. 표3.9는 그림 4의 내용을 보충 설명하는데 적합하다.

표3.9 장수성 리수이현(溧水縣) 고탁성모 현재음 비교표

지역 예	在城	洪藍	東蘆	漁歌	新橋	孔鎮	白馬
同	tʰoŋ²	doŋ²	doŋ²	tʰoŋ²	doŋ²	d̥oŋ²	doŋ²
别	piɪʔ⁷	biəʔ⁸	biəʔ⁸	piəʔ⁷	piəʔ	biəʔ⁸	biɪʔ⁸
茶	tʰa²	z̥a²	ʦʰa²	d̥z̥a²	dza²	z̥a²	za²

방언 조사 지역이 매우 넓은 경우, 예를 들어 한 현마다 하나의

조사만 한 경우에는 동언선도를 제작하기 어렵다. 조사 지역 간의 거리가 너무 멀어서 동언선으로 그려진 지역의 실제 방언 사용이 다를 수 있다.

조사 지역은 거리가 가까워야 동언선의 지리적 정확도가 높아진다. 사실 동언선 하나로 두 조사 지역을 나누려고 할 때, 그 두 점의 중간점으로 그려야 하는데, 만약 두 지역 간에 행정구역이 나뉜다면, 동언선을 행정구역선과 똑같게 그리는 방법이 있다. 그러나 동언선은 대개 조사지역 간의 사이를 그리게 되기 쉽고 엄격한 의미로 방언의 지리적 특징을 나타내는 경계선이 되기 어렵다.

동언선도는 방언 특징도에 비해 방언의 정확한 지리적 분포 특징을 나타내기 어렵다. 방언특징도가 반영하는 것은 매 지점마다 조사를 한 근거있는 특징이고, 동언선도는 특정 방언 특징의 지리적 분표를 표현하지만 조사하지 못한 넓은 공백 지역을 포함하고 있다. 그러나 동언선도는 방언의 지역 구획에 있어서 중요한 참고 자료가 될 수 있다. 예를 들어 그림 4의 동언선 묶음은 중고음 전탁성모를 유지하고 있는 지 여부를 알 수 있는 우어와 관화의 중요한 차이를 반영하고 있다.

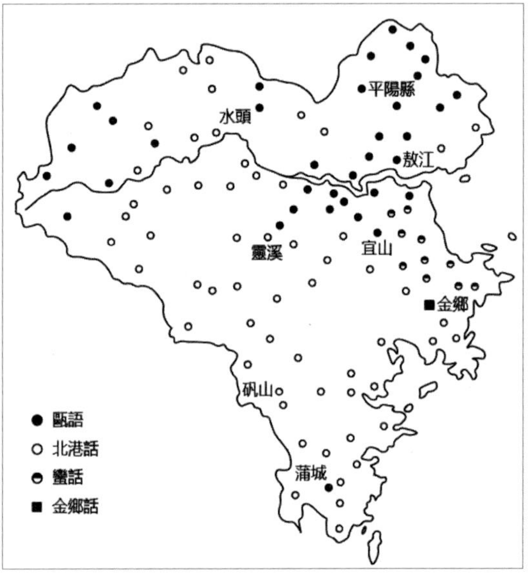

그림5 | 저장 핑양현(平陽縣) 방언 분류도

방언 분류도(方言分類圖)는 지도 위에 다른 종류의 지점 방언을 서로 다른 부호로 표현하는 지도이다. 이런 지도는 방언이 복잡한 지역의 방언 분포를 나타내는 데에 적합하다. 이러한 지도는 각 지역 방언에 대해서 이미 조사를 마쳤고 일정한 결론이 맺어진 상태를 전제로 한다. 예를 들어 저장(浙江)의 핑양(平陽)현은 4 종류의 방언이 있다. 어우어(甌語, 우어(吳語)의 원저우어(温州話)의 한 종류이다), 베이강어(北港話, 민난어(閩南話)의 한 종류이다), 만어(蠻話, 우어(吳語)의 한 종류이다), 진샹어(金鄉話, 반관화 방언섬(半官話方言島))이다.

그림5는 顔逸明의 『핑양현과 타이순현의 방언 현황(平陽縣和泰順縣

的方言情况)』(『方言』1981년 제1기)를 참고하여 제작한 지도이다. 이런 지도는 방언이 복잡한 지역, 서로 다른 방언의 지리적 분표를 표시하는 데에 편리하다.

방언분구도(方言分區圖)는 서로 다른 지역 방언에 대해 비교 연구와 구역 구분을 마친 결과물이다. 방언의 구역을 나누는 것은 하나의 원칙, 표준을 세워 성격, 특징이 같거나 비슷한 지역 방언을 하나의 구역으로 책정하는 작업이다. 현실적으로 하나의 방언 구역의 중심 지역(focal area)은 매우 명확하다. 그러나 주변 지역은 대개 모호하다. 그래서 방언분구도의 핵심은 서로 다른 지역의 경계선을 합리적으로 그려내는 데에 있다. 만약 갑, 을 두 종류의 방언 지역의 사이에 넓은 중간 지역이 있다면, 중간 지역을 그려낼 수 있다. 그러나 중간지역과 갑, 을 지역 사이에도 여전히 경계선을 그려야 한다. 합리적인 경계선을 그리기 위해서는 먼저 양 지역에 대한 상세한 방언 재료가 있어야 하며, 또한 경계지역의 방언적 특징에 대해 깊은 연구와 판단이 필요하다. 그림 6은 장시성 방언 분구 간략도이다.[14] 방언분구도는 거시적으로 방언의 지리적 분포를 알 수 있고, 비언어학 전공자들도 쉽게 사용할 수 있는 지도이다.

---

14 엔썬(顏森)의 『장시성 방언분구도(江西省方言分區圖)』에서 수정하였다. 원 지도는 『方言』 1986년 제1기에 수록되어 있다.

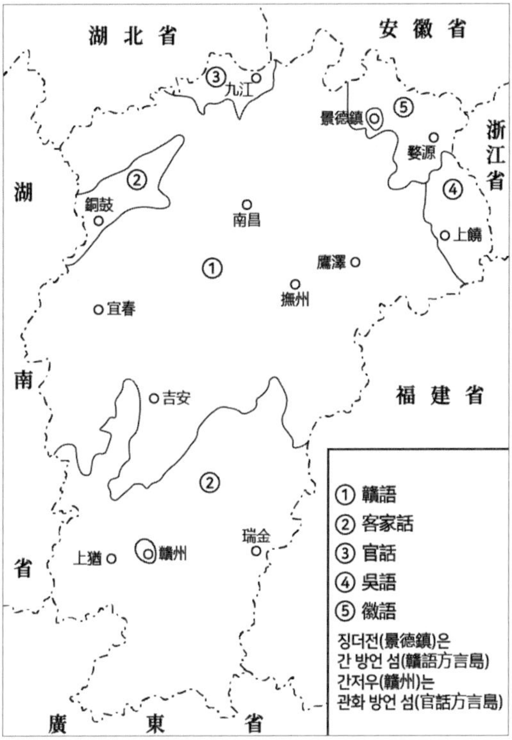

그림6 | 장시성 방언분구 간략도

지점 방언 접근율도(地點方言接近率圖)는 한 지역 내의 인접한 지점 방언 간의 접근율을 숫자로 직접 표기하는 지도이다. 지도 위에 표기된 접근율 수치를 읽어서 인접한 두 지역의 방언의 유사 정도를 알 수 있다. 또한 한 지역 내에서 어느 지역의 방언이 서로 인접했는지 알 수 있다. 그림 7은 필자가 후난(湖南) 동북부 지역 방언을 접근율도로 제작한 지도이다. 『후난 방언 조사 보고(湖南方言調查报告)』(楊時逢, 1974년 타이베이에서 작성)는 52항목의 방언 특징(성모, 개합, 운모 및 운미, 성조, 특정글자, 어휘)을 통해서 후난 각 지역 방언의 차이를 비교하였다. 그림 7은 52항목의 특징을 기준으로 양 지점의 접근율을 계산하여 수치를 표기하였다. 지도 위에 수치는 직선으로 연결된 두 지역의 방언 유사도를 나타내는 수치이다. 예를 들어 창더(常德)와 안샹(安鄉)에는 35개의 항목이 같다. 가독성을 높이기 위해 지도에서는 일부 인접한 현의 접근율만 나타내었다. 이 지도에서 어떤 방언이 인접한지 알 수 있다.

예를 들어 류양(瀏陽)은 핑쟝(平江)과 25로 비교적 인접하고, 창사(長沙)와는 17로 비교적 멀다. 그래서 유양은 핑쟝과 같은 구역으로 속할 가능성이 높고, 창사와는 다른 지역으로 나눌 수 있다. 동언선도와 방언구역도는 독자로 하여금 동언선의 같은 측이나, 같은 구역의 모든 지역이 방언이 특징이 같고, 서로 간의 접근율이 균등할 것으로 오해하게 만든다. 그러나 지점방언접근율도는 이러한 문제를 피할 수 있고, 더욱 정확하게 방언 간의 인접 관계를 표시할 수 있다.

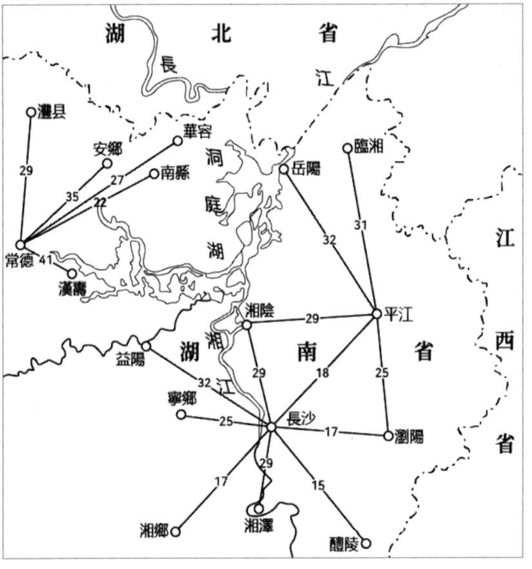

그림7 | 후난 동북부 지역 방언 접근율도

위에서 설명한 다섯 종류의 방언지도는 모두 여러 폭의 지도를 작성하여 방언지도집(linguistic atlas)을 만들 수 있다. 예를 들어 『한어 방언 구역도집(漢語方言區域圖集)』, 『한어 방언 동언선도집(漢語方言同言線圖集)』 등이다.

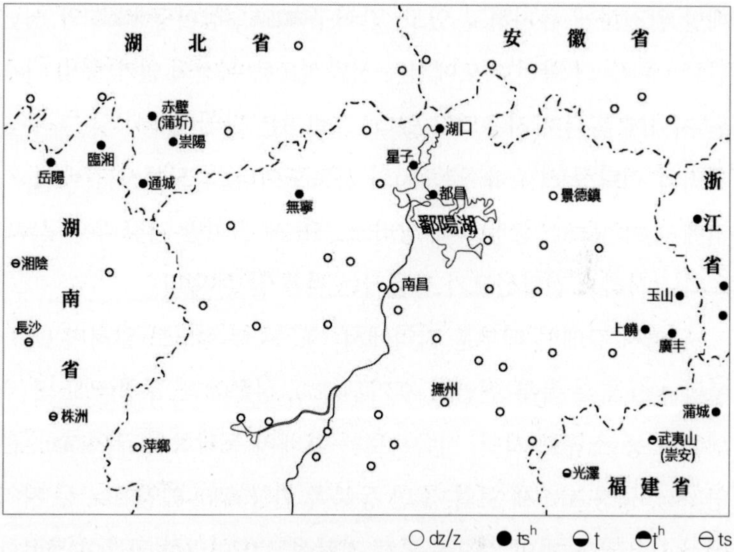

그림8 | 茶자의 성모 독음 특징도

서양의 전통적인 방언 연구에서 방언 조사의 결과는 대개 지도집의 형식으로 발표했다. 예를 들어 E. Edmont의 『프랑스 언어 지도집(法國語言圖集)』(1902-910), V. G. Wenker의 『독일 방언 지도집(德國方言地圖集)』(1926-1956), K. Jaberg와 J. Jud의 『이탈리아 방언 지도집(意大利方言地圖集)』(1928-1943), H. Kurath의 『뉴잉글랜드 방언 지도집(新英格兰方言地圖集)』(1939-1943)등이다.

방언지도는 방언 지리 연구의 불가결한 기초일 뿐만 아니라, 또한 방언특징의 역사적 변천과정을 반영하기도 한다. 예를 들어 한어 중고음의 전탁성모 b、 d、 g、 z、 dz 、 dʑ 등은 현대의 우어구(吳語區)

에만 완전하게 유지하고 있고, 간어구(贛語區), 샹어구(湘語區)와 시난 관화(西南官話)의 방언 지도에서는 전탁성모는 온전치 않게 몇몇 낙후된 지역에 흩어져 사용되고 있다. 그림 8은 간베이(贛北) 및 그 주변 지역의 전탁성모("茶"를 기준으로)의 분포도이다. 지도에서 간베이 지역에서 위산(玉山), 광펑(廣丰), 상라오(上饒) 세 지역만 저쟝 우어구(吳語區)와 유사하게 전탁성모가 사용되는 것을 알 수 있다.

나머지 간베이 대부분 지역에서 "茶"는 ts^h 성모로 읽히며 dz 는 포양(鄱陽) 호수 북부 연안의 후커우(湖口), 싱쯔(星子), 두창(都昌) 및 우닝(武寧) 등 소규모 지역, 서쪽으로는 후베이 동남쪽의 푸치(蒲圻), 충양(崇陽), 퉁청(通城) 세 지역, 후난 동북쪽 린샹(臨湘), 웨양(岳陽) 등 지역에서 사용된다. 방언 지도를 통해 전탁성모가 이러한 교통이 불편한 소수 지역에서만 잔류되었음을 알 수 있다.

방언지도는 사회학과 역사학 연구에도 도움을 줄 수 있다. 방언의 지리적 분포 지도를 통해 현지인들의 유래 및 이민의 배경을 살필 수 있다. 예를 들어 완난방언 구획지도(皖南方言區劃圖) 및 분류도에서 얼룩형 방언섬을 볼 수 있고, 방언섬에는 후베이어(湖北話), 허난어(河南話), 안칭어(安慶話), 원저우어(温州話), 샹어(湘語), 민어(閩語) 등이 포함되어 있음을 알 수 있다. 이러한 방언섬을 통해 태평천국의 난 이후에 대량의 외부인이 안후이성 남쪽으로 이주해 왔음을 알 수 있으며 또 이러한 이주민들의 원 거주지와 현 거주지를 단번에 알 수 있다.

4장

방언의 역사

고대 방언 연구는 고대 방언을 기록한 문헌자료(文獻資料)를 통해 직접 연구할 수 있는 방법이 있다. 현대 방언(現代方言)을 통해 고대 방언을 추론하는 방법도 있으며, 이 두 가지 방법을 결합하여 연구하는 것도 가능하다.

또한, 이민사(移民史) 등 비언어적 요소(非語言因素)는 고대 방언, 특히 역사적 방언 지리(歷史方言地理)를 연구하는 데 중요한 참고 자료가 될 수 있다.

제1절 고대 방언을 기록한 자료

고대 방언을 기록한 다양한 자료 중에서 고대 방언학 전문서(方言學專著)가 가장 직접적이고 상세한 자료이다. 청말 이전의 방언학 전문서는 다음과 같이 세 가지 소분류로 나눌 수 있다.

첫 번째는 한자를 사용하여 기록된 자료(用漢字記錄的資料)로, 예를 들어 한(漢)나라 양웅(揚雄)의 『방언(方言)』, 진(晉)나라 곽박(郭璞)의 『방언주(方言注)』, 명(明)나라 이실(李實)의 『촉어(蜀語)』 등이 있다.

두 번째는 외국 학자가 작성한 중국어 방언학 저서(外國學者的漢語方言學著作)로, 예로는 O. F. Wisner의 『광둥어 초급(教話指南, Beginning of

Cantonese)』,[1] 풍세걸(馮世杰), 이치노 조자부로(市野常三郎), 다카기 츠네지로(高木常次郎)의 『연어신편(燕語新編)』[2] 등이 있다.

세 번째는 표음문자를 사용하여 기록된 자료(用拼音文字記錄的材料)로 주로 서양 선교사의 저술이며(제9장에서 상세히 논의함), 중국에서 제작된 표음문자 기록 자료도 있다. 예를 들어, 천치우(陳虬)의 『구문음회(甌文音匯)』가 있다. 방언 사전과 교재 또한 방언학에 가까운 저술로 간주될 수 있으며(자세한 내용은 제9장을 참조), 이외에도 고대 방언을 기록한 자료는 다음의 몇 가지 문헌에서 산발적으로 발견된다. 각각 한두 가지 예를 들면 다음과 같다.

첫째, 사서(史書).

사서에 기록된 방언 자료는 흔히 단편적이고 간접적이며 포괄적이어서, 이를 유용한 자료로 만들기 위해서는 판단과 분석이 필요하다. 예를 들어, 『진서(晉書)』「악지(樂志)」에 다음과 같은 기록이 있다.

> 『백저무(白紵舞)』:"무사(舞辭)에 '건포(巾袍)'라는 말이 있다. 이는 본래 오지(吳地)에서 유래된 것으로, 아마도 오(吳)의 춤일 것이다. 『배가(俳歌)』에서는 '교교백서(皎皎白緒), 절절위쌍(節節為雙)'

---

1 출처: O. Wisner Otis Frank, 『광둥어 초급(教話指南, Beginning of Cantonese)』(광저우, 1906년)

2 출처: 풍세걸(馮世杰), 이치노 조자부로(市野常三郎), 다카기 츠네지로(高木常次郎)의 『연어신편(燕語新編)』(일본 적선당, 1906년)

이라고 하였는데, 오음(吳音)에서 '서(緖)'를 '저(紵)'라고 발음하니, '백저(白紵)'는 '백서(白緖)'를 의미하는 것으로 보인다(案舞辭有巾袍之言.紵本吳地所出, 宜是吳舞也晉 俳歌又雲: 皎皎白緖, 節節為雙. 吳音呼緖為紵, 疑白紵即白緖也今)."

현대적으로 분석하면, "저(紵)"는 어부(魚部)의 징모(澄母)에 속하며, "서(緖)"는 어부(魚部)의 사모(邪母)에 속한다. 중세에서는 모두 어운(語韻)에 속하였다. 따라서 진(晉)나라 시대 우어(吳語), 오늘날의 장쑤(江蘇) 남부 지역의 우어)에서는 징모(澄母)와 사모(邪母)가 이미 합류되었음을 알 수 있다.

또 다른 예는 『자치통감(資治通鑑)』에서 찾을 수 있다.

"그 외에도 양(楊), 이(李), 조(趙), 동(董) 등 수십 개의 성씨가 각각 한 주를 차지하고 있었다. 큰 경우에는 600가구, 작은 경우에는 200~300가구가 있었는데, 대군장(大君長)이 없고 상호 통일되지 않았다. 언어는 약간의 차이가 있었지만, 생업과 풍속은 대체로 내지(內地)와 비슷하다고 하였다. 그들은 모두 본래 화인(華人)이라고 스스로 칭하였다. 다른 점은 13수(十三首)라고 불리는 것이다(其他有楊、李、趙、董等數十姓, 各據一州, 大者六百, 小者二三百戶, 無大君長, 不相統一, 語雖小訛, 其生業風俗, 大略與內地同, 自雲本皆華人.其所異者以十三首)."

현대적으로 해석하면, 이 구절은 당나라 시대 윈난 시파이허(雲南

西洱河) 지역에 거주했던 한족 유민(漢族流寓)들의 상황을 기록한 것이다. 당 태종 정관(貞觀) 22년, 당나라 장수 양건방(梁建方)이 웨쥔(越巂)에서 병사를 이끌고 시얼허(西洱河) 만족(蠻)을 토벌하였다. 웨쥔은 오늘날 쓰촨(四川) 시창(西昌) 동남쪽에 위치한 지역이다. 당나라 시대 남조(南詔)는 쓰촨, 구이저우 일대를 자주 침략하여 많은 한족(漢人)을 약탈하였다. 예를 들어, 대화(大和) 3년에 남조는 청두(成都)를 함락하고 수많은 자녀와 장인을 약탈하였다. 이러한 이유로 윈난 지역과 구이저우, 쓰촨 지역 사이에 인적 교류와 언어 접촉이 빈번하였다. 여기서 언급된 "언어가 약간 다르다(語雖小訛)"는 표현은 윈난 방언과 쓰촨 지역 방언 간의 차이가 크지 않음을 나타낸다.

둘째, 경적 주석(經籍注疏).

정현(鄭玄)의 『예기(禮記)』 주석, 하휴(何休)의 『공양전(公羊傳)』 주석, 왕일(王逸)의 『이소(離騷)』 주석 등에서는 특정 단어가 특정 지역의 방언임을 자주 언급한다. 예를 들어, 『고공기(考工記)』의 "구기사(慪其綹)"에 대해 정현은 "초인(楚人)은 이를 '漚'라 하고, 제인(齊人)은 이를 '倭'라 한다(楚人曰漚,齊人曰諉)"고 설명하였다.

셋째, 자서와 운서(字書韻書).

예를 들어, 한나라 허신(許慎)의 『설문해자(說文解字)』에는 방언 단어로 사용 지역을 명시한 예는 191개이다.[3]

예를 들어, "궤(餽, 간체: 馈)는 오인(吳人)이 제사를 '궤(餽)'라 부른다.

3 마쭝훠(馬宗霍), 『설문해자인방언고(說文解字引方言考)』, (과학출판사, 1959년 참조).

식(食)과 귀(鬼)에서 유래하였고, 귀(鬼)는 음성을 나타낸다."[4]고 풀이하거나 또 다른 예로 "자(姐)는 촉인(蜀人)이 어머니를 '자(姐)'라 부르며, 회남(淮南)에서는 이를 '사(社)'라 부른다. 녀(女)와 저(且)에서 유래하였다.[5]"고 명시하고 있다.

당나라 혜림(慧琳)의 『일체경음의(一切經音義)』에서는 진음(秦音)과 오음(吳音)의 차이를 자주 구별하였다. 당나라 현응(玄應)의 『일체경음의(一切經音義)』는 장안음(長安音)을 기준으로 삼아 특정 지역에서 사용하는 발음을 표기하였다. 여기에는 관중(關中), 산동(山東), 강남(江南), 관서(關西), 섬의 서쪽(陝之西), 촉(蜀), 유(幽), 기(冀) 등의 지역 발음이 포함된다.

『광운(廣韻)』과 『집운(集韻)』 등의 운서에서도 방언 사용법을 간헐적으로 주석하고 있다. 예를 들어, 『광운(廣韻)』 양운(陽韻)에서는 "방(枋)은 나무 이름으로, 수레를 만들 수 있다. 또한, 촉(蜀)에서는 나무로 물고기를 잡는 도구를 방(枋)이라 부른다."[6]고 하였다. 『집운(集韻)』 환운(換韻)에서는 "煤, 楚人谓火曰煤。"[7]고 주석하였다.

넷째, 종교학 저작(宗教學著作).

---

4 『설문해자(說文解字)』, "餽(簡體字為"馈"), 吳人謂祭曰餽, 从食从鬼, 鬼亦聲, "姐, 蜀謂母曰姐, 淮南謂之社, 从女且聲."

5 『설문해자(說文解字)』, "姐, 蜀謂母曰姐, 淮南謂之社, 从女且聲."

6 『광운(廣韻)』陽韻: "枋, 木名.可以作車.又蜀以木搵魚為枋."

7 『집운(集韻)』換韻: "煤, 楚人謂火曰煤."

이 범주에는 『성경(聖經)』 방언 번역본, 방언 교재, 사전 등이 포함된다. 이와 같은 저작은 대부분 서양 선교사들이 작성한 것이며(제10장에서 상세히 논의), 중국인의 저작은 드물다. 예를 들어, 묘양산(苗仰山) 등이 번역한 『방언비종록(方言備終錄)』(1906년 상하이 토산만 자모당(上海土山灣慈母堂)에서 인쇄)이 있다.

이 책의 서문에 따르면, 200여 년 전 Stanislao Gotti(聖 利高烈)이 『비종록(備終錄)』을 저술하여 사람들에게 선행을 권하였으며, 산시(山西)의 전문도(田文都) 신부와 장쑤(江蘇)의 이문어(李問漁) 신부가 이를 관화(官話)로 번역하여 1897년에 인쇄·출간하였다. 이후 묘양산 등이 이를 다시 쑹쟝(土白) 방언으로 번역하였다.

전서는 32일로 나뉘며, 하루에 하나의 주제를 다루고 있다. 내용은 종교적 권선으로, 모두 "생각하다(想)"라는 글자로 시작된다. 예를 들어, 제13일의 주제는 "세속의 허위를 생각하다(想世俗的虛假)"이며, 제26일의 주제는 "지옥의 영원한 고통을 생각하다(想地獄永苦)"이다. 총 328페이지 분량이며, 번역된 쑹쟝 방언은 매우 정통적이다. 예를 들어, 제22일 "습관의 결함을 생각하다(想習慣的毛病)"에는 다음과 같은 구절이 있다.

> "예를 들어 바다길을 가는 한 사람이 낡은 배에 올라탔다고 해보자. 큰 바람을 만나고, 배에 실은 물건이 무거울 때, 당신은 그가 안전하게 바다를 건널 수 있을 것이라 생각하는가? 바람과 파도가 없어도 배가 바다 밑으로 가라앉을까 두렵지 않겠는

가?(比方行海路個人, 登拉一隻破船上, 碰著之大風, 船上裝拉個物事, 又是重, 儂想伊平平安安過海否. 就是無得風浪, 也怕要沉拉海底里)."

다섯째, 필기와 잡담(筆記雜談).

이러한 문헌에는 고대 방언 사용 상황에 대한 기록이 자주 등장한다.

예를 들어, 『세설신어(世說新語)』의 「언어편(言語篇)」과 「배조편(排調篇)」에는 방언과 관련된 일화가 수록되어 있으며, 자주 인용된다. 「배조편(排調篇)」의 한 사례는 다음과 같다.

> "유진장(劉真長)이 처음 왕승상(王丞相)을 만났을 때 한여름이었으며, 왕승상은 배를 체스판에 기대어 데우며 '어찌 이렇게 차갑습니까(何乃渹)?'라고 말했다.(유효표(劉孝標)의 주석: '오인(吳人)은 차가운 것을 渹이라 한다.') 유진장이 나와서 사람들이 '왕공을 만난 소감이 어떠하냐'고 묻자, 그는 '특별히 다른 점은 없고, 다만 우어(吳語)로 말하는 것을 들었을 뿐이다'라고 대답하였다(劉真長始見王丞相, 時盛暑之月, 丞相以腹熨彈棋局, 曰:'何乃渹(劉孝標注: 吳人以冷為渹)?'劉既出, 人問:'見王公云何?'劉曰:'未見他異, 惟聞作吳語耳!')."

진(晉) 왕조가 남천 이후, 북방 사족들은 금릉(金陵)지역으로 대거 이주하였으며, 이들은 쟝둥(江東) 원주 사족들과 친밀해지기 위해 우어(吳語)를 배우기 시작하였다. 따라서 북방 출신의 왕승상(왕도, 王導)조차 우어를 사용하는 경우가 있었다.

진대(晉代)의 갈홍(葛洪)은 『포박자(抱朴子)』「기혹(譏惑)」에서 "오인(吳人)이 자신의 발음을 바꾸어 북방 언어를 흉내내려 하지만, 익숙하지 못하며, 이는 매우 수치스럽고 우스운 일로 보인다"[8]고 비판하였다. 이를 통해 당시 사람들의 언어 태도를 알 수 있는데, 우어를 경시하고 북방어(洛陽話, 당시의 관화)를 존중했음을 보여준다. 또한 진 왕조가 남천한 후 금릉 지역에서 오인들의 이중 언어 현상이 존재했음을 시사한다.

명대(明代)의 낭영(郎瑛)은 『칠수유고(七修類稿)』에서 항저우(杭州) 방언에 대해 다음과 같이 언급하였다.

> "성내(城中) 언어는 다른 고을보다 나은데, 이는 초기에 모두 변인(汴人, 북송의 개봉 출신)들이 남송을 따라 남천하여 정착했기 때문이다. 따라서 오늘날에도 변음(汴音)과 유사하다. 다만, 유독 쟝간(江干) 사람들의 말은 거칠고 성급한데, 이는 항저우 사람들의 옛말이다(城中語言好于他郡, 蓋初皆汴人扈宋南渡遂家焉, 故至今與汴音相似.惟江干人言語躁動, 為杭人之舊音."今按: 所謂城中語言好于他郡, 是指杭州城內方言較接近北方官話, 系北宋末年北方移民帶來. 江干指沿錢塘江一帶, 此地還保留土著吳語)."

해석하면, 여기서 "성내 언어가 다른 고을보다 낫다"는 것은 항

8 원문: 갈홍(葛洪), 『포박자(抱朴子)』「기혹(譏惑)」: "轉易其聲音以效北語, 既不能便, 良似可恥可笑."

저우 성내 방언이 북방 관화에 더 가깝다는 의미이며, 이는 북송 말기 북방 이민자들에 의해 전해진 것이다. 장간(江干)은 전당강(錢塘江) 주변 지역을 가리키며, 이 지역에서는 여전히 토착 우어가 보존되고 있었다.

여섯째, 문학 작품(文學作品).

이 범주는 대략 다음과 같은 것을 포함한다. 역대 민가(民歌), 예를 들어 명말(明末) 풍몽룡(馮梦龍)의 『산가(山歌)』, 시사(詩詞), 예를 들어 당시(唐诗), 송사(宋詞), 명·청의 백화소설(白話小說), 예를 들어 『금병매(金瓶梅)』, 그리고 청말 방언 문학, 예를 들어 방언 소설, 탄사(彈詞), 목어서(木魚書), 자제서(子弟書) 등이다.

예를 들어, 『금병매』 제16회에서는 "서문경(西門慶)은 도저히 앉아 있을 수 없어, '감안착(赶眼錯)' 일어나 나가버렸다[9]"고 기록되어 있다. 여기서 "감안착(赶眼錯)"은 산둥 방언으로 "다른 사람이 보지 않는 틈을 타다(趁別人没看見)"라는 뜻이다.[10]

청말 방언 소설은 종종 일부 내용만 방언으로 작성되었다.

예를 들어, 장춘범(張春帆)의 『구미귀(九尾龜)』는 기녀(妓女)의 대화만 쑤저우 방언(蘇州話)으로 쓰여 있다. 『구미귀』 제3권 제9회에는 다음과 같은 내용이 포함되어 있다.

---

9 『金瓶梅』: 第十六回: "那西門慶那里坐的住, 赶眼錯起身走了."

10 둥쉐장(董學章), 『원·명·청 백화 저작 중 산둥 방언 예석(元明清白話著作中山東方言例釋)』(산둥교육출판사, 1986년 참조).

"금원원(金媛媛)이 방소송(方小松)을 한 번 흘겨보며 말하였다. '방대소(方大少), 다른 사람과는 다르지 않소. 이소(二少)가 술에 취했을 때는 방대소만이 이소를 타이르고, 술을 조금 덜 마시게 하여 몸을 망치지 않도록 해야 하지 않겠소. 이것이야말로 좋은 친구라는 것이오. 그런 사람은 좋은 친구가 아니오.'(金媛媛睬了方小松一眼道: 方大少, 倪搭耐講講個道理看, 耐搭二少是要好朋友, 不比舍格別人, 二少吃醉仔酒末, 只有耐方大少劝劝二少, 叫俚少吃兩杯, 勿要吃坏仔自家格身體, 格末像格要好朋友啘.阿有朋友吃醉仔酒, 再要灌俚兩杯……)."

반면, 청말 및 민국 시대의 일부 곡예 대본은 전적으로 방언으로 작성되었다. 예를 들어, 『강포소집(江鮑笑集)』[11]은 전적으로 쑤저우 방언(蘇州話)으로 작성된 웃음거리와 가사를 담고 있다.

일곱째, 명·청 시대의 희곡 성률(戱曲聲律)연구 저작.

명대(明代)의 위양보(魏良輔)가 저술한 『남사인정(南詞引正)』에는 다음과 같은 기록이 있다.

"소인(蘇人)은 입술 소리(唇音)를 자주 사용하는데, 예를 들어 '빙(冰), 명(明), 병(娉), 청(清), 정(亭)' 등이 이에 해당한다. 송인(松人)은 치음(齒音)을 잘못 발음하는데, 예를 들어 '지(知), 지(之), 지(至), 사(使)' 등이 이에 해당하며, 또한 입술을 오므리는 발음(撮口字)이 많다. 예를 들어 '주(朱), 여(如), 서(書), 주방의 주(厨), 서

---

11 『강포소집(江鮑笑集)』 강소소(江笑笑)와 포채채(鮑采采) 저, 민국 30년 재판.

(徐), 서(胥)' 등이 그렇다(蘇人慣多唇音, 如冰、明、娉、清、亭之類；松人病齒音, 如 知、之、至、使之類, 又多撮口字, 如朱、如、書、厨、徐、胥)."

여기서 "소인(蘇人)"은 쑤저우 사람(蘇州人)을, "송인(松人)"은 쑹쟝 사람(松江人)을 가리킨다. 이 구절에서 쑹쟝 방언(松江話)의 음운적 특징 두 가지를 알 수 있다.

후설첨 마찰음 또는 파찰음 성모(tʂ, tʂʰ, ʂ)가 없으며, 대신 설첨마찰음 성모(ts, tsʰ, s)만 존재한다. 어운(魚韻)과 우운(虞韻)을 [y]로 발음하며 [ɥ]로 발음하지 않는다. 현재의 쑹쟝어(松江話)에도 이 두 가지 특징이 남아 있다. 이는 최소한 명대(明代)까지 이러한 특징이 형성되었음을 보여준다. 또한, 청대(清代) 왕덕휘(王德輝)와 서원정(徐沅徵)이 저술한 『고오록(顧誤錄)』에서도 남방 방언과 북방 방언의 음운적 차이에 대해 비교하고 있다.

여덟째, 지방지(地方志).

과거의 지방지는 방언을 언급한 경우가 전체의 약 절반 정도에 불과하다. 하지만 상세한 정도는 다양하며, 가장 간략한 경우에는 단순히 한 줄로 언급하는 데 그치고, 가장 상세한 경우에는 수십 페이지에 이를 정도로 상세하다.

지방지의 방언 관련 부분은 주로 방언 어휘를 기록하는 데 중점을 두고 있으며, 간혹 방언 지리(方言地理), 방언의 변화, 해당 지역의 방언 종류, 지역의 권위 방언 또는 본지 방언과 외지 방언 간의 차이 등을 언급하기도 한다. 방언 자료를 포함한 지방지는 주로 청대(清代)

와 민국(民國) 시기에 편수된 것이 많으며, 명대(明代)의 것은 드물고 명대 이전의 것은 아직 발견되지 않았다.

현재까지 확인된 가장 이른 시기의 방언 자료를 포함한 명대 지방지는 홍무(洪武) 12년(1379년)에 서문이 수록된 『쑤저우부지(蘇州府志)』[12]이다. 이 책 제16권 「풍속(風俗)」에는 방언과 관련된 264자가 포함되어 있다. 내용은 다음과 같다.

> "풍토가 다르면 언어도 다르다(風土不同, 語言亦異). 오인(吳人)은 '리(厘)'로 발음하는 것을 관례로 삼아왔는데, 이는 어떤 근거가 있는 듯하다. 범려(范蠡)가 말하기를, '때를 얻으면 게으르지 말라, 기회는 다시 오지 않는다(得時無怠, 時不再來).'고 하였다. 『오씨보운(吳氏補韻)』에서는'태(怠)'를 '이(怡)'로, '래(來)'를 '리(厘)'로 읽는다고 한다. 또, 이를 육덕명(陸德明)의 주석에 근거를 두어, '유아래모(貽我來牟)'와 '기갑복래(棄甲复來)' 모두 '리(厘)'로 읽는다. 육덕명은 오인(吳人)으로, 혹시 고향 방언으로 해석한 것인지, 아니면 고대부터'리(厘)'음이 있었던 것인지 모를 일이다.
>
> 또한, '파(罷)'라는 말 뒤에 반드시 '휴(休)'라는 글자를 붙여 '파휴(罷休)'라고 한다. 『사기(史記)』에서 오왕(吳王) 손무(孫武)가 '장군 파휴(將軍罷休)'라고 말했는데, 이는 고대에 이미 존재했던 표현이다.
>
> 오인들은 '영(寧)'과 '형(馨)' 두 글자를 사용하여 질문을 하며,

---

12 노웅(盧熊)의 저술.

이는 '어떻게(若何)'를 의미한다. 중주인(中州人)을 '창(傖)'이라고 부르는데, 진(晉)나라 주기(周玘)는 분노하여 아들 협(勰)에게 '나를 해친 자는 창자(傖子)이다(害我者傖子也)'라고 하였다. 육완(陸玩)은 우유를 먹고 병에 걸려 왕도(王道)에게 편지를 보내며 '나는 비록 오인이지만, 거의 창귀(傖鬼)가 될 뻔했다(仆雖吳人, 幾作傖鬼)'고 하였다. 이는 경멸의 표현이다.

또한, 자신을 '농(儂)'이라 칭한다. 『상산야록(湘山野錄)』에 따르면, 전왕(錢王)의 노래에서 '그대들이 나를 기쁘게 생각하는 마음(你輩見儂的歡喜)은 영원히 내 마음속에 남아 있다(永在我儂心子里)'고 하였다.

타인을 '呆子[13]'라고 부르기도 한다. 송(宋)나라 순우(淳祐) 연간에 오초(吳樵)가 평강절도추관(平江節度推官)을 지냈는데, 그는 사람들에게 '나는 관직에 오래 있으면서 오인(吳人)의 풍속을 깊이 알았다. 오인들은 사치와 승부욕을 중시하며, 하는 일이 적절하지 않고, 넓은 토지와 저택을 사들이며, 작은 이익을 계산한다. 그러나 훗날 자손들에게 해를 끼친다는 것을 전혀 모르고 있다'고 하였다. 그래서 사람들이 그를 '태(呆)'라 불렀는데, 이는 이와 같은 이유에서 비롯된 것이다(風土不同, 語言亦異.吳人以來為厘, 蓋有所本. 范蠡曰: '得時無怠, 時不再來.'『吳氏補韻』雲: '怠讀作怡, 來讀作厘.'又本于陸德明, '貽我來牟''棄甲复來', 皆音厘. 陸德明, 吳人, 豈遂以鄉音釋注, 或自古本有厘音邪? 謂罷必綴一休字, 曰罷休.『史記』吳王孫武曰: '將軍罷休', 蓋古有此語. 又多用寧馨二字為問, 猶言若何也. 謂中州人曰傖. 晉周玘以忧憤謂子勰曰:

---

13 역자주: '바보 [dāizi]'를 뜻한다.

'害我者傖子也. 陸玩食酪得疾, 與王道箋雲: '仆雖吳人, 幾作傖鬼.'蓋輕易之詞.又自稱我為儂. 按『湘山野錄』錢王歌: '你輩見儂的歡喜, 永在我儂心子里.'又謂人為呆子. 宋淳祐中, 吳樵任平江節度推官, 嘗謂人曰: '樵居官久, 深知吳風, 吳人尚奢争勝, 所事不切, 廣置田宅, 計較微利. 殊不知異時反貽子孫不肖之害.'故人以呆目之, 蓋以此也.)."

이 기록은 당시 쑤저우(蘇州) 지역 방언의 특징과 언어 사용 관습을 상세히 설명하고 있으며, 방언학적으로 중요한 사료로 간주된다.

지방지 자료는 방언의 역사적 음운, 어휘, 문법, 지리, 분류 등을 연구하는 데 유용할 수 있다. 하지만 방언지를 통해 기록된 방언 자료는 대개 매우 혼잡하며, 반드시 모두 신뢰하거나 사용할 수 있는 것은 아니다.

주요 문제점은 다음과 같다.

첫째, 후대의 지방지가 전대의 지방지를 답습하고, 갑 지역의 지방지가 을 지역의 지방지를 표절하는 경우가 많으며, 오류를 그대로 답습하는 경우도 적지 않다.

둘째, 어휘 수집 기준이 불분명하며 통일되지 않았다.

최소한의 경우에는 몇 개의 단어만을 수집하기도 하고, 많게는 거의 천 단어를 수집하기도 한다. 일부는 비(非)방언 단어가 섞이기도 하며, 대부분 자료는 체계적으로 배열되지 않고 무질서하다.

셋째, 음운을 묘사할 때 반절(反切), 독약(讀若) 또는 시운(詩韻)을 사용하는데, 이 외에도 "경(輕)", "중(重)", "경(勁)", "급(急)", "지(遲)", "간

(簡)", "번(煩)" 등의 모호한 청각적 특성을 통해 음운을 기술한다.

이러한 기술 방식은 정확성과 체계성이 부족하다.

예를 들어, 함풍(咸豐) 『황도진지(黃渡鎮志)』에는 다음과 같은 기록이 있다.

> "진(鎮)은 오송(吳淞)과 접하고 있으며, 언어는 약간의 차이가 있다. 대체로 오송 이북은 언어가 간결하고 음운이 빠르며, 오송 이남은 언어가 번잡하고 음운이 느리다(鎮介吳淞, 語音亦小異, 大率吳淞以北語簡而音急, 吳淞以南語煩而音遲)."

여기서 "簡(간)"과 "急(급)"은 "煩(번)"과 "遲(지)"와 상대적인 개념으로 보인다. "簡(간)"은 단모음이나 양성운미의 탈락이 많다는 것을 의미할 가능성이 있다. "急(급)"은 입성(入聲) 종결음이 뚜렷하다는 것을 의미할 가능성이 있다. 그러나 이러한 표현은 구체적으로 무엇을 지칭하는지 명확하지 않아 해석하기 어렵다.

아홉째, 이민 사료(移民史料).

이민 사료는 대개 지방지나 가보(家譜)에서 발견되며, 방언의 역사를 연구하는 간접적인 자료로 활용될 수 있다. 이는 인구 이동이 곧 방언의 이동이라는 점에서 자명하다. 방언은 이를 사용하는 사람들과 함께 이동하기 때문이다. 하지만 이민이 새로운 지역에 정착한 후 시간이 지남에 따라 방언은 다음과 같은 변화를 겪을 수 있다.

1. 이민의 방언이 새로운 지역에서 새로운 방언으로 변모함

이민이 도착한 지역에서 원래 지역 사람들과의 접촉이 거의 없거나, 이민 방언과 원래 지역 방언이 거의 접촉하지 않을 경우, 시간이 지나면서 이민의 방언은 원래 지역의 방언과는 매우 다른 새로운 방언으로 변화할 수 있다.

예를 들어, 현대 광시성(廣西)의 핑화(平話)를 사용하는 주민은 약 200만 명 정도인데, 이들의 조상은 핑난전쟁(平南戰争)으로 인해 산둥(山東) 일대에서 남하한 이민들이다. 『송사(宋史)』에 따르면, 송 왕조는 적청(狄青)을 파견하여 지금의 광시 일대를 남정하고, 농지고(儂智高)의 반란을 평정하였다. 사건이 정리된 후, 송 왕조는 평남군을 광시에 주둔시켜 둔전(屯田)하도록 명령하였다.

이 지역에 정착한 병사와 그 가족의 고향은 오늘날의 산둥 일대일 가능성이 높다. 1940년대까지 이들의 후손은 몇 년에 한 번씩 산둥으로 대표를 보내어 제사를 지내고 묘를 돌보았다. 그러나 이를 제외하고는 원래 지역 사람들과 거의 접촉이 없었으며, 결과적으로 이들의 방언은 북방 관화(官話)와는 매우 다르게 변화하였다.

구이베이 핑화(桂北平話)나 구이난 핑화(桂南平話) 모두 북방 관화에서는 볼 수 없는 몇 가지 특징을 가지고 있다.[14]

예를 들어, 구이베이 핑화는 다음과 같은 특징이 있다.

14 역자주: 광시(廣西) 북부와 남부 지역에서 사용되는 평화(平話) 방언을 말하므로 桂南平話는 廣南平話를 말한다. 남방어의 영향을 받아 다양한 성조체계와 어휘를 가진다는 특징을 지닌다.

- '지조(知組)'자를 '단조(端組)'로 발음하는 경우가 있다. 예를 들어, '猪(돼지)'를 ty^{24}로 발음한다.
- 후설 고모음 비원순음 [ɯ]를 사용한다. 예를 들어, '杯(컵)'을 [$pɯ^{24}$], '讀(읽다)'를 [$tɯ^{21}$]로 발음한다.
- 비운미 [-m, -n]이 없다. 예를 들어, '男(남자)'를 [nuo^{41}], '津(진)'을 [$tɕiai^{24}$]로 발음한다.

2. 이민 방언과 토착 방언의 혼합

이민의 방언이 도착 지역의 토착 방언과 혼합되는 경우도 있다. 예를 들어, 저난(浙南) 창난현(蒼南縣)의 금향화(金鄉話)를 사용하는 주민들의 조상은 명초(明初)에 금향위(金鄉衛)에 주둔하여 왜구를 방어한 북방 관병들로 거슬러 올라갈 수 있다. 현재의 금향화는 여전히 북방 방언의 특징을 많이 가지고 있다. 예를 들면,

- 마운운(麻韻, 개구 이등)의 '마(馬)', '차(茶)' 등이 [a]로 발음된다.
- 견모 이등(見母二等)의 '가(加)', '가로(街)' 등이 [tɕa]로 발음된다.

백독음(白讀音)이 없다.

그러나 명대(明代) 당시의 지역 우어(吳語)와 혼합된 결과, 금향화에는 우어의 특징도 포함되어 있다.

- 고대 전탁 성모(全濁聲母)는 현대에 탁음으로 발음된다.
- 비음 운미는 [ŋ] 하나만 존재한다.

현대의 대도시들에서는 외지 이민자의 인구 비율이 높아 이러한 혼합이 더욱 두드러진다. 예를 들어, 1947년 통계에 따르면, 상하이 시내 450만 인구 중 83% 이상이 외지 출신이고, 본토인은 16%를 조금 넘는 수준이었다. 1950년 통계에서는 본토인이 15%에 불과하였다. 외지인은 주로 장쑤(江蘇) 사람들(특히 장난(江南) 지역)과 저베이(浙北) 사람들이었다.

오늘날의 상하이어(上海話)는 사실상 상하이 본토 방언과 저베이 및 장난 이민의 우어가 혼합된 결과이다.

상하이어는 혼합 방언으로, 그 혼합적 성격은 음운과 어휘뿐만 아니라 문법 구조에서도 나타난다. 예를 들어, 다음의 의문문을 보자.

> "伊拉爷阿是紹興人哦?"
> "이분은 소흥(紹興) 사람인가요?"

이 문장에서 "阿是……哦?"라는 의문문 구조는 상하이어의 독특한 혼합적 특징을 보여준다.

- 쑤저우어(蘇州話)에서는 동일한 구조가 '阿是……?'이다.
- 쑹장어(松江話, 초기 상하이어의 원형)에서는 '……哦?'로 사용된다.

따라서 "阿是……哦?"는 구조는 쑤저우화와 상하이 본토 방언이 혼합된 결과로 나타난 것이다.

3. 여러 이민 집단이 혼합된 사회에서 특정 이민 방언이 공용어로 선택되는 경우

여러 이민 방언 중 하나가 절대적인 권위를 가지는 경우, 다른 이민 방언은 점차 사라지거나 쇠퇴하며, 권위 있는 방언으로 대체된다. 결과적으로, 해당 사회 전체가 이 권위 방언을 공용어로 사용하게 된다.

예를 들어, 1983년 통계에 따르면, 홍콩의 인구는 5,344,400명이며, 이 중 중국인이 98%를 차지한다. 중국인 중 광둥어(粵語) 사용 지역 출신이 가장 많았으며, 주로 보안(寶安), 동완(東莞), 중산(中山), 광저우(廣州), 혜양(惠陽) 출신, 그다음으로 커쟈어(客話) 사용 지역 출신이 14.5%, 민어(閩語) 사용 지역 출신이 7.5%, 우어(吳語) 사용 지역 출신(주로 상하이 출신)이 2.7%를 차지하였다. 이처럼 홍콩은 이민 구성원이 매우 다양하다.

인구가 가장 많은 광둥어 사용 주민들 중에서도, 광저우어(廣州話)는 전통적으로 광둥어권의 권위 방언이었다. 따라서 광저우어는 홍콩 화교들의 공용어로 자리 잡았으며, 많은 비(非)광둥어 이민자의 후손은 실제로 고향 방언을 사용하지 못하게 되었다.

4. 여러 이민 집단이 혼합된 사회에서 외래 권위 방언을 공용어로 선택하는 경우

여러 이민 방언과 본토 방언 중 어느 것도 절대적인 권위를 가지지 못하는 경우, 이민 사회는 외래 권위 방언을 공용어로 선택할 가

능성이 크다.

예를 들어, 오늘날의 동북 방언(東北方言)은 베이징어(北京話)와 유사하다. 그러나 동북 지역 주민들의 원래 출신지는 베이징이 아니다. 관내 지역 주민들이 동북으로 이주하기 시작한 것은 18세기 이전이지만, 청 정부가 1878년 봉쇄를 해제한 이후에야 자유로운 이주가 가능해졌다. 1923년부터는 주로 허베이(河北)성과 산둥(山東)성 출신 주민들이 대규모로 동북 지역으로 이주하였다.

19세기 말 동북 지역 총인구는 약 200~300만 명이었으나, 1948년에는 4,000만 명 이상으로 증가하였다. 허베이성과 산둥성 출신 주민들이 대거 유입되었으나, 각 지역의 방언이 서로 다르고 권위 있는 방언도 없었다. 이에 따라 모두 베이징어를 표준으로 삼게 되었고, 결과적으로 베이징어와 매우 유사한 둥베이 관화(東北官話)가 형성되었다.

또 다른 예로, 싱가포르의 화교들은 원래 민어(閩語), 광둥어(粵語), 커자어(客話) 사용 주민들로 구성되었다. 1901년 통계에 따르면, 광둥 출신이 19%, 푸젠(福建) 출신이 36%, 하이난(海南) 출신이 6%, 커자 출신이 5%, 차오저우(潮州) 출신이 17%, 푸저우(福州) 출신이 8%를 차지하였다. 각 방언 사용 집단이 다양했으며, 어느 방언도 절대적인 권위를 가지지 못했다. 그 결과, 베이징어를 기초로 한 화어(華語)가 공용어로 채택되었다. 이민 자료는 고대 방언 지리의 거시적 구조 변화를 연구하는 데 필수적인 자료이다. 이에 대한 상세한 내용은 제2절에서 논의한다.

제2절 중국어 방언의 기원과 그 지역적 발전

『예기(禮記)』「왕제(王制)」에는 다음과 같은 기록이 있다.

> “중국과 이만융적(夷蠻戎狄)은 모두 거주할 곳이 있으며, 각기 음식, 옷, 기구, 도구가 다르다. 오방(五方)의 백성은 언어가 통하지 않으며 취향도 다르다. 그들의 뜻을 이해하고 욕망을 소통해야 한다. 동방을 ‘기(寄)’, 남방을 ‘상(象)’, 서방을 ‘적제(狄鞮)’, 북방을 ‘역(譯)’이라 부른다(中國夷蠻戎狄, 皆有所安居.和味宜服, 利用備器, 五方之民, 言語不通, 嗜欲不同. 達其志, 通其欲.東方曰寄, 南方曰象, 西方曰狄鞮, 北方曰譯).”

이 기록은 중국 언어의 지역적 차이에 대한 가장 초기의 기록이다. 그러나 여기서 언급된 “오방의 백성은, 언어가 통하지 않는다”는 표현이 다른 민족의 언어 차이를 뜻하는지, 아니면 화하어(華夏語)의 방언 차이를 지칭하는지 분명하지 않다. 이는 단순히 지역 언어 및 방언 차이를 일반적으로 언급한 것일 수도 있다. 이는 한대 왕충(王充)의 『논형(論衡)』에서 말한 “고금의 언어가 다르고, 사방의 말이 다르다(古今言殊, 四方談異)”와 유사한 표현이다.

방언의 지역적 차이는 선진(先秦) 시대 제자백가(諸子百家)의 저술에서도 명확히 반영되어 있다.

『순자』「유효(儒效)」에서는 다음과 같이 말한다.

> "초(楚)에 살면 초의 언어를, 월(越)에 살면 월의 언어를, 하(夏)에 살면 하의 언어를 사용하게 되는 것은 타고난 본성이 아니라 환경의 누적된 결과이다(居楚而楚, 居越而越, 居夏而夏, 非天性也, 积靡使然也)."

또한 『순자』「영욕(榮辱)」에서는 다음과 같이 기록되어 있다.

> "월인은 월에 편안하고, 초인은 초에 편안하며, 군자는 아(雅)에 편안하다(越人安越, 楚人安楚, 君子安雅)."

여기서 "아(雅)"는 "아언(雅言)", 즉 "하언(夏言)"을 가리키며, 따라서 "월(越)"과 "초(楚)"는 방언을 지칭한다.

『맹자』「등문공(滕文公)」에서는 제(齊)와 초(楚) 방언의 큰 차이를 직접적으로 반영한 기록이 있다.

> 맹자는 대불승(戴不勝)에게 말하였다.
>
> "여기에 초(楚)나라 대부(大夫)가 있다고 가정하자. 그가 자신의 자식이 제(齊)나라 말을 배우기를 원한다면, 제나라 사람에

게 가르치게 해야겠는가, 아니면 초나라 사람에게 가르치게 해야겠는가?"(子欲子之王之善與? 我明告子.有楚大夫于此, 欲其子之齊語也, 則使齊人傳諸? 使楚人傳諸?)

대불승이 대답하였다.

"제나라 사람에게 가르치게 해야 합니다."
(曰: "使齊人傳之.)

맹자가 말하였다.

"제나라 사람 한 명이 가르치고, 많은 초나라 사람들이 시끄럽게 방해한다면, 비록 매일 매질하며 제나라 말을 배우게 하더라도 불가능하다. 반대로, 그 아이를 장악(莊岳) 지역으로 데려가 몇 년 동안 머물게 한다면, 비록 매일 매질하며 초나라 말을 배우게 하려고 하더라도 불가능하다.(曰: "一齊人傳之, 众楚人咻之, 雖日挞而求其齊也, 不可得矣 ; 引而置之莊岳之間數年, 雖日挞而求其楚, 亦不可得矣."曰: "一齊人傳之, 众楚人咻之, 雖日挞而求其齊也, 不可得矣 ; 引而置之莊岳之間數年, 雖日挞而求其楚, 亦不可得矣)."

『맹자』「만장(萬章)」에서는 또 다음과 같이 기록되어 있다.

"이것은 군자의 말이 아니라, 제동야인(齊東野人)의 말이다(此

非君子之言, 齊東野人之語也)."

선진(先秦) 시대 화샤어(華夏語)의 지역 방언 차이는 하(夏), 초(楚), 월(越), 제(齊)에서 가장 두드러졌던 것으로 보인다.

하(夏)는 서주(西周) 왕기(王畿)였던 성주(成周, 현재 허난성 북부) 지역의 고대 명칭이다. 하 방언은 왕기 지역의 방언, 즉 주나라 왕실에서 사용하던 관화(官話)를 의미한다. 초(楚) 방언은 초나라에서 사용된 언어로, 초나라 사람의 분포 지역은 한수이(漢水)와 창장(長江) 중하류 유역이었다. 웨(越) 방언은 오(吳)와 월(越) 사람들의 언어로, 선진 시대에 오와 월은 각각 다른 국가였으나, 언어가 서로 통했던 것이다.

『여씨춘추(呂氏春秋)』「지화(知化)」에서는 "오월 두 나라는 영토가 맞닿아 있고, 교류가 활발하며, 풍속이 같고, 언어도 서로 통한다(接土鄰境壤, 交通属, 習俗同, 言語通)"라고 기록하고 있다. 따라서 오와 월 두 나라는 공통적으로 웨어를 사용하였다. 제(齊) 방언은 현재의 산둥(山東) 반도 지역에서 사용된 언어이다. 『사기(史記)』의 관련 자료를 통해 제어(齊語)의 경계선을 어느 정도 구체적으로 설정할 수 있다.

『사기(史記)』「제도혜왕세가(齊悼惠王世家)」에는 다음과 같은 기록이 있다.

"고조 6년, 비(肥)를 제왕(齊王)으로 세우고, 70개의 성을 식읍으로 삼았다. 여러 백성 중 제어(齊言)를 사용할 수 있는 자는 모두 제왕에게 속하게 하였다(高祖六年, 立肥為齊王, 食七十城, 諸民能齊

言者皆予齊王)."

여기서 언급된 70개의 성은 한초(漢初)의 임치(臨淄), 제북(濟北), 보양(博陽), 청양(城陽), 교동(胶東), 교서(胶西), 낭야(琅邪) 7군(郡)의 지역에 해당한다. 이는 현재 산둥성(山東省) 쥐예(巨野)에서 동쪽으로 지모(即墨)까지의 지역에 해당한다. 이 7군의 지역이 바로 제어(齊語)의 분포 지역으로, 당시 이 지역에 인접한 노(魯) 지방의 방언은 제어와 뚜렷이 달랐던 것으로 보인다. 따라서 "여러 백성 중 제어를 사용할 수 있는 자(諸民能齊言者)"를 구분할 수 있었다.

한대(漢代)의 양웅(揚雄) 『방언(方言)』과 허신(許慎) 『설문해자(說文解字)』는 방언의 지리적 분포에 대해 선진 시대 문헌보다 훨씬 상세한 정보를 제공한다.

『방언』은 한대의 방언 어휘집으로, 특정 단어가 어느 지역에서 사용되는지, 또는 두 지역 간에서 통용되는지 자주 명시하였다. 특히 진(秦)과 진(晉) 지역에 대한 언급이 가장 많으며, 어휘의 의미 해석에서도 가장 상세하다. 린위탕(林語堂)은 『방언』에 언급된 지명과 어휘 분포를 기반으로 중국어 방언의 구획을 추정하기도 하였다. 『설문해자』는 특정 단어가 사용된 지역을 명시한 방언 어휘를 총 191개 수록하고 있으며, 이와 관련된 지역 또는 지명은 총 68개에 달한다. 이 중 가장 많이 언급된 지역은 다음과 같다. 초(楚) 23회, 진(秦)19회, 제(齊)16회이다. 이 자료들은 한대의 방언 지리 분포를 연구하는 데 중요한 사료로 간주된다.

선진(先秦) 시대 중국어 방언 중에서 하(夏), 제(齊), 초(楚), 월(越)의 차이가 가장 두드러졌다. 『방언(方言)』과 『설문해자(說文解字)』의 자료를 통해 살펴보면, 선진 시대의 방언 지리와 비교하여 한대(漢代)에 진(秦)·진(晉) 방언이 부상한 점이 특히 주목할 만하다. 양웅(揚雄)과 허신(許慎)은 이를 높이 평가하였다.

진(秦)의 수도는 셴양(咸陽)이고, 서한(西漢)의 수도는 창안(長安)으로, 두 곳 모두 현재의 산난(陝南) 지역에 위치하고 있다. 이러한 점에서 진(秦)·진(晉) 방언의 부상은 시대적 흐름에 따른 필연적 결과였다.

양한(兩漢) 말기부터 양견(楊堅)이 전국을 통일하여 수나라(隋朝)를 세우기까지의 약 500년 동안 서한 말기에는 적미(赤眉)와 동마(銅馬)의 전쟁이 있었고, 동한(東漢) 말기에는 황건(黃巾)과 동탁(董卓)의 전쟁이 발생하였다. 삼국 시대에는 각지에서의 분쟁이 이어졌으며, 서진(西晉) 말기에는 영가(永嘉)의 대난과 오호(五胡)의 난이 일어나 북방 한족(漢族)의 대규모 이주를 초래하였다. 이러한 역사적 사건들은 『후한서(後漢書)』, 『삼국지(三國志)』, 『진서(晉書)』 등의 역사서에 기록되어 있다.

북방 인구의 이동 방향은 크게 두 가지로 나뉜다. 첫째, 대규모 북방 인구가 남하하여 창강(長江) 이남 지역으로 이주하였다. 둘째, 북방 내부에서도 방향이 정해지지 않은 비정향적 인구 이동이 일어났다.

북방 인구의 남하 현상은 양한(兩漢) 시기의 호구(戶口) 변화에서도 확인할 수 있다. 『속한서(續漢書)』「군국지(郡國志)」에 따르면, 창강 이

남의 군국은 총 18개가 존재하였다. 이 중 장가(牂牁), 익주(益州), 영창(永昌) 세 주는 매우 외진 지역에 위치하였고, 울림(郁林)과 교지(交趾)는 호구 통계가 명확히 기록되어 있지 않다. 나머지 회계(會稽) 등 13군의 호구 변화는 『우공(禹貢)』 제4권 제11기 도원진(陶元珍)의 「양한 시기 북방 한족 남천 고(兩漢之際北部漢族南遷考)」에서 제시된 표4.1에 나타나 있다.

표4.1 양한 시기 남방 인구 증가표

원시(元始) 2년부터 영화(永和) 5년까지의 130여 년 동안, 남방 인구가 대량으로 증가하였다. 전국 인구 수나 호수(가구 수)에서 현저하게 차지하는 비율이 높아졌는데, 인구의 자연 증가 외에도, 인구증가의 주된 원인은 이민에 있었다. 북방 내부의 인구 이동은 삼국 말기와 진(晉) 초기의 예로 들 수 있다.

年代	戶數	占全國	人口數	占全國
元始二年(2)	635 492	5%强	3 062 079	5%强
永和五年(140)	2 043 322	21%强	7 409 139	15%强

표4.2 삼국 말기 및 진초 북방 인구 이동 규모표

지역(所在地)	이주지(徙入地)	호수(戶數)	인구수(人數)
쓰촨(四川)	윈난(雲南) 후난(湖南) 후베이(湖北)	약 10만 호	약 67만 명

산시·간쑤(陝西·甘肅)	쓰촨(四川) 허난(河南)	약 1만 호	약 30만 명
산시(山西)	허난(河南)	약 1만 호	약 30만 명
즈리(直隸)	산둥(山東) 허난(河南)	약 1만 호	약 50만 명
한중(漢中)	쓰촨(四川) 후베이(湖北)	약 수만 호	약 수십만 명

표4.2는 리우산리(劉掞藜)의 『진혜제 시대 한족의 대규모 이주(晉惠帝時代漢族之大流徙)』(『우공(禹貢)』 제4권 제11기)에 근거하여 작성되었다. 진(晉) 혜제(惠帝)가 재위하던 시기는 290년부터 306년까지이다. 표4.2를 통해 당시 북방 내부의 인구 이동이 상당한 규모였으며, 특정한 방향이 없이 이루어졌음을 알 수 있다.

이 시기의 이민 물결은 북방 중국어(漢語) 방언의 혼합, 북방 중국어의 남하, 그리고 남북 중국어의 접촉 및 융합이라는 세 가지 결과를 초래하였다. 이 세 가지 결과는 동진(東晉) 시대 곽박(郭璞)의 『방언주(方言注)』에서 관찰할 수 있다. 곽박은 『방언』에 주석을 달면서 사용 지역을 언급한 135개의 항목을 기록하였는데, 이 중 양웅(揚雄) 시대와 동일하며 변화가 없는 항목은 4개에 불과하다. 또한, 원래 방언 어휘에 속했던 11개 항목은 곽박의 주석에서 통어(通語)로 변화되었다.

제10권: "함(頷), 이(頤)는 함(頜)을 뜻한다. 남초(南楚)에서는 이를 '함(頷)'이라 부른다. (곽박의 주석: 지금은 통어로 사용된다.)"

卷十: "頷、頤, 頜也。南楚謂之頷。(郭注: 今亦通語耳。)"

제9권: "차거루(車枸簍)… 남초 이외에서는 이를 '봉(篷)'이라 부른다. (곽박의 주석: 지금은 '봉(篷)'이라고 통칭한다.)"

卷九: "車枸簍, ……南楚之外謂之篷.(郭注: 今亦通呼篷.)"

또한, 여전히 방언 어휘로 주석되었으나 사용 지역이 변화한 항목은 총 45개이다. 지역 변화는 북방과 남방 내부의 변동뿐 아니라 동남서북 지역 간의 상호 변화도 포함된다.

특히 주목할 점은, 이 중 3개의 항목은 곽박이 "북방" 방언이라고 주석한 것이다.

제2권: "망(茫), 긍(矜), 엄(奄), 거(遽)는 급하다(遽)를 뜻한다. 오(吳)와 양(楊) 지역에서는 이를 '망(茫)'이라 한다. (곽박의 주석: 지금은 북방에서도 통용된다. '막광(莫光)'으로 발음한다.)"

卷二: "茫、矜、奄、遽也. 吳楊曰茫.(郭注: 今北方通然也, 莫光反)……"

제10권: "讓, 극(极)은 먹다(吃)를 뜻하며, 초(楚) 지역 언어이다. (곽박의 주석: 북방에서도 통용어로 사용된다.)"

卷十: "讓、极, 吃也, 楚語也.(郭注: 亦北方通語也.)"

양웅의 『방언』과 허신의 『설문해자』는 방언 지리를 언급하면서 많은 지역명(후자는 총 68개 지명)을 사용하였으나, “북방”이라는 지명을 언급하지는 않았다.

당시 북방 내부의 각 지방 방언 간의 차이가 여전히 상당히 심각했음을 알 수 있다. “북방”은 내부적으로 비교적 일치된 방언 대구역(大區域)을 형성하지 못한 상태였다. 그러나 곽박(郭璞)의 『방언주(方言注)』에서 “북방”이 처음으로 독립된 방언 지리 단위로 등장하였는데, 이는 북방 중국어가 오랜 기간 동안 혼합 과정을 거친 결과 내부적으로 점차 일치를 이루게 되었으며, 독립된 방언 구역으로서의 초기 형태를 갖추게 되었음을 보여준다. 남북조(南北朝) 이후에는 북방 방언이 단일한 방언 구역이라는 개념이 점차 명확해졌다.

예를 들어, 북조(北朝) 시대 안지추(顏之推)의 『안씨가훈·음사(顏氏家訓·音辭)』에는 다음과 같은 기록이 있다.

> “남방은 물과 토양이 부드러워 그 음운이 맑고 또렷하며, 발음이 분명하나, 경박하고 얕은 점이 단점이다. 언어 표현은 속된 말이 많다. 북방은 산천이 깊고 단단하여 그 음운이 무겁고 탁하며, 발음이 둔중하나, 진중하고 솔직하다. 언어 표현은 고어(古語)가 많다.(南方水土和柔, 其音清舉而切詣, 失在浮淺, 其辭多鄙俗；北方山川深厚, 其音沉濁而鈋鈍, 得其質直, 其辭多古語).”

당나라 육덕명(陸德明)의 『경전석문·서록(經典釋文·敘錄)』에서는 다음과 같이 기록되어 있다.

"방언의 차이는 본래부터 서로 달랐으며, 하북(河北)과 강남(江南)의 차이가 가장 크다. 허베이는 지나치게 맑고 얕은 데서 문제가 있고, 장난은 무겁고 탁한 데서 문제가 있다(方言差別, 固自不同, 河北江南最為巨異, 或失在清淺或滯於重濁)."

북송(北宋) 시대 심괄(沈括)의 『몽계필담보(梦溪筆談補)』 제1권에는 다음과 같은 기록이 있다.

"『경전석문』의 반절(反切)은 발음에 따라 북방과 남방의 특징을 반영한다. 예를 들어, 웅안생(熊安生)과 같은 이는 본래 하삭(河朔) 사람이므로 반절에 북방 음운을 많이 사용하였다. 육덕명은 오(吳) 지역 사람으로, 오음(吳音)을 주로 따랐다. 정강성(鄭康成)은 제(齊) 지역 사람으로, 동음(東音)을 많이 사용하였다. '벽유육호(璧有肉好)'라는 구절에서 '육(肉)'을 '유(揉)'로 읽는 것은 북방 음운이다(經典釋文, 如熊安生輩, 本河朔人, 反切多用北人音；陸德明, 吳人, 多從吳音；鄭康成, 齊人, 多從東音。如'璧有肉好', 肉音揉者, 北人音也……)."

또한, 당나라 천보(天寶) 연간과 지덕(至德) 연간에 일어난 안사의 난(安史之亂)과 북송 말기 송(宋)·요(遼) 전쟁은 북방 인구와 북방 중국어가 대규모로 남쪽으로 이동하게 만드는 요인이 되었다. 예를 들어, 안사의 난 이후 북방 이민자들이 대거 상서북(湘西北) 지역으로 이주하였고, 이로 인해 북방 언어가 해당 지역의 기존 방언을 대체하게 되었다.

『구당서·지리지(舊唐書·地理志)』에는 다음과 같이 기록되어 있다.

> "지덕 연간 이후 중원이 많은 혼란을 겪었고, 상양(襄陽)과 등(鄧) 지역의 백성들과 두 수도(장안, 낙양)의 귀족들이 모두 강(江)과 상(湘) 지역으로 피난하였다. 이에 따라 형남(荆南) 지역의 우물과 도시가 초기에 비해 열 배로 증가하여 형남 절도사(荆南節度使)를 설치하게 되었다(自至德後, 中原多故, 襄鄧百姓, 兩京衣冠, 盡投江湘, 故荊南井邑, 十倍其初, 乃置荊南節度使)."

여기서 형남(荆南)은 형주(荆州, 강릉부(江陵府))에서 무릉(武陵, 창덕(常德)) 일대를 가리킨다. 이 지역의 호구(戶口)가 열 배로 급증하면서 사실상 이민 사회가 되었다.

남송과 북송의 교체 시기에 북방 사람들이 남쪽으로 이주한 규모와 수는 매우 놀라울 정도로 컸다. 남송 초기에 인구가 급격히 증가한 것을 통해 그 규모를 확인할 수 있다. 『우공(禹貢)』의 자료에 따르면, 남송의 소흥(紹興) 30년에서 건도(乾道) 2년까지 6년 동안 호수(戶數)는 959,717호, 인구는 6,149,676명이 증가하였다. 그러나 건도(乾道) 2년에서 가정(嘉定) 16년까지의 57년 동안에는 335,351호, 2,941,401명만 증가하였다. 초기 6년 동안의 급격한 인구 증가는 북방 이민자들에 의한 것으로 보이며, 당시 난민으로 등록되지 않은 사람들, 정착하지 않은 사람들, 또는 숨어 지내던 인구는 포함되지 않은 수치였다.

표4.3 남송(南宋) 시기 남방 인구 증가표

년도 분류(年份)	호수(戶數)	인구수(人口數)
紹興三十年(1160)	11 375 733	19 229 008
乾道二年(1166)	12 335 450	25 378 684
嘉定十六年(1223)	12 670 801	28 320 085

남송 시대에 이르러 중국어 방언의 거시적 지리적 구조는 기본적으로 형성되었고, 이후로는 큰 변화가 없었다. 북방에는 북방화(北方話), 장난과 저장(浙江) 에는 우어(吳語), 장시에는 간어(贛語), 푸젠에는 민어(閩語), 후난에는 샹어(湘語), 광동에는 웨어(粵語), 광시에는 평화(平話)의 전신이 형성되었으며, 커쟈어(客話)는 주로 푸젠 서부, 장시 남부, 광동 북부에 흩어져 있었다. 중국어 방언의 지리적 변화 역사에 대한 연구는 별도의 주제로 다뤄져야 하며, 『중국어 방언 지리 발전사(漢語方言地理發展史)』와 같은 전문 서적을 작성할 가치가 있다. 여기에서는 중국어 방언 지리 발전사의 두 가지 특징에 대해서만 논의한다.

첫째, 북방 방언 구역의 범위가 점점 더 확장되었다.

북방 방언이 하나의 대방언 구역으로서 개념이 형성된 것은 당송(唐宋) 시대에 이르러서였다. 송대(宋代) 북방 방언의 북쪽 경계는 대체로 현재 산시성(山西省) 북부에 있었고, 서쪽 경계는 간쑤성(甘肅省)의 하서주랑(河西走廊) 서쪽 끝에, 동쪽 경계는 랴오둥(遼東)에 위치해 있었다.

송대 정초(鄭樵, 자:어중(漁仲))의 『통지(通志)』에는 다음과 같은 기록이 있다.

> "지금 선니(宣尼, 공자)의 학문은 중국에서 동쪽으로는 조선에, 서쪽으로는 양주(凉州)와 하주(夏州)에, 남쪽으로는 교지(交趾)에, 북쪽으로는 삭이(朔易)에 이르기까지 모두 우리의 본래 영토에 전해진다. 본래 영토를 벗어난 지역에서는 이 학문이 통하지 않으니, 어찌 고타마의 학문(불교)이 중국에 들어올 수 있었는데, 공자의 학문은 바라티하(跋提河)에 이를 수 없겠는가. 이는 음성과 문자 사이에 장벽(隔閡)이 있기 때문이다(今宣尼之書, 自中國而東則朝鮮, 西則凉夏, 南則交趾, 北則朔易, 皆吾故封也.故封之外, 其書不通, 何瞿曇之書, 能入諸夏, 而宣尼之書不能至跋提河, 聲音之道有隔閡耳)."

여기서 언급된 "격핍(隔閡)"은 언어와 문자가 다름을 의미한다. 당시 중국어가 사용되던 대략적인 지역을 지적한 것이다. 언급된 중국어의 동쪽, 서쪽, 북쪽 경계는 대체로 송대 북방 방언의 북쪽 경계를 나타내며, 이 경계선은 이미 진대(晉代)에 형성된 것으로 보인다. 한대(漢代)와 비교하면, 이 경계선은 하서주랑과 랴오둥 일대까지 확장된 것이다.

송대 북방 방언의 동쪽 경계는 황해와 발해로 확실하며, 서쪽 경계는 파촉(巴蜀) 지역으로 보인다. 파촉은 진(秦)나라에 의해 정복된 이후 중원(中原) 지역과 연결되었으며, 언어도 중원의 중국어와 점차 혼합되어 송대에 이르러 북방 방언의 하위 방언으로 자리 잡았다. 당시 파촉 방언과 중원 방언의 주요 차이는 평성(平聲)과 거성(去聲)의 조형(調形)이 정반대였다는 점이다.

송대 황감(黃鑑)의 『양문공담원(楊文公談苑)』에는 다음과 같은 기록이 있다.

> "오늘날의 성씨 중 서(胥)와 옹(雍) 성을 가진 자는 모두 평성(平聲)으로 읽는다. 춘추 시대의 서신(胥臣), 한대(漢代)의 옹치(雍齒), 당대(唐代)의 옹도(雍陶) 모두 그러하다. 그러나 촉중(蜀中)에서는 이를 상성(上聲)이나 거성으로 읽는다. 이는 촉인(蜀人)이 대체로 평성을 거성으로 여긴 때문이다(今之姓胥, 姓雍者皆平聲.春秋胥臣, 漢雍齒、唐雍陶皆是也. 蜀中作上聲、去聲呼之. 蓋蜀人率以平聲為去)."

오늘날의 청두(成都) 방언과 베이징(北京) 방언을 비교해보면, 촉중 방언은 여전히 "평성을 거성으로 여기는(以平聲為去聲)" 경향을 보인다. 예를 들어, 청두 방언의 양평(陽平)은 31조(調), 거성은 13조이며, 이는 베이징 방언의 양평(35조)과 거성(51조) 조형과 정반대이다.

남쪽 경계는 대체로 창강(長江) 중하류를 기준으로 하였으나, 북방 방언은 동진(東晉) 초기 강을 넘어 영진(寧鎮) 지역으로 들어갔으며, 당 중기 안사의 난(安史之亂) 이후 현재의 샹시베이(湘西北) 지역으로까지 확장되었다.

칭하이(青海)의 원래 거주민족은 서강(西羌)이었다. 한(漢) 선제(宣帝) 때 조충국(趙充國)이 황수(湟水) 일대에서 둔전을 시작한 이후, 북방 한족(漢族)이 칭하이(青海)에 정착하기 시작하였다. 그러나 원대(元代) 이전까지 한족은 여전히 칭하이이의 주류 민족이 아니었다. 오호(五胡) 16국 시대에 선비족(鮮卑族)이 동쪽에서 서쪽으로 대규모로 이주하였으며, 4세기 이후 약 100여 년간 칭하이로 이주한 선비족의 수는 수십만 명에 달했다. 또한, 일부 흉노족(匈奴族), 갈족(羯族), 저족(氐族), 동강족(東羌族) 이민도 있었다.

13세기부터는 몽골족(蒙古族) 군사와 가족들이 몽골군의 서방 원정 이후 칭하이(青海)에 정착하였고, 한동안 청해의 주류 민족이 되었다. 명대(明代) 초기 홍무(洪武) 연간에는 정부가 둔전을 통해 "강병족식(强兵足食)"을 실현하는 것을 기본 국책으로 삼아, 대규모 북방 한족을 칭하이에 이주시켜 군둔(軍屯)과 민둔(民屯)을 시행하였다. 명대 초기에 이르러 칭하이 동부 지역의 한족 인구가 다른 민족을 초과하기 시작하였고, 북방 방언이 칭하이로 깊숙이 확산되었다.

북방 방언은 원대(元代)와 명대(明代)를 거치며 윈난(雲南)으로 확산되었다. 선진(先秦) 시대 이후로 한족은 꾸준히 윈난으로 이주해왔으나, 원대 이전에 윈난으로 이주한 한족은 대부분 소수민족에 동화되었다. 반면, 원대 이후, 특히 명대에 이주하여 정착한 한족은 한족의 민족적 특성을 유지하였다.

명대 초기 홍무(洪武) 14년(1381년)부터 여러 성에서 수십만 대군을 윈난 각지에 파견하여 둔전을 시행하였고, 군사 및 그 가족은 대부분 대대로 윈난에 정착하였다. 이 외에도 범죄로 인해 귀양 온 관리, 유배된 백성, 그리고 상공업자들이 명대에 대거 윈난으로 이주하였다. 이로 인해 윈난의 인구는 홍무 26년(1393년)에 258,693명이었던 것이 만력(萬歷) 6년(1578년)에는 1,290,972명으로 증가하였다. 185년 동안 인구는 5배로 증가하였다. 구이저우의 상황도 윈난과 유사하였다.

진(秦)나라 시대부터 광동과 광시 지역으로 북방 한족 이주가 시작되었다. 『회남자(淮南子)』에 따르면, 진나라는 양월(楊越)을 정복하기 위해 50만 대군을 파견하였으며, 월 지역이 평정된 후에는 계림(桂林), 남해(南海), 상군(象郡)을 설치하고 유배된 백성과 월인(越人)을 섞여 거주하게 하였다. 이후 한(漢) 초기에 마원(馬援)이 남월(南越)을 정벌한 뒤, 그 군사의 다수가 현지에 머물러 돌아가지 않았다. 『통감(通鑒)』의 기록에 따르면, 동한 말 사섭(士燮)을 교지태수(交趾太守)로 삼고 형제가 두 웨지방에 거하면서 중국의 인사는 종종 그곳으로 귀속되었다. 양진 시기 이후 남천한 북방인들이 더욱 많아졌으나 계(桂), 오(梧) 등의 군을 제외한 광시는 이민족의 세력에 대부분 매몰되어 있었다.

당대 유종원은 광서 유주로 유배당하면서 『柳州侗氓歌』에서 "근심스럽게 관청에 나가 중역을 하소연하였다(愁向公庭問重譯)"라 하였다. 그때 당시 유주 일대는 아직 소수민족의 언어가 사용되던 세상이었다.

송대(宋代) 적청(狄青)이 서방을 정벌하고 농지고(儂智高)의 반란을 평정한 이후, 북방 방언을 사용하는 군사들이 광시 지역으로 유입되었고, 이후 이 방언이 평화(平話)로 발전하였다.

농지고의 난(儂智高之亂) 이후, 토구(토착 세력)에 의한 기미제(羈縻制)가 토관제(土官制)로 전환되었다. 토관(토착 관료)의 대다수는 한인이었으며, 당시 한인들은 성내와 성외 지역에 거주하면서 토관 세력에 의존하여 생활하였다. 현재 각 현성(縣城)에 거주하는 주민들 대부분은 외지에서 이주해 온 한인들로, 특히 국경 지역에서는 그러한 특징이 두드러졌다. 예를 들어, 영명(寧明), 명강(明江), 좌현(左縣) 등지의 주민 대부분은 토관과 같은 고향 출신인 산둥성(山東) 출신들로 구성되어 있다.

명대 북방에서 이주한 한족은 크게 두 부류로 나뉜다. 첫째는 토관 혹은 토관의 부속원들과 같은 향인(향리)들이다. 송대에 형성된 토관 제도는 세습제로 운영되었다. 둘째는 둔전(屯田)을 위해 이주한 병사들과 백성들이다. 『명사(明史)』「토사전(土司傳)」에 따르면, 옹주(邕州)에는 20만 명의 둔전 병사들이, 단등(斷藤)에는 16만 명의 둔전 병사들이 주둔하였다.

청대(清代)에 들어 "개토귀류(改土歸流)"[15] 정책이 시행되면서, 대규

15 역자주: 명·청 시대에 중앙 집권 체제를 강화하고 변방지역을 통일적으로 관리하

모 이민이 광시(廣西) 서쪽 지역으로 더 깊이 들어갔다. 이전까지 광시 동부에서는 유관제(流官制)가 시행되었으나, 광시 서부는 토관제가 시행되어 외부인의 출입이 여러 가지 제한을 받았다. 1930년대 조사에 따르면, 명·청 시대에 광시로 이주한 한족이 전체 한족 인구의 90%를 차지한다. 따라서 광시 시난 관화구는 명·청 시대에 마지막으로 형성된 지역으로 볼 수 있다.

둘째, 남방 방언의 지리적 구조는 남송(南宋) 이후로 오랫동안 안정적이었다.

중국 남방 지역의 7대 방언, 즉 우어(吳語), 샹어(湘語), 웨어(粵語), 민어(閩語), 핑화(平話), 간어(贛語), 커쟈어(客家話)의 지리적 분포는 남송 초기(南宋初年)에 확립되었으며, 이후 약 800~900년 동안 거의 변화가 없을 정도로 안정적이었다.

위의 7대 방언 중에서 방언 발생학적인 관점에서 보면, 우어, 샹어, 웨어, 핑화, 간어는 북방 중국어(北方漢語)에서 직접 분화된 것으로 원생적이라고 할 수 있다. 반면, 민어와 커쟈어는 차생적인 것으로(secondary developed) 남방 방언 중 하나에서 파생된 방언으로 볼 수 있다.

우어의 가장 초기 기원은 선주 시대(先周時代)로 거슬러 올라가며, 태백(太伯)과 중용(仲雍)으로 대표되는 북방 이민자들이 비교적 낙후

기 위하여 윈난(雲南)·구이저우(貴州)·쓰촨(四川)·광시(廣西) 등 소수민족 지역에서 토사(土司)를 폐지하고 중앙에서 임명한 벼슬아치인 유관(流官, 임기제 관리)이 다스리게 하는 정책.

된 쟝난(江南) 지역(현재의 사오난, 즉 우시와 쑤저우 일대)으로 남하하면서 시작되었다. 우어는 독립적인 방언으로 발전하여 남북조 시대의 문헌, 특히 『세설신어(世說新語)』에 이미 뚜렷한 기록이 남아 있다. 우어는 지리적으로 대체로 북쪽에서 남쪽으로 확산되었다. 초기에는 쑤난(蘇南)에서 형성되었고, 이후 저베이(浙北)의 항쟈후 평원(杭嘉湖平原)과 닝사오 평원(寧紹平原)으로 확산되었으며, 나아가 저쟝(浙江) 중부, 남부, 서남부로까지 전파되었다.

북방 이민이 우어 지역에 영향을 미친 주요 시기는 세 차례에 걸친 이민 물결로 나타난다.

첫 번째 물결: 삼국 시대

손권(孫權)의 쟝난 개발과 경영이 대규모 북방 이민을 유도하였다. 『삼국지·오서(三國志·吳書)』에 따르면, 손권의 책사와 장수 21명이 북방 출신이었다. 예를 들어, 제갈근(諸葛瑾), 낭야(琅琊), 노숙(魯肅), 임회(臨淮), 여몽(呂蒙), 여남(汝南), 한당(韓當), 요서(遼西) 등이 그 예이다.

두 번째 물결: 동서진 교체기

북방 이민 물결은 우어 지역의 닝전(寧鎮) 지역을 완전히 점령했을 뿐만 아니라, 저둥(浙東)까지 깊숙이 확산되었다. 당시 저둥에 정착한 북방 대족(大族) 22가문이 남긴 전원(田园), 여묘(廬墓) 기록이 남아 있다. 이들은 천사도(天師道)를 신봉하였으며, 대다수가 회계현(會

稽縣)에 집중적으로 거주하였다.[16]

세 번째 물결: 송대 초기

북방 이민은 항저우(杭州) 지역에 반관화(半官話) 방언 섬을 형성했을 뿐 아니라, 저난(浙南) 원저우(溫州) 지역까지 확산되었다. 『태평환우기(太平寰宇記)』에 따르면, 북송 초기 영가군(永嘉郡) 4개 현(永嘉, 樂清, 瑞安, 平陽)의 총 호수는 4만여 호에 불과했으나, 북송 말기 휘종(徽宗), 영종(寧宗) 시기에는 150년이 채 되지 않아 46만 2천 호로 증가하였다.

근대 이후에도 계속해서 쑤베이(蘇北) 지역 사람들이 쑤난(蘇南)과 저장(浙江) 의 첸탕강(錢塘江) 북쪽으로 이주하였다. 이러한 북방 이민의 영향으로 인해 우어의 고유한 특징은 북쪽에서 남쪽으로 갈수록 점차 약화되었으며, 가장 고대적인 우어의 특징은 현재의 민어(閩語)에 남아 있다. 다시 말해, 민어는 고대 우어의 기초 위에 형성되었다고 할 수 있다.

오늘날 저난(浙南) 우어와 민어(閩語)에서는 음운, 어휘, 문법 측면에서 많은 공통점을 발견할 수 있다. 예를 들어, 고대 성모(澄母)를 $[t^h]$로 발음하는 민어의 특징은 저난의 진화(金華), 리수이(麗水), 원저우(溫州) 지역 10여 개 현에서도 나타난다. 예로, "돼지"의 발음: 룽유(龍游) tua^3, 윈허(雲和) ti^1, 타이순(泰順) ti^3가 그러하다.

16 참고: 류수전(劉淑珍), 「3세기~6세기 절동의 발전」, 『역사언어연구소집간(歷史語言研究所集刊)』 제58권 3호, 1987년.

또한, 저난 우어와 민어에서는 원지시대명사로 "許"를 사용하는 경우가 많다.

황뎬청(黃典誠)이 「민어의 특징(閩語的特徵)」[17](『방언』 1984년 제3기)에서 민어의 특수 어휘 35개를 제시했는데, 그 중 최소 10개는 원저우 우어에서도 발견된다. 예로, 𡢃(어머니), 骹(발), 涂(갯벌), 㭨(절반), 塍(밭둑), 蟶(가늘고 긴 조개), 伏(부화하다), 卵(알), 徛(서다), 瘖省(여위다) 등이 있다.

첫 번째 한족(漢人)이 북방에서 남하하여 민(閩) 지역에 들어온 시기는 서한(西漢) 말기로 추정된다.

이 시기에 푸저우(福州)에 처음으로 치현(治縣)을 설치하였는데, 이는 중원 정권이 푸젠성(福建省)에 설치한 첫 번째 현이었다. 그러나 이와 관련된 구체적인 문헌 기록이 없어, 첫 번째로 민 지역에 들어온 이민자들의 원거주지, 인구 규모 등은 확인할 수 없다.

딩방신(丁邦新)은 민어(閩語)가 양한(兩漢) 시기에 중국어의 주류로부터 분화되었을 가능성을 제시하였다.[18] 만약 이 가설이 사실이라면, 양한 시기에 민 지역으로 이주한 한족의 인구는 상당했을 것으로 추정된다.

딩방신(丁邦新)이 제시한 주요 증거는 현재 민어에서 지운(支韻) 글자를 -ia로 발음한다는 점이다. 상고 중국어에서 지부(支部)는 -jar로 발음되었고, 이는 서한까지 유지되었으나 동한(東漢) 시기에 -jei로

---

17 참고: 황뎬청(黃典誠), 「민어의 특징(閩語的特徵)」, 『방언』 1984년 제3기.

18 참고:딩방신(丁邦新), 『역사 언어 연구소 집간(歷史語言研究所集刊)』 제54권 4호, 1983년.

변화하였다. 구체적인 예는 아래 표4.4에 정리되어 있다.

또한, 현재 저난(浙南) 우어(吳語)에서도 일부 지운(支韻) 글자가 -a, -e, 또는 -ei로 발음된다. 예를 들어, 원저우(温州) 방언에서 다음과 같은 발음이 확인된다.

蟻(개미): ŋa⁴
徛(서다): ge⁴
支(지탱하다): tsei¹

이를 바탕으로, 양한 시기에 민 지역으로 이주한 한족이 우어 지역 출신일 가능성이 제기된다.

우어 지역 사람들이 대규모로 민 지역으로 이주한 시기는 한말(漢末)~삼국(三國)~진초(晉初)에 걸친 약 100년 사이로 추정된다. 이 시기에 장난(江南)과 저베이(浙北) 지역 이민자들은 푸저우(福州)를 중간 거점으로 삼아 해로를 통해 연안에 상륙하거나, 푸청(浦城)을 거쳐 육로를 통해 민서북(閩西北)으로 이주하였다.

정부는 이민자들의 상황에 맞추어 연안 지역에 다음과 같은 나강(羅江), 복정(福鼎), 원풍(原豐), 복주(福州), 온마(溫麻), 하포(霞浦), 동안(東安), 천주(泉州), 퉁안(同安) 의 새로운 현(縣)을 설치하였다.

또한, 민서북 지역에도 다음과 같은 한흥(漢興), 포성(浦城), 건안(建安), 건구(建甌), 남평(南平), 건평(建平), 건양(建陽), 소무(邵武), 장락(將樂) 등의 현을 새로 설치하였다.

민서북과 연안 지역 이민자의 원거주지가 서로 달랐으며, 내륙과 연안 간의 교류가 오랜 기간 동안 불편했던 탓에, 민어 내부에서도 민서북과 연안 지역 방언 간에 차이가 나타났다.

민서북(閩西北)의 민베이(閩北)과 민중(閩中) 방언은 공통점이 많다. 예를 들어, 근거리 지시대명사는 모두 "者(tsi³)"를 사용한다.

연안 지역의 민난(閩南), 푸셴(莆仙), 민둥(閩東) 방언은 유사한 특징을 보인다. 예를 들어, 일부 옛 래모(來母) 글자가 현대 민어에서 s 또는 ʃ로 발음된다. 예를 들면:

"笠(삿갓)"의 발음:
영안(永安) 방언 ʃye⁴, 젠어우(建甌) 방언 sɛ⁶

표4.4 고대 지운(支韻)의 현대 민어(閩語) 지역에서의 발음 비교표

한자	상고 중국어 (上古)	중고 중국어 (中古)	샤먼 방언 (厦門)	푸저우방언 (福州)	차오저우 방언(潮州)
騎	gjar	gjě	k^hia^5	k^hie^2	k^hia^2
倚	gjar	gjě	k^hia^5	k^hie^2	k^hia^2
寄	kjar	kjě	kia^5	kia^2	kia^2
蟻	ngjar	ŋjě	hia^5	$ŋie^6$	hia^4

당송(唐宋) 시대에 이르러 민어(閩語)는 뚜렷한 특징을 가진 독립적인 대방언으로 확립되었으며, 사람들의 주목을 받기 시작하였다. 민

어를 사용하는 민족을 나타내는 이름으로 "복로(福佬)"가 처음 등장한 것은 당대 문헌에서이다. 푸젠성(福建省) 취안저우(泉州) 남안(南安) 출신인 유창언(劉昌言)은 송 태종(宋太宗, 재위 976-997년) 시기에 우간의 대부(右諫議大夫)와 동지추밀원사(同知樞密院事)를 역임하였다. 『집운(集韻)』를 통해 참고할 수 있다.

> "유창언은 갑작스럽게 등용되었으나, 당시 사람들에게 신임을 얻지 못했으며, 혹자는 그의 민어가 이해하기 어려운 점을 비난하였다. 이에 태종은 '오직 짐만이 이를 이해할 수 있다'고 말했다. 또한, 그는 자신의 어머니와 아내를 고향에 둔 채 10여 년간 모시지 않았고, 새로 첩을 얻었다(昌言驟用, 不為時望所伏, 或缺其閩語難曉。太宗曰: '惟朕能曉之。'又短其委母妻鄉里, 十餘年不迎侍, 別娶旁妻)."

『집운(集韻)』에는 민어를 명확히 지칭하는 단어가 수록되어 있다. 예를 들어, 상성(上聲) 선운(狝韻)의 "囝"이라는 글자에 대해 "민인(閩人)은 아이를 '囝'이라고 부른다.(囝, 閩人呼兒曰'囝')"고 설명한다.

민어가 차오저우(潮汕) 지역으로 확산된 시기는 송대(宋代)로 추정된다. 한강(韓江) 하류 지역은 연안 저지대로 경작에 적합하지 않았으며, 지리적으로 외딴 지역에 위치하여 당대까지도 개발이 이루어지지 않았고 인구도 희박하였다. 당시 이곳으로 유배된 관리들은 이 지역을 두려운 곳으로 여겼다.

그러나 송대에 이르러 민난(閩南) 지역의 발전과 취안저우항(泉州港)의 번영이 차오저우 지역에까지 영향을 미쳤다. 이 시기에 지역에서는 삼리계(三利溪) 등 수리 공사가 진행되었으며, 경제와 인구가 크게 발전하였다. 이 과정에서 민난 지역 사람들이 대거 차오저우로 유입된 것으로 보인다.

오늘날 하이난섬 민어는 푸젠성의 샤먼(厦門), 취안저우(泉州), 장저우(漳州) 지역의 민어와 유사하다. 그러나 이주 시기와 관련된 직접적인 문헌 자료는 없다.

한무제(漢武帝)가 남월(南越)을 평정한 뒤, 원봉 원년(기원전 110년)에 하이난섬에 주야군(珠崖郡)과 단얼군(儋耳郡)을 설치하였다. 그러나 현(縣)이 설치되었다고 해서 많은 한족이 섬으로 이주했다는 것을 의미하지는 않는다. 『후한서(後漢書)』「남만전(南蠻傳)」에 따르면 다음과 같은 기록되어 있다.

> "비록 군현이 설치되었으나, 언어가 서로 달라 중역(重譯)을 통해서만 소통할 수 있었다(雖置郡縣, 而言語各異, 重譯乃通)."

한족의 하이난섬 이주에 대한 명확한 기록은 왕망(王莽) 시기로 거슬러 올라간다. 왕망은 한족을 "현지에 섞어 거주"하도록 하였으며, 그 결과 현지 주민들이 점차 언어를 이해하고 예절과 문화를 받아들이게 되었다.

1933년 출판된 『하이난도지(海南島志)』에 따르면, 하이난섬의 한족 인구는 당대 이전에는 약 2만 명, 당대에는 약 7만 명, 남송(南宋) 시기에는 10만 명으로 증가하였다. 인구 증가의 주요 원인은 대륙에서의 이민 유입이었다. 그러나 문헌 기록을 보면, 이들 이민자의 원거주지는 주로 북방으로 보이며, 민어 지역이 아닌 것으로 보인다.

송대 소식(蘇軾)의 『거담록·복파묘기(居儋錄·伏波廟記)』에는 다음과 같은 기록이 있다.

> "오대(五代) 이후 중원에서 혼란을 피해 온 사람들이 이곳에 많이 정착하였으며, 이제는 의관과 예악이 매우 정돈되어 있다(自五代中原避亂之人多家于此, 今衣冠禮樂班班然矣)."

명대 구준(丘浚)의 『구문공집·남명기전부(丘文公集·南溟奇甸賦)』에는 이렇게 기록되어 있다.

> "위진(魏晉) 이후 중원에 많은 혼란이 발생하였고, 의관(官족)들은 관직이나 상업, 국경 수비 또는 둔전의 이유로 점차 이곳에 이주하였다(魏晉以後, 中原多故, 衣冠之族或宦或商, 或邊或戍, 紛紛日來, 聚廬託處)."

명청 시대의 문헌, 예를 들어 『경주부지(瓊州府志)』에는 처음으로 광동(粵)과 민(閩) 지역 사람들이 하이난섬으로 이주한 기록이 나타난다. 따라서 하이난 민어 지역의 형성은 명초(明初)를 넘지 않을 것으로 추정된다.

오늘날의 웨어는 주로 광둥 지역에 분포하며, 그 음운 구조는 당송 시대의 중고 중국어와 일부 유사한 특징을 보인다.

청대 진례(陳澧)의 『광주음설(廣州音說)』은 이렇게 기록하였다.

> "광주의 방언 발음은 수당(隋唐) 시대의 운서(韻書)와 대체로 일치하며, 다른 지역 방언에서는 볼 수 없는 몇 가지 특징을 지닌다(廣州方音合於隋唐韻書切語, 為他方所不及者約有數端, 余廣州人也, 請略言之)."

진례는 광주음(廣州音)과 중고음이 일치하는 다섯 가지 특징을 다음과 같이 제시하였다. 사성(四聲)을 모두 청탁(清濁)으로 구분한다. 탁음 상성(濁上聲)은 독립되어 거성(去聲)과 섞이지 않는다.

침(侵), 담(談), 염(鹽), 첨(添), 함(咸), 함(銜), 엄(嚴), 범(凡) 등 9운(韻)은 모두 합순음(合脣音)을 가지며, 진(真), 순(諄), 진(臻), 문(文), 은(殷), 원(元), 혼(魂), 흔(痕), 한(寒), 환(桓), 산(刪), 산(山), 선(先), 선(仙)과 혼합되지 않는다. 경(庚), 갱(耕), 청(清), 청(青) 등의 운모가 합구호(合口呼)를 가지며, 동(東), 동(冬) 운모와 혼합되지 않는다. 명(明)과 미(微) 성모는 구분되지 않는다.

진례는 결론적으로 이렇게 언급했다.

> "광주 사람의 음운이 뛰어난 이유는 중원(中原) 사람들이 천

> 여 년 동안 광주로 이주하였기 때문이다. 오늘날의 광주음은 수당 시기의 중원음과 일치하며, 이는 수당 시대의 운서와 밀접하게 일치한다(廣中人聲音之所以善者, 蓋千餘年來中原之人徙居廣中, 今之廣音隋唐時中原之音, 故以隋唐韻書切語核之而密合如此也)."

이러한 웨어와 중고 중국어의 밀접한 관계를 볼 때, 웨어의 최종 형성은 당송 시대 대규모 북방 이민의 배경 속에서 이루어졌음을 알 수 있다.

위에서 광시 관화(廣西官話)의 역사에서 언급한 것처럼, 당대 이전 북방 한인이 영남(嶺南)으로 이주한 사례가 확인된다. 송대에는 북방의 요금(遼金) 침략으로 인해 많은 한인이 광동 지역으로 남하하여 피난했다. 이들 새로 이주한 사람들은 "객호(客戶)"로 불렸으며, 『북송(北宋) 원풍구역지(元豐九域志)』에 따르면 객호는 광둥 총 호구(戶口)의 39%를 차지했다.

몇몇 주에서는 객호 수가 주호(主戶) 수보다 더 많았다. 예를 들면 남사주(南思州): 객호 78%, 뇌주(雷州): 객호 70%, 광주(廣州)와 단주(端州): 각각 55%, 매주(梅州): 객호 52%를 각각 차지하였다.

광둥 전역의 총 호구 수는 584,284호로, 이는 당대의 2.7배에 달했다. 또한 전국 총 인구에서 광둥이 차지하는 비율도 당대의 2.2%에서 3.5%로 증가하였다. 이처럼 대규모 북방 이민은 북방 방언이 웨어(粵語)의 기초를 형성하는 데 중요한 역할을 했다.

송대 주희(朱熹)는 『주자어류(朱子語類)』 제138권에서 다음과 같이 언급했다.

> "사방의 음성에는 오류가 많으나, 광중(廣中) 사람들의 발음은 여전히 좋은 편이다(四方聲音多訛, 却是廣中人說得聲音尚好)."

이는 송대의 웨어가 다른 방언과 구별되는 특징을 가지고 있었으며, 이러한 특징이 중원의 표준음과 더욱 부합했음을 나타낸다.

선진 시대 제자백가, 한대 양웅(揚雄)의 『방언(方言)』, 한대 허신(許愼)의 『설문해자(說文解字)』, 진대 곽박(郭璞)의 『방언주(方言注)』 등에서는 반복적으로 초어와 그 사용 지역을 언급하였다. 사용 지역으로는 형초(荊楚), 남초(南楚), 동초(東楚)가 있다. 해당 고지명 지역은 현재의 후베이성(湖北省)과 후난성(湖南省)에 해당한다. 초어는 진대 이전의 중국어 방언 중에서 매우 두드러진 존재였다.

『세설신어(世說新語)』「호쾌편(豪爽篇)」에서는 이렇게 기록한다.

> "왕대장군(王大將軍, 왕돈王敦을 지칭)은 젊은 시절부터 초어로 말하곤 했다(王大將軍(指王敦)年少時, 舊有田舍名, 語音亦楚)."

또한, 『경저편(輕詆篇)』에서는 이렇게 기록한다.

> "지도림(支道林)이 동쪽으로 가서 왕자유(王子猷)의 형제를 만난 뒤 돌아와서 '그들이 어땠느냐'는 질문에 그는 '하얀 목을 가

진 새 무리를 만난 것 같았고, 그저 까악까악 우는 소리만 들었다'고 대답하였다(支道林入東, 見王子猷兄弟, 還, 人問: '見諸王何如?'答曰: '見一群白頸鳥, 但聞喚啞啞聲.')."

이러한 기록은 당시 중원은 초어에 대한 이해도가 낮았으며, 듣기에 새소리처럼 들렸음을 나타낸다. 고대 초어는 오늘날 고대 샹어(古湘語)의 기원으로 간주된다. 고대 샹어는 역대 북방 이민, 특히 당 중기 쟝샹(江湘) 지역으로 들어온 북방 한인의 영향을 받아 변화하였다. 오늘날 창사(長沙) 지역에서는 중국어가 관화(官話)와 비슷하게 변화하였으며, 현재 북부 샹어(湘語)는 시난 관화(西南官話)와 소통이 가능하다. 고대 상어의 특징은 주로 남부 샹어에 보존되어 있다.

간방언과 커쟈방언의 중심지는 오늘날 쟝시성(江西省)에 위치한다. 쟝시 지역은 양웅의 『방언』, 허신의 『설문해자』, 곽박의 『방언주』에서 독립된 방언 지명으로 언급되지 않았는데, 이는 당시 쟝시 방언의 특징이 두드러지지 않았음을 나타낸다. 쟝시 지역은 『방언』에서는 남초(南楚)로 포함시켰으며 이른바 "오월양(吳越楊)" 또한 쟝시의 일부로 포함시켰을 것이다. 『설문해자』에서는 "오초(吳楚)"의 일부로, 『방언주』에서는 쟝난(江南)의 일부로 포함되었다. 당시 쟝난은 현재의 후베이(湖北) 창강(長江) 이남 지역, 후난(湖南), 장시(江西)일대를 포함하였다. 고대 쟝시는 "오두초미(吳頭楚尾)"로 불리며, 간어와 커쟈어가 형성되기 전에는 고대 쟝시 방언이 우어와 초어의 혼합 방언에 가까웠을 가능성이 있다. 오늘날 후난, 쟝시, 저쟝(浙江) 남부 지역의 지명에 사용되는 글자는 고대 방언의 흔적을 보여준다. 이들 지역에서 공통적으로 사용하는 글자에는 "洋(양)", "漈(제)", "寮(료)", "圳(진)", "墟(허)" 등이 있다.

고대의 호운(豪韻)과 효운(肴韻)에 속하는 글자들은 현대음 저난(浙南)의 10여 개 현(縣)에서 음이 서로 다르며, 현재의 간어(贛語)인 가오안어(高安話)와 난청어(南城話)에서도 음이 다르다. 표4.5를 참조하라. 표에 있는 글자들의 음은 모두 음상조(陰上調)로 읽히며, 조류 번호는 생략되어 있다.

표4.5 고대 호(豪)·효(肴) 운(韻)의 현대 저난(浙南) 우어(吳語)와 후이위(徽語) 발음 비교표

	温州	青田	縉雲	高安	南城
寶	pə	pœ	pə	pou	pəu
飽	puɔ	pɔ	po	pau	pau

당초(唐初) 창안(長安)의 표준음 지위가 아직 형성되지 않았을 때, 대량의 북방 이민자들이 간베이(贛北) 포양호(鄱陽湖) 평원으로 유입되었다. 당대(唐代) 톈바오(天寶) 연간에 이르러 간베이 지역의 인구 밀도는 이미 평방킬로미터당 1050명에 달하였으며, 이 시기 간난(贛南)의 인구는 평방킬로미터당 겨우 110명에 불과하였다. 이들 이민자들이 가져온 북방 방언은 현지에 원래 존재하던 방언과 접촉하여 원시 북편(北片) 간어(贛語)를 형성하게 되었다.

중당(中唐)과 만당(晚唐) 시기에도 북방 이민은 계속되어, 점차 간베이에서 간중(贛中), 간난으로까지 깊이 남하하였다. 그들은 수도 창안(長安) 방언에 비교적 가까운 북방어(北方話)를 가져왔고, 이는 원시 북편(北片) 간어(贛語)와 접촉한 뒤 원시 남편(南片) 간어를 형성하였다. 원시 북편 간어는 전탁(全濁) 성모를 보존하고 "覃"과 "談" 두 운이 서로 다른 음으로 남아 있는 것이 특징이며, 남편 간어는 전탁 성모가 소실되고 "覃"과 "談" 두 운이 같은 음으로 합류하는 특징을 보이는데, 이는 당(唐) 창안어와 같은 양상이다. 이러한 특징은 오늘날까지도 남아 있다. 예컨대, 융시우(永修) 방언에서는 "潭"이 $t^{h}on^{2}$, "談"이 $t^{h}an^{2}$로 발음되어 두 운의 음이 다르게 유지된다.(潭$t^{h}on^{2}$≠談$t^{h}an^{2}$)

당대 중기에는 조세 제도가 개혁되면서 원래는 인구 수에 따라 세금을 부과하던 것을 전답과 수확량에 따라 세금을 매기도록 바뀌었다. 이에 따라 호구 등록부에서는 토지를 소유한 사람을 "주호(主戶)"라 하고, 토지가 없는 사람은 "객호(客戶)"라 하였다. 외지에서 온 이민자들은 당연히 토지가 없었으므로 "객호"로 등록되었다. 북송(北宋) 초부터 희녕(熙寧) 연간까지 약 100년 사이에, 강서(江西)의 객호(客戶)는 전체 인구의 40%에서 30%로 줄어들었다. 이와 동시에 강서 동남부의 우이산(武夷山) 지역 인구가 급격히 증가하였는데, 이는 당시 인구 밀집 지역인 간중에서 이주해온 객호들로 인해 발생한 현상이었다. 이들 이민자들은 훗날 서쪽으로 다시 이동하여 민시(閩西)와 웨베이(粵北) 지역으로 이주하였다.

청대(清代)의 양공항(楊恭恒)은 각 커쟈(客家) 성씨의 족보를 고증하면서, 웨베이 메이셴(梅縣) 일대의 커자인들이 대부분 송말(宋末) 원초(元初)에 도착하였으며, "딩(汀)에서 온 자가 열 가운데 여덟이고, 간(贛)에서 온 자가 열 가운데 둘이다(由汀来者十之八, 由赣来者十之二。)"라고 하였다. 여기서 "딩"은 민시 딩저우(汀州)를 가리킨다. 이로 보아 커자인들은 먼저 민시로 들어온 뒤 웨베이로 이동하였음을 알 수 있다. 그들이 본래 사용하던 원시 남편 간어는 간둥난(贛東南), 민시(閩西), 웨베이 토착 방언과 접촉하면서 송명(宋明) 사이에 커자 방언을 형성하게 되었다. 송·명대 사람들의 저작(예: 주거비의 『영외대답(嶺外代答)』, 진일신의 『첨학전비(瞻學田碑)』, 왕세무의 『민부소(閩部疏)』 등)에서도 딩(汀), 우(虔), 난(南), 사오(韶) 지역 주민들의 언어가 한음(漢音)에 가깝고 남방의 다른 한어 방언들과는 다르다고 기록되어 있다. 이러한 방언은 원시 남편 간어에 비교적 가까운 것으로 보이지만, 이미 뚜렷한 개성을 갖추고 있다. 간커 방언의 형성과 상호 관계는 표4.6으로 도식화할 수 있다.

표4.6 간객방언의 형성과 그 상호관계

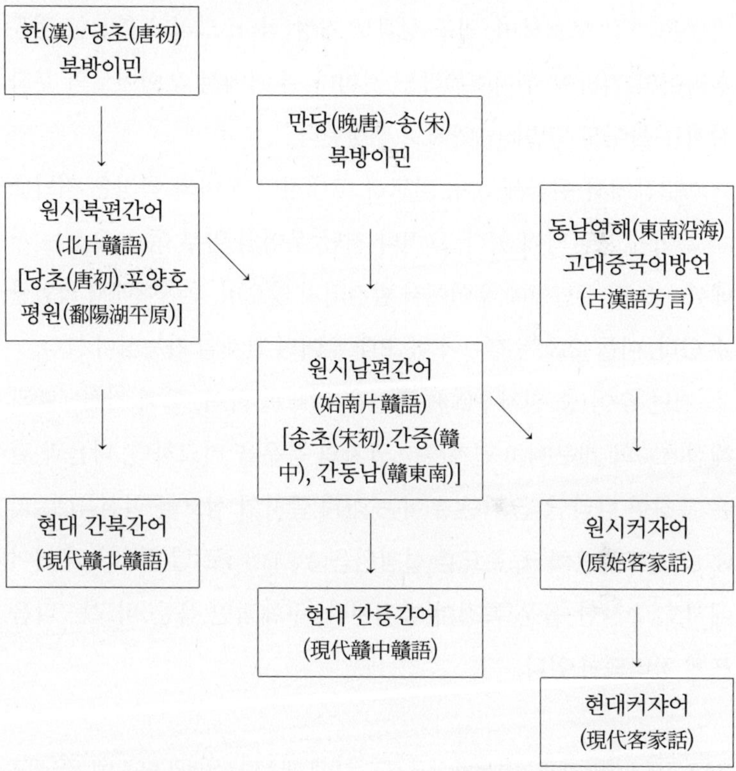

방언학계에서는 전통적으로 뤄샹린(羅香林)의 『커쟈연구도론(客家研究導論)』[19]에 따른 설을 채택해 왔다. 위에서 소개한 내용은 주로 사가르(Laurent Sagart)의 새로운 설에 근거한 것이다.[20]

---

19 출처: 뤄샹린(羅香林),『커쟈 연구 도론(客家研究導論)』, 1933년, 싱닝(興寧): 희산서장(希山書莊) 출판.

20 참고: Laurent Sagart, *On Gan-Hakka,* Tsing Hua Journal of Chinese Studies, Vol.18

중국의 주요 중국어 방언 중에서 후이어의 형성 시기와 역사적 기원은 가장 모호하며, 연구 성과도 가장 적다. 그러나 확실한 점은 후이어의 기반이 우어(吳語)라는 것이다. 우어에서 후이어로의 분화 시기는 늦어도 명말(明末)까지로 추정된다.

제3장에서 언급했듯이, 비교적 고대적인 우어의 특징은 저난(浙南) 우어에 보존되어 있다. 그러나 저난 우어의 일부 특수 요소는 저베이(浙北) 및 쑤난(蘇南) 우어에서 발견되지 않으며, 후이어에서 확인할 수 있다. 이들 요소는 후이어 속 고대 우어의 잔재일 가능성이 크다.

저난 우어 중 원저우(温州) 방언을 대표로 하여, 고대 지섭(止攝)과 해섭(蟹攝)의 개구(開口) 견계(見系) 글자의 음운을 비교하면, 다음과 같은 특징이 나타난다. 저난 우어는 견계 글자의 성모를 설첨음(舌尖音) ʦ, ʦ^h, s로 발음하고, 운모를 설첨원음(舌尖元音) ɿ로 발음한다. 후이어에서도 유사한 음운 특징이 발견된다. 구체적인 음운 비교는 다음 표에 정리되어 있다.

표4.7 고대 지섭(止攝)과 해섭(蟹攝) 개구 견계 글자의 현대 저난 우어와 후이어의 발음 비교

지역 및 한자	雞	騎	喜	記	起
원저우(温州)	ʦɿ^{44}	dzɿ^{31}	sɿ^{45}	ʦɿ^{42}	ʦ^{h}ɿ^{45}
지시(績溪)	ʦɿ^{31}	ʦ^{h}ɿ^{35}	sɿ^{214}	ʦɿ^{35}	ʦ^{h}ɿ^{214}

No. 1, June 1988.

"吃" 뒤에 아침, 점심, 저녁을 나타내는 시간 단어를 붙여 "아침 먹다, 점심 먹다, 저녁 먹다"를 표현한다.

지역 / 시간	吃早飯 (아침 먹다)	吃中飯 (점심 먹다)	吃晩飯 (저녁 먹다)
원저우(温州)	吃天光	吃日昼	吃黄昏
시우닝(休寧)	吃天光	乞當頭	吃烏昏

문장 끝에 "添" 자를 추가하여 문장 중 동사가 나타내는 동작의 반복을 표현한다.

지역 / 동작	再想一下 (다시 생각해보다)	再打點水 (다시 물을 조금 긷다)
원저우(温州)	想下儿添	舀厘儿水添
서셴(歙縣)	想一下添	打點水添

"打點水添"는 대량의 "儿운미(儿尾)"의 단어 사용법을 포함하며, 이는 대체로 베이징어의 "儿화(儿化)"와 유사하다.

"儿운미(儿尾)"의 발음은 전비음(前鼻音) "n"으로 읽힌다. 이에 대한 구체적인 비교는 표4.8에서 확인할 수 있다.

표4.8 저장 남부 우어와 후이어 儿운미 단어의 독음 비교표

단어(詞匯)	因儿	刀儿	牌儿	虾儿
원저우(温州)	$na^{31}ŋ^{0}$	$tə^{44}ŋ^{0}$	$ba^{31}ŋ^{0}$	$ho^{44}ŋ^{0}$
시우닝(休寧)	$nien^{24}$	ten^{44}	pan^{42}	$xɔn^{24}$
이셴(黟縣)	nan^{44}	$tɔn^{33}$	pan^{44}	$hɔn^{33}$

명말(明末) 시기, 풍몽룡(馮梦龍)이 편집한 『산가(山歌)』에는 대량의 쑤저우(蘇州) 방언 속 "儿운미" 단어가 포함되어 있다.

예를 들어, 筷儿(젓가락), 姐儿(여동생), 钩儿(갈고리), 魚儿(물고기), 心儿(마음) 등이 있다. 현대 저베이(浙北) 및 쑤난(蘇南) 우어(吳語)에 남아 있는 극히 일부의 '儿尾'단어를 살펴보면, 고대 우어의 "儿운미" 단어는 비음(鼻音)으로 발음된 것으로 보인다. 예로 상하이어(上海話)에서는 囡儿를 $nø^{23\text{-}22}ɦŋ^{23\text{-}44}$로 발음한다.

남쪽 지역의 주요 중국어 방언 중에서 우어(吳語), 샹어(湘語), 웨어(粵語), 간어(贛語), 평어(平話)는 고대 북방 중국어(古代北方漢語)에서 직접 분화된 것으로, 이는 고대 중국어(古漢語)에서 직접 유래한 것으로 볼 수 있다. 반면, 민어(閩語)와 후이어(徽語)는 우어에서 분화된 것으로 보이며, 커자 방언(客方言)은 간어에서 분화된 것으로, 이를 "이차적(次生)"분화라 할 수 있다.

이러한 주요 방언 간의 상호 관계 및 원시 중국어와의 관계는 수형도(Tree Diagram)로 나타낼 수 있다.

이와 관련된 도식은 도표9에 나타난다.

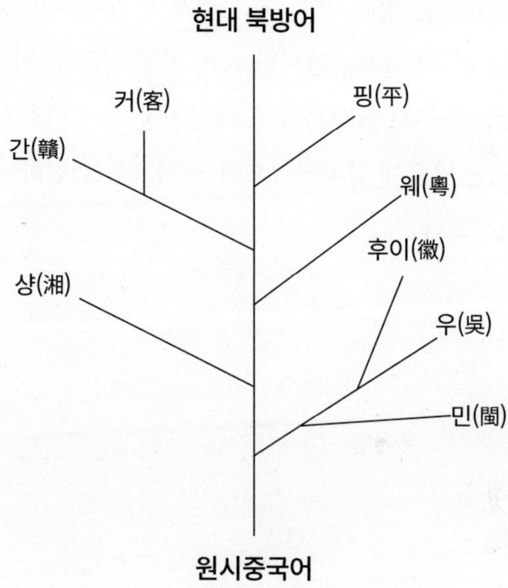

도표9 | 주요 방언의 형성과 원시 중국어와의 관계

위에서 언급한 여러 주요 방언들 가운데 후이어(徽語)의 형성 역사만은 아직 명확하지 않다.

기타 방언들은 모두 남송 이전에 이미 형성되었다. 그러나 다른 방언들은 남송 이전에 모두 이미 남방 각 방언의 거시적 지리 구도가 형성되었으며, 송대 말엽에 이르러 그 구도는 대체로 확립되었다. 원(元)·명(明) 이후 방언지리는 국지적이거나 미시적인 변화만을 겪을 뿐이었다. 그 가운데 주요 변화는 다음과 같은 몇 차례로 이루어졌다. 북방관화는 청대 만주 봉금 해제 후 동북 지역으로 유입되었고, 민어는 타이완(台灣), 하이난(海南), 저장 남부로 이주하였으며, 커자어는 광둥 북부로 남하하였다. 태평천국 전쟁 이후 안후이 남부의 우어 지역은 관화에 침식되었으며, 서쪽으로 전진하여 호남 동부 등지로 진출하였다.

제3절 고대 방언 어음의 재구

"재구(構拟, reconstruction)"는 유럽 역사비교언어학에서 사용되는 용어로, 본래 친연 관계가 있는 현대 언어들의 대응 관계를 연구하거나, 특정 언어가 다른 역사적 단계에서 겪은 변화를 분석하여 원시 공통 모어(ancestor language)를 재구하는 것을 의미한다.

이 절에서는 이 개념을 중국어 방언 비교 연구에 적용한다. 여기서 재구는 현대 지역 방언들을 비교하는 것을 기반으로 원시 공통 방언(proto-dialect)을 재구하거나, 특정 역사 시기의 지역 방언을 재구하는 것을 뜻한다.

이 글에서는 고대 중국어 방언을 재구하는 방법에 대해 논의한다. 우선 각 학자들의 재구 작업을 간단히 소개하고, 현재 통용되고 있는 재구 방법에 대해 평가를 진행하며, 나아가 재구 방법을 개선하기 위한 제안을 제시한다.

이른바 "고대 방언(古代方言)"이라는 표현은 두 가지 의미를 가진다. 원시공통 방언(proto-dialect)을 지칭하는데 줄여서 원시 방언이라고도 불리며, 예를 들어 원시 웨어(原始粵語)가 이에 해당한다. 특정 역사 시기의 지역 방언은 고방언(古方言, (old dialect))이라고도 불리며, 예를 들어 명말(明末) 쑤저우 방언(蘇州話)이 이에 해당한다.

1. 고대 방언 재구 작업의 기존 성과

(1) 원시 방언의 재구 작업

원시 중국어 방언(原始漢語方言)의 재구 작업은 1960년대 말부터 1970년대 초사이에 미국의 몇몇 중국어 연구자들에 의해 시작되었다. W. L. 발라드(W. L. Ballard)는 원시 우어(原始吳語)를 재구하였고, 제리 노먼(J. Norman, 羅杰瑞)은 원시 민어(原始閩語)를 재구하였다. 위아이친(Oi-Kan Yue Hashimoto, 余靄芹)은 원시 웨어(原始粵語)를 재구하였으며, 장쿤(Chang Kun, 張琨) 또한 원시 우어를 재구하였다. 1980년대에는 리위(Li Yu, 李玉)가 원시 커쟈어(原始客家話)를 재구하였고, 사가르(Laurent Sagart, 沙加尔)는 원시 간어(原始贛語)를 재구하였다. 지금부터 그들의 작업을 각각 나누어 간단히 서술하겠다.

발라드(W. L. Ballard)는 1969년에 발표한 박사 논문에서 원시 우어(原始吳語)의 성모(聲母), 운모(韻母), 성조(聲調) 체계를 포괄적으로 재구하였다. 재구의 기반은 당시 이미 발표된 13개의 현대 우어 지역 방언 음운 체계였다. 이 13개 지역은 쑤저우(蘇州), 우시(無锡), 창수(常熟), 창저우(常州), 하이먼(海門), 상하이(上海), 지아딩(嘉定), 쑹쟝(松江), 원저우(温州), 진화(金華), 사오싱(紹興), 융캉(永康), 원링(温岭)이다. 재구된 성모의 특징은 다음과 같다.

유성음(濁音)과 유성 마찰음(濁擦音)이 포함되었다. 비음(鼻音)과 측음(邊音)은 비음성을 가진 한 세트만 존재한다. 독립적으로 음절을 구성하는 비음이나 측음은 존재하지 않는다. 권설 성모(卷舌聲母)는 존재하지 않는다. 재구된 운모는 세 가지인 모음운미 10개, 비음운미, 25개 폐쇄음 운미 23개로 분류되었다.

운모의 주요 특징으로는 중고 원음(ɨ̃)이 존재하고, 비음운미는 -n과 -ŋ 두 세트로 나누어지며, 색음운미는 -t와 -k 두 세트로 나누어진다 점이다. 재구된 성조는 다음과 같다. 성조는 4개의 유형으로 나뉘며, 조형(調形)은 재구되었지만 조치(調值)는 재구되지 않았다. 즉 하강조(降調), 상승조(升調), 하강-상승조(降升調), 파열운미 상승조(塞尾升調)가 있다.[21]

제리노먼(羅杰瑞, J. Norman)은 여러 지역 민어(閩語)의 성모 대응 관계를 비교하여 원시 민어(原始閩語)의 성모 체계를 재구하였다. 재구된 성모의 특징은 다음과 같다. 파열음(塞音)과 파찰음(塞擦音)은 여섯 세트[22]로 나누었다.

여섯세트 즉, 무기청음(清不送氣, voiceless unaspirated), 유기청음(清送氣, voiceless aspirated), 청약화음(清弱化, weakened voiceless), 무기탁음(濁不送氣, voiced unaspirated), 유기탁음(濁送氣, voiced aspirated), 탁약화음(濁弱化, weakened voiced) 으로 나누었다.

위아이친(Oi-Kan Yue(Hashimoto), 余靄芹)는 20개 지역의 현대 웨어(粵語)를 근거로 원시 웨어(原始粵語)의 유성 파열음 성모(濁塞音聲母), 유성 파찰음 성모(濁塞擦音聲母), 복합자음 성모(复輔音聲母)를 재구하였다. 재

21 출처: 발라드(W. L. Ballard), 1969.

22 출처: 제리노먼(J. Norman), 1971.

구된 복합자음 성모는 다음과 같다.[23]

kl- 또는 gl-, ts^hl- 또는 kl- hl- tl-, 또는 dl- t^hl- zl- 또는 dl- jl-.

위의 세 명의 미국 학자는 모두 프린스턴 대학교의 중국어학 프로젝트(Chinese Linguistics Project, Princeton University)에서 활동하였다. 이들이 원시 중국어 방언을 재구하기 위해 사용한 이론과 방법은 "프린스턴 가설(Princeton Hypothesis)"로 불리며, 세 사람 중에서 발라드의 재구 작업이 가장 포괄적이고 상세하며 대표적이다. 편의상, 프린스턴 가설을 채택한 학자들을 프린스턴 학파(Princeton School)라 부른다.

장쿤(張琨)은 『원저우 방언의 역사적 음운(温州方言的歷史音韻)』에서 자신이 재구한 원시 우어를 발표하였다. 그는 재구 방법과 과정을 구체적으로 설명하지 않았으며, 발라드의 원시 우어와 비교했을 때 다음과 같은 특징을 가진다.

> 권설 성모(卷舌聲母)은 권설음 ʈʂ, $ʈʂ^h$, ʂ, dʐ를 포함한다. 운미(韻尾)는 -m, -n, -ŋ과 -p, -t, -k가 조합되어 있다. 성조는 4개의 유형으로 나뉘지만, 조형이나 조류는 재구되지 않았다.[24]

리위(李玉)는 원시 커자어(原始客家話)의 성조와 성모 체계를 재구한

23 출처: 위아이친(Oi-Kan Yue, 余靄芹), 1972.

24 출처: 장쿤(張琨), 1972.

바 있다. 그의 재구 특징은 완전한 세트의 유성 파열음(濁塞音)과 파찰음(塞擦音) 성모가 있다는 점이며, 또한 완전한 세트의 향음 성모(響音聲母)를 포함한다. 즉, m-, n-, l-, ŋ-, nʑ-, ȵ- 등이 그것이다. 리위는 현대 커쟈어 자료를 풍부하게 보유하고 있었으며, 커쟈어에 대해 깊이 이해하고 있었다. 그러나 그가 사용한 재구 방법은 근본적으로 프린스턴 학파와 차이가 없었다.

프랑스 학자 사가르(Laurent Sagart)는 『감-객 방언에 대하여(論贛—客方言)』라는 논문에서 자신이 재구한 원시 남부 간어(原始南片贛語)의 성모 및 운모 체계를 간략히 설명하였다. 사가르가 재구한 주요 특징은 다음과 같다.

> 설근 성모(舌根聲母)는 구개음화되지 않았으며, n-과 l- 성모가 혼합되지 않았다. 개음은 i, u만 포함하고, y는 포함되지 않았다. 산(山), 함(咸), 효(效) 1·2등 간에 구별이 있다. 후운(侯韻)은 -eu로 읽는다. 비음(鼻音)과 색음(塞音) 운미는 3세트로 나뉜다.

사가르는 재구 방법과 과정에 대해서는 설명하지 않았다.[25]

(2) 고방언 음운 체계의 재구 작업

현재까지 특정 고대 지역 방언의 성모(聲母), 운모(韻母), 성조(聲調)

---

25 출처: 사가르(Laurent Sagart), 1988.

체계를 전면적으로 재구한 사례는 없다. 다만 고대 쑤저우 방언의 평성 운모와 고대 취안저우 방언의 성모와 운모에 대해 비교적 체계적인 재구 시도가 이루어진 바 있다.

후밍양(胡明揚)은 『산가(山歌)』와 『괘지아(挂枝儿)』에 나타난 운각(韻脚)의 공용 빈도와 독용 빈도를 통계하고, 상고 중국어를 재구할 때 흔히 사용하는 계련법(系聯法)을 적용하여 이 두 민요집에 나타나는 10개의 평성 운부(舒聲韻部)를 다음과 같이 귀납하였다.

동종(東鐘)
강양(江陽)
지사제미어(支思齊微魚)
개래(皆來)
진문경청침심(真文庚青侵尋)
한산선천염함렴섬(寒山先天鹽咸廉纖)
소호(蕭豪)
가가모(歌戈模)
가마차차(家麻車遮)
우후(尤侯)

그는 이를 현대 방언의 음성과 대조하여, 명말(明末) 쑤저우 방언의 30여 개 평성 운모를 재구하고, 각각 음가를 제시하였다.[26]

26 출처: 후밍양(胡明揚), 1981.

황뎬청(黄典誠)은 『박장지음(拍掌知音)』에 수록된 36장의 운도(韻圖)를 근거로, 청대(清代) 취안저우 방언의 문독음(文讀音)의 성모와 운모 체계를 추정하고 각각 음가를 제시하였다. 성모의 특징은 탁음 비음(濁鼻音)과 구비음(口鼻音)을 구별하지 않았으며, 운미의 특징은 -m/-p, -n/-t, -ŋ/-k가 조합되었다는 점이다.[27]

(3) 고방언의 개별 특징에 대한 재구 작업

고대 방언의 음운적 특징에 대한 개별적 재구 시도는 일부 방언학 논저에 산재해 있다. 리룽(李榮)은 현대 방언과 고문헌을 근거로, 절운(切韻) 시대 푸저우 방언(福州話)의 군모(群母)에 일등(一等)이 존재했음을 추론하였다. 이에 대한 자세한 내용은 아래에 기술한다.

2. 현재 사용되는 고방언 재구 방법에 대한 평가

현행 고방언 재구에는 두 가지 접근법이 사용된다. 하나는 고방언을 기록한 문헌 자료를 근거로 직접 재구하는 것이며, 다른 하나는 현대 방언을 통해 고방언을 추론하는 것이다.

고방언을 기록한 문헌 자료는 크게 세 가지로 분류된다.

---

27 출처: 황뎬청(黄典誠), 1979.

(1) 지방 운서(韻書) 또는 운도(韻圖), 예를 들어 『오방원음(五方元音)』, 『척림팔음(戚林八音)』 등이 있다.

(2) 지방지(地方志)에 수록된 방언지(方言志)이다.

(3) 방언으로 기록된 민요(民歌)이다.

고대 운서와 운도를 근거로 고방언을 재구하는 방법은 절운(切韻) 시대의 운서와 운도를 근거로 중고 중국어(中古漢語)를 재구하는 방법과 유사하다. 사용된 자료가 내부적으로 일정한 일관성을 가지며, 이는 특정 역사적 시기의 특정 지역 방언의 음운 체계를 반영한다. 따라서 얻어진 결과는 비교적 신뢰할 만하다. 예를 들어, 『박장지음(拍掌知音)』을 바탕으로 재구된 취안저우 방언이 이에 해당한다.

그러나 명청 시대의 지방지에 기록된 고금 음운 변화에 관한 조항들은 예시적인 성격을 가지며 체계적인 논의는 없기 때문에, 이를 음운 체계 재구의 근거로 삼을 수는 없다. 기껏해야 개별적인 특징을 추정하는 데 사용할 수 있을 뿐이다. 예를 들어, 명 정덕(正德) 7년(1512년)에 간행된 『송강부지(松江府志)』에는 다음과 같은 내용이 기록되어 있다.

> "상성(上聲)을 거성(去聲)으로 읽고, 거성을 상성으로 읽는다. '呼想'은 '呼相'처럼 읽고, '呼相'은 '呼想'처럼 읽는다.(以上聲為去聲, 去聲為上聲. 呼想如相, 呼相如想之類.)"[28]

---

28 출처: 쉬바오화(許寶華), 유루지에(游汝杰), 1988.

이로부터 현대 상하이 방언에서 음상(陰上)과 음거(陰去)가 합병된 것이 늦어도 400~500년 전에 시작되었음을 추정할 수 있다.

이 외에도 방언 자료는 역사서, 경서 주석, 필기 잡담, 문학 작품 등에도 산재해 있다. 이러한 산발적인 자료는 고방언의 개별적인 특징을 추정하는 데 사용할 수 있다. 구체적인 사례는 제4장 제1절에 제시되어 있다.

중국어 상고음(上古音)을 재구하는 주요 자료는 『시경(詩經)』의 운각(韻脚)과 해성자(諧聲字)이다.

만약 『시경』처럼 방언으로 기록된 민요를 발견할 수 있다면, 이를 바탕으로 고방언의 음운을 재구할 수 있을 것이다. 그러나 이와 같은 서면 기록의 민요는 대체로 표준적인 문어로 기록되었으며, 방언의 면모를 반영하지 못한다. 예를 들어 청대 이조원(李調元)의 『월풍(粵風)』 중 제1권 『월가(粵歌)』는 실제로 전부 표준 문어로 기록되었다. 예를 들어, 『상사곡(相思曲)』은 다음과 같다.

> 누이는 그리워하건만, 풍류를 이루지 않으니 언제까지 이럴 것인가.
> (妹相思, 不作風流到幾時),
> 다만 바람이 불어 꽃이 땅에 떨어지는 것만 보았을 뿐
> (只見風吹花落地),
> 바람이 불어 꽃이 가지 위로 올라가는 것은 보지 못하였네.
> (不見風吹花上枝).

청대 이전에는 순수한 방언으로 기록된 민요를 찾을 수 없었다. 단지 방언으로 기록된 민요 중 순수하지 않은 일부가 고방언 재구의 매우 귀중한 자료로 여겨질 뿐이다. 그중 하나가 명말(明末) 풍몽룡(馮夢龍)이 편집한 『산가(山歌)』이다.

『산가』는 총 10권으로 구성되어 있으며, 마지막 권은 란칭(藍青) 관화(官話)로 기록되었다. 나머지 9권은 기본적으로 쑤저우 방언으로 기록되었으나, 일부 관화나 표준 문어 요소가 섞여 있다. 예를 들어, 2인칭 단수로 "你"와 "爾"를 모두 사용하며, 방위사(方位詞) "위(上)"는 "浪"대신 "上"을 사용한다. 이 민요들의 운각을 통계하고 합용과 독용의 빈도를 분석하여 상고중국어 재구에 흔히 사용하는 계련법(系聯法)을 적용하면, 『산가』에서 10개의 운부를 귀납할 수 있다.

동종(東鐘)
강양(江陽)
지사제미어(支思齊微魚)
개래(皆來)
진문경청침심(真文庚青侵尋)
한산환환선천염함렴섬(寒山桓歡先天鹽咸廉纖)
소호(蕭豪)
가가모(歌戈模)
가마차차(家麻車遮)
우후(尤侯)

현대 방언을 바탕으로 고대 방언을 추론하거나 재구하는 방법은 현대 각 방언 간의 음운 대응 관계와 규칙을 비교 연구하여 방언 음운의 변천 과정을 추적함으로써, 특정 방언의 고대 음운 모습을 규명하거나 일부 방언의 공통 원시어를 추정하는 것이다. 아래에 두 가지 사례를 제시한다.

리룽(李榮)은 절운(切韻) 음운 체계에서 고군모(古群母)는 3등만 존재하며, 1등, 2등, 4등은 없다고 연구하였다. 그러나 현대 우어(吳語), 민어(閩語), 후이어(徽語) 등 방언에서 특정 군모(群母) 글자의 발음을 살펴보면, 절운 시대의 일부 방언에서는 군모의 분포 범위가 더 넓어 1등, 2등, 4등에도 군모가 존재했을 가능성이 있다고 가정할 수 있다.

리룽은 장쑤(江蘇), 저장(浙江), 상하이(上海), 안후이(安徽), 푸젠(福建), 광둥(廣東) 등 20여 곳의 방언 자료를 사용해 擱(격), 隑(의), 寒(한), 汗(한), 猴(후), 厚(후) (1등), 掼(관), 鯁(갱), 咬(요), 環(환), 街(가), 懷(회) (2등), 懸(현) (4등) 등 총 13개 글자를 예로 들어, 특정 방언에서 군모가 1등, 2등, 4등에도 존재했음을 추론하였다. 아래에 이 중 1등에 속하는 글자가 현대 민어에서 발음되는 예를 표로 제시한다.

표4.9 고군모(古群母) 1등 글자의 현대 민어 발음 비교표

	寒	汗	猴	厚	後
福州	kaŋ²	kaŋ⁶	kau²	kau⁶	au⁶
廈門	kũa²	kũa⁶	kau²	kau⁶	au⁶

潮州	kũa²	kũa⁶	kau²	kau⁴	au⁴
海口	kua²	kua²	kau²	kau⁶	au⁶

이 글자들의 성모가 각 지방 방언에서 해당 군모의 발음과 동일하며, 동시에 이 글자들의 운모는 각 지방 방언에서 해당 일등 글자의 발음과 동일하다.

예를 들어, 푸저우 방언에서 "汗" 자(山開 一去翰匣)의 현재 음은 kaŋ²으로 발음되며, 푸저우 방언에서 군모는 현재 k로 발음된다. 예를 들어, "求" 자(流開三平優群)는 kien²으로 발음된다. 또한, 산섭(山攝) 개구(開口) 일등은 aŋ으로 발음되며, "安" 자(山開一平寒影)는 aŋ¹으로 발음된다. 따라서 고대 푸저우 방언에서 군모가 일등을 포함하고 있었을 것이라고 추정할 수 있다.

절운 시대에 군모(群母)가 일부 방언에서 일등의 발음을 가졌다는 것을 증명할 수 있는 고대 문헌의 증거도 존재한다. 『옥편(玉篇)』에서는 다음과 같이 설명되어 있다.

隑、渠鎧, 牛哀二反

『옥편』의 저자인 고야왕(顧野王, 519-581)은 오군(吳郡) 오현(吳人) 출신이다.

또한, 『박아음(博雅音)』에서도 군모가 일등의 발음을 가진 사례가 있다. 『박아음』의 저자인 조헌(曹憲)은 양저우 장두현(揚州江都人) 출신으로, 수나라 시기 비서학사(秘書學士)를 역임하였다. 이 두 권의 서적은 모두 저자의 방언을 근거로 하여 작성되었으며, 그 음운 체계는 절운과 다르다.

제리노먼(J. Norman, 羅杰瑞)은 현대 각 지역의 민어(閩語)의 성모를 비교 연구하여, 고대 민어(古閩語)의 성모 체계를 추정하였다.

그가 사용한 방법은 다음과 같다.

먼저 현대 각 지역의 민어가 하나의 통일된 원시 민어(原始閩語)에서 진화했다고 가정한다. 각 지역 민어 성모의 차이점과 유사점을 비교하고 정리하여, 종류를 귀납한다. 진화 과정을 추적하여 공통된 원시 성모를 재구한다. 원시 성모 *lh의 재구 과정을 예로 들어 설명한다.

먼저, 각 지역 민어에서 관련 성모의 차이점과 유사점을 비교한다. 이는 아래 표(표4.10)로 나타낸다.

표4.10 옛 래모(來母) 글자가 현대 민어에서 발음되는 방식 비교

	卵	鱗	郎	兩	聾	六
福州	$louŋ^{6}$	$liŋ^{2}$	$louŋ^{2}$	$laŋ^{6}$	$løiŋ^{2}$	$løiʔ^{6}$
隆都	-	lin^{2}	$loŋ^{2}$	$laŋ^{5}$	$leŋ^{2}$	lek^{8}
厦門	$nŋ^{6}$	lan^{2}	$nŋ^{2}$	$nŋ^{6}$	$laŋ^{2}$	lak^{8}
潮州	$nŋ^{4}$	$laŋ^{2}$	$nŋ^{2}$	no^{4}	$laŋ^{2}$	lak^{8}

建陽	snŋ^{5}	saiŋ^{2}	sɔŋ^{2}	sɔŋ^{5}	soŋ^{2}	so^{8}
建甌	soŋ^{6}	saiŋ^{5}	soŋ^{5}	-	soŋ^{5}	-

위의 현대 민어에서 이러한 글자의 성모를 분석한 결과, 하나의 원시 민어 성모 *lh로 재구할 수 있다. *lh는 각 지역에서 다음과 같은 현대 성모 형태를 설명할 수 있다. *lh는 푸저우(福州)와 융도(隆都)에서는 l로 변화하였다. 샤먼(厦門)과 차오저우(潮州)에서는 n이나 l로 변화하였다. 젠양(建陽)과 젠어우(建甌)에서는 s로 변화하였다. 위 예는 제리노먼(J. Norman, 羅杰瑞)의 논문 "Tonal Development in Min"(Unicorn, No.7, Feb. 1971)에서 인용한 것이다. 또한, 위아이친(Oi-Kan Yue Hashimoto)은 "Two Features of Proto-Yue Initials"(Unicorn, No.9, Jun. 1972)에서 원시 웨어(Proto-Yue)에 대해 재구한 바 있다. 위 두 가지 사례는 현대 방언에서 고대 방언을 추론하는 두 가지 서로 다른 방법을 대표한다.

첫 번째 방법은 현대 각 지역 방언의 차이점과 유사점을 비교 연구하고, 이를 절운(切韻) 계열 운서(韻書)를 중심으로 한 고대 문헌과 연결하여 고대 방언의 일부 특징을 추론하는 것이다. 이 방법은 체계적으로 "공통 원시 방언(共同原始方言)"을 재구하려는 목적이 아니며, 얻어진 결론은 비교적 신뢰할 만하다. 방언 연구는 실지 조사에 기반을 두어야 한다. 리룽(李榮)은 "방언의 역사 비교 연구는 문헌 증거가 뒷받침될 때 땅을 밟고 서 있는 것과 같다(方言的歷史比較研究如有文

獻印證, 猶如脚踏實地)"고 설명하였다.[29]

두 번째 방법은 프린스턴 학파(Princeton School)에서 주로 사용하는 방식이다. 이들은 어떤 고대 문헌도 참고하지 않고, 현대의 서로 다른 지역 방언 조사 자료를 문독음(文讀音)과 백독음(白讀音)포함하여, 동일한 기준으로 비교하고 대응 관계를 찾아내며, 이를 통해 고대 방언을 직접 추론한다. 이 방법은 "원시 음운 체계를 음소화하려고 결코 시도하지 않고, 단순히 음운 체계의 대응 관계를 기반으로 원시 음운 체계를 재구(並不試圖在互補分配的基礎上, 使原始音系音位化, 而只是在語音系統對應關系的基礎上, 構拟原始音系.)"한다.[30] 이 방법의 주요 단계는 다음과 같다. 현대 방언 간 음운 대응 규칙을 찾아낸다. 음운학적으로 현대 여러 형태의 진화 과정을 설명할 수 있는 원시 음운 형태를 설정한다. 이 방법의 목적은 원시 민어(Proto-Min), 원시 웨어(Proto-Yue), 원시 우어(Proto-Wu)와 같은 원시 방언을 재구하는 것이다. 그리고 이러한 원시 방언을 토대로 상고 중국어(上古漢語)를 재구하려는 것이다. 그러나 지금까지 그들이 재구한 상고 중국어를 본 적은 없다.

중국어는 각 역사적 시기에 풍부한 서면 문헌, 특히 『절운(切韻)』 계열 운서와 『시경(詩經)』과 같은 자료가 존재한다. 『절운』의 성격에 대해 논쟁이 있을 수 있으나, 『절운』 음운 체계와 현대 방언 음운 간에는 대체로 엄격한 대응 관계가 있다는 점은 명백히 인정받고 있

29 출처: 리룽(李榮), 「도강서 15음서(渡江書十五音序)」, 『방언(方言)』, 1988년 제1호.

30 출처: 발라드(W. L. Ballard), 1969.

다. 따라서 방언의 역사 비교 연구에서 이러한 문헌 자료, 특히 절운 계열 운서를 활용하지 않는 것은 명백히 비합리적이다.

프린스턴 학파는 실제로 원시 방언을 재구할 때 『절운(切韻)』 음운 체계의 영향을 완전히 벗어나지 못했다. 현대 우어에서 비음 운미는 한 세트이며, 색음 운미도 한 세트(즉, 후색음(喉塞音))만 존재한다. 그러나 발라드가 재구한 원시 우어(吳語)에서는 비음 운미가 -n과 -ŋ 두 세트로 나뉘고, 색음 운미(塞音韻尾)는 -t와 -k 두 세트로 나뉜다. 발라드는 이러한 구분의 이유를 설명하지 않았으나, 이는 명백히 『절운』 음운 체계에서 비롯된 것이며, 이를 배제하고는 설명이 불가능하다.

이 방법의 가장 큰 이론적 약점은 "원시 웨어(Proto-Yue), 원시 민어(Proto-Min), 원시 우어(Proto-Wu)" 등과 같은 "원시 방언"의 개념 자체가 중국어 방언 형성의 역사적 배경을 고려할 때 의문스럽다는 것이다. 이 개념은 특정 시기의 특정 지역에 내부적으로 일관된 "원시 민어"가 존재했다고 가정한다. 이후 이 "원시 민어"를 사용하는 사람들이 각기 다른 지역으로 흩어져 거주하면서 "원시 민어"가 다양한 지파로 분화되었다고 가정한다.

이민은 방언의 주요 요인이다. 이 가설은 중국어 방언구역의 이민의 역사 사실에 위배된다. 예를 들어 민어를 살펴보면, 첫 번째 한족의 민 지역 유입은 서한(西漢) 말에 발생하였으며, 이민은 단지 야현(冶縣, 현재의 푸저우) 지역에 집중되었다.

대규모 한족의 이주는 삼국 시대에 우어(吳語) 지역 북부에서 민서북 지역 및 현재의 푸젠(福建) 연안 지역으로 이루어졌다. 민난 방언은 송대에 차오셴(潮汕) 지역으로, 명초에 하이난으로 전파되었다. 따라서 이민 역사를 고려할 때, 각 지역 민어는 특정 시기에 특정 지역에서 형성된 "원시 민어"에서 분화된 것이 아니다.

현대 방언 자료로 원시 방언을 재구하려는 또 다른 출발점은, 모든 현대 방언 음운 형태가 원시 방언에서 점진적으로 변화한 결과라고 가정하는 것이다.

예를 들어 현대 방언에 a, b, c, d 네 가지 음운 형태가 있다면, 이들이 각각 원시 방언의 A, B, C, D 네 가지 형태에서 유래되었다고 본다. 이를 도식화한 것은 아래 그림 10에 해당한다. 그러나 실제로 현대의 각종 중국어 방언은 여러 역사적 층위의 언어 요소가 쌓여 형성된 것이다. a와 b는 원시 방언에서 유래했을 수 있지만, c는 상고(上古)에 형성된 것이고, d는 중고(中古)에 형성되었을 가능성이 있다. 이는 그림 11로 표현할 수 있다. 따라서 다양한 자료를 동일한 기준으로 취급하여 원시 방언을 재구하는 것은 명백히 불합리하다. 위에서 언급한 문제점으로 인해, 두 번째 방법을 사용하여 재구한 원시 방언은 매우 신뢰하기 어렵다.

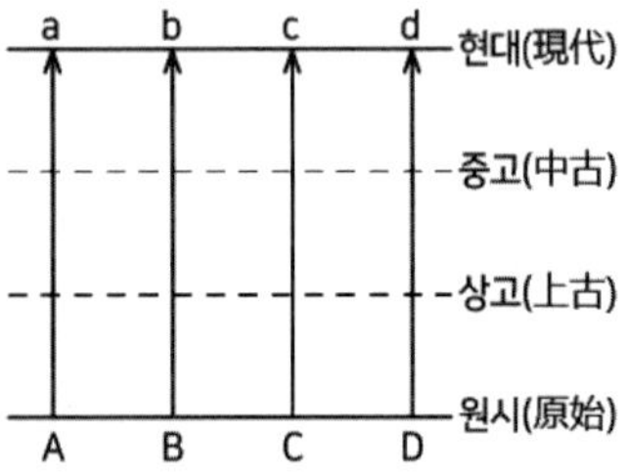

도표10 | 고금방언 역사변화의 이상적인 모델 시의도

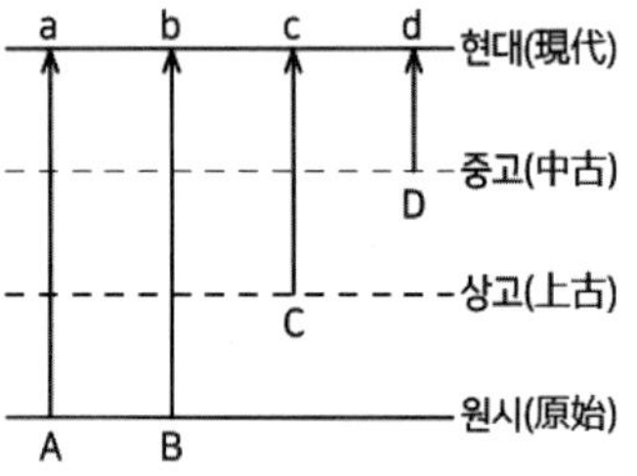

도표11 | 고금방언 역사변화의 실제 상황 시의도

만약 이러한 원시 방언의 기반 위에서 더 나아가 상고 중국어(上古漢語)를 재구하려 한다면, 그 결과는 분명히 신뢰할 수 없을 것이다. 그러나 프린스턴 학파(Princeton School)가 제안한 원시 방언 재구의 개념 자체는 여전히 채택할 가치가 있다.

유럽의 역사 비교법은 본래 원시 공통 모어(共同母語)를 재구하는 데만 사용되었다. 하지만 중국어의 각 주요 방언 내부는 매우 복잡하고 상이하여, 심지어 서로 다른 언어보다 더 큰 차이를 보이는 경우도 있다. 이런 상황에서 역사 비교법을 빌려 원시 공통 방언(proto-dialect)을 재구하는 것도 충분히 가능하다고 할 수 있다. 다만, 방법론적인 개선이 이루어져야만 보다 나은 결과를 얻을 수 있을 것이다.

3. 원시 방언 재구 방법의 개선

원시 방언을 재구하는 기본 작업은 현대 특정 지역 방언 간의 음운 대응 규칙을 설정하는 것이다. 재구 결과는 현대 각 지역 방언 간의 음운 대응 관계를 설명할 수 있어야 하며, 이는 논란의 여지가 없는 기본 요구사항이다. 이 외에, 본 절에서는 원시 방언 재구 방법을 개선하기 위한 몇 가지 제안을 제시한다.

(1) 방언 지역 이민과 방언 확산의 역사를 결합하여 단계적으로 재구하기

언어와 방언이 분화되는 가장 직접적이고 중요한 원인은 인구의 이동이다. 중국어에서 각 방언 지역의 중심이 되는 이민 역사는 다음과 같은 공통점을 가진다. 즉, 한 시기에 단일 원거주지에서 인구가 일회성으로 각기 다른 새로운 거주지로 이주하여 방언이 일회적으로 분화된 것이 아니다. 방언의 역사 비교 연구를 진행할 때는 방언 지역 이민의 역사적 배경을 중요한 참고 항목으로 삼아야 한다.

동일한 원거주지에서 나온 이민이 각지에 흩어져 살면서 현대의 서로 다른 지역 방언을 형성하였다. 따라서 원시 방언을 재구할 때, 이러한 지역 방언들은 동일한 집단으로 간주되어야 한다.

먼저 동일한 집단 내에서 개별 방언들을 재구한 뒤, 이를 바탕으로 대규모 방언 지역의 원시 언어를 재구해야 한다. 예를 들어, 이민 역사에 대한 연구 결과(사가르(Sagart), 1988)에 따르면, 한(漢)대에서 당

(唐) 초까지 북방 이민이 포양호(鄱陽湖) 평원으로 이주하여 원시 북부 간어(北片贛語)를 형성하였다. 당말(唐末)에서 송(宋)대까지 북방 이민이 간중(贛中) 및 간둥난(贛東南)으로 이주하여 원시 남부 간어(南片贛語)를 형성하였다.

따라서, 현대 북부 간어 지역 방언을 기반으로 원시 북부 간어 방언을 재구해야 하며, 현대 중부 간어 지역 방언을 기반으로 원시 남부 간어 방언을 재구해야 한다. 이후, 원시 남부 간어와 북부 간어를 기반으로 원시 간어(原始贛語)를 재구해야 한다.

(2) 각 지역 방언의 역사적 위치를 분석하여 재구 과정에 반영하기

한 지역의 방언 중 일부는 상대적으로 오래된 반면, 다른 일부는 비교적 최근에 형성되었다. 원시 방언을 재구할 때, 당연히 더 오래된 방언이 더 큰 가치를 가진다. "오래된" 방언과 "최근" 방언은 방언의 특성에 따라 정의되며, 형성 시기와 반드시 연관되지는 않는다.

예를 들어, 우어(吳語)의 발원지는 선진 시대(先秦時代)의 현재 쑤저우(蘇州)와 우시(無锡) 지역이다. 남부 우어(南部吳語)는 타이후(太湖) 유역 주민들이 남하하면서 점차 형성되었다. 하지만 더 오래된 우어 특성은 남부 우어에 보존되어 있으며, 북부 우어(北部吳語)는 관화(官話)의 영향을 받아 더 빠르게 변화하였다.

예를 들어, 북부 우어(北部吳語)의 유성 파열음(濁塞音)은 일반적으로 무성유음(清流)으로 변화했으나, 남부 우어는 여전히 유성음(重濁)으로 남아 있다. 대체로 농촌 지역이 도시보다 더 많은 오래된 방언 특성을 보존한다.

예를 들어, 상하이(上海) 시내에서는 축기파열음 성모(縮氣塞音聲母)가 사라졌지만, 상하이 교외와 저난(浙南) 융자(永嘉), 칭톈(青田) 등지에서는 여전히 보존되어 있다. 따라서 원시 방언을 재구할 때는 더 오래된 방언이나 농촌 방언을 활용해야 한다.

예를 들어, 효섭(效攝)의 일·이등, 함섭(咸攝)의 삼·사등 구별이 남부 우어(温州, 金華)에서는 구별되나, 북부 우어에서는 구별되지 않는다. 원시 우어(原始吳語)를 재구할 때는 남부 우어를 기반으로 구별된 형태를 재구해야 한다. 또한, 폐쇄음(塞音) 성모는 일부 농촌 방언의 자료를 기반으로 축기파열음(縮氣塞音) 형태로 재구할 수 있다.

(3) 현대 방언의 역사적 층위를 분리하여 재구 음운 체계의 내부 일관성 확보하기

이른바 "지역 방언의 역사적 층위"라는 개념은 다음 세 가지 의미를 포함한다.

첫째, 신파(新派) 방언과 노파(老派) 방언의 구분을 포함한다.

둘째, 백독음(白讀音)과 문독음(文讀音)의 구별을 포함한다.

셋째, 해당 지역 방언의 고유 단어와 외부 방언에서 차용한 단어 및 음운의 구별을 포함한다.

원시 방언을 재구할 때는 당연히 더 오래된 층위에 의존해야 하며, 더 최근에 형성된 층위는 배제해야 한다. 방언에서 백독음은 상대적으로 더 오래된 특성을 보유하고 있으며, 문독음은 수당 시대(隋唐時代)에 과거제도가 시행된 이후 관화(官話)에서 차용된 음운이다.

중국어 방언에서 문독음과 백독음의 층위는 매우 두드러진 특징이므로, 중국어 원시 방언을 재구할 때 반드시 이를 구분해야 한다. 문독음은 배제되어야 하며, 원시 방언으로 재구된 음운 체계는 백독음 체계에 속해야 한다. 문독음을 배제해야 하는 이유는 단지 그것이 비교적 최근에 생성되었기 때문만이 아니다. 문독음은 대부분의 방언에서 체계적이지 않으며, 다양한 방언에서 특정 단어의 문독음 분포가 반드시 일치하지도 않기 때문이다. 예를 들어, 견모(見母) 개구(開口) 이등 글자에서 북부 우어(北部吳語, 예: 상하이)는 문독 tɕ-과 백독 k- 두 가지로 나뉜다.

반면, 남부 우어(南部吳語)에서는 단일 백독 k-로만 발음된다. 문독음과 백독음을 혼합한 자료로 음운 대응 규칙을 설정한다면, 얻어지는 결과는 불가피하게 혼란스럽다. 발라드(W. L. Ballard)가 원시 우어를 재구할 때 문독과 백독을 구분하지 않고 자료를 사용한 예가 있다. *ȵ 성모의 음운 대응 예시 단어 목록에는 z, ȵ, ʑ, n, ɦ의 다섯 가지 성모가 서로 대응한다. 그는 대응 관계가 불규칙하다고 여겨 어떠한 설명도 제공하지 않고 임의로 *ȵ을 재구하였다. 방언에서 외래어의 음운, 즉 관화(官話)에서 차용된 문독음뿐 아니라 다른 지역 방언에서 유입된 단어와 음운도 후대에 형성된 것이므로 배제되어야 한다. 예를 들어, 원저우(溫州) 방언에서 "車(차)"라는 단어는 고유 발음 ts^hei과 상하이에서 유입된 발음 ts^ho의 두 가지 발음으로 나타난다. 앞의 발음(ts^hei)은 고유 음운이며, 뒤의 발음(ts^ho)은 상하이에서 유입된 "황포차(黃包車)"라는 단어와 함께 들어온 차용 음운이다. 마운(麻韻) 개구(開口) 삼등(三等)의 음운 대응 관계를 설정할 때에는 고유 음운만을 사용해야 한다.

(4) 고대 특정 지역 방언의 묘사와 추정은 원시 방언을 재구하는 중요한 단계

원시 방언을 재구하는 데 있어서 가장 기본적인 자료는 현대 특정 지역 방언이지만, 만약 특정 역사 시기의 지역 방언의 모습에 대해 알 수 있다면, 재구 작업은 더욱 쉽고 신뢰성이 높아진다.

일부 고대 지역 방언에 대해서는, 앞서 언급한 것처럼 역사 문헌에 기록된 방언 자료를 활용하여 추정할 수 있을 뿐만 아니라, 서양 선교사들이 저술한 방언학 저작을 통해서도 직접적으로 이해할 수 있다. 이러한 지역 방언을 묘사한 저작물은 대부분 19세기 후반과 20세기 초반에 작성되었다. 이들 자료는 로마자 표기법으로 기록되었기 때문에, 여기에서 음운, 운모, 성조 체계를 정리하는 데 큰 어려움이 없다.

예를 들어, 이와 같은 저작물을 활용하여 19세기 상하이 방언의 음운을 정리한 사례가 있다.[31] 이러한 저작물은 수백 종에 이르며,

31 출처: 저우통춘(周同春), 1988.

이들을 수집, 정리, 연구하는 작업은 원시 방언을 재구하는 데 있어서 기본적인 작업으로 간주된다.

(5) 역사 비교법과 『절음(切韻)』 음계 참조법의 결합

단순히 역사 비교법을 사용하여 중국어의 원시 방언을 재구하는 데는 많은 결점이 있다. 이에 대한 비판은 이미 위에서 언급되었다. 재구 작업이 『절음』 음계를 결합하면 더 나은 효과를 얻을 수 있을 것이다. 재구 작업의 대략적인 단계는 다음과 같다. 먼저, 지점 방언 음계와 『절음』 음계 간의 대응 관계를 구한다. 『절음』을 중심으로 지역 방언 간의 음운 대응 규칙을 도출한다. 방언의 음운 대응 관계를 바탕으로 『절음』의 각 운류(韻類)에 대해 원시적 형태를 재구한다. 마지막으로 음류를 종합하여 원시 음운 체계를 정리한다. 아래는 원시 우어(吳語)의 효섭(效攝) 재구를 사례로 들어 『절음』 음계를 어떻게 참조하는지 설명한다.

우선 각 지역 우어(蘇州: 쑤저우, 紹興: 사오싱, 温州: 원저우)의 효섭(效攝) 일이삼사등(一二三四等)의 고금대응과 방언간의 대응표를 열거하였다.(표4.11참고) 삼사등(三四等)은 모두 합구(合口)에서 나타나지만 일이등(一二等)은 원저우 방언에서는 분화되어 나타나며, 나머지 두 지역은 합류되어 따른다. 남부 우어가 북부 우어보다 더 오래된 특징을 유지한다는 점을 고려하여 일이등을 각각 두 개의 음으로, 삼사등은 하나의 음으로 재구한다. 각 운섭(韻攝)의 원시적 형태를 모두 재구한 뒤, 이들을 비교·정리하여 최종적인 원시적 형태를 도출한다. 이 표는 현대 방언 발음의 구체적 대응과 재구 작업을 위한 근거를 제공한다.

표4.11 고대 효섭 일이삼사등의 현대 우어 발음표

	豪	肴	宵	蕭
蘇州	æ	æ	iæ	iæ
紹興	ɒ	ɒ	iɒ	iɒ
温州	ə	uɔ	iɛ	iɛ

참고문헌

1. Ballard W L. Phonological History of Wu[D]. Berkeley: University of California at Berkeley, 1969.

2. Norman J. Tonal Development in Min[J]. Unicom (Chi-Lin), 1971(7).

3. Yue Oi-Kan. Two Features of Proto-Yue Initials[J]. Unicom (Chi-Lin), 1972(9).

4. Chang Kun. Wenchow Historical Phonology[J].中研院民族學研究所集刊, 1972(32).

5. Sagart L. On Gan-Hakka[J]. Tsing Hua Journal of Chinese Studies, New Series, 1988, 18(1).

6. 黄典誠.「拍掌知音說明」[J].『方言』, 1979 (2).

7. 胡明揚.「三百年前蘇州一带吴語一斑」[M]//第3輯『語文研究』, 1981.

8. 李榮.「从現代方言論古群母有一二 四等」[M]//『音韻存稿』北京: 商務印書馆, 1985.

9. 李榮. 「渡江書十五音序」[J].『方言』, 1988 (1).

10. 李玉. 「原始客家話的聲調發展史」[J].『廣西師范學院學報』, 1985(4).

11. 李玉. 「原始客家話的聲母系統」[J].『語言研究』, 1985(10).

12. 許寶華. 游汝杰. 「方志所見上海方言初探」[M]//『吴語論丛』上海: 上海教育出版社, 1988.

13. 周同春. 「十九世紀的上海語音」[M]//『吴語論丛』上海: 上海教育出版社, 1988.

제4절 고대 방언 구획의 재구

고대 방언 구획에 대해 직접적인 참고가 될 만한 역사 문헌은 없다. 이전 학자들이 이 문제를 논의하거나 연구한 사례 또한 거의 없다. 사실, 린위탕(林語堂)이 양웅(揚雄)의 『방언(方言)』에 있는 간접 자료를 이용하여 "전한 방언 구역도(前漢方言區域圖)"를 그린 적이 있었지만, 중국의 학자들이 고대 방언 구역도를 발표한 사례는 거의 없다.(①[32])

역사 문헌에서 방언 구획에 대한 직접적인 기록을 찾을 수는 없지만, 다음과 같은 자료를 바탕으로 현대 방언 구획을 출발점으로 하여 고대 방언 구획을 대략적으로 재구할 수 있다.

첫째, 역사서, 자서(字書), 운서(韻書), 경서(經籍) 주석, 비평문 등에서 방언 분류에 대한 여러 단편적인 자료, 둘째, 양웅의 『방언』, 곽박(郭璞)의 『방언주(方言注)』와 같은 역사 방언학 저작, 셋째, 각 시대의 이민 자료, 넷째, 지방지(地方志)에 수록된 방언 자료, 다섯째, 각 시대의 행정 구획 자료이다.

필자는 위의 자료를 수집 및 활용하여 『시경(詩經)』 시대, 전한과

---

32 출처: ① 린위탕(林語堂), 「전한 방언 지역 고(前漢方言區域考)」, 『린위탕 언어학 논총(林語堂語言學論叢)』, 1933년. [단행본, M]

후한(兩漢), 서진(西晉, 영가의 난 이전), 남송(南宋), 그리고 명청 시대의 일부 지역 방언 구획을 재구하였다. 여기서는 『시경』과 양한(兩漢) 시대에 대한 재구된 초안을 소개한다.

『시경』의 시대 범위는 대략 서주(西周) 초년부터 춘추(春秋) 중기까지 약 5세기에 걸쳐 있다. 『시경』의 300편 중 일부만이 창작 연대를 추정할 수 있다. 가장 오래된 작품은 『빈풍·파부(豳風·破斧)』로, 시에서 "주공 동정(周公東徵)"을 언급하고 있다. 이는 기원전 1114년의 일이다. 가장 늦은 작품은 『진풍·주림(陳風·株林)』으로, 이는 진령공(陳灵公)과 하희(夏姬)의 부정 행위를 묘사하며, 이는 『좌전(左傳)』 선공(宣公) 9년과 10년에 기록된 기원전 600년 또는 599년의 사건이다.

고대 문헌에서 『시경』 시대 방언의 지리적 차이에 대한 기록은 단편적이고 약간의 언급에 그치므로, 당시 언어 또는 방언 구역을 명확히 구분하기 어렵다. 예를 들어, 『예기·왕제(禮記·王制)』에서 "오방(五方)의 민족은 언어가 통하지 않고, 기호와 욕망도 다르다(五方之民, 言語不通, 嗜欲不同)."고 하였으나, 이 "오방(五方)"이 정확히 어떤 지역을 가리키는지는 알 수 없다. 다만, 서로 소통할 수 없는 다양한 언어 또는 방언이 존재했다는 것은 확실하다. 『예기』의 이 구절은 중국 고대 문헌에서 언어 지리적 차이에 대한 가장 초기의 기록이다.

방언이 존재했기 때문에, 당시에는 청대 관화(官話)와 비슷한 "아언(雅言)"이 통용되었다. 『논어·술이(述而)』에서 "공자는 시(詩), 서(書), 예(禮)를 논할 때 모두 아언을 사용하였다(子所雅言, 詩、書、执禮皆雅言也)" 고 기록되어 있다. 여기서 "아(雅)"는 "하(夏)"로 빌려 쓰였는데, "하

(夏)"는 서주 왕기(成周) 지역의 고대 명칭이다. 그러므로 당시의 "관화(官話)"는 왕기 일대의 방언, 즉 주 왕실이 사용하는 언어였다.

당시 사대부들이 작성한 시나 외교 장소에서 사용한 언어는 모두 아언이었다. 외교 장소에서는 종종 시를 지어 뜻을 표현하는 일이 있었으므로, 각국의 사대부들은 시를 짓는 능력을 가졌을 뿐만 아니라, 시에서 사용하는 언어가 서로 같아야 의사를 소통(言志)할 수 있었다. 조(朝), 빙(聘), 령(令), 맹(盟)과 같은 자리에서도 통일된 언어가 필요했으며, 아언은 주 천자와 제후국 간의 연락과 교류에 필수적이었다. 당시 또는 이후에 작성된 공식 서적과 문헌도 모두 아언으로 기록되었으며, 『역전(易傳)』과 『논어』 등이 이에 해당한다.

『시경·국풍』은 제작된 지역에 따라 분류되었으며, 다음의 18개 지역인 주남(周南), 소남(召南), 패(邶), 용(鄘), 위(衛), 왕(王, 동주), 정(鄭), 제(齊), 위(魏), 당(唐), 진(秦), 진(陳), 회(檜), 조(曹), 빈(豳), 아(雅, 서주), 노(魯), 송(宋)을 포함한다.

이아(二雅) 『소아(小雅)』와 『대아(大雅)』는 모두 서주 왕기(西周王畿)의 시이다. 서주 왕기는 현재 산시(陝西) 중부에 위치한다. 삼송(三頌) 중에서 주송(周頌)은 서주 왕조의 작품이며, 왕기(王畿)에서 만들어졌다. 노송(魯頌)은 현재 산둥(山東) 지역의 노국(魯國)에서 만들어진 작품이고, 상송(商頌)은 주대(周代) 송국(宋國)에서 만들어진 작품이며, 그 위치는 현재 허난(河南) 동부 및 장쑤(江蘇) 서북부에 해당한다.

이아(二雅)와 삼송(三頌)의 작품 산지는 십오국풍(十五國風)의 작품 산지 범위에 속한다. 『이아(二雅)』와 『삼송(三頌)』의 산지는 모두 『십오국풍(十五國風)』의 산지 범위에 포함된다. 십오국풍 중 『왕풍(王風)』, 『주남(周南)』, 『소남(召南)』은 국가명을 뜻하지 않는다. 『왕풍(王風)』은 동주(東周) 국경 내에서 만들어진 작품으로, 현재 허난성(河南省) 북부에 해당한다.

『주남(周南)』은 주공(周公)이 다스리던 남방 지역에서 만들어졌다. 이 지역은 대략 북쪽으로 여수(汝水)까지, 남쪽으로는 현재 양쯔강(長江) 북안과 한수(漢水)가 합류하는 지점까지 이르는 곳이다. 『주남·여분(汝墳)』에서 "준피여분(遵彼汝墳)"이라고 언급되는데, 여기서 "墳(분)"은 "제방(堤)"를 뜻한다. 또한, 『주남·한광(漢廣)』에서는 "한수(漢水)가 넓으니, 헤엄쳐 갈 생각조차 할 수 없네(漢之廣矣, 不可泳思)"와 "강(江)은 참으로 기니, 건널 생각조차 할 수 없네(江之永矣, 不可方思)"라고 하여 이 지역을 묘사한다.

『소남(召南)』은 소공(召公)이 다스리던 남방 지역에서 만들어졌다. 이 지역은 대략 남쪽으로 우한(武漢) 이상의 양쯔강 북안에 이른다. 『소남·소유사(召有汜)』에서는 "강에 물길이 있다(江有汜)", "강에 작은 섬이 있다(江有渚)", "강에 소용돌이가 있다(江有沱)"라고 하여 이 지역을 묘사한다.

이 외의 열두 국풍은 각 제후국에서 만들어졌다. 따라서 『시경(詩經)』의 채집 지역은 대략적으로 추정할 수 있다.

『시경』의 300편은 각지 민간에서 전승된 시가로, 처음에는 분명 각 지방 방언으로 불렸다. 하지만 이후 사대부들이 이를 정리하고 가공하면서 통일된 "아언(雅言)"으로 기록되었다. 『시경』의 언어는 내부적으로 동질성을 가지고 있기 때문에, 오늘날 『시경』의 음운 체계를 연구할 때 300편의 운부(韻部) 체계가 일관되게 나타난다. 현재까지의 중국어 상고음(上古音) 연구의 주요 자료는 『시경』의 운미(韻尾)와 해성자(谐聲字)이다. 비록 상고음 체계에 대한 학계의 통일된 결론은 없지만, 상고음 운모 체계에 대한 각 학자의 재구는 점차 일치하고 있다. 『시경』의 언어가 내부적으로 동질적이라는 점에는 의심의 여지가 없다. 따라서 『시경』 300편 내부에서는 당시 방언의 차이를 확인하기 어렵다. 선진(先秦) 문헌에 기록된 지역적 언어 차이 선진 문헌에서 언어 차이에 대해 명확히 기록된 지역으로는 다음과 같은 곳이 있다.

> 초(楚), 제(齊), 동(東), 남만(南蠻), 융(戎)

이들 지역은 당시 언어 차이가 특히 두드러지게 나타났으며, 이를 통해 이러한 지역의 언어가 당대 사람들에게 큰 주목을 받았음을 알 수 있다.

아래에 제시된 몇 가지 자료는 이러한 지역의 사람들이 중원(中原) 지역과 소통할 수 없었음을 보여준다.

『좌전』에서 융자구지(戎子駒支)는 다음과 같이 말하였다.

> "우리 융(戎) 사람들은 음식, 의복, 공물(贄幣)이 중원(華)과 같지 않고, 언어 또한 통하지 않는다(我諸戎飮食衣服不與華同, 贄幣不同,

言語不達.)"

여기서 언급된 "융(戎)"은 대략 오늘날 간쑤(甘肅) 및 그 서쪽 지역을 가리킨다.

『맹자·등문공상(孟子·滕文公上)』에서는 다음과 같이 언급하였다.

> "오늘날 남만(南蠻)과 같은 궤설(鴃舌, 박로새 울음소리)의 언어를 사용하는 사람들은 선왕(先王)의 도와 같지 않다. 당신이 그들의 스승을 따르고 그들에게 배우려 한다면, 이는 증자(曾子)와 다를 것이다(今也南蠻鴃舌之人, 非先王之道, 子倍之師而學之, 亦異于曾子矣)."

여기서 "궤(鴃)"는 박로새를 의미하며, 이는 남만 사람들이 말하는 방식이 마치 새가 우는 소리처럼 알아들을 수 없다는 것을 나타낸다.

춘추 시대에 오(吳)나라 사람들이 위후(衛侯)를 포로로 잡았다가 풀어주었다. 그런데 위후는 "이언(夷言)"을 따라하였다. 여기서 "이언"은 우어(吳語)를 가리키며, 이는 대략 궤설(鴃舌)에 해당하는 언어였다.

『맹자·만장상(孟子·萬章上)』에서 다음과 같이 말하였다.

> "이는 군자의 말이 아니며, 제동(齊東) 지역 야인의 언어이다(此非君子之言, 齊東野人之語也)."

여기서 "제동(齊東)"은 오늘날 산둥(山東) 반도 동부 지역으로, 래이(萊夷)족이 거주하던 곳이다.

또 『안씨가훈·언사편(顏氏家訓·音辭篇)』에서는 다음과 같이 기록하였다.

> "구주(九州)의 사람들은 언어가 서로 다르다. 이는 인류가 태어난 이래로 줄곧 그러하였다. 춘추 시대부터 이미 제(齊)의 언어가 전해졌고, 『이소(離騷)』에서는 초사(楚辭)의 경전을 언급하였다(夫九州之人, 言語不同, 生民已來,固常然矣. 自春秋標齊言之傳, 離騷目楚詞之經, 其較之初也)."

이는 당시 제나라 언어의 차이가 매우 주목받았음을 보여준다. 『맹자·등문공상』의 또 다른 기록에는 다음과 같이 말한다.

> 맹자가 대불승에게 말했다: "그대는 그대의 왕이 선해지기를 원하는가? 내가 그대에게 분명히 말해주겠다. 여기에 초나라 대부가 있는데, 자신의 아들이 제나라 말을 하기를 원한다면, 제나라 사람을 스승으로 삼겠는가? 초나라 사람을 스승으로 삼겠는가?(孟子謂戴不勝曰: '子欲子之王之善與? 我明告子.有楚大夫于此, 欲其子之齊語也, 則使齊人傳諸? 使楚人傳諸?')"
>
> (대불승이) 말했다: "제나라 사람을 스승으로 삼겠습니다.(曰: '使齊人傳之.')"
>
> (맹자가) 말했다: "한 명의 제나라 사람이 가르치는데 많은 초나라 사람들이 떠들어댄다면, 비록 매일 때리면서 제나라 말을 하도록 요구해도 얻을 수 없을 것이다. 그러나 그를 이끌어 장

> (莊)과 악(嶽) 사이에 몇 년간 두면, 비록 매일 때리면서 초나라 말을 하도록 요구해도 역시 얻을 수 없을 것이다(曰: '一齊人傳之, 众楚人咻之, 雖日撻而求其齊也, 不可得矣.引而置之莊獄之間數年, 雖日撻而求其楚, 亦不可得矣.')."

이는 당시 제(齊)와 초(楚)의 언어 차이가 매우 커서 현지 환경에 노출되지 않고서는 배우기 어려웠음을 보여준다.

『좌전·선공사년(宣公四年)』의 기록에서는 다음과 같이 기록한다.

> "초(楚)나라 사람들은 '유곡(乳谷)'이라고 부르고, 호우도(虎于菟)'라 부른다(楚人謂乳谷, 謂虎于菟)."

여기서 "우도(于菟)"는 고대 티베트-버마계 언어의 음차(音借)로 간주된다.(②[33])

서한(西漢) 시대 유향(劉向)이 저술한 『설원·선설(說苑·善說)』에는 춘추(春秋) 시대에 방예(榜枻)라는 월인(越人)이 부른 노래가 기록되어 있다. 이 노래는 당시 한자로 음을 기록했으며, 한문으로 번역까지 이루어졌다. 이를 통해 당시 웨어(越語)는 번역 없이 중국어와 소통할 수 없었다는 것을 알 수 있다.

조사에 따르면, 이 노래에서 사용된 언어는 좡어(壯語)와 밀접한

33 출처: ② 장융옌(張永言), 『어원 잡기(語源札記)』, 복사본, 저자 증정. [단행본, 복사본]

관련이 있는 것으로 밝혀졌다.(③[34]) 이를 통해 당시의 웨어는 하족(夏族) 언어의 한 방언이 아니라, 좡둥어족(壯侗語族)의 모어일 가능성이 크다는 것을 알 수 있다.

고대의 오(吳)와 월(越)은 서로 다른 국가였지만 동일한 민족으로, 두 나라의 언어는 서로 통했을 것으로 보이며, 모두 고웨어(古越語)에 속했을 것이다. 이러한 점은 선진(先秦)과 양한(兩漢) 시대의 역사적 지명을 통해서도 확인할 수 있다(④[35]).

결론적으로, 융(戎), 오월(吳越), 남만(南蠻), 제동(齊東), 초(楚) 지역의 언어는 하족 언어가 아니었다. 또한 연(燕), 적(狄), 파(巴), 촉(蜀), 회이(淮夷) 지역 사람들의 언어 역시 하족 언어가 아닐 가능성이 크다. 이러한 변방 지역들과 십오국풍(十五國風)의 채집 범위를 상호 참조하여 『시경』 시대의 제하(諸夏) 언어 구역도를 가설적으로 작성하였다. 해당 구역도는 그림12에 제시되어 있다.

---

34 출처: ③ 웨이칭원(韋慶穩), 「〈월인가〉와 좡어의 관계 탐구("越人歌"與壯語的關係試探)」, 『민족어문 논집(民族語文論集)』, 중국사회과학출판사(中國社會科學出版社), 1981년. [단행본 수록 논문, M]

35 출처: ④ 유루제(游汝杰), 「대만어 양사의 한어 남방 방언 속 하층 잔존에 대한 논고(論台語量詞在漢語南方方言中的底層遺存)」, 『민족어문(民族語文)』, 1982년 제2기. [정기간행물 수록 논문, J]

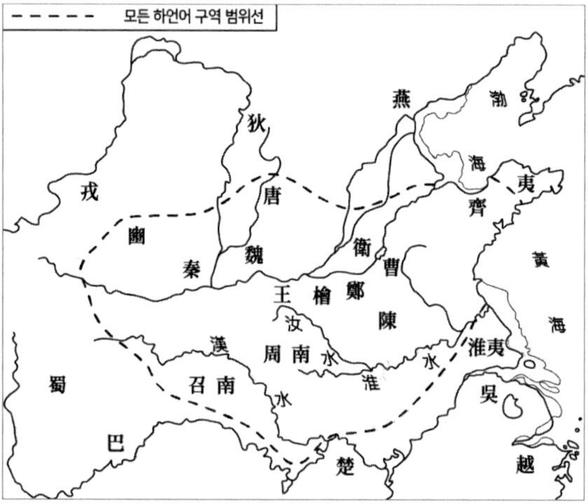

그림12 | 시경 시대 하언어 구역도

당시 "초(楚)"의 지역은 한수이(漢水)와 창강(長江) 중류 유역에 해당했으며, 그중 창강 북쪽 지역은 『주남(周南)』에서 언급된 지역과 중첩되는 부분이 있었다. 이 지역에서는 민족과 언어의 혼합이 일어났을 가능성이 높다. 이후의 시기에 굴원(屈原)이 작성한 『초사(楚辭)』에서 사용된 언어는 당시 해당 지역에서 혼합된 언어였을 것으로 보인다.

전체적으로 볼 때, 『초사』의 언어는 분명히 이민족의 언어는 아니지만, 상술한 바와 같이 『시경(詩經)』 시대 주나라(周朝)는 왕기(王畿) 지역의 방언을 표준으로 한 아언(雅言)을 사용했다. 아언은 현대의 민족 공통어에 해당하는 개념이다. 당시 각국은 아언을 표준어로 사용하여 방언 간의 통합력이 강화되었다. 이는 일반적으로 한 사회에 표준적인 공통어가 존재할 경우, 방언 차이가 표준어가 없는 경우보다 적어지는 일반적인 현상이다.

그러나 전국 시대에 접어들면서 주 왕조는 이미 쇠퇴하였고, 주실(周室)은 공통된 지배권을 상실했다. 따라서 주실의 방언을 표준 음으로 삼았던 아언 역시 자연스럽게 사라졌다. 『설문해자(說文解字)·서(序)』에는 "그 후 제후들이 서로 힘을 겨루어 왕에게 복종하지 않았으며, 예악의 해로움을 싫어하여, 이후 모두 전적(典籍)을 버리고 칠국(七國)으로 나뉘었다…… 언어는 소리가 달랐고, 문자는 모양이 달랐다(其後諸侯力徵不統于王, 恶禮樂之害, 已而皆去其典籍, 分為七國……言語異聲, 文字異形)"고 적혀 있다. 전국 시대 각국은 자국 수도의 방언을 표준 음으로 사용했기 때문에 전국 시대의 방언은 춘추 시대에 비해 더 큰 차이를 보였으며, 이는 방언의 분화가 더욱 심화되었음을 의미한다.

『시경』 시대에 각국의 방언은 본래 차이가 있었으며, 『설문해자서』에서 전국 이후 "언어와 소리가 달랐다(言語異聲)"고 강조한 것은 두 가지 상황을 지칭한 것이다. 첫째, 전국 이후 아언이 사라지면서 각국의 언어가 달라졌고, 둘째, 본래 존재했던 방언 차이가 아언의 부재로 인해 더욱 심화되었다는 점이다.

진시황(秦始皇)이 육국(六國)을 통일하고 "서동문(書同文)" 정책을 실시했지만, 한자는 표음 문자가 아니었기 때문에 문자의 통일이 언어의 통일로 이어지지 않았다. 오히려 문자의 통일은 방언의 분화를 정체시키는 요인이 되었다. 이는 중앙정부의 명령 전달, 지방 정부의 보고, 그리고 지역 간의 주요 소통이 통일된 문자를 통해 이루어질 수 있었기 때문이다.

한대(漢代) 학자들은 선진(先秦)의 경전, 즉 주나라의 아언을 해석하는 데 몰두했다. 그러나 한대에는 표준 음을 제공하는 운서(韻書) 같은 책이 편찬되지 않았다. 정부의 언어 정책은 방임 상태였고, 사대부들은 선진 경전의 언어를 그대로 사용해 글을 썼으며, 각지의 일반 민중은 여전히 지역 방언을 사용했다.

이러한 상황은 위진남북조(魏晉南北朝) 시기에 들어서야 변화가 일어났다. 『안씨가훈(顔氏家訓)·음사편(音辭篇)』에는 "이후 음운이 여기저기서 나왔고, 각 지역에 독특한 방언이 존재했으며, 서로 비웃기도 했다. 모두 제왕의 수도 방언과 비교하여 지역적 특성을 확인하고, 고금(古今)을 검토하여 이를 기준으로 삼았다.(自茲厥後, 音韻鋒出, 各有土風, 遞相非笑, 共以帝王都邑參校方俗, 考核古今, 為之折衷.)"고 기록되어 있다. 이 시기에는 운서가 일부 등장했지만, 운서의 편찬자는 자신이 속한 나라의 수도 방언을 표준으로 삼았을 뿐, 전국적으로 통용되는 표준 아언을 제정하지는 않았다. 예를 들어, 진(晉)의 여정(呂靜)이 편찬한 『운계(韻系)』와 남제(南齊)의 주옹(周顒)이 작성한 『사성절운(四聲切韻)』이 있다. 그러나 이 지역 운서는 모두 전해지지 않는다.

한대의 방언 지리에 대해서는 직접적인 문헌 기록이 없으며, 양웅(揚雄)의 『방언(方言)』과 허신(許慎)의 『설문해자』에 의존할 수밖에 없다. 『방언(方言)』의 체계 중 방언 지리와 관련된 부분은 다음 세 가지 유형이 있다. 첫째, 특정 단어를 통어(通語), 범어(凡語), 범통어(凡通語), 통명(通名), 사방통어(四方之通語)로 명시한 경우, 둘째, 특정 단어가 특정 지역 또는 특정 지역 간의 단어임을 지칭한 경우, 셋째, 특정 단어가 특정 지역 간의 통용어임을 지칭한 경우이다.

『방언(方言)』에서 언급된 "통어(通語), 범어(凡語), 범통어(凡通語), 통명(通名), 사방통어(四方之通語)" 같은 개념은 특정 방언 지역에 제한되지 않는 어휘를 지칭한다. 이를 통해 당시 이미 동일한 음운, 어휘, 문법을 공유하는 한 민족 공통어가 존재했는지 단정할 수는 없다. 확실한 것은 당시의 각 방언 간에 많은 공통 어휘가 존재했다는 점이다. 특정 지역 간 통어는 비교적 널리 사용된 어휘를 가리킨다.

『방언(方言)』에서 인용한 지역은 여러 가지 지리적 범주에 걸쳐 있다. 고대 국가로는 한(韓)과 위(魏)가 포함되며, 외국 또는 민족으로는 조선(朝鮮)과 구(甌)가 있다. 또한 주(州)로는 유주(幽州)와 기주(冀州)가, 군(郡)으로는 대(代)와 여남(汝南)이, 현(縣)으로는 곡부(曲阜)와 거야(鉅野)가 언급된다. 수계(水系)로는 강(江), 하(河), 분(汾)과 같은 강이 포함되며, 산으로는 대산(岱)과 숭산(嵩山)이 있다.

『방언(方言)』이 제공하는 자료는 다양한 지리적 범주에 속하는 지역에서 사용된 방언 단어들로 구성되어 있다. 그러나 각 지역에서 수집된 자료는 체계적으로 정리되지 않았으며, 서로 일관되지 않다. 현대적인 방언 지리학의 관점에서 보면 이러한 자료는 이상적인 연구 조건이라고 보기는 어렵다.

우리는 이러한 자료들만으로는 방언의 친소 관계를 직접적으로 규명하여 방언의 구역을 나눌 수 없다. 린위탕(林語堂)은 『방언(方言)』에 등장하는 지명의 분합(分合)을 기반으로 한대(漢代) 방언을 12개 구역으로 나눌 수 있다고 추측하였다. 그의 구분에 따르면 다음과 같다. 진진(秦晉)방언, 정한주(鄭韓周)방언, 양(梁)과 서초(西楚)방언, 제로(齊魯)방언, 조위 서북(趙魏西北)방언, 위위송(魏衛宋)방언, 진(陳), 정(鄭)의 동교(東郊)와 초(楚)의 중부(中部)방언, 동제(東齊) 및 서(徐)방언, 오양월(吳揚越)방언, 초(楚/荊楚)방언, 서진(西秦)방언, 연대(燕代)방언이다.

주목할 점은 『방언』에서 제공하는 자료가 진진(秦晉)에 가장 많이 집중되어 있고, 의미 해석도 가장 세밀하다는 점이다. 이는 저자가 서한(西漢)의 수도 창안(長安)을 중심으로 하는 진진 방언에 대해 가장 잘 알고 있었음을 보여준다. 또한 이는 진진 방언이 전국의 방언 중에서 가장 중요한 위치를 차지하고 있음을 나타낸다. 『방언』은[36] 진(秦)과 진(晉)을 동일한 구역으로 간주하고 있지만, 춘추(春秋)와 전국(戰國) 시대에는 두 지역의 방언에 상당한 차이가 있었다.

한편, 한대(漢代) 초기에는 진(秦)인들의 동진(東進)으로 인해 진진(秦晉) 방언이 이미 융합되었음을 알 수 있다. 춘추 이전에 제하(諸夏) 언어의 중심지는 성주(成周) 일대(현재 허난 북부)에 위치했으며, 당시 진국(秦國)의 언어는 서쪽에 치우쳐 있었고 제하 언어에서 중요한 위치를 차지하지 못하였다. 그러나 한대(漢代) 초기에는 진진 방언이 중요한 위치로 부상하였고, 이후 중국어의 최종 형성과 발전에 있어서 진어(秦語)가 중요한 역할을 하였다. 이후의 북방 중국어는 당시의 진진(秦晉)과 뤄양(洛陽) 일대 방언을 기반으로 점차 정형화되었다.

36 출처: 린위탕(林語堂), 『린위탕 언어학 논총』, 1933년.

허신(許愼)의 『설문해자(說文解字)』에는 방언 및 속어를 인용한 항목이 총 191개 기록되어 있으며, 이 중 60여 개 항목은 『방언(方言)』과 중복된다. 다만, 두 문헌의 세부 내용은 동일하지 않고, 각각의 특징이 있다. 『설문해자(說文解字)』에서 언급된 방언 지역 또는 지명은 총 60개 이상으로 다음과 같다.

> 제(齊), 초(楚), 진(晉), 진(秦), 익주(益州), 청제윤기(青齊允冀), 남창(南昌), 조선(朝鮮), 진진(秦晉), 송제(宋齊), 남양(南陽), 동이(東夷), 송로(宋魯), 관동(關東), 관서(關西), 진조(晉趙), 여남(汝南), 연대동제(燕代東齊), 윤주(允州), 양익(梁益), 제초(齊楚), 진류(陳留), 량주(涼州), 오초(吳楚), 해대지간(海岱之間), 강회지간(江淮之間), 남초(南楚), 이락이남(伊洛而南), 촉(蜀), 강회이남(江淮而南), 남방(南方), 동방(東方), 북방(北方), 서방(西方), 하내(河內), 송위(宋魏), 송초(宋楚), 영천(潁川), 삼보(三輔), 주(周), 송(宋), 진초지간(陳楚之間), 오(吳), 장난(江南), 제로(齊魯), 회남(淮南), 북도(北道), 패국(沛國), 홍농(弘農), 동제(東齊), 송위(宋衛), 상곡(上谷), 남월(南越), 농서(隴西), 한정(韓鄭), 초영지간(楚潁之間), 청서(青徐), 하삭(河朔), 오초이외(吳楚以外), 흉노(匈奴), 진송(陳宋), 파촉(巴蜀), 동초(東楚), 뤄양(洛陽), 여영지간(汝潁之間), 조위(趙魏), 예막(薉貉), 구강(九江), 회양(淮陽)

『설문(說文)』에서 제공하는 방언 자료는 『방언(方言)』에 비해 훨씬 적다. 언급된 지역 중 가장 많이 나온 것은 "초(楚)"로, 총 23회 언급되었는데, 이는 당시 초 방언의 차이가 가장 두드러졌을 가능성을 시사한다. 그다음은 "진(秦)"으로 19회 언급되었으며, "진진(秦晉)"을 함께 언급한 경우도 5회 있다. 이는 『방언(方言)』에서처럼 진진 지역 방언이 전국 방언 중 중요한 위치를 차지하고 있음을 보여준다. 세 번째로 많이 언급된 것은 "제(齊)"로, 16회 언급되었는데, 이는 제 방언의 차이도 상당히 두드러졌음을 시사한다.

『방언(方言)』과 『설문(說文)』에서 제시된 일부 자료는 반드시 중국어(漢語)의 방언만을 의미하지는 않는다. 일부는 당시 소수민족의 언어일 가능성도 있다. 예를 들어, 『방언(方言)』에서 언급된 동제(東齊), 청서(青徐), 삼이(三夷), 강적(羌狄), 남초(南楚), 구(甌), 동호(東胡)와 『설문(說文)』에서 언급된 조선(朝鮮), 남월(南越), 흉노(匈奴) 등이 이에 해당한다.

『방언(方言)』과 『설문(說文)』의 관련 자료를 비교 분석한 결과, 우리는 한대(漢代) 방언 구획도를 작성하였다(그림 13 참조). 이 구획도에서 진진(秦晉), 조(趙), 제(齊), 여영(汝潁), 오(吳), 동제(東齊), 회(淮), 초(楚), 촉(蜀)은 중국어 방언으로 분류되었고, 월(越), 남초(南楚), 서융(西戎), 북적(北狄), 북연(北燕), 조선(朝鮮)은 비중국어(非漢語)로 분류되었다.

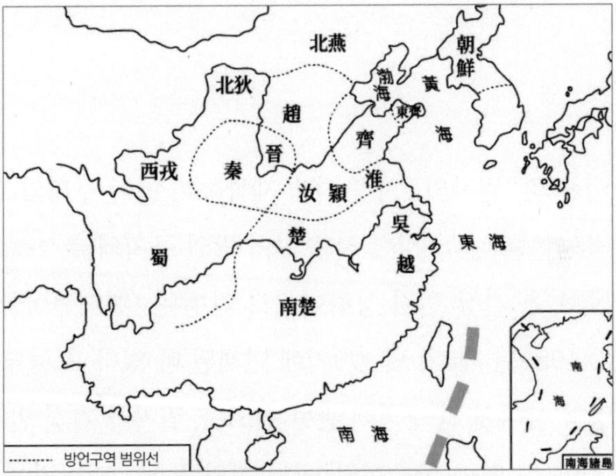

그림13 | 한대 방언구획 추정도

참고로 논의할 문제 하나가 있다. 양웅(揚雄)은 양한(兩漢)의 교체기 인물로, 허신(許愼)의 연대는 명확하지 않다.

『설문해자(說文解字)』에서 인용된 내용과 『방언(方言)』에서 중복되는 약 60여 조항을 보면, 허신(許愼)은 양웅(揚雄)보다 후대 인물로 추정된다. 두 사람 모두 진진(秦晉) 방언을 중시했다는 점에서 그들의 활동 시기는 크게 차이나지 않았을 가능성이 크다. 허신은 적어도 동한(東漢) 말기의 인물이 아니었을 것이다. 동한의 수도는 뤄양(洛陽)이었으나, 『설문해자(說文解字)』에서 인용된 뤄양 방언 자료는 매우 적기 때문이다. 따라서 허신이 살았던 시대는 동한 초기일 가능성이 가장 크다.

부록

덧붙이는 말: 필자의 「시경 시대 제하(諸夏) 언어 구획의 추정(詩經時代諸夏語言區劃的擬測)」과 「양한 시대 한어 방언 구획의 추정(兩漢時代漢語方言區劃的擬測)」은 가장 먼저 상하이에서 간행된 『현대언어학(現代語言學)』(등사본) 1985년 제8기 및 제9기에 연재된 바 있다. 오늘날 상하이 지역의 명청 시대 방언 구획에 관한 원고는, 필자가 가장 먼저 1982년에 "우어(吳語) 연구 학술회의"에서 회의 논문 「지방지에 나타난 상하이 방언 초탐(方志所見上海方言初探)」(등사본)의 한 절로 발표한 바 있다. 위의 세 부분과 서진 및 남송 시대 방언 구획에 관한 원고는 모두 「방언과 중국 문화(方言與中國文化)」(상하이인민출판사, 1986년)에 수록되었다. 여기서는 등사본에 근거하여 수록하였다.

제5절 방언의 역사적 층위

언어는 인류가 세대를 거쳐 축적해 온 정신적 자산이다. 축적된 결과물인 언어는 현대적 형태 속에 여러 역사적 층위를 포함하고 있다. 그러나 언어의 층위적 구조는 지질학이나 고고학에서의 층위적 구조와는 다르다. 후자는 하나의 층이 다른 층을 덮어 서로 다른 평면에 놓여 있는 반면, 언어의 다중 역사적 층위는 현대적 형태 속에서 동시에 드러나며, 동일한 평면에 나타난다.

새로운 역사적 층위가 나타날 때, 기존의 층위는 보존되거나 점차 사라질 수도 있다. 현대에 이르면 어떤 역사적 층위는 완전히 소멸되었거나 흔적만 남아 있을 수 있다. 따라서 언어의 역사적 층위는 나무의 나이테처럼 명확하게 구분되지 않는다. 설령 두세 개의 층위를 구분해내더라도, 이 층위가 형성된 정확한 시대를 판단하기는 어렵다. 다시 말해, 서로 다른 시대에 형성된 성분들이 현대 방언 속에서 뒤섞여 있어, 이를 구분하거나 각 층위가 형성된 시기를 밝혀내는 일이 상당히 어렵다.

요컨대, 언어의 역사적 층위는 두 가지 특징을 가진다. 동일한 평면에 서로 다른 층위가 동시에 드러난다. 불완전하고 결손된 형태로 존재하며, 구분하기 어렵다. 이러한 언어의 역사적 층위의 특징은 그림14로 나타낼 수 있다. 도표에서 A, B, C는 서로 다른 역사적 층위를 나타내며, 점선은 해당 층위의 불완전함을 상징한다.

언어의 역사적 층위는 음운, 어휘, 문법이라는 서로 다른 층면에서도 확인할 수 있으며, 각 층면에서 다양한 시대에 형성된 성분들이 누적되어 있음을 알 수 있다.

그림14 | 언어 역사 층차의 특징

현대 방언 내부에는 흔히 연령에 따른 차이, 즉 이른바 구파(老派)와 신파(新派) 간의 차이가 존재한다. 구파와 신파의 특징은 동일한 시대에 공존할 수 있으나, 이러한 공존 현상은 일시적이다. 시간이 지나면 신파의 특징이 구파의 특징을 완전히 대체하게 된다. 예를 들어, 구파 상하이 방언에서는 a와 ɑ 두 운모가 구분되었다. 打는 tã^{34}로 발음되고, 党은 tɑ̃^{34}로 발음되었다.(打tã^{34} ≠ 党tɑ̃^{34}) 하지만 신파에서는 두 운모를 Ã̃로 병합하여 打와 党이 모두 tÃ̃^{34}로 발음된다.(打tã^{34} = tɑ̃^{34}) 이와 같은 차이는 현재 중년 상하이 사람들의 구어에서 공존하지만, 30세 이하의 상하이 사람들 사이에서는 이미 두 운모가 완전히 혼합된 상태이다.

이 절에서 다루는 방언의 역사적 층위는 신파와 구파가 공존하는 짧은 수명을 가진 특징을 포함하지 않는다. 방언의 역사적 층위는 다음과 같은 다양한 유형 또는 관점에서 분석될 수 있다.

1. 기저 성분과 표층 성분

기저 언어 이론(substratum theory)에 따르면, 특정 지역이 새로운 민족에 의해 점유된 후, 원주민의 언어적 요소 일부가 새로 온 민족의 언어에 오랜 시간 남아 있을 가능성이 있다. 이러한 잔존 요소를 기저 성분(substratum elements)이라 하고, 원주민의 언어를 기저 언어(substratum language), 새로 온 민족의 언어를 표층 언어(superstratum language)라고 한다. 기저 성분은 표층 언어에 매우 은밀히 녹아들어 있어 세심한 분석과 비교 없이는 발견하기 어렵다.

중국의 창강(長江) 이남 지역은 진(秦)·한(漢) 이전에 바이웨(百越) 민족이 거주하던 곳이었다. 진·한 이후 한족이 남하하여 남방을 개발하면서 북방 중국어가 남방으로 유입되었고, 오늘날의 중국어 남방 방언이 형성되었다. 이 과정에서 중국어 남방 방언에는 고대 바이웨의 기저 성분이 포함되었을 가능성이 높다. 고대 바이웨 민족의 언어는 현대에 와서 한장어족(漢藏語族) 좡둥어족(壯侗語族)으로 발전하였다. 남방 방언과 좡둥어를 비교함으로써 이러한 기저 성분을 찾아낼 수 있다.

기저 성분은 표층 언어의 음운, 어휘(특히 지명), 문법 등 여러 층위에 잔존한다. 중국어 남방 방언에 잔존한 고대 좡둥어의 기저 성분으로는 ʔb, ʔd와 같은 성모(聲母), 접두에 "于"가 붙는 지명, 欗(난), 舻(노), 艚(내)와 같은 어휘, 수식어 후치 문법 구조 등이 있다. 다음은 두 가지 기저 어휘를 예로 들어 기저 성분을 어떻게 판별할 수 있는지 설명한다.

蔈 (부평초)

『방언(方言)』에 따르면, 쟝둥(江東) 지역에서는 부평초(浮萍)를 蔈라 불렀다. 蔈는 『광운(廣韻)』에서 宵운(宵韻)에 포함되며, 符宵切로 음을 적었다. 중고음(中古音)은 bjæu로, 상고음(上古音)은 pjiaw로 추정된다. 현대의 일부 우어(吳語)와 민어(閩語)에서도 여전히 부평초(浮萍)를 "蔈"라고 부르고 있다.

温州	建甌	建陽	政和	潮州
$biɛ^{31}$	$p^{h}iau^{33}$	$p^{h}yo^{334}$	$p^{h}io^{33}$	$p^{h}io^{55}$

현대 일부 좡둥어족(壯侗語族) 언어에서도 "부평초(浮萍)"를 나타내는 단어의 음운이 위에 언급된 중국어 고음 및 방언과 상호 검증 및 일치할 수 있다.

壯語	水語	毛難語	臨高話
piu^2	$pi{:}ŋ^6\ pieu^2$	$puk^8\ pjieu^2$	fiu^2

위에서 언급한 수어(水語)와 모난어(毛難語)의 첫 번째 음절은 접두어이고, 두 번째 음절이 비교 가능한 어근이다. 부평초(浮萍)는 장난 지역에서 고대로부터 돼지와 가금류의 사료로 사용되었다. 원대 왕정(王禎)의 『농서(農書)·축양편(畜養篇)·제14권』에는 다음과 같이 기록되어 있다.

> "장시 각지에는 호수와 연못이 많아, 부평초와 물가의 여러 식물들을 채취하여 사료로 사용할 수 있다.(嘗謂江南各地多湖泊, 取萍藻及近水諸物, 可以飼之.)"

장난 지역은 6천~7천 년 전부터 이미 돼지를 사육하기 시작했으며, 저장성 허무두(河姆渡) 문화 유적에서도 돼지 뼈가 출토되었다. 부평초는 돼지의 주요 사료로, 고대 장난 지역 주민의 농업 생활에서 중요한 위치를 차지했을 것이다. "薸"라는 단어는 북방 한족이 장난으로 이주하기 이전에 이미 존재했던 것으로, 이는 남방 토착 주민이 사용하던 고유 단어이다. 오늘날 이 단어는 여전히 우어(吳語)와 민어(閩語)에서 기저 어휘로 남아 있다.

"馬蹄"는 "荸薺"를 의미한다. "荸薺"를 광둥어(粵語)에서는 "馬蹄", 민어(閩語)와 커자어(客家話), 그리고 간어(贛語)에서는 "馬薺"라고 부른다. 커자어와 민어 사이의 광쩌어(光澤話)에서는 “馬蹄”로 발음한다. “馬蹄”는 속자이며, 본래의 문자는 알려져 있지 않다. 각 지역의 발음은 다음과 같은 예시를 보여준다.

廣州	厦門	建甌	梅縣	光澤	建寧
ma^{4}t^{h}ɐi	be^{3}ʦ^{h}i^{2}	mo^{2}ʦi	ma^{1}ʦ^{h}i^{2}	ma^{3}t^{h}i^{2}	ma^{3}ʦ^{h}i^{2}

이 단어는 우밍(武鳴) 좡어(壯語)에서 “ma^{4}tai^{2}”로 발음되며, 그 음성 형식이 광저우(廣州) 방언과 유사하다. 이 가운데 첫 번째 음절은 “果子(과실)”을 의미한다. 둥타이(侗台)계 언어에서는 “ma”가 “과실”을 의미하거나 과일 종류 명사를 수식하는 접두사로 사용된다. 예를 들어, 눙어(儂語)에서는 “luk ma”가 과실을 뜻하고, “mama”는 “辣椒(고추)”를 의미한다. 또한, 모어(莫話)에서는 “luk ma”가 “과실”을 뜻한다.

두 번째 음절은 “地下(지하)”를 의미한다. “지하”라는 단어의 동타이계 언어 내 발음 예시는 다음과 같다.

시솽반나(西雙版納) 타이어(傣語)에서 “hai^{5}”, 수어(水語, 삼도 지역에서)에서 “dai^{3}”, 모어에서 “dai^{5}”로 발음된다. 따라서, 좡어의 “ma^{4}tai^{2}”는 “지하의 과실”을 뜻한다. 중국어 방언에서 “馬蹄”라는 단어는 타이어의 기층 어휘에 속하는 것으로 보인다. 한편, “馬薺(마제)”는 결합어로, 첫 번째 음절 “馬”는 타이어 기층 어휘에서 유래했으며, 두 번째 음절 “薺”는 중국어 단어이다.

"馬薺"는 남방 식물로, 중국에서는 주로 장저(江浙)와 양광(兩廣)의 저지대에 분포한다. 바이웨(百越)는 중국 남방의 선주민이었고, 그들은 먼저 "馬薺"를 칭하는 단어를 가졌을 가능성이 높다. 이는 매우 자연스러운 일이다.

중국어 방언에서의 "馬蹄"는 동대어 기층어(底層語)로 간주된다. 반면, "馬薺"는 혼성어(混成語)로, 첫 번째 음절은 동대어 기층어에서 온 것이며, 두 번째 음절인 "薺"는 중국어에서 온 것이다.

"荸薺"는 남방에서 자생하는 식물로, 중국에서는 장쑤성(江蘇省), 저장성(浙江省), 광동성(廣東省) 등 남방 저지대 지역에 널리 분포한다. 바이웨족(百越族)은 중국 남방의 선주민으로, 그들이 "荸薺"를 지칭하는 단어를 먼저 사용했음은 자연스러운 일이다.

2. 혼합형 방언의 이중 또는 다중 층위

혼합형 방언은 성질이 매우 다른 두 가지 또는 그 이상의 방언이 결합하여 형성된 방언을 의미한다.

두 주요 방언의 경계 지역에서 방언 간 접촉이 혼합형 방언을 야기할 가능성이 있지만, 전형적인 혼합형 방언은 역사적으로 대규모의 이주 운동으로 인해 발생한 경우가 많다.

갑(甲) 방언 지역의 주민들이 을(乙) 방언 지역으로 대규모로 이주한 이후, 갑 방언과 을 방언이 융합되면서 종종 혼합형 방언이 탄생한다.

"기저 언어 이론(基底語言理論)"에 따르면, 을 방언은 "기저 방언(基底方言)"이라 할 수 있으며, 갑 방언은 "상층 방언(上層方言)"이라 할 수 있다. 그러나 상층 방언의 요소는 새로운 방언에서 대량으로 존재하며 체계적이고, 기저 언어 요소처럼 드문드문 존재하거나 비체계적이지 않다.

푸젠(福建) 사오우(邵武) 지역의 방언은 혼합형 방언의 일종이다. 사오우 지역 주민의 십분의 팔구는 쟝시성(江西省)에서 이주해온 사람들이며, 이들 대부분은 송대(宋代)에 이주했는데, 특히 남송(南宋) 초기에 이주한 인구가 북송(北宋) 시기보다 더 많았다. 쟝시 지역 사람들이 도착하기 전, 사오우 방언은 젠어우(建甌) 방언과 유사한 민베이(閩北) 방언이었을 가능성이 크다.

쟝시 지역 사람들이 간어(贛語)를 가지고 들어오면서, 두 개의 방언이 혼합되어 새로운 형태의 방언이 형성되었다. 이 새로운 방언은 기존의 민베이 방언도, 간어도 아닌 독특한 혼합 방언으로 발전하였다. 현재의 사오우 방언을 젠어우 방언과 쟝시성 난청(南城, 즉 젠창(建昌), 고대에는 남성에 속함) 방언과 비교하면, 사오우 방언에는 민어(閩語)와 간어의 두 가지 층위가 존재한다는 것을 알 수 있다.

아래 두 그룹의 어휘는 각각 난청 방언 또는 젠어우 방언과 유사하다.

	坐	菜	草	蠶	賊
南城	$t^hɔ^6$	t^hai^5	t^ho^3	t^han^2	$t^heʔ^7$
邵武	t^hoi^5	t^he^6	$t^hɑu^3$	t^hon^7	$t^hə^7$
	厝	箸	鼎	囝子	
建甌	$ts^hiɔ^5$	ky^6	$tiaŋ^3$	$kyiŋ^3$	$tsiɛ^3$
邵武	$tɕ^hyo^5$	ky^6	$tiaŋ^3$	$kyiŋ^3$	$tsiɛ^3$

또 다른 전형적인 혼합형 방언은 항저우어(杭州話)이다. 북송 왕조가 남쪽으로 이주했을 때 북방어와 지역의 우어(吳語)가 융합되어 혼합형 방언이 형성되었다.

현재 항저우어에서 기저 방언(基底方言)의 요소는 주로 그 음운 구조에 있다. 이는 완전 유성음(全濁聲母)의 보존, 입성(入聲)의 보존, 비운미(鼻韻尾)가 한 가지 형태만 존재, 고대 함삼(咸山) 두 섭(攝)의 운미 탈락 등으로 나타나며, 이러한 특징들은 현재 여러 지역의 우어와 공통적으로 일치한다.

표층 방언(表層方言)의 요소는 주로 어휘 체계에서 몇 가지 특징으로 드러난다. 예를 들어, 문백이독 현상(文白異讀現象)의 결여, 인칭 대명사의 사용("我, 你, 他, 我們, 你們, 他們"), 구조조사("的")의 사용, 부정사("不")의 사용 등이 있다.

저난(浙南)의 핑양만어(平陽蠻話)와 후난 서북(湘西北)의 와어(瓦話) 또한 혼합형 방언에 속하며, 이들 방언이 형성된 역사적·문화적 배경은 여전히 연구가 필요한 상태이다.

광동 북부의 마어(麻話)는 혼합형 방언의 한 사례로, 그 형성 원인이 비교적 독특하다. 마어는 취장(曲江), 웨창(樂昌), 펑스(砰石) 등 지역의 수상 또는 육상 단민(疍民)[37]의 방언이다. 단민은 역사적으로 끊임없이 이동했기 때문에 여러 방언과 접촉해야 했고, 다양한 방언 요소를 자신들의 방언에 흡수하였다. 이로 인해 마어는 여러 방언이 융합된 혼합형 방언이 되었다. 이러한 방언에서 가장 초기의 역사적 층위는 민어(閩語)일 것이다.

혼합형 방언의 다양한 층위를 구별하고 분석하는 작업은 해당 지역 주민의 이주 역사를 추적하는 데 유용하다. 그러나 다른 문헌 자료나 구전 자료가 전혀 없는 상황에서 방언 층위 분석만으로 지역 주민의 역사를 추적하는 일은 쉬운 일이 아니다. 예를 들어, 와어(瓦話)와 링어(伶話)의 내부 층위를 이미 구별해 낼 수 있지만, 주민들의 원래 출신지는 쉽게 단정할 수 없다. 방언 자료의 가장 큰 효용은 문헌이나 구전 자료와 상호 보완적으로 사용될 때 드러난다.

3. 문백이독(文白異讀)

중국어 방언의 음운에는 일반적으로 문백이독 현상이 존재한다.

---

37 역자주: 중국 광둥(廣東)성·푸젠(福建)성·광시(廣西) 지방의 강가나 바다에서 수상생활을 하는 사람을 일컫는 옛말. 현재는 '水上居民'이라 함.

문독(文讀)과 백독(白讀)은 서로 다른 음운 층위를 나타낸다. 방언 내에서 문독음은 수당(隋唐) 시대에 과거제도가 시행된 이후 점차 형성된 반면, 백독음은 보다 이른 역사적 층위를 대표하며, 문독음은 더 늦은 역사적 층위를 대표한다.

예를 들어, 샤먼어(厦門話)의 백독음은 상고 음계(上古音系)에 더 가깝고, 문독음은 중고 음계(中古音系)에 더 가깝다. "站"이라는 글자를 예로 들면, 백독음은 tɪam[5], 문독음은 tʂam[5]이다. "站"은 지모자(知母字)로, 지모(知母)의 음운을 t로 읽는 것은 상고 음계의 특징이며, tʂ로 읽는 것은 중고 음계의 특징이다.

문독이 백독보다 후대에 생겨났지만, 문독음은 백독음에서 발전한 것이 아니다. 두 음운은 직접적인 역사적 연계가 없다고 할 수 있다. 역사적 기원 측면에서 방언 지역의 문독음은 외지에서 유입된 것이며, 그 근원을 따져보면 당송(唐宋) 이후의 북방어에서 비롯되었다고 볼 수 있다. 반면 백독음은 해당 지역에 고유한 것이다. 따라서 고대 방언을 구성하려면 백독음을 기초로 삼아야 한다.

방언의 문독과 백독 모두 여러 층위를 포함할 수 있다. 즉, 동일한 글자의 문독 또는 백독이 두 개 이상의 음운 형태를 가질 수 있다. 예를 들어, 하이난 섬(海南島) 징마이어(澄邁話, 민난 방언의 일종)는 신구 두 층위를 갖고 있다. 아래는 몇 가지 예시이다.[38] 표4.12 참조.

38 출처: 허대안(何大安), 「澄邁 방언의 문백이독(澄邁方言的文白異讀)」, 『역사언어연구소 집간(歷史語言研究所集刊)』 제52권 1분, 1981년.

표4.12 하이난 섬(海南島)의 징마이어(澄邁話) 문독음과 백독음의 층위표

字	옛문독	새문독	백독
狀	$tuŋ^{33}$	$tsuaŋ^{33}$	to^{22}
三	tam^{22}	sam^{22}	ta^{22}
雪	tit^{5}	sit^{5}	$tuai^{55}$
學	$hiak^{3}$	$hiok^{3}$	o^{33}

새로운 문독음의 특징은 광둥어(粵語)와 더 가깝다. 이는 새로운 문독음이 징마이(澄邁) 민어(閩語) 화자들의 조상이 민난(閩南)을 떠나 광둥(廣東)으로 이주한 이후에 생겨났음을 보여준다. 방언의 음운은 비록 문독과 백독이라는 두 층위를 가지고 있지만, 모든 글자의 음운이 문백이독(文白異讀)을 가지는 것은 아니다. 문백이독이 있는 글자의 음운이 각 방언에서 차지하는 비율도 서로 다르다. 예를 들어, 민어(閩語)에서는 문백이독을 가진 글자가 전체의 거의 절반에 해당하지만, 우어(吳語)에서는 전체의 10분의 1도 차지하지 않는다.

백독음만을 기반으로는 방언의 완전한 음운 체계를 정리할 수 없다. 방언의 음운 체계는 사실상 문독음을 기준으로 정리된다. 동일한 방언 내에서 문독음 체계에서 벗어난 백독음은 흔치 않으며, 이러한 백독음은 방언 음운 체계를 귀납적으로 정리하는 데 보충적인 역할을 할 수 있다. 예를 들어, "畝"(묘)라는 글자는 우어(吳語) 타이후편(太湖片)에서 문독과 백독 두 가지로 읽힌다. 백독음은 일반적으

로 자립 음절인 [m]으로 발음되며, 문독 체계에서는 이러한 음화운(聲化韻)이 존재하지 않는다.

한자 방언에서 한 글자의 음운에 여러 독법(異讀)이 존재하는 현상은 단지 문독(文讀)과 백독(白讀)의 차이로만 발생하는 것이 아니다. 문백 차이는 가장 일반적이고 두드러진 이유 중 하나일 뿐이며, 이외에도 이주와 외지 방언의 차용도 중요한 원인으로 작용한다. 예를 들어, "車"라는 글자는 원저우 방언에서 세 가지 독법이 있다. "車(차)"는 체스 말의 하나로 읽을 때는 [tɕy1]로 발음되며, 水車(수차), 風車(풍차), 徛車儿(기차, 어린이가 서 있을 수 있는 손수레), 車欒(차륜)과 같은 단어에서는 [tsʰei1]로 읽는다. 그리고 黄包車(인력거), 脚踏車(자전거),汽車(자동차), 車床(선반)과 같은 단어에서는 [tsʰo1]로 읽는다. "車(차)"는 마운(麻韻) 개구(開口) 이등(二等) 글자다. 원저우 방언에서 마운 개구 이등 글자는 일반적으로 [ei] 운으로 발음된다. 예로 蛇(뱀) [zei2], 蔗(사탕수수) [tsei5]가 있다. 그러나 상하이 방언에서는 [o] 운으로 발음된다. 예로 蛇(뱀) [zo6], 蔗(사탕수수) [tso5]가 있다. 원저우 방언에서 "車(차)"가 [o] 운으로 발음되는 것은 상하이 방언에서 차용된 결과로 보이며, 이러한 발음층은 최근 들어 형성된 것으로 보인다.

위의 글자 음운 이독(異讀)은 동일한 글자가 여러 시대적 층위를 반영하는 다른 발음을 가진다는 것을 나타낸다. 음운의 시대적 층위는 또한 음운 위치가 동일한 글자군의 발음 차이에서도 드러나며, 이는 일정한 규칙성을 가진다.

예를 들어, 민어(閩語)는 네 가지 음운 층위로 나뉠 수 있다.[39]

즉 당송 문독층으로 이 층의 특징은 운미가 완전하게 유지되는 것이다. 예를 들어, 사등(四等)은 [-ing/k, -ien/t, -iam/p]로 발음된다.

오초강회 층(곽박(郭璞) 시대 이전)이다. 이 층의 특징은 사등(四等)과 삼등 A운(三等A韻)의 주요 모음이 모두 전고모음(前高母音)이고, 양성운(陽聲韻)이 비음화(鼻化)를 동반하며, 입성운(入聲韻)이 후두파열음(喉塞尾)을 동반한다. 예로, 天(하늘) [tʰĩ⁵⁵], 扇(부채) [sĩ²¹], 青(푸르다) [ʦʰĩ⁵⁵], 舌(혀) [ʦiʔ⁴]이 있다.

고중원 층(서진 이전)이다. 이 층의 특징은 삼등(三等)과 사등(四等) 운의 삼중 대립 구도를 대체로 유지한다. 예로, 사등(四等) [-an], 삼등 A운(三等A韻) [-iã], 삼등 B운(三等B韻) [-iũ]이 있다.

커쟈·간어 방언층의 특징은 고대의 투모(透母)와 정모(定母)를 [h]로 읽고, 고대의 청모(清母)와 종모(從母)를 [tʰ]로 읽는다는 것이다.

문독음은 북방 방언과 더 가까운 경향을 보이는데, 이는 과거의 과거제도(科舉制度)를 시행한 왕조들이 북방음을 표준음으로 삼았기 때문이다. 문백이독은 글자 음운의 층위 관계를 반영할 뿐만 아니라, 방언 어휘에도 스며들었다. 방언에서 비교적 최근에 나타난 단어나 최근에 구어로 퍼지기 시작한 문어 어휘는 문독음을 사용하는 경향이 있다.

---

39 장광위(張光宇), 「민방언 음운 층위의 시대와 지역(閩方言音韻層次的時代與地域)」, 『청화학보(清華學報)』(신19권 제1기, 1989).

예를 들어, 상하이 구어에서 "交通(교통), 交易(교역), 交涉(교섭), 交叉(교차), 性交(성교), 立交橋(입체교차로)" 등의 단어에서 '교(交)'는 모두 문독음으로 발음되며, 백독음으로 발음할 수 없다. 또, 민난 방언(厦門)에서는 백독음으로 읽히는 단어가 더 오래된 단어이며, 문독음으로 읽히는 단어는 비교적 새로운 단어이다. 예: "家(집)"는 구어 "家官(시부모)"에서는 백독음 [ke^1]로 발음되며, "家長"에서는 문독음 [ka^1]로 발음된다. "行(행하다)"은 "先行(먼저 가다)"에서 백독음 [$ki\tilde{a}^2$]로 발음되며, "行動(행동)"에서는 문독음 [$hi\eta^2$]로 발음된다.

중국 문화는 북방에서 남방으로 전파되어 왔다. 오랜 세월 동안 북방에서 형성된 문화와 방언이 남방에 지속적으로 강한 영향을 미쳤고, 이는 문백 독음의 위치와 미묘한 변화에서도 반영된다. 문독음은 비교적 늦게 형성되었지만, 북방 방언을 기반으로 한 현대 표준어와 어휘가 점점 더 많이 방언 구어에 스며들면서, 방언에서 문독음의 분포 범위와 빈도는 특히 최근 수십 년 동안 크게 증가했다.

저장성(浙江省) 서우창(壽昌) 방언은 문독음과 백독음 시스템이 매우 발달하고 완전한 예를 보여준다. 지역 주민은 내부적으로 백독 시스템을 사용하고, 외부인과의 대화에서는 문독 시스템을 사용한다. 문독 시스템은 현대 표준어 발음과 더 가깝다. 현재 문독음은 백독음을 대체하는 경향을 보이며, 문독 단어가 백독 시스템에 점점 스며들고 있다. 젊은 세대는 문독음을 더 선호하며, 최근에 유행하는 단어의 예로 自行車(자전거)는 일반적으로 문독음을 사용한다. 기존의 백독 단어도 새로운 문독 단어로 대체되는 경우가 많다. 예:

"剧院"이 "戲馆"을, "厨房"이 "灶下"를 대체하였다. 또한, 백독 음운 계열은 점차 문독 음운 계열에 가까워지고 있다. 예: 백독의 [yɛ] 운이 문독의 [yəŋ] 운으로 합쳐지고, 백독의 [ɒ] 운이 [a] 운으로 변화하면서 문독의 [æ] 운으로 수렴해 가고 있다.

4. 일자다음(一字多音) 현상

문백이독 외에도, 방언에서는 다른 유형의 일자다음(一字多音) 현상이 존재한다. 이 중 일부는 역사적인 문화적 흐름이나 문화적 사건으로 인해 발생한 것이다. 민어(閩語)에서는 일부 글자가 세 가지 독법을 가지며, 이 세 가지 독법은 각각 세 가지 역사적 문화적 층위를 대표한다. 예를 들어, 샤먼어(厦門話)에서의 "石(석)" 자는 다음과 같은 독법이 있다.

石	石硯(硯台)	石(文讀)
tsioʔ	siaʔ	sjk

첫 번째 독법은 한대(漢代) 북방 한족이 민(閩) 지역으로 들어올 때 가져온 것이며, 두 번째 독법은 서진(西晉) 말년 영가(永嘉)의 난 이후 북방의 귀족들이 남쪽으로 피난하며 민 지역으로 들어오면서 가져온 것이다. 세 번째 독법은 당말(唐末) 과거제도가 민 지역에 도입된

이후에 생겨난 것이다. 이 세 가지 독법은 북방 문화의 세 차례 대규모 유입이 민 지역에 남긴 흔적이라고 할 수 있다.

음운의 역사적 층위를 구분하는 것은 비교적 쉬운 일이지만, 각 층위가 형성된 시대를 확정하는 것은 그리 간단하지 않다. 다음 두 가지 경우에서는 특정 층위가 형성된 시대에 대해 일부 추정을 할 수 있다. 첫째, 방언의 특정 음운 층위가 특정 역사 시기의 고대 중국어 음운 체계와 유사한 경우이다. 예를 들어 앞서 언급된 민어(閩語)의 당송(唐宋) 문독층(文讀層)의 운미가 『절운(切韻)』 음운 체계와 유사하므로, 이 문독층이 당송 시대에 형성되었다고 추정할 수 있다. 둘째, 역사적 문헌 자료가 시대를 단정할 수 있는 근거로 작용하는 경우이다. 예를 들어 산시(山西) 원시(聞喜) 방언의 백독음(白讀音)의 특징은 『절운』 음운 체계에서 전탁(全濁) 파음(塞音) 및 파찰음(塞擦音)이 성조의 평측(平仄)에 관계없이 모두 송기음(送氣音)으로 발음되며, 당섭(宕攝)과 과섭(果攝)이 합류하고, 증섭(曾攝)과 경섭(梗攝)이 분리되며, 통섭(通攝)이 "-ueĩ < uen"으로 나타난다. 이 특징들은 시샤원(西夏文)의 중국어 음운 주음(注音)과 일치하며,[40] 따라서 이 백독층은 시샤원 시대(11~13세기)에 형성되었다고 추정할 수 있다.

40 왕훙쥔(王洪君) 『원시 방언의 백독과 송북방음』, 『중국어문』(1987년 제1기).

5. 동의 이자(等義異字)

"동의 이자(等義異字)"란 일반적인 "동의어(等義詞)"를 의미하는 것이 아니다. 방언에서는 흔히 동의어가 존재한다. 예를 들어 상하이(上海) 방언에서는 "麦克風(microphone)"과 "話筒"이 동의어이고, "插朴(plug)"과 "朴落" 또는 "插頭"이 동의어이다. 그러나 이러한 동의어들은 방언에서 흔히 일시적으로 공존하다가 일정 기간 동안 경쟁을 거친 후, 그중 하나의 어휘가 우위를 점하여 다른 어휘는 역사적인 어휘로 전락하게 된다. 예컨대 상하이 방언에서 "風潮"와 "台風"이 한때 공존하였고, "地動"과 "地震"이 공존하였으나, 현재는 "風潮"와 "地動"은 사용되지 않는다.

여기서 말하는 "동의 이자"는 다른 시대에 생성된 동일한 의미의 형태소가 서로 다른 어휘에서 오랜 기간 동안 공존하는 것을 뜻한다. 예를 들어 원저우(温州) 방언에서는 "牙(아)"와 "齒(치)"가 "門牙(문아)"와 "齒轮(치륜)"에서 공존하고 있다. "牙"는 원시 남아(南亞)어에서 유래한 기저어(底層語)이고, "齒"는 북방 한족 문화가 남하하면서 들어온 것이다. "嬭(내)"와 "媽(마)""는 ""阿嬭(아내)"와 "阿媽(아마)""(모두 '어머니' 부르는 말)에서 공존하고 있는데, "嬭"는 고대 장타이(壯侗)어에서 유래한 기저어이고, "媽"는 북방에서 새로 생긴 말이다. "兄(형)"과 "哥(가)"는 "兄嫂(형수)"와 "阿哥(아가)"에서 공존하는데, "兄"은 선진(先秦) 중국어에서 유래한 단어이고, "哥"는 "오호난화(五胡亂華)" 시기 북방 알타이(阿爾泰)어에서 유래한 차용어로, 북조(北朝) 시기에 형성되었다. "脚(각)"과 "骹(교)"는 "凳脚"과 "江蟹骹"에서 공존하며, "骹"는 고대 좡어(壯語)에서 유래한 기저어이고, "脚"은 북방 중국어에서 유래한 것이다. "卵(란)"과 "蛋(단)"은 "雞卵(계란)"과 "皮蛋(피단)"에서 공존하며, "皮蛋"에서는 "蛋"을 사용하고, 나머지 어휘에서는 "卵"을 사용한다. 예컨대 "鹽卵(짠 계란)", "卵糕(계란 케이크)", "鴨卵(오리알)", "卵湯(계란탕)" 등이 있다. "皮蛋"은 최근 외지에서 들어온 어휘이다.

동일한 어휘에서 서로 다른 형태소로 동일한 의미를 나타내는 경우, 이들 형태소는 각기 다른 시대적 층위를 대표하며, 이는 각지 방언에서 매우 흔히 나타나는 현상이다. 예컨대 원저우 방언의 구어 어휘는 다음 표(표4.13)와 같다.

표4.13. 원저우(温州) 방언에서 의미는 동일하지만 형태소가 다른 예시 어휘 표

동의(等義)	비교적 고대층위	비교적 신층위
眼睛	目瞠(眼睛) 大目鏡(放大鏡)	眼靈珠(眼睛) 眼厘毛(眉毛)
牙齒	牙床肉(齒齦)	齒輪
臉	洗面(洗臉)	大花臉
腳	江蟹骹(蟹腿)	凳腳
蛋	鹽卵(洗臉)	皮蛋
哥哥	兄嫂	阿哥

看	眙戲(看戲)	近視
睡覺	睏(睡, 土白) 眠(睡, 儿語)	午睡

6. 중첩적 의미의 복합(叠義复合)

“중첩적 의미의 복합(叠義复合)”은 서로 다른 역사 시기 또는 다른 언어(혹은 방언)에서 유래한 동일한 의미의 형태소가 중첩되어 복합어를 이루는 것을 말한다. 이를 “합벽어(合璧詞)”라고 부른다.

예를 들어, 고대 중국어에서 “젓가락”을 뜻하는 단어는 “箸(저)”였다. 하지만 일부 지역에서는 “箸(저)”가 “住(주)”와 같은 발음이어서 불길하다는 이유로 “筷(콰)”로 대체되었다. 이후 “筷(콰)”라는 표현이 점점 널리 퍼졌다. 이전에 “젓가락”을 “箸(저)”로 부르던 창강(長江) 남쪽의 쟝쑤(江蘇) 남부, 저쟝(浙江), 상하이(上海) 지역에서는 젓가락통을 “箸籠”이라 했지만, 외래어의 영향을 받아 이를 “筷箸籠”으로 바꾸었다. 이렇게 “筷箸籠”은 중첩적 의미의 복합어가 되었다.

북부 우어(北部吳語) 지역에서 “箸(저)”를 “筷(콰)”로 바꾸는 변화는 명말 이전으로 거슬러 올라가지 않는다. 왜냐하면 명말 당시 쑤저우(蘇州) 방언의 민요집인 『山歌(산가)』에는 여전히 “箸(저)”라는 글자가 사용되었으며 “筷(콰)”는 등장하지 않았기 때문이다. 저쟝(浙江), 강산(江山) 방언에서는 “형”을 “兄哥”라고 부르는데, 여기서 “哥(가)”는 알

타이어에서 유래한 차용어이다. 또 저장(浙江). 순안(淳安) 방언에서는 "어머니"를 "媽母(마모)"라고 부르는데, "母(모)"는 선진 시대 문헌에서 확인되지만, "媽(마)"는 『설문해자』에서 확인되지 않는 후대의 단어이다.

7. 문법의 역사적 층위

방언에서는 동일한 문법적 의미를 표현하기 위해 서로 다른 문법 형태가 존재할 수 있다. 이러한 공존하는 문법 형태는 일반적으로 서로 다른 역사적 층위에서 비롯된다. 방언에 존재하는 공존하는 문법 형태의 시대적 층위를 판단하기 위해 다음과 같은 경로를 활용할 수 있다.

(1) 공통된 문헌 자료에서 시대를 단정할 수 있는가?
(2) 방언 문헌 자료에서 단정할 수 있는가?
(3) 방언 유형학적 관점에서 보았을 때, 해당 형태가 방언 변화가 느린 지역에서 발견되는가?
(4) 동일한 방언에서 공존하는 형태 중 어떤 것이 구파(舊派)에서 사용되며, 어떤 것이 신파(新派)에서 사용되는가? 또한 어떤 것이 더 자주 사용되고, 어떤 것이 덜 사용되는가?

예를 들어, 원저우(溫州) 방언에서 "아직 일어나지 않은 상태를 묻는 반복 의문문"에는 두 가지 형태가 공존한다.(V = 동사 F = 의문사 neg. = 부정사 conj. = 연결사)

V-conj.-neg(동사-연결사-부정사) 예: "走也不?(가니 안 가니?)"
V-conj.-neg.-V(동사-연결사-부정사-동사) 예: "走也不走?(가니 안 가니?)"

이 두 가지 형태 중, "V-conj.-neg."(동사-연결사-부정사) 형태는 더 오래된 층위에서 유래한 것이며, "V-conj.-neg.-V"(동사-연결사-부정사-동사) 형태는 비교적 새로운 층위에서 유래한 것이다. 고대 중국어 문헌에서 가장 먼저 등장한 반복 의문문의 형태는 "V-neg."(동사-부정사)였다. 선진(先秦)부터 남북조(南北朝) 시기까지, 진나라 무덤의 죽간(竹簡)을 제외하면 "V-neg."은 유일한 반복 의문문 형태였다.[41]

원저우(溫州) 방언의 문법적 특징을 반영하는 가장 오래된 문헌은 송대(宋代) 남희(南戲) 작품 『장협장원(張協狀元)』이다. 이 작품에서는 "V-neg."형 반복 의문문이 6회 나타나며, "V-neg.-V"형 반복 의문문은 단 1회만 등장한다. 원대(元代) 판본 『비파기(琵琶記)』(작자는 원저우 사람)에서는 "V-neg."형이 13회 나타나는 반면, "V-neg.-V"형은 3회 등

41 장민(張敏), 『중국어방언반복문구적유형학연구(漢語方言反复問句的類型學研究)』(베이징대학교 박사학위 논문, 1990년).

장한다.[42]

『전당시(全唐詩)』에 수록된 우어(吳語) 지역 작가들의 작품에서는 "V-neg."형만 사용되었으며, "V-neg.-V"형은 사용되지 않았다. 이는 당시 원저우 방언에서 "V-neg.-V"가 여전히 새로운 문형임을 나타낸다. 고대 중국어에서는 "V-neg.-V"형태의 형성과 발전이 당송(唐宋) 시기에 이루어졌다.[43]

역사적으로 북방 이민자들이 현재 우어 지역으로 대규모로 유입된 사건은 세 차례 발생했다. 첫 번째는 삼국(三國) 시기 동오(東吳), 두 번째는 양진(兩晉) 교체기, 세 번째는 양송(兩宋) 교체기이다. 세 번째 이민 물결 동안 원저우 인구가 크게 증가했으며, 남희(南戲) 역시 이 시기에 원저우에서 형성되었다. "V-neg.-V" 형태는 이 시기에 남부 우어로 유입되었을 가능성이 크다. 그러나 "V-neg.-V" 형태가 우어에서 널리 퍼진 시기는 명대(明代) 이후로 보인다. 『이박(二拍)』에 등장하는 반복 의문문은 "V-neg."형만 사용되었다. 현재도 일부 방언 지역, 예컨대 천대(天台), 숭명(崇明), 옥산(玉山) 등에서는 "V-neg."형이 거의 사용되지 않는다.[44]

---

42 위 장민(張敏) 박사학위 논문 참고.

43 위 장민(張敏) 박사학위 논문 참고.

44 필자의 저서 『우어 속 반복 의문문』(吳語里的反复問句), 『중국어문(中國語文)』 1993년 제2호 참고.

5장 방언의 변이

방언 변이는 네 가지 주요 유형으로 나눌 수 있다. 지리적 변이, 역사적 변이, 언어 흐름 변이, 사회적 변이이다. 방언의 사회적 변이는 동일한 지역에서 사용하는 방언이 사회 계층이나 사용 장소에 따라 변화하는 현상을 말한다. 방언의 사회적 변이는 사회언어학의 연구 대상이다. 예를 들어, 우어(吳語) 융캉(永康) 방언에서는 "哥(가), 姐(저), 叔(숙), 婶(심)"이라는 네 단어가 뒤에서 부르는지(背稱) 또는 앞에서 부르는지(面稱)에 따라 성조가 달라진다. 이러한 성조 차이는 표 5.1에 나타나 있다.

방언의 지리적 변이에 대해서는 제3장에서 비교적 상세히 논의한 바 있다. 본 장에서는 방언의 언어 흐름 변이와 역사적 변이에 중점을 두어 논의한다.

표5.1 저장성(浙江) 융캉(永康) 방언의 면칭과 배칭에 따른 성조 구별표

稱謂	背稱	面稱
哥	$kuə^{44}$	$kuə^{24}$
姐	$tɕi^{53}$	$tɕi^{53}$
叔	su^{35}	$A^{44}su^{53}$
婶	$səŋ^{35}$	$A^{44}səŋ^{53}$

제1절 방언 변이의 관찰

어떤 지역의 장기 거주민이라도 방언이 시간과 공간에 따라 변화하는 것을 쉽게 느낄 수 있다. 방언 변이 현상은 일반적으로 사람들이 자주 이야기하는 주제이다. 도시에 사는 사람들은 시골 사람들의 억양을 가끔 비웃고, 나이 든 사람들은 방언의 역사적 변화에 대해 탄식하곤 한다. 예를 들어, 명말의 인물 부산(傅山)은 다음과 같이 말했다.

> "타이위안(太原) 사람들의 말은 정확하지 못한 것이 많아서 가장 비웃고 성가시게 여긴다. 내가 어릴 적에 사람들의 말을 들었을 때는 백 명 중 한두 사람만 이런 발음을 했으나, 이제는 전부 이런 식이다. 예를 들어 '酒(주)'를 '九(구)'라고 하고, '九(구)'를 '酒(주)'라고 하며, '見(견)'을 '箭(전)'이라고 하는 식이어서, 끝도 없이 따지고 구별하기 어렵다."("太原人語多不正, 最鄙恼人, 吾少時聽人語不過百人中一二人耳. 今尽尔矣. 如酒為九, 九為酒, 見為箭之類, 不可勝與辨.")[1]

1 출처: 『상홍감전집(霜紅龕全集)·해타주옥(咳唾珠玉)』, 보유 제31쪽, 광시(光緒) 22년 간행.

이 내용은 부산(傅山)이 살던 시대에 타이위안의 나이 많은 사람들은 첨음(尖音)과 단음(團音)을 여전히 구분했지만, 신파(新派)에서는 이를 전혀 구분하지 않았다는 점을 보여준다. 부산이 이에 대해 괴로워한 이유는 방언의 역사적 변화가 필연적임을 이해하지 못했기 때문이다. 방언 변이 현상을 더 깊이 밝히기 위해서는 방언학적인 전문 조사와 연구가 필요하다.

역사적 변이를 조사 연구하는 여섯 가지 방법이 있다.

첫째, 특정 지역 방언의 연령층 차이는 역사적 변화에 대한 생생한 증거를 제공한다. 예를 들어, 닝포(寧波)의 노파(老派) 방언은 여섯 개의 단자조(單字調)가 있었다. 음평(陰平), 음상(陰上), 음거(陰去), 양거(陽去), 음입(陰入), 양입(陽入). 그러나 신파(新派) 방언에서는 다섯 개의 단자조로 줄어들었으며, 음상(陰上)이 음거(陰去)에 통합되었다.

둘째, 이전 시대의 지역 운서(韻書)나 서양 선교사들의 방언학 저작을 현대 방언과 비교한다. 이에 대한 자세한 설명은 제7장에서 다루어진다.

셋째, 역사 문헌 속 방언 자료를 현대 방언과 비교함으로써 변화 양상을 관찰할 수 있다. 예를 들어, 명말 쑤저우(蘇州) 일대에서 수집된 민요집 『산가(山歌)』와 현대 쑤저우 방언을 비교하면, 일부 어휘가 사용되지 않거나 다른 어휘로 대체된 사실을 알 수 있다. 다음은 『산가』의 몇 구절에서 현재는 사용되지 않는 단어들로, 괄호 안에 현재 대체된 단어를 표기하였다.

一日子月黑夜暗㧾(抱)子我就奔.(권8)

어느 날 달도 없고 밤도 어두운 때 아이를 안고 나는 곧 달아났지

我弗知你為啥個事干(事體).(권8)

나는 네가 무슨 일(事體)을 했는지 몰라.

我吃個打生(陌生).

나는 낯선 사람(陌生)에게 맞았어.

丢得團魚(甲魚)也燙得蝦.(권4)

자라(甲魚)는 놓쳐버리고 새우를 데웠네

위의 네 단어는 현대 쑤저우 방언에서는 더 이상 사용되지 않지만, 여전히 우어(吳語) 지역 남부의 원저우(温州) 방언에서는 사용된다. 예를 들어, "打生"은 "打生陌生"으로 확장될 수도 있는데, 이는 서로 다른 시대에 생성된 어휘가 층층이 쌓인 결과이다. 이와 같은 사례는 역사적 변이가 지리적 변이와도 연관이 있음을 보여준다.

이 네 개의 단어는 현대 쑤저우(蘇州) 방언에서는 이미 사용되지 않으나, 여전히 우어구(吳語區) 남부의 원저우(溫州) 방언에서는 보존되고 있다. 이 중 "打生"은 "打生陌生"으로 확장될 수 있는데, 이는 서로 다른 시대에 생성된 단어가 중첩되어 나타난 것이다. 이러한 사례는 역사적 변이가 지리적 변이에도 반영됨을 보여준다.

넷째는 지리적 변이를 통해 역사적 변이를 발견하는 것이다.

언어나 방언의 지리적 변화는 균일하지 않다. 어떤 지역에서는

변화가 빠르고, 다른 지역에서는 변화가 느리게 나타난다. 예를 들어 도시와 농촌의 차이를 보면, 농촌의 방언 특성이 도시보다 더 오래된 경향을 보인다. 따라서 농촌 방언을 조사하면 도시의 옛 방언 특징을 발견할 수 있다. 예를 들어, 장사(長沙) 도심의 방언에는 권설음(卷舌音) 성모 tʂ, tʂ^h, ʂ이 없지만, 교외 지역에서는 tʂ, tʂ^h, ʂ와 비권설음(非卷舌音) ʦ, ʦ^h, s가 대립한다. 예를 들면, 知(tʂɿ^1) ≠ 資 ʦɿ^{1}의 대립이 있다.

다섯째는 이미 재구된 고대 음운 체계와 현재 방언 음운 체계를 비교하는 것이다.

이를 통해 음운 변화를 발견할 수 있다. 예를 들어, 방모(幫母), 팽모(滂母), 명모(明母)의 중고음(中古音)은 각각 p, p^h, m으로 재구되었으며, 이를 현재 산시성(山西省) 원시(聞喜) 방언에서의 고대 방모, 팽모, 명모 개구삼, 사등(開口三、四等) 자음과 비교하면, 구어(口語)에서 세음(細音)을 만날 때 p, p^h, m이 t, t^h, l로 변하는 것을 확인할 수 있다. 예를 들어, 碑는 ti^1, 病은 t^{h}ie^2, 滅은 t^{h}ie^{4}로 읽힌다.

여섯째는 본지 주민과 타지에 오랫동안 거주한 동향인의 방언을 비교하는 것이다.

현지 주민과 외지에서 장기간 거주한 동향인의 방언에는 종종 차이가 있다. 이들이 서로 접촉하여 대화를 나눌 때, 방언 차이를 민감하게 느낄 수 있다. 예를 들어, 1940년대에 고향을 떠나 해외로 이주한 상하이(上海) 사람들과 그들의 청소년 후손은 여전히 "吃飯哉"나 "到快哉"와 같은 문장에서 "哉(재)"를 문말 조사로 사용하는 구식 상하이 방언을 구사한다. 그러나 현재의 상하이 노파(老派) 방언에서도 이 조사는 거의 사용되지 않는다. 이는 현지 방언이 더 빠르게 발전했음을 보여주며, 반대로 본지를 떠난 방언이 더 오래된 특징을 유지하고 있음을 나타낸다. 두 사례를 비교하면 방언의 역사적 변화를 자연스럽게 이해할 수 있다.

현지 사람들은 방언의 역사적 변이와 지리적 변이에는 민감하지만, 어류음변(語流音變)에 대해서는 자각하기 어렵다. 유동음 변이는 보다 심층적인 조사 연구를 통해서만 발견되고 드러날 수 있다.

제2절 어류음변

방언의 어류 변이(語流變異, sandhi)는 방언의 음성이 연속적인 자연 구어에서 발생하는 변화를 의미한다. 어류 음변은 방언이 특정한 음성 환경에서 발생하는 공시적 변이이다. 어류 음변은 크게 두 가지로 나눌 수 있다. 첫 번째는 음단(音段, segmental) 음변이고, 두 번째는 초음단(超音段, suprasegmental) 음변이다.

음단 음변은 다시 세 가지로 세분할 수 있다. 첫 번째는 성모(聲母) 변이, 두 번째는 운모(韻母) 변이, 세 번째는 음절(音節) 변이이다. 초음단 변이는 네 가지로 나뉘며, 성조(聲調) 변이, 음장(音長) 변이, 음강(音强) 변이, 그리고 어조(語調) 변이가 그것이다. 아래에서는 각각의 예를 들어 설명한다.

1. 성모 변이: 음절 내의 성모가 특정한 음성 환경에서 변화를 일으키는 현상을 말한다. 예를 들어, 항저우(杭州) 방언에서 "十"이라는 단어는 단독으로 발음할 때 $zəʔ^{8}$로 읽지만, "年三十"이라는 구문에서는 $səʔ^{7}$로 변하여 $ȵiẽ^{2}$ $sɛ^{1}$ $səʔ^{7}$로 발음된다.

2. 운모 변이: 동일한 어소 내에서 운모가 음성 환경의 영향을 받아 변화를 일으키는 것을 가리킨다. 이는 동일한 음소가 서로 다른 음성 환경에서 다른 변이로 나타나는 것과는 다르다. 예를 들어, 베이징(北京) 방언에서 운모 음소 an은 i 개음 뒤에서 ɛn, 즉 iɛn으로 발

음되는데, 이는 이 범주에 속하지 않는다. 또 다른 예로 진동남(晉東南) 방언에서 "孙"이라는 단어는 단독으로 발음할 때 suə̃n[1]로 읽으며 운모는 uə̃n이다. 그러나 "孫子"라는 구문에서는 suẽː ŋ[1]로 읽히며, 여기서 ŋ은 "子"에 해당하고 운모는 uẽ로 변한다.

3. 음절 변이: 음류에서 인접한 두 음절이 하나의 음절로 합쳐지거나, 여러 음절이 이음절 또는 일음절로 합쳐지는 것을 말한다. 이러한 현상은 일반적으로 합음(合音)이라 불린다.

두 음절이 하나의 음절로 합쳐지는 예로는, 화양(華陽)의 량수정(凉水井) 커쟈어(客家話) 방언이 있다.

$m^{13}+xie^{42}\rightarrow mie^{42}$	$m^{13}+oi^{42}\rightarrow moi^{55}$
不　是	不　要

이 두 예에서 성모(聲母)는 모두 첫 번째 음절에서 오고, 운모(韻母)는 두 번째 음절에서 왔다. 첫 번째 예에서는 성조(聲調)가 두 번째 음절에서 왔고, 두 번째 예에서는 성조가 또 다른 방식으로 변화하였다. 합음(合音)으로 인해 음절이 결합하는 규칙에 대해서는 제9장에서 자세히 다룬다.

삼음절이 이음절로 합쳐지는 예를 들면, 원저우(温州) 방언에서는 다음과 같다.

ɕiɛ^{5}ɦo^{6}ŋ̍^{2} → ɕiɛ^{5}ɦoŋ^{2} ko^{7}lo^{8}ŋ̍^{2} → ko^{7}loŋ^{4}

笑 話 儿　笑 紅　角 落 儿　角 拢

상하이방언과 같은 경우는 또 아래와 같다.

ɦiɤ$^{23-22}$ iɪʔ$^{5-5}$ ŋE$^{23-21}$ → ɦiɤ$^{23-22}$ ŋE$^{23-21}$

有 一 眼　有 眼

이 예에서는 중간 음절이 축소되었으나, 전체 두 글자 조합은 여전히 세 글자 조합의 조형(調形)을 유지하고 있다. 즉, 2 2—5—2 1이 2 2—2 1로 변화하였다. 규칙적인 두 글자 조합의 변조 형태는 2 2—4 4가 되어야 한다.

사음절이 삼음절로 합쳐지고, 나아가 이음절 또는 일음절로 합쳐지는 경우도 있다. 예를 들면, 원저우(温州) 방언에서는:

ki^{7}i^{7}ɦo^{4}ŋ̍^{2}→ ki^{7} ɦo^{2} ŋ̍^{2}→ ki^{7}ɦo^{2}ŋ̍→ ko^{4}ŋ̍^{2}→koŋ̍^{7}

個 一下 儿　個 下 儿　個 紅　駕 儿

"個一下儿"는 "這一会儿"(이 순간)을 의미한다.

합음(合音)과 반대되는 것은 분음(分音)으로, 이는 원래 단음절이었던 단어가 두 음절로 나뉘어 발음되는 현상을 말한다. 이때 첫 번째 음절의 성모(聲母)는 원음절의 성모와 동일하고, 두 번째 음절의 운모(韻母)는 원음절의 운모와 동일하다. 예를 들어 푸저우(福州) 방언에서는 다음과 같다.

kouʔ^{5}→ko^{31}louʔ^{5}	pɛ^{31}→pɛ^{31}lɛ^{31}
滑	擺

또한, 산시성 펀시(汾西) 지역의 진어(晉語)에서도 유사한 현상이 나타난다. 예를 들어:

杆 kã → kəʔ^{8}la^{3}	卷 tɕyā^{3} → kuəʔ^{7}lā^{3}
攪 tɕiao^{3} → kəʔ^{8}lɑo^{5}	擺 pɑi^{3}→pəʔ^{8}lɑi^{3}

합음(合音)은 음성 흐름에서의 음변 현상에 속하며, 분음(分音)은 음성 흐름의 음변 현상이 아니라 역사 음변의 범주에 속한다. 분음은 민간의 반절어(反切語)에서 유래했을 가능성이 있다. 건륭(乾隆) 연간의 『보산현지(寶山縣志)』에서는 "속칭으로 정(精)을 직령(即零)이라 부른다. 정(精)자의 반절법이다(呼精曰即零, 精字反切也)"라고 기록하고 있다. 여기서 "직령(即零)"은 바로 정(精)자의 분음에 해당한다.

다음으로 초음단(超音段) 변이 현상을 논의한다.

(1) 성조 변이(聲調變異)

다수의 방언에서 단음절의 성조가 연음절군에 들어갈 경우, 성조의 음조값이 변화한다. 예를 들어 상하이어(上海話)에서 "天(t^hi^{53})"과 "窗($ts^hã^{53}$)" 두 단어는 모두 음평조(陰平調)로, 단음절 성조 음조값은 모두 53이다. 하지만 두 단어가 조합되어 "天窗(t^hi^{53-55} $ts^hã^{53-31}$)"이 될 경우, 첫 번째 단어는 음조값이 55로 변하고 두 번째 단어는 31로 변한다.

일부 방언에서는 단음절의 성조 변화를 통해 추가적인 파생 의미를 나타낸다. 예를 들어 우어(吳語) 타이순어(泰順話)에서 일반적인 "鲞(생선 말린 것)"은 $ɕĩa^{53}$으로 읽히지만, 작은 "鲞"은 $ɕĩa^{44}$로 읽힌다. 여기서 성조 조형이 높은 내림조(高降)에서 높은 수평조(高平)으로 변화한다.

(2) 음장 변이(音長變異)

음절의 운모(韻母)가 음성 흐름에서 음장이 변화하는 현상을 말한다. 예를 들어 우어(吳語) 의오 방언(義烏方言)에서 단음절 명사는 단독으로 발음할 때 운모가 단음으로 읽힌다. 그러나 뒤에 "儿" 접미사가 붙으면 운모가 장음으로 변한다. 예를 들어 "花(hua^1)"는 "花儿($hua：n^1$)"로 변하며, 이때 운모의 주요모음은 장음으로 변한다.

(3) 음강 변화(音强變化)

음절의 음량이 음성 흐름에서 상대적으로 변화하는 현상을 말한다. 예를 들어 베이징어(北京話)에서 “棉($miɛn^{35}$)”과 “花(xua^{55})”는 단독으로 발음할 때 경중이 없다. 그러나 두 단어가 조합되어 “棉花($miɛn^{35}$xua·l)”가 될 경우, 뒤 단어의 음강이 약화되어 경성(輕聲)으로 변한다.

또한, 노파 우한어(老派武漢話)에서 “畫(xua^{35})”는 단독 발음 시 35로 읽히지만, “洋畫(香煙盒里的畫片, 담배갑 속 그림)”라는 단어에서는 경성으로 읽혀 “$iaŋ^{213}$xua·l”가 된다. 만약 경성이 아닌 “$iaŋ^{213}xua^{35}$”로 읽으면 “洋話(외국어)”를 의미한다.

이와 같이 단어의 두 번째 음절에서 음강 변화는 의미적 제약을 받는다.

(4) 억양 변화(語調變化)

문장의 억양이 문장의 의미 변화에 따라 변화하는 현상을 말한다. 예를 들어 원저우어(温州話)에서 “妝狃宕爻”라는 구문이 있다. 이 구문은 문미가 오름조(升調) 로 발음되거나 또는 내림조(降調)로 발음될 때, 각각 다른 의미를 나타낸다.

$tɕuɔ^{33}$ $ȵau^{0}$ $duɔ^{35}$ $ɦuɔ^{0}$ ⤴(搞哪儿去了?)

$tɕuɔ^{33}$ $ȵau^{0}$ $duɔ^{35}$ $ɦuɔ^{31}$ ⤵(搞丢了.)

이상에서 각종 음성 흐름의 음변 현상을 예로 들어 설명하였다. 실제 음성 흐름에서는 각종 음변이 단독으로 나타날 수도 있고, 두 세 가지 음변이 동시에 발생할 수도 있다. 예를 들어 성조와 성모가 동시에 변화하거나, 운모, 성조, 음절이 동시에 변화하는 경우가 있다. 예를 들어 우어(吳語) 원링어(温岭話)에서 "桔" 자는 단독으로 발음할 때 kyʔ^{5}로 발음된다. "桔" 자에 "儿" 꼬리가 붙으면 "桔儿"로 변화하며, 이때는 kyn^{51}로 발음된다. 여기서 "n"은 "儿" 꼬리를 나타내며, "桔"의 운모와 성조가 동시에 변화한다.

제3절 방언 변이의 원인

이 절에서는 음성 흐름 상의 공시적 음변의 원인과 역사적 변이의 원인, 방향 및 방식을 논의한다. 방언의 음성 흐름 음변은 그 원인을 분석할 때 크게 세 가지로 나눌 수 있다. 즉, 음성 환경 변이, 문법 환경 변이, 의미 환경 변이이다.

1. 음성 환경 변이

음성 환경 변이는 문법 구조나 의미와 관련이 없는 음변 현상을 말하며, 음변 방식이 문법 구조나 의미의 제약을 받지 않고 순수한 음성 계층에서 발생하는 변이를 뜻한다. 자음, 모음, 성조, 심지어 음절까지도 특정한 음성 환경에 놓였을 때 변이가 발생할 수 있다.

자음의 변이는 주로 음성 동화(assimilation)로 인해 발생한다. 음성 동화는 순행 동화와 역행 동화로 나눌 수 있다. 일반적으로 더 흔한 것은 순행 동화로, 이는 앞 음절의 자음이 뒤 음절의 인접 자음에 영향을 미쳐 뒤 음절의 자음이 앞 음절의 자음과 동일하거나 발음 방법 및 발음 위치에서 유사하게 변화하는 현상이다.

예를 들어 광저우음(廣州音)에서 "今" 자는 단독으로 발음할 때

kɐm^{53}이며, "日" 자는 단독으로 발음할 때 iɐt^{2}이다. 하지만 "今日"을 연이어 발음하면 kɐm^{52}mɐt^{2}로 발음할 수 있다. 또 다른 예로 화양(華陽) 량수정(凉水井) 커자어(客家話)에서 "不曾"은 m^{13}ȶʰien^{13}으로 발음되지만, m^{13}ȵien^{13}으로도 발음할 수 있다. 이 경우 두 번째 음절의 성모는 앞 음절의 영향으로 순행 동화되어 비음화된다.

역행 동화는 뒤 음절의 성모가 앞 음절의 운모나 운미에 영향을 미쳐 발음 방법이나 발음 위치가 뒤 음절의 성모와 유사해지는 현상을 말한다. 예를 들어, 우한어(武漢話)에서 "堂屋"은 tʰaŋ^{2}u^{0}로 발음되지만, thau^{2}u^{0}로 발음될 수도 있다. 이 경우 앞 음절의 운미는 원래 ŋ였으나 역행 동화되어 u로 변하였다. 또 다른 예로, 전어(真話, 반문 의미)에서 "tsən^{1}xua^{0}"가 "tsoŋ^{1}xua^{0}"로 변할 수 있다. 이 경우 앞 음절의 운미는 원래 -n이었으나 뒤 음절의 성모인 x의 발음 위치(설근)의 영향을 받아 역행 동화되어 ŋ로 변화하였다. 운모의 음성 흐름 변이는 두 가지 유형으로 나눌 수 있다. 한 가지는 운미의 차이로 인해 발생하는 변이이다. 예를 들어, 후난(湖南) 안샹(安鄕) 방언(시난관화, 西南官話)에서는 모든 운모가 뒤에 아화 운미(儿化韻尾)가 올 경우 반드시 변화를 겪는다. 개구호(開口呼) 운모는 ə로 변하며, 예를 들어 "字字儿"는 tsɿ^{33}tsər^{0}로 발음되고, 이는 "증서(字據)"를 의미한다. 제치호(齊齒呼) 운모는 iə로 변하며, 예를 들어 "衣衣儿"는 i^{55}iər^{0}로 발음되고, 이는 "작은 아이의 옷(小孩衣服)"을 의미한다. 합구호(合口呼) 운모는 uə로 변하며, 예를 들어 "屋屋儿"는 u^{35}uər^{0}로 발음되고, 이는 "작은 집(小房子)"을 의미한다. 촬구호(撮口呼) 운모는 yə로 변하며, 예를 들어

"魚魚儿"는 $y^{213}y\text{ər}^{0}$로 발음되고, 이는 "작은 물고기(小魚)"를 의미한다.[2] 또 다른 유형은 연조(連調)로 인해 운모가 변화하는 경우이다.

예를 들어, 푸저우(福州) 방언에서 "事" 자는 단독으로 발음할 때 søy^{242}로, 운모는 øy이다. 하지만 "事故"에서 "事" 자는 변조(53)되어 운모도 y로 변하며, 최종 발음은 $\text{sy}^{53}\text{kou}^{213}$이 된다. 한편, "故" 자는 단독으로 발음할 때 kou^{213}이며, "故事"에서 "故"는 변조(53)되고 운모는 u로 변화하여 $\text{ko}^{53}\text{løy}^{242}$로 발음된다. 이 경우 후자의 예에서는 성모가 l로 변화하기도 한다.[3]

자조(字調) 연독의 결과로 성모가 변화하는 경우가 있으며, 특히 후음절이 낮은 음조(低調)로 변하거나 음강(音强)이 약화되면 후음절 성모는 매우 쉽게 탁음화된다. 예를 들어, 상하이(上海) 방언에서 "蛙"는 단독으로 발음할 때 ʔo^{53}이지만, "青蛙"에서는 $\text{tɕ}^{h}\text{iŋ}^{53\text{-}55}\text{ɦo}^{53\text{-}31}$로 성모가 탁음화되어 -ɦ 로 변화한다. 또한, 베이징(北京) 방언에서 "瓜"는 단독으로 발음할 때 kua^{55}로 성모는 청음이지만, "西瓜"에서는 $\text{ɕi}^{55}\text{guo}^{0}$로 변하며 성모가 탁음 g로 변한다.

성모의 음성 흐름 음변은 일반적으로 단독 음절의 연독(連讀)에서 발생한다.

예를 들어, 민어(閩語) 장핑(漳平), 융푸(永福) 방언에서 단독 조성 음

2 자세한 내용은 『방언(方言)』 1988년 제1호에 실린 응우천(應雨田)의 『후난 안상 방언 기략(湖南安鄉方言記略)』 참조.

3 자세한 내용은 『언어 교수와 연구(語言教學和研究)』 1990년 제1호에 실린 이여룡(李如龍)의 『성조가 성운모에 미치는 영향(聲調對聲韻母的影響)』 참조.

조(陰平)는 24조로, “霜”은 sŋ^{24}로 발음되며, 양평(陽平)은 11조로, “條”는 tiau^{11}로 발음된다. 하지만 음평자와 양평자가 결합하여 단어를 이룰 경우, 전자의 음평은 33조로 변화한다. 예를 들어 “霜條(빙과)”는 sŋ$^{24-33}$tiau^{11}로 발음된다. 또한, “음평(陰平) + 음평(陰平) + 양평(陽平)” 형태의 3자조(三字組)에서, 전자와 중자는 각각 11조와 33조로 변한다. 예를 들어, “天光時(아침)”는 tʰĩ$^{24-11}$ku$^{24-33}$si^{11}로 발음된다. 이와 같은 단독 음조가 연조(連調)에서 변화하는 현상은 단어의 의미나 문법 구조와 관련이 없으며, 순수하게 음성 환경으로 인해 발생한다.[4]

방언의 문법 환경 변이는 문법 구조의 변화로 인해 음성 변화가 발생하는 것을 의미한다. 연독 변조(連讀變調)가 있는 여러 방언에서는 두 글자 구조(兩字組)에서의 음조 변화가 문법 구조와 관련이 있다.

예를 들어, 쟝쑤성(江蘇) 단양(丹陽) 방언에서 “炒菜”라는 단어는 문법적으로 동목 구조(動賓節構)일 때는 요리하는 동작을 의미하며, 변조 값은 55—44로 본조(本調)와 동일하다. 그러나 수식 구조(偏正節構)일 경우 조리된 음식을 의미하며, 변조 값은 33—33으로 변한다. 문법 구조의 이러한 변화가 연독 변조의 변화를 야기하는 현상은 우어(吳語)에서 보편적으로 나타난다.

일부 우어 지역 방언에서는 문법 구조가 두 글자 구조(兩字組)에서 전후자의 음장(音長) 대비에도 영향을 준다. 예를 들어, 원저우(温州)

---

4 자세한 내용은 『방언(方言)』 1983년 제3호에 실린 장진흥(張振興)의 『장평(漳平, 永福) 방언의 연독 변조(漳平(永福)方言的連讀變調)』 참조.

방언에서는 다음과 같은 문법 구조를 가지는 두 글자 구조에서 앞 음절이 단음 또는 약음으로 읽히며 연장될 수 없고, 뒤 음절이 장음 또는 강음으로 읽히며 연장될 수 있다. 즉 동목 구조(動賓), 양사 중첩(量詞重疊), 명사 중첩(名詞重疊), 동사 중첩(動詞重疊), 단음 동사에 가능 보어가 붙는 경우이다. 반대로, 다음과 같은 구조의 이자조에서는 앞 음절이 장음 또는 강음으로 읽히며 연장 가능하고, 뒤 음절이 단음 또는 약음으로 읽히며 연장될 수 없다.

즉 동대(動代) 구조, 수량(數量), 동사가 결과 보어를 수반하는 경우, 동사가 방향 동사를 수반하는 경우이다. 의미 환경 변이는 의미 변화로 인해 음성 변화가 발생하는 것을 말하며, 세 가지 유형으로 나뉜다.

첫 번째는 의미 변화가 두 글자 구조(兩字組) 연독 변조(兩字組連讀變調)의 변화를 초래하는 경우이다. 예를 들어, 단양 방언에서는 "板"과 "版" 두 글자가 단독으로는 완전히 동음이지만, "木板"의 변조 값은 2—24이고, "木版"의 변조 값은 3—33이다. 또한, 원저우 방언의 소칭 변조(小稱變調) 예를 들 수 있다. "刀儿"은 $tə^{44}ŋ̍^{31}$로 읽으면 "칼(刀子)"을 의미하지만, $tə^{44}ŋ̍^{212}$로 변조하여 읽으면 "작은 칼(小刀子)"을 의미한다.

두 번째는 소위 "변음(變音)"으로, 단어에 특정 의미가 추가되어 음성이 변화하는 현상이다. 어떤 방언에서는 성조만 변화한다. 예를 들어, 광저우(廣州) 방언에서 "鵝"은 "天鵝"에서 본음($t^hin^{54}ŋɔ^{21}$)으로 읽히지만, "燒鵝"에서는 변음($siu^{54}ŋɔ^{35}$)으로 읽힌다. 다른 방언에서는 운모도 변화한다. 예를 들어, 우어 이우(義烏) 방언에서 "小狗"은 $\text{sɯə}^{53\text{-}33}\text{kəɯ}^{53\text{-}53}$으로 읽히지만, "小狗儿"은 $\text{sɯə}^{53\text{-}53}\text{kəːn}^{53\text{-}55}$로 읽힌다. 여기서 "狗"은 변음으로 읽히며, 성조와 운모가 본음과 다르다.

세 번째는 의미 변화가 "자간 조결(字間組結, intersyllabic juncture)"의 변화를 유발하는 경우이다. 예를 들어, 상하이(上海) 방언에서 "歇兩日(휴식하며 며칠 지나거나 며칠 쉬다)"의 "兩"이 실제 수량 "둘"을 의미한다면, "歇"과 "兩日" 사이에 휴지가 존재하며, "兩日"은 이자조 변조 규칙에 따라 변조되고 "歇"은 본조로 남는다. 발음: ɕiɪʔ^{5} /$\text{liã}^{13\text{-}22}\text{ȵiɪʔ}^{4\text{-}2}$. 그러나 "兩日"이 허사로서 단순히 "며칠"을 의미한다면, "歇兩日"은 음운어(語音詞, phonological word)로 간주되어 분리되지 않고 세 글자 구조(三字組) 변조 규칙에 따라 변조된다. 발음: $\text{ɕiɪʔ}^{5\text{-}2}$ /$\text{liã}^{13\text{-}33}\text{ȵiɪʔ}^{2\text{-}2}$. 동사가 "兩 + 양사(量詞)"를 수반하는 어구는 모두 이와 같다. 예: 買兩斤(물건 두 근을 사다) → 買 / 兩斤 ; 吃兩只(두 마리를 먹다) → 吃 / 兩只 ; 抄兩張(두 장을 베끼다) → 抄 / 兩張. 이러한 현상은 다른 우어 방언에서도 일반적으로 나타난다.

제4절 방언의 역사적 변천의 원인과 방식

방언의 역사적 변천 원인은 외부적 요인과 내부적 요인으로 나눌 수 있다. 방언 변천을 촉진하는 외부적 동력은 주로 우세 방언, 표준어, 이민, 방언 간 접촉에서 비롯된다. 방언의 역사적 변천의 거시적 방향은 열세 방언이 우세 방언으로 수렴되는 것이다.

이는 세 가지 의미를 포함한다. 첫째, 시골 방언이 도시 방언으로 수렴된다. 둘째, 지역 방언이 해당 지역의 권위 방언으로 수렴된다. 셋째, 방언이 민족 공통어로 수렴된다. 도시와 시골 방언의 발전 속도는 일치하지 않으며, 일반적으로 도시 방언이 더 빠르게 발전한다. 시골 방언은 도시 방언의 발전 방향을 따라가는 경향을 보인다. 예를 들어, 상하이 지역 방언에서는 축기(縮氣) 파열음인 ʔb, ʔd가 도시에서는 일부 노년층의 구어에서만 남아 있지만, 교외 지역에서는 노년층의 일반적인 음운 특징으로 존재한다. 그러나 교외 지역 중년층에서도 축기 파열음의 자음 분포와 사용 빈도가 점차 감소하고 있으며, 신파(新派) 방언에서는 이미 사용되지 않고 대신 도시와 동일한 p, t로 대체되었다.

여러 도시 지역의 방언이 해당 지역의 권위 방언으로 수렴되는 현상 중 가장 전형적인 사례는 웨어(粵語) 지역과 광저우 방언이다. 예를 들어, 광시성(廣西) 남부의 꾸이난(桂南) 웨어는 흔히 백화(白話)라고 불리며 광저우 웨어와는 차이가 있지만, 최근 몇 년 동안 광저우 방언으로 빠르게 수렴하고 있다. 이와 같은 현상은 난닝(南寧) 백화와 우저우(梧州) 백화에서 명확히 나타난다.

위와 같은 열세 방언이 우세 방언으로 수렴하는 현상은 사회적 심리 현상이라고 할 수 있으며, 이는 시골이 도시의 유행을 따르는 현상과 비슷하다. 다음과 같은 현상은 사회적 심리 요구뿐만 아니라 교류의 필요성에서도 기인한다. 같은 대방언 지역 내의 사람들이 서로 소통할 때 자신들의 고향 방언을 사용하지 않고 해당 지역의 권위 방언을 공통의 교류 언어로 채택하는 것이다. 이는 권위 방언의 지위를 검증하는 가장 효과적인 방법이다. 예를 들어, 우어(吳語) 지역 사람들이 모였을 때 상하이 방언으로 대화할 가능성은 있지만, 쑤저우(蘇州) 방언으로 대화할 가능성은 적다. 이는 현대 우어 지역에서 상하이 방언이 더 큰 권위를 가지고 있음을 보여준다.

하이커우시(海口市), 사오관시(韶關市) 및 광시성의 많은 현도에서는 광저우 방언이 통용되는데, 이는 웨어(粵語) 지역 및 인접한 다른 방언 지역에서 광저우 방언의 권위 있는 지위를 충분히 보여준다. 이와 같은 지역적 공통 교류 언어는 해당 지역의 방언 변화에 자연스럽게 영향을 미친다.

지역적 공통 교류 언어 위에는 민족 공통어 또는 국가의 표준어가 있다. 민족 공통어는 각 지방 방언의 역사적 변천에서 또 하나의 중요한 방향이다. 최근 수십 년 동안 민족 공통어가 방언 변천에 미치는 영향은 점점 더 커지고 있으며, 특히 어휘와 신파 음운체계 두 가지 측면에서 두드러진다. 제1장에서 이미 언급된 바와 같이, 여기서 한 가지 예를 더 들어보자. "街, 解, 介, 界" 네 글자의 노파(老派) 쓰촨(四川) 방언 발음은 kai^{55}이며, 신파(新派) 발음은 $tɕiɛ^{55}$이다. "研" 자의 노파 발음은 $ȵiɛn^{55}$, 신파 발음은 $iɛn^{55}$이다. "仰" 자의 노파 발음은 $ȵiaŋ^{51}$, 신파 발음은 $iaŋ^{51}$이다. 분명히 신파의 자음은 표준어인 보통화(普通話)에 가까워졌으며, 이는 "견모(見母)"의 구개음화(腭化)와 "의모(疑母)"의 무성음화로 나타난다.

고대 사회에서는 방언에서 문독음의 생성과 변화가 민족 공통어와 밀접하게 연결되어 있었다. 방언 속 문독음은 수당(隋唐) 시대 과거제도가 시행된 이후 생성되었다. 문독음의 발전과 변화 또한 표준어의 제약을 받는다. 예를 들어, 민어(閩語) 젠어우(建甌) 방언의 문독음을 『건주팔음(建州八音)』과 현대 노파 발음과 비교해보면, 건륭(乾隆) 시기와 민국(民國) 시기의 발음이 서로 다르다는 것을 알 수 있다. 청말민초(清末民初) 신학(新學)의 흥기로 인해 현대 노파의 발음은 표준어의 영향을 받아 형성된 것으로 보인다. 자세한 내용은 표5.2를 참조하라.

표5.2 푸젠(福建) 젠어우(建甌) 방언 문독음의 신구 두 층위 표

독법 \ 글자	唇	罷	遠	旬
原讀	$œyŋ^{21}$	pai^{44}	$xiŋ^{44}$	$tsœyŋ^{21}$
後讀	$sœyŋ^{21}$	pa^{44}	$yiŋ^{22}$	$sœyŋ^{21}$

자세한 내용은 판웨이수이(潘渭水)의 논문 「建甌方言中的異讀字例釋」, 1989년, 중국 중국어 방언학회 연례 학술대회 발표 논문 참조.

방언의 역사적 변천의 현상에서 일부는 앞서 언급한 외부적 원인으로 설명할 수 있다. 그러나 다른 일부는 외부적 원인으로는 설명하기 어려우며, 오직 내부적 원인으로 인해 방언이 변화했다고 봐야 한다. 이 내부적 원인이 무엇인지, 왜 기존의 형태가 새로운 형태로 대체되는지는 아직까지 명확하고 만족스러운 해답이 없다.

덴마크 언어학자 예스페르센(Jespersen)[5]은 음운 변천이 음성 모방 과정에서 발생한 오류가 점진적으로 축적된 결과라고 보았다. 그는 이 과정을 나무를 자르는 것에 비유하였다. 이미 자른 나무를 기준으로 두 번째 나무를 자르고, 두 번째로 자른 나무를 기준으로 세 번째 나무를 자르다 보면 매번 조금씩 오차가 발생한다는 것이다. 음운 변화는 이러한 나무 자르기와 유사하게 점진적인 과정이라는 것이다.

호켓(Hockett)은 음운 변화 과정을 통계적 데이터 분포에 기반한 그림으로 설명하며, 음운이 점진적으로 변화한다는 견해를 보였다. 이 역시 음운의 점진적 변화론을 지지하는 주장이다.

반면, 왕스위안(王士元)의 어휘 확산 이론(詞彙擴散理論)은 음운 변화가 단번에 일어나는 돌발적 현상이라고 주장한다. 즉, 하나의 음운이 어떤 형태에서 다른 형태로 바뀌는 과정은 갑작스러운 변화이지, 그 두 극단을 연결하는 중간 형태가 다수 존재하지 않는다는 것이다.

5 역자주: 예스 오토하리 예스페르센(Jens Otto Harry Jespersen 또는 Otto Jespersen)은 덴마크의 언어학자로 영어문법 및 영어평가체계에 관한 연구를 중심으로 연구하였다.

그러나 어휘는 점진적으로 변화한다. 즉, 음운적으로 같은 유형의 어휘들이 새로운 음운 형태를 채택하는 과정은 점진적이고 느리게 이루어지며, 어떤 단어는 먼저 채택하고, 어떤 단어는 나중에 채택한다. 어휘 확산 이론은 단지 음운 변화의 방식과 과정을 설명할 뿐이며, 음운이 왜 변화하는지에 대해서는 밝히지 않았다. 그러나 만약 음운의 돌발적 변화와 어휘의 점진적 변화가 서로 인과관계에 있다고 본다면, 이 이론은 사실상 오토 예르페르센(Jespersen)의 음운 변화 원인에 대한 "모방 오류 축적설"(이 명칭은 필자가 붙인 것이다)을 부정하는 셈이다.

이제 음운 변화의 내재적 원인을 잠시 제쳐두고, 음운 변화의 방식을 살펴보자. 음운 변화의 방식은 돌발적 변화와 점진적 변화 두 가지가 있는 것으로 보인다. 돌발적 변화에 속하는 유형은 발음 과정에서 점진적 변화가 거의 불가능한 음운이다. 예를 들어, m→b; b→v; t→ʦ; k→t 등이 이에 해당한다. 점진적 변화에 속하는 유형은 발음 과정에서 점진적 변화가 가능한 음운이다. 예를 들어, ʦ→ʨ; n→ȵ→ŋ; u→ʋ→v; ʔb→p; e→ε 등이 이에 해당한다.

필자가 우(吳) 방언에 대한 실지 조사를 진행하면서 이러한 음운의 점진적 변화 사례를 종종 발견하였다. 예를 들어, 상하이(上海) 남부 교외의 노파(老派, 즉 구세대)의 경우, 尖團(尖音과 團音의 대립)을 구분하는데, 첨음(尖音)은 ʨ, ʨ^{h}, ɕ로 발음되고, 단음(團音)은 혀 위치가 훨씬 뒤쪽에 있어 종종 c, ch, ç로 발음된다. 예를 들어, 精 ʨiŋ^{1}≠經 ciəŋ^{1}; 秋 ʨ^{h}ɣ^{1}≠c^{h}ɣ^{1}; 箱ɕiε̃^{1}≠香çiε̃^{1} 등이 있다

중년층은 점차 尖團을 구분하지 않게 되었고, 노파의 단음(團音) 혀 위치를 점차 앞으로 이동시켰다. 이 혀 위치 이동의 정도는 사람마다 다르다. 혀 위치가 이동 중인 과정에서는 아직 안정되지 않아, 특정 단어를 비교할 때 단음(尖團)을 구분하는지 여부를 판단하기 어렵다. 어떤 단어는 단음(尖團)이 구분되고, 어떤 단어는 구분되지 않으며, 또 어떤 단어는 판단하기 어려운 경우가 있다. 이러한 점진적 음운 변화가 형성되는 원인을 청각적 착각과 발음 모방 오류로 설명할 수 있을지도 모른다.

어휘 확산 이론에 따르면, 새로운 음운 형태가 어휘 내에서 전파되는 과정은 점진적으로 확산되는 것이다. 즉, 어떤 단어는 새로운 형태를 먼저 채택하고, 어떤 단어는 나중에 채택하며, 어떤 단어는 새롭고 오래된 두 음운 형태가 공존하기도 한다. 아래 표5.3은 이에 대한 예를 보여준다.[6]

6 출처: 왕스위안(王士元), 「언어 변화의 어휘적 관점」, 번역문은 『언어 연구』 1982년 제2호에 수록.

표5.3 "어휘확산" 표

단계 / 단어	u	v	c
w_1			$\bar{w}_1$
w_2		$w_2 \sim \bar{w}_2$	
w_3		$w_3 \sim \bar{w}_3$	
w_4	w_4		
w_5	w_5		

表中w=詞, u=未變, v=共時變異, c=已變, $\bar{w}$ =語音已變的詞

필자는 음운 변화가 돌발적 변화와 점진적 변화라는 두 가지 유형이 있다고 보아 "어휘 확산 이론(詞匯擴散理論)"과 약간 다르지만, 여전히 "음운 변화의 어휘 확산설(語音演變的詞匯擴散說)"이 신뢰할 만하다고 생각한다. 이 이론은 돌발적 변화든 점진적 변화든 모두 적용 가능하다. 다음은 이를 예로 설명한다. 원저우(温州) 방언에서 중고음의 戈(과), 魚(어), 虞(우), 模(모) 운의 음운이 u운에서 y운으로 변하는 단어 확산 현상을 아래 표5.4에 제시하였다.

표5.4는 『방언 조사 자표(方言調查字表)』를 기준으로 작성되었다. 단, 아래와 같은 범주의 글자는 표에 포함하지 않았다.

첫째, 원저우(温州) 방언 구어에서 사용되지 않는 글자, 예를들어, 跛(파)자가 그러하다.

둘째, 다른 운에 포함된 글자, 예를들어, 募는 o운, 梳는 ɿ운으로 읽힌다.

셋째, 하나의 글자가 두 가지 성조를 가지는 경우, 한 번만 수록함. 예를들어, 磨(마)는 동사일 때 양평(陽平)이나 거성(去聲)으로 읽히고, 명사일 때는 오직 거성(去聲)으로만 읽힌다.

넷째, 문독(文讀)과 백독(白讀)을 논하지 않고, 실제 발음을 기준으로 하였다. u운으로 읽히는 경우는 아직 변화하지 않은 것으로 간주하고, øy운으로 읽히는 경우는 이미 변화한 것으로 간주하였다. 예를 들어, 素(소) 자는 문독 시 su^5로 읽히고 백독 시 $søy^5$로 읽히므로, "공시적 변이(共時變異)" 항목에 포함시켰다.

표5.4는 표5.3의 사례로 볼 수 있다. øy운은 현재 어휘 확산 과정에 있다. 자오위안런(趙元任)의 『현대 우어 연구(現代吳語的研究, 1928년)』에 나타난 원저우 방언 자료에 따르면, 과운(戈韻)의 방조(幫組) 글자는 당시 u운으로 읽혔으나, 현재 6개의 글자가 øy운으로 읽히고 있다.

표5.4 원저우 방언의 戈(과), 魚(어), 虞(우), 模(모) 운 단어 확산표

운모	성모	변하지 않은 u	공시적으로 변하지 않는 u/øy	이미 변한 øy
戈	幫組	波菠坡玻		婆魔磨破
	來母	螺腡囉裸		
魚	來母			廬驢吕旅濾
	莊組	初鋤蔬阻 楚礎助疏		

虞	非組	膚敷俘扶 無誣脯斧撫 輔武舞侮鵡	巫訃	夫符芙府 父腐付賦傅 赴附務霧
	莊組	數		
模	幫組	菩普浦部簿		補譜布佈怖 鋪步埠
	端組		徒	都屠途涂圖 堵賭肚土吐 杜妬兔度渡 鍍
	泥組	奴努魯櫓怒		盧爐蘆鸕虜 鹵路露鷺
	精組	組做	素	租粗蘇酥祖 醋訴塑
百分比		38.7%	3.6%	57.7%

음운 변화의 어휘 확산 현상은 일부 단어가 먼저 변하고, 일부 단어가 나중에 변한다는 것을 보여준다. 이제 다음 질문을 던질 수 있다. 어떤 단어가 먼저 변하고, 어떤 단어가 나중에 변하는가? 이를 설명할 수 있는 규칙이 존재하는가? 한 가지 의견은 단어의 사용 빈도가 높을수록 변화가 더 일찍 이루어진다고 본다. 하지만 표5.4의 사례를 보면, 사용 빈도가 결정적인 요인은 아닌 것 같다. 예를 들어, 모운(模韻)의 "做(주)", "組(조)", "簿(부)", "部(부)" 등의 단어는 구어에서 사용 빈도가 상당히 높지만 여전히 u운으로 읽힌다. 반면, "赴(부)",

"賦(부)"와 같은 단어는 구어에서 거의 사용되지 않으며, 독서나 신문을 읽을 때에만 사용되는데도 이미 øy운으로 읽힌다. 또한, 모운(模韻)의 "屠(도)", "鍍(도)", "譜(보)"와 같은 사용 빈도가 매우 낮은 단어도 이미 øy운으로 변화하였다.

이 사례를 통해 음운 변화가 단어 내에서 확산되는 선후를 결정하는 데는 적어도 두 가지 제약 요인이 있음을 알 수 있다. 첫째, 동음어(同音詞)는 함께 변하기 쉽다. 즉, 동음어 중 하나가 변하면 다른 단어들도 사용 빈도와 상관없이 따라 변하는 경향이 있다. 예를 들어, "訴(소)"가 변하면 "塑(소)"도 변하고, "盧(노)"가 변하면 "爐(노)", "蘆(노)", "鸕(노)"도 변한다. 둘째, 동일한 성부(聲符)를 가진 글자들이 함께 변하거나 함께 변하지 않는 경우가 많다. 예를 들어, "奴(노)", "努(노)", "怒(노)"는 모두 변하지 않으며, "魔(마)"와 "磨(마)"는 모두 변하고, "土(토)", "肚(토)", "吐(토)"도 모두 변한다. 이는 글자의 형태가 어휘 확산에 영향을 미친다는 것을 보여준다.

다른 사례에서는 발음 기제(機制)가 또 다른 제약 요인임을 알 수 있다. 예를 들어, 상하이(上海) 교외 진산현(金山縣)의 축기파열음(縮氣塞音) ʔb, ʔd이 p, t으로 변화하는 과정에서도 어휘 확산이 진행 중이다. 어휘 확산의 경향을 보면, 구강 공명기(口腔共鳴器)의 공간이 작을수록 ʔb, ʔd이 p, t으로 변화하기 쉽다. 글자의 음운을 운모(韻母) 관점에서 보면, 변화 순서는 i > u > e > o > ɔ 순이다. 즉, i운모를 포함한 글자가 가장 먼저 p, t로 변하고, ɔ운모를 포함한 글자가 가장 나중에 변한다. 이는 ʔb, ʔd의 발음 기제와 관련이 있다. 구강 공명기가 클수록 축기하기가 더 쉽기 때문이다(자세한 내용은 필자의 논문 『진산 방언의 축기파열음에 관하여(老派金山方言中的縮氣塞音)』, 『중국어문(中國語文)』 1984년 제5기 참조).

새로운 음운 변화 현상은 항상 특정 그룹에서 먼저 발생하며, 특정 단어에서 먼저 자리 잡는다. 이러한 변화가 다른 사람들로 확산되어 전체 방언 공동체로 퍼질 수 있을까? 더 나아가 다른 단어들, 심지어 모든 유사 단어로 확산될 수 있을까? 이 모든 것은 아직 연구가 필요한 문제이다.

현재 관찰 가능한 결정 요인은 두 가지이다.

첫째, 새로운 음운 변화가 우세 방언이나 민족 공동어(民族共同語)의 발전 방향에 부합하는가이다. 만약 부합한다면, 이러한 변화는 빠르게 확산된다. 예를 들어, 앞서 언급한 상하이 교외의 ʔb, ʔd이 p, t로 변화하는 경우가 그러하다.

둘째, 이러한 새로운 음운 변화 현상이 사회 심리적으로 새로운 유행으로 받아들여질 수 있는가이다. 만약 그렇다면, 이 변화도 빠르게 확산된다. 예를 들어, 선즁(沈炯)의 논문 『베이징어 합구호 영성모의 음운 분석(北京話合口呼零聲母的語音分析)』에 따르면, 베이징어에서 "外", "碗"과 같은 합구호(合口呼) 단어의 성모(聲母)는 w(중국어 병음자모) 시작음과 v시작음 두 가지 발음으로 나타난다. v형 발음은 후기 음운 변화의 현상이다. 사회 각 계층을 조사한 결과에 따르면, 여성의 v형 발음 비율이 남성보다 높았고, 남녀를 불문하고 청년층의 비율이 중장년층보다 높았다. 이는 표5.5에 나타나 있다. 여성과 청년은 사회적으로 유행을 더 선호하기 때문에 이러한 변화가 빠르게 확산된 것이다.

베이징어의 또 다른 유사 음운 변화 현상은 劈柴派[7]발음으로, 이는 단음(團音)의 첨음화(尖音化)로, 지식인 여성 청년층이 선호하는 목표가 되었다. 이 두 가지 음운 변화 현상이 처음 기록된 것은 1930년대였으며, 이후 이 변화들이 크게 발전한 것은 사회 심리적 관점에서 설명할 수 있다.

주목할 점은, 이 두 음운 변화 현상이 여전히 현대 표준어 규범에는 맞지 않음에도 불구하고, 규범에 부합하지 않는다는 이유로 그 발전이 멈추지 않았다는 것이다.

표5.5 베이징어 영성모 합구호 발음의 연령 및 성별 분층 조사 결과표

성별 \ 연령층	노년층	중년층	청년층
男性	43.29	44.91	83.65
女性	39.39	70.40	81.48

7 역자주: 단음(團音)인 zh, ch, sh계열의 자음이 첨음화(尖音化) j, q, x계열로 변하는 현상을 말한다. 서남관화와 쓰촨의 일부 방언에서 일반적으로 발음이 바뀌는 경우처럼 이 글에서는 劈柴派(z,c,s의 j,q,x변화)와 유사한 과정으로 베이징의 청년층에서 음운변화가 진행됨을 설명하고 있다.

제5절 역사 음운변화 규칙과 그 예외

어떠한 방언에서든 모든 음운의 역사적 변화는 일정한 규칙을 따르며, 무질서하거나 혼란스럽지 않다. 이 규칙은 고대와 현대의 음운 체계를 비교하여 발견할 수 있다. 예를 들어, 중고음운의 호운(豪韻)이 현대 베이징어에서 au로 변화한 것, 그리고 중고 평성 청음자(平聲清音字)가 현대 베이징어에서 55조로 변화한 것은 역사적 음운 변화 규칙의 사례이다.

신문법학파(新語法學派)는 "음운 변화의 규칙에는 예외가 없다(Phonetic laws have no exceptions)"고 주장한다. 반면, "어휘 확산설(詞匯擴散說)"은 음운 변화에 예외가 존재하는 것이 매우 정상적이고 흔한 현상이라고 본다. 이러한 주장은 신문법학파의 입장을 비판하는데, 이는 매우 적절한 주장으로 평가받는다.

다만, "어휘 확산설" 주장하는 이른바 예외도 결국 일정한 규칙성을 가진다고 할 수 있다. "어휘 확산설"의 입장에서 보면, 음운 변화의 규칙은 모든 관련 단어에서 한 번에 실현되지 않는다. 어떤 단어는 먼저 규칙에 따라 변화하고, 다른 단어는 나중에 변화한다. 따라서 먼저 변화한 단어가 규칙에 부합한다면, 나중에 변화한 단어는 예외로 간주하거나 그 반대로 볼 수도 있다. 그러나 이 두 가지 경우 모두 일정한 규칙을 따르고 있음을 알 수 있다.

본 절에서 말하는 '예외'란 위에서 설명한 두 가지 경우를 제외한 진정한 의미의 예외를 가리킨다. 여기서 '예외'란 특정 글자음이 일반적인 음운 변화 규칙을 따르지 않은 경우를 의미한다. 예외가 발생하는 원인은 방언 내부 요인과 외부 요인으로 나눌 수 있다.

첫째, 금기자의 소리 회피(回避忌諱字音).

민간에서 금기 의식으로 인해 특정 글자의 발음을 변경하여 예외를 만드는 경우이다. 금기 의식은 지역마다 다르며, 각 방언의 음운 및 어휘 체계도 다르기 때문에 방언마다 발음이 바뀌는 글자가 다를 수 있다. 변경 방법은 다음 두 가지로 나뉜다.

하나는 금기자의 발음을 바꾸는 경우이고, 다른 하나는 금기자와 같은 소리의 글자의 발음을 바꾸는 경우이다. 첫번째 변경방법으로 "사(蛇)"와 같은 경우, 지난어(濟南話)에서 음운 변화 규칙에 따르면 $ʂə^2$로 발음되어야 한다. 이는 마운(麻韻) 개구 3등(開口三等) 장조(章組) 글자가 현대 지난어에서 ə 운으로 발음되는 일반 규칙 때문이다. 그러나 실제 "사(蛇)" 자의 발음은 $ʂa^2$로 나타난다.

이 음절은 오직 "蛇" 자에만 사용되어, 원래 동음(同音)인 다른 글자와 구별되며, 예를 들어 "舌" $ʂə^2$과는 다르게 되고, 또한 원래 같은 운(韻)에 속하던 글자들과도 구별된다. 표5.6은 개구(開口) 삼등 마운(麻韻) 장조(章組) 글자의 오늘날 지난(濟南) 방언 발음이다. "舌" 자의 경우 『광운(廣韻)』에서 평성 호운 칠도절(七刀切)과 거성 호운 칠도절(七到切) 두 가지 독음을 가지고 있다. 오늘날 베이징 발음에서는 "操"

자의 거성 발음 중에 하나인 ts^hau^5은 한 가지 속어에만 사용되고, 다른 단어(예: 操勞, 操演, 體操)에서는 모두 음평으로 읽힌다. 또한 "糙" 자는『광운(廣韻)』거성 호운 칠도절(七到切)에서 보이며 "잡곡(米雜谷)"을 의미한다. 음운 변화 규칙에 따르면 현재 발음은 거성 ts^hau^5으로 읽혀야 하지만 "糙"의 거성 독음과 동음이 되지 않기 위해 평성 ts^hau^1로 발음을 바꾸었으며, 예를 들어 "糙米"는 $ts^hau^1mi^3$로 발음된다.

표5.6 지난어(濟南話)"뱀(蛇)" 자 독음 예외표

韻母 / 聲母	麻	馬	禡
章	遮 $tʂə^1$	者 $tʂɛə^3$	蔗 $tʂə^5$
昌	車 $tʂ^hə^1$	扯 $tʂ^hə^3$	
船	蛇 $ʂa^2$		射 $ʂə^5$
書	奢賒 $ʂə^1$	舍 $ʂə^3$	赦舍 $ʂə^5$
禪	佘 $ʂə^1$	社 $ʂə^5$	

두 번째, 감염 작용.

문법적으로 동일 품사에 속하는 문법 기능이 비슷한 글자가 서로 음운적으로 영향을 주어 발음의 일관성을 얻는 경우를 감염 작용이라고 한다. 이로 인해 일부 글자의 발음이 예외적으로 변화할 수 있다. 현재까지 관찰된 감염 작용은 대명사 부류에서만 나타난다. 예를 들어, 커자어(客家話)의 인칭 대명사들, 즉 "倨"(나), "你(너)", "佢

(그)"는 이와 같은 현상을 보여준다. "𠊎"는 방언 글자로, 그 글자음의 출처는 분명하지 않다. "你(너)"는 중고음에서 양상조(陽上調)에 속한다. "佢(渠, 그)"는 중고음에서 양평조(陽平調)에 속한다.

고대 음운 체계에서 양상조(陽上調)와 양평조(陽平調)는 현대 메이셴 커자어(梅縣客話)에서 서로 다른 조성을 가지고 있다. 전자는 31조(31調)이고, 후자는 21조이다. 그러나 현대 메이셴 커자어에서는 "𠊎", "你", "佢" 세 글자의 조치가 모두 동일하게 12조로 나타난다. "你"가 12조로 변독한 것은 "佢"로부터 영향을 받아 감염된 결과로 이러한 감염 작용이 음운 변화의 예외를 만들어낸 것이다.

우화(五華) 커자어에서도 유사한 상황이 관찰된다. 아래는 표5.7에 나타난 사례이다.

표5.7 커자어 인칭 대명사 발음 감염 표

人稱 / 方言	𠊎	你	佢
梅縣	ηai^{12}	$ȵi^{12}$	ki^{12}
五華	ηai^{34}	$ȵi^{34}$	ki^{34}

셋째, 고음의 잔존.

일부 구어 어휘의 독음은 비교적 오래된 발음을 계속 유지해 왔으며, 동류의 글자 음운 변화에 따라 변화하지 않았다. 동류 글자의 현대음을 기준으로 보면, 이러한 개별적인 고대 발음은 예외처럼 보인다. 예를 들어 북송(北宋) 시기 원저우(溫州)에서는 일 년에 두 차례 수확할 수 있는 "점성(占城)" 신종 벼를 보급한 적이 있다. 이 벼 품종은 고대 베트남의 "점성(占城)"에서 유래했기 때문에, 그 지명으로 이름이 붙었다. 북송 이래로 원저우에서는 줄곧 이 품종을 재배해 왔다. 광서(光緒) 연간의 『영가현지(永嘉縣志)』에는 "점성종은 점성국에서 나왔고, 속칭 금성(金城)이라 하며, 9월에 익는다"[8]고 기록되어 있다. 점성종은 오늘날까지도 원저우의 주요 벼 품종 중 하나이지만, 이 벼의 이름은 "금성(金城)"이지 "점성(占城)"이 아니다. "점(占)" 자의 중고음(中古音)은 개구 삼등 염운(艷韻) 장모(章母)에 속하며, 현재 원저우에서는 $tɕi^5$로 발음된다. 염운에 속한 글자들의 운미는 모두 소실되었고, 운모는 i로 변화하였다. "金" 자의 중고음은 개구 삼등 침운(侵韻) 견모(見母)에 속하며, 현재는 $tɕaŋ^1$으로 발음된다. "占" 자의 현대음은 고음과 상당히 차이가 크고, 오히려 "金" 자의 현대음이 "占" 자의 고음에 더 가깝다. 이는 "占" 자의 고음이 구어에서 지금까지 전승되어 남아 있는 예이다. 이처럼 "점성(占城)"의 "점(占)"이 $tɕaŋ^1$으로 발음되고("금(金)"으로 표기됨), 음운 변화의 예외가 된 것이다.

넷째, 글자음의 역사적 층위 차이.

남방 방언에 속한 일부 어휘는 서로 다른 역사 시기에 북방으로부터 유입된 것이며, 이러한 신어(新語)를 받아들일 때 그 당시 북방

8 원문: 占城種出占城國, 俗名金城, 九月熟占。

의 자음 또한 함께 유입되었을 가능성이 있다. 방언의 역사적 음운 변화 규칙은 현대음을 절운(切韻) 음계와 비교하여 도출된 것이지만, 일부 글자의 자음은 근래에 북방에서 유입된 것이다. 동일한 글자도 북방 방언에서는 서로 다른 역사 시기에 음이 달라질 수 있다. 따라서 이처럼 나중에 유입된 어휘들은 음운 변화 규칙에 부합하지 않을 수 있다. 예를 들어, "교자(餃子)"의 "교(餃)" 자의 본래 글자는 "각(角)"이다. 『정자통(正字通)』에서는 "교(餃)" 자를 다음과 같이 설명한다.

> "현재 교이(餃餌)는 쌀가루와 밀가루를 섞어 만든 것으로, 크기와 형태가 다양하다. 물에 넣어 먹는 교이는 단성식(段成式)이 언급한 탕중뇌환(湯中牢丸)이며, 분각(粉角)이라고도 부른다. 북방 사람들은 '각(角)'을 '교(嬌)'로 발음하며, 이로 인해 '교이(餃餌)'가 생겨났고, '교아(餃儿)'로 잘못 쓰이게 되었다.(今俗餃餌, 屑米麵和飴為之, 乾濕大小不一。水餃餌即段成式食品湯中牢丸, 或謂之粉角。北人讀角如嬌, 因呼餃餌, 訛為餃兒。)"

"각(角)" 자는 중고음에서 각운(覺韻)에 속하며 입성(入聲)자였지만, 명대에 이르러 북방인들은 이미 평성(平聲)의 "교(嬌)"처럼 발음하였다. 우어(吳語)의 음운 변화 규칙에 따르면 이 글자는 지금도 입성으로 발음되어야 마땅하다. 그러나 오늘날 우어에서는 "교자(餃子)"의 "餃" 자(본래는 "角")를 일반적으로 초운(宵韻)으로 발음하며, 예컨대 상해에서는 tɕiɔ[53]로 발음한다. 이는 이 음식이 북방에서 "입성 → 평성으로의 변화(입파삼성 : 入派三聲)"가 일어난 이후 우어 지역으로 전해졌음을 보여 주며, 글자의 자음도 북방 구어에서 차용되었기 때문에 음운 변화 규칙에 부합하지 않게 된 것이다.

다섯째, 방언 방언 차용(方言借用).

음운 변화의 규칙은 한 방언의 음운 내부에만 적용된다.

어떤 자음(字音)이 다른 방언에서 차용된 것이라면, 그것은 예외가 될 가능성이 있다. 예를 들어 "차(車)" 자는 중고시대 마운(麻韻) 개구 삼등 창모(昌母)에 속하며, 원저우(溫州) 방언의 음운 변화 규칙에 따르면, 마운 개구 삼등의 글자(견조〔見組〕 제외)는 오늘날 모두 운모 ei로 읽힌다. 예컨대 "遮"는 $tsei^{44}$, "寫"는 sei^{34}, "社"는 zei^{23} 등이다. "車" 자는 "차란(車欒)", "풍차(風車)", "기차아(徛車兒, 어린아이가 서서 가지고 노는 작은 수레)" 등에서는 ts^hei^{44}로 읽히는데, 이는 음운 변화 규칙에 부합한다. 그러나 "기차(汽車)", "황포차(黃包車)", "재봉차(裁縫車)", "자전차(腳踏車)" 등에서는 "車" 자를 ts^ho^{44}로 읽는다. 이들 현대에 등장한 신생 사물들은 상해(上海)에서 유입된 것이며, 이와 함께 "車" 자의 상해음인 ts^ho^{53}도 원저우 방언에 유입되었고, 이로 인해 이 글자의 운모가 음운 변화 규칙에서 벗어나 예외가 되었다.

또한 "사(卸)" 자는 중고시대 개구 삼등 마운(禡韻) 심모(心母)에 속하며, 음운 변화 규칙에 따르면 오늘날 원저우 방언에서는 sei^5로 읽혀야 한다(개구 삼등 마운의 글자는 견조를 제외하고 운모가 모두 ei로 변함). 그러나 "장사(裝卸)"와 "사화(卸貨)"에서의 "卸(사)" 자는 현재 $ɕa^5$로 발음되어 음운 변화 규칙에 부합하지 않는다. 이 두 단어와 "卸" 자의 예외적인 음은 근대에 상해 구어에서 유입된 것이다. 상해 방언에서 개구 삼등 마운(麻韻)의 정조(精組) 글자는 ia 운모로 발음되는데, 예컨대 "寫"는 ɕia⁵, "借"는 tɕia⁵로 발음된다.

여섯째, 오독(誤讀).

오독의 가장 중요한 원인은 자형(字形)의 영향이다. 자형이 비슷하거나 동일한 글자는 서로 혼동되어 잘못 읽게 될 가능성이 크다. 오독현상이 일단 정착하고 널리 퍼지게 되면 이는 음운 변화 규칙에서 예외가 된다. "자형이 동일함"이 초래하는 오독은, 하나의 글자가 여러 음을 갖는 경우를 하나의 음으로 잘못 인식하거나, 혹은 본래 자형도 다르고 음도 다른 글자들이 간화자로 쓰이면서 자형이 같아지고, 그로 인해 음도 같다고 잘못 인식하게 되는 것을 말한다.

예를 들어, "復" 자는 번체에서 본래 여러 자형과 두 가지 독음을 가지고 있었는데, "복잡(複雜)"에서의 "복" 자는 번체로 "複"이며, 중고시대 옥운(屋韻) 합구 삼등의 비모(非母)에서 유래하였다. 『광운(廣韻)』에서는 "複, 무거운 옷, 방륙절(方六切)(複, 重衣, 方六切。)"이라 하였다. "부활(复活)"에서의 "复" 자는 번체로 "復"이며, 중고시대 합구 삼등 옥운의 봉모(奉母)에서 유래하였다. 『광운』에서는 "復, 되돌아가다, 다시하는 것이다. 방륙절(房六切)이다.(復, 返也重也, 房六切。)"이라 하였다. 이 두 "復" 자는 본래 음이 달랐으나, 오늘날 신파 우어(吳語)에서는 두 음 모두 "방육절(房六切)"로 읽으며, 예컨대 상해에서는 foʔ⁵로 발음된다. “자형이 유사함”이 초래하는 오독은 대부분 글자의 부수가 같다는 점에서 비롯된다. 예를 들어 차오양 방언에서의 오독 사례로는 다음과 같다. “玟” 자는 중고시대 명모(明母) 회운(灰韻) 막배절(莫杯切)에 속하였으나, 부수 “文”의 영향으로 오늘날에는 미모(微母) 문운(文韻) 무분절(無分切)로 읽히며, 즉 “문(文)” 자와 같은 음 $buŋ^2$이 된다. “燥” 자는 중고시대 상성(上聲) 심모(心母) 소도절(蘇到切)에 속하였으나, 자형이 “操” 자와 유사하여 오늘날에는 거성(去聲) 청모(清母) 칠도절(七到切)로 읽히며, 즉 “操” 자와 같은 음 ts^hau^5가 된다.

이상은 음운 규칙의 예외를 야기하는 여섯 가지 원인에 대한 분석이다. 이 중 제1, 2, 5, 6 항은 이영(李榮)의 「음운 변천의 예외(語音演變的例外)」[9]에서 이미 언급된 바 있다. 제1항 “기피로 인한 금기 음운 회피(回避忌諱字音)”는 본래 어휘 층위의 문제이며, 제2항 “감염 작용(感染作用)”은 본래 문법 층위의 문제이고, 제6항 “오독(誤讀)”은 본래 문자 층위의 문제이다. 이로부터 알 수 있듯, 음운 변화는 단지 음운 층위와 관련될 뿐 아니라, 어휘·문법·문자와도 얽혀 있다. 음운 층위만 보더라도, 서로 다른 음운 체계 간의 상호 차용의 문제가 있다. 동일한 방언의 음운 체계 내부에서도 자음의 유래에 문제가 있다. 이러한 복잡한 요소들이 얽혀 있어, 수시로 음운 변화의 과정을 방해하게 하여, 음운 규칙에도 예외가 생기는 것이 불가피해진다. 만

9 리룽(李榮), 「음운 변천의 예외(語音演變的例外)」, 『중국어문(中國語文)』 1965년 제2기 수록.

약 어떤 방언이 음운 변화 과정에서 이 모든 방해를 배제할 수 있다면, "음운 규칙에는 예외가 없다(語音規律沒有例外)"는 명제가 성립할 수도 있을 것이다. 그러나 사실 절대적으로 순수한 방언은 없다고 보아야할 것이다.

6장 방언 접촉

사람들은 방언의 차이에 대해 비교적 민감하게 반응하며, 관련된 기록도 역사적으로 계속 이어져 왔다. 예를 들어 『예기(禮記)』에서는 "다섯 지역의 백성들은 언어가 통하지 않고, 기호와 욕망이 다르다(五方之民, 言語不通, 嗜欲不同)"고 했으며, 『논형(論衡)』에서는 "옛날과 지금의 말이 다르고, 사방의 말이 서로 다르다(古今言殊, 四方談異)"고 하였다. 또한 『안씨가훈(顔氏家訓)·음사편(音辭篇)』에서는 "남쪽은 오월(吳越)의 영향을 받고, 북쪽은 이적(夷狄)과 하족(夏族)이 섞여 있다(南染吳越, 北雜夷夏)"고 하였다. 그러나 방언의 접촉과 융합 현상은 관찰하고 발견하기가 상대적으로 더 어렵다.

방언학의 역사에서도 방언의 차이에 대한 연구는 비교적 이르고 많았으나, 방언 접촉에 대한 전문적인 연구는 비교적 최근의 일이다. 한대(漢代) 이래의 경전 해석서류에서 방언이 통용어로 변화하거나 갑(甲) 방언이 을(乙) 방언으로 전환되는 사실을 발견할 수 있지만, 이것들은 엄밀히 말해 전문적인 저작은 아니었다.

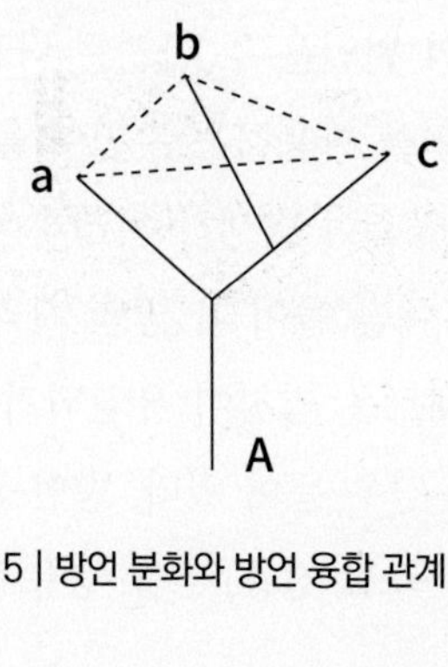

그림15 | 방언 분화와 방언 융합 관계 개념도

역사언어학에서는 계통수 모형을 사용하여 동계 언어 간의 관계를 설명하는 데 익숙하다. 그러나 계통수는 언어의 분화를 반영할 수 있을 뿐이며, 언어의 융합은 아마도 그물망 모양 도표로 나타내는 것이 적합할 것이다. 방언의 분화와 융합은 언어의 분화와 융합과 매우 유사하다. 서로 다른 방언 간의 접촉은 상호 영향을 미치고 침투하여 결국 서로 융합을 이루게 된다. 분화의 과정과 융합의 과정은 동시에 진행되며 서로 모순되지 않는다. 분화가 먼저 이루어지고 융합이 뒤따르는 것이 아니다.

분화가 일정 시점에 도달하여 분화 과정이 완전히 멈춘 후 융합이 시작되는 것도 아니다. 단지 서로 다른 역사적 시기에 따라 분화와 융합의 비중이 달라질 뿐이다. 따라서 계통수 모형과 망상도 모형을 결합해야 동계 언어 또는 방언의 역사적 발전 전반을 반영할 수 있다. 예를 들어 모어(母語) A가 이후 a, b, c라는 세 가지 방언으로 분화된 경우, 이러한 관계는 그림으로 나타낼 수 있다. 그림에서 실선은 분화를, 점선은 접촉과 융합을 나타낸다.

방언 접촉(dialect contact)은 서로 다른 방언 간의 접촉, 영향, 침투를 말한다. 방언 접촉의 원인은 두 가지로 나눌 수 있다. 첫째는 이민 요인으로, 갑(甲) 방언을 사용하는 주민이 을(乙) 방언 지역으로 이주하여 두 방언 간의 접촉이 발생하는 경우이다. 둘째는 비이민적 사회문화적 요인으로, 예를 들어 을 방언 지역에서 갑 방언 지역으로 새로운 사물이나 새로운 명칭이 유입되거나, 우세 방언이 열세 방언에 영향을 미치는 경우 등이 있다. 방언 접촉의 표현 방식이나 결과로는 방언의 차용, 축소, 전용, 혼합, 병용 등의 현상이 있다.

제1절 방언의 차용

방언 간의 상호 차용과 언어 간의 상호 차용의 주요 차이점은 다음과 같다. 방언 간의 차용은 더 자주, 더 쉽게 이루어지며, 알아차리기 어렵다. 언어 간 차용은 흔히 문서 번역을 통해 이루어지는 반면, 방언 간 차용은 주로 구두 접촉으로 발생한다. 두 경우 모두 음운, 어휘, 구문 구조의 세 가지 층면에서 영향을 미칠 수 있으나, 방언 간 차용은 음운 층면에서 차용된 시스템을 형성할 가능성이 있다. 예를 들어, 방언의 문독음(文讀音) 체계가 이에 해당한다. 여기서 말하는 것은 순수한 음운 차용 현상이며, 어휘 차용으로 인해 형성된 음운 체계를 가리키는 것이 아니다. 예를 들어, 부이어(布依語)에서 중국어에서 유래한 차용어의 발음이 독립적인 체계를 이루는 것과는 다른 것이다. 또한, 방언 간의 차용은 어휘적으로 사용 빈도의 차용이라는 현상을 보이기도 한다.

방언 간의 차용은 모두 구어(口語)에 사용된다. 반면, 언어 간의 차용 요소 중 일부는 서면어(書面語)에서만 나타난다. 예를 들어, 중국어에서 영어로부터 차용된 구문 구조인 "인칭 대명사가 수식어를 동반하는 구조"는 "병중의 그녀(病中的她)"와 같은 표현으로, 이는 서면어에서만 볼 수 있다.

이제 방언의 음운, 어휘 및 구문의 차용 현상을 각각 논의하고자 한다.

1. 방언의 차용

방언 간의 음운 차용에서 가장 주목할 만한 현상은 문백이독(文白異讀, wénbái yìdú)이다. 문백이독은 중국어 방언의 주요 특징으로, 거의 모든 방언에서 나타난다. 주요 방언 중에서 민어(閩語)는 문백이독 글자가 가장 많고, 관화(官話)는 가장 적다. 우어(吳語)에서는 대략 200자 정도의 문백이독 글자가 존재하며, 저장(浙江)의 진화(金華), 이우(義烏), 서우창(壽昌) 등에서는 대부분의 글자가 문백이독 현상을 보인다. 예를 들어, 서우창 사람들은 외지인과 대화할 때는 문독음(文讀音)을 사용하고, 지역 주민들끼리는 백독음(白讀音)을 사용한다.

일반적으로 방언에서 백독음은 지역 고유의 음운이고, 문독음은 외부에서 차용한 것이다. 많은 방언의 문독음은 베이징음(北京音)과 유사하지만, 백독음은 크게 다르다. 예를 들어, 우어(吳語)에서 중고중국어(中古漢語)의 견모(見母) 및 계모(溪母) 개구 이등(開口二等) 글자는 백독음에서 [k] 성모(聲母)를 사용하고, 문독음에서는 [tɕ] 성모를 사용한다. 예로, 아래의 상하이음(上海音)이 그러하다.

交(교): kɔ^{53}, tɕiɔ^{53}
敲(고): k^{h}ɔ^{53}, tɕ^{h}iɔ^{53}

반면, 베이징음에서는 문독음이 지역 고유 발음이고, 백독음은 외부에서 차용한 것이다. 예를 들어, 중고중국어에서 [k]로 끝나는 입성자(入聲字, 입성자)는 베이징음에서 백독음이 [i]나 [u]로 끝나고, 문독음은 개운(開韻)을 사용한다. 아래의 예시에서 알 수 있다.

落(락): lou^{51}, lau^{51}

薄(박): po^{213}, pau^{213}

角(각): $tɕyə^{213}$, $tɕiau^{213}$

문독음은 쟝쑤성(江蘇) 및 안후이성(安徽) 관화에서 차용되었을 가능성이 있다. 이에 대한 자세한 내용은 자오위안런(趙元任)의 논문 『중국어의 언어 간 차용 및 방언 간 차용(Interlingual and Interdialect Borrowing in Chinese)』[1]을 참조할 수 있다.

어떤 방언에서는 문독음이 독립적인 체계를 이루며 백독음 음운 체계와 구별된다. 예를 들어, 쟝쑤(江蘇) 단양 방언(丹陽方言)에서는 ya, o, iaŋ, yaŋ, ŋ̍, yɑʔ 여섯 개 운모가 백독음에만 사용되며, ieŋ, iæʔ 두 운모는 문독음에만 사용된다. 문독음의 단자조(單字調)는 평성(平), 상성(上), 거성(去), 입성(入) 네 가지만 있지만, 백독음에는 음입(陰入)과 양거(陽去)가 추가된다. 고대 양평(陽平), 양상(陽上), 음거(陰去)는 동일한 조형을 가지며, 이 조형은 문독음 거성 조형과 동일하다.

---

1 출처: Aspects of Social Linguistics, Stanford University Press, 1976.

방언 간 음운 차용은 대량 차용과 개별 차용으로 나뉜다. 대량 차용의 대표적인 사례로는 앞서 언급한 문백이독 외에도, 최근 신파 방언(新派方言)에서 베이징음을 차용하는 현상이 있다. 예를 들어, 신파 쓰촨 관화(四川官話)에서 중고중국어 견모 이등(見母二等) 글자의 백독음 성모가 구개음화되어 [tɕ]로 발음된다.

개별 글자 차용은 더 보편적이다. 예를 들어, 원저우어(溫州話)에서 "車"와 "卸"의 상하이음을 빌려 사용한 사례가 있다.

음운 차용은 주로 성모(聲母)나 운모(韻母)를 차용하거나, 성모와 운모를 동시에 차용하는 경우가 많다. 그러나 성모를 차용하지 않고 성조만 차용하는 경우는 드물다. 이는 성조가 성모와 운모보다 더 안정적이기 때문으로 보인다.

새로운 음운 요소가 차용된 후에는 보통 이를 수정하여 해당 방언의 기존 음운 체계에 통합한다. 이를 통해 추가적인 음소를 더하지 않고 기존 체계 안에서 활용한다. 다만, 일부 특정 방언에서는 문독음과 백독음의 음운 체계가 서로 다르다.

2. 어휘의 차용

방언의 어휘 차용은 과거와 현재를 막론하고 매우 보편적이고 자주 발생하는 현상이다. 서진(西晉) 시기 곽박(郭璞)의 『방언주(方言注)』에서도 한대(漢代) 이래 방언 어휘 차용의 사례를 많이 발견할 수 있

다. 예를 들어:

"胇(비), 햇빛에 말리다. 물건을 건조시키는 것이다. 양(揚, 양주)과 초(楚, 초나라)의 공용어이다. 방언주: 이는 지금 북방에서 통어이다.(胇, 晒, 干物也.揚、楚通語也. 注: 亦今北方通語耳.)"

"簟(점), 송(宋, 송나라)과 위(魏, 위나라) 사이에서는 이것을 '笙(생)'이라 불렀다. 방언주: 지금 쟝둥(江東)에서도 통어'笙(생)'이라 한다.(簟, 宋魏之間謂之笙. 注: 今江東通言笙.)"

"賀(하), 짐을 나르다. 관(關) 서쪽의 농(隴)과 기(冀) 지역에서는 이를 '賀(하)'라 부른다. 방언주: 오늘날의 쟝난(江南)에서도 그러하다.(賀, 担也, 關而西隴冀以往謂之賀. 注: 今江南語亦然.)"

"箄(배), 관(關) 서쪽 진(秦)과 진(晉)지역에서는 이를 '箄(배)'라 부른다. 방언주: 지금 쟝난에서도 대나무로 만든 바구니를 '箄(배)'라 부른다.(箄, 自關而西, 秦晉之間, 謂之箄.注: 今江南亦名籠為箄.)"

방언 어휘 차용의 주요 원인은 크게 세 가지이다.

첫째, 甲방언 지역에서 발생한 새로운 사물이 乙방언 지역에는 존재하지 않을 때이다. 예를 들어, 영어 T-shirt에서 유래한 T恤衫(티셔츠)라는 단어는 광저우에서 발생한 후 상하이로 전해졌다. 이 단어는 웨어(粵語)에서 우어(吳語)로 차용되었다.

둘째, 열세 방언이 기존의 단어를 포기하고 우세 방언에서 상응하는 단어를 차용하는 경우이다. 예를 들어, 우어는 기존의 영희(影戲)라는 단어를 버리고 관화(官話)의 단어인 영화(電影)를 차용하였다.

셋째, 甲방언의 단어가 표현하는 의미가 乙방언에서는 대응 단어가 없을 때이다. 이러한 상황에서는 乙방언이 甲방언의 단어를 차용하기 쉽다. 예를 들어, 관화(官話)는 우어(吳語)의 尴尬(감개)라는 단어를 차용하였다.

방언 어휘 차용의 방식에는 두 가지가 있다.

첫째, 의미만 차용하고 음운은 차용하지 않는 방식이다. 이러한 단어들은 각 방언에서 공용으로 사용하는 한자로 기록할 수 있으며, 발음은 원래대로 유지되고 단지 어휘적 의미만 차용한다. 예를 들어, 관화(官話)가 우어(吳語)에서 차용한 貨色(화색), 名堂(명당) 같은 단어가 이에 해당한다.

둘째, 음운과 의미를 함께 차용하는 방식이다. 예를 들어, 북방 관화(北方官話)가 시난 관화(西南官話)에서 차용한 대동사(代動詞) "搞"를 들 수 있다. "搞"는 『광운(廣韻)』에 보이지 않으며, 본래는 "攪"가 정자(正字)이다.

"攪"는 중고중국어에서 개구 이등(開口二等) 교운(巧韻) 견모(見母)로 속하며, 본래 의미는 "휘젓다(攪拌)"였다. 이는 『광운(廣韻)』 교운(巧韻) 고교절(古巧切)에 기록된 바와 있으며, "손으로 움직이다. 『설문해자(說文解字)』에서는 '혼란스럽다'고도 한다.(手動.『說文』亂也.)"고 기록하였다.

베이징 관화(北京官話)에서 이 글자는 현재 [tɕiau³]로 읽히며, 시난 관화(西南官話)에서는 [kau³]로 읽힌다. 이후 이 글자는 시난 관화에서 "무엇을 하다, 어떤 일을 하다(做, 干(某事))"라는 뜻으로 의미가 확장되었고, "농(弄)"과 유사한 뜻을 가지게 되었다. 예를 들어, "攪好了(잘했다)", "攪壞了(망쳤다)", "攪懂了(이해했다)" 등에서 쓰인다. 북방 관화는 이 단어의 확장된 의미와 발음을 시난 관화에서 함께 차용하였으며, 새로운 형성문자인 "搞"를 만들어 이 차용어를 기록하였다. 이 단어는 [kau^3]로 읽힌다.

3. 문법의 차용

문법적 구조는 음운이나 어휘보다 안정적이고 보수적인 경향이 있으므로 문법의 차용은 음운이나 어휘만큼 용이하지 않다. 현재 관찰된 문법 차용 현상은 대부분 남방 방언이 관화(官話) 구조를 차용한 경우에 해당한다. 예를 들어, 관화 문장 "你先走(네가 먼저 가라)"는 원저우어(溫州話)에서 세 가지 방식으로 표현될 수 있다.

① 你走去先。
② 你先走去先。
③ 你先走。

첫 번째 표현은 기존의 방식으로, 부사 "先(먼저)"가 동사 뒤에 위치한다. 후자의 두 가지 표현은 관화 구조를 차용한 결과로, "先"이 동사 앞에 위치할 수 있게 되었다. 두 번째 문장에서는 "先"이 두 번

등장하며, 뒤에 오는 "先"은 경성(輕聲)으로 발음된다. 세 번째 문장은 단어 순서가 관화와 완전히 동일하다. 현재 세 가지 방식이 공존하며, 두 번째 방식은 첫 번째에서 세 번째로의 구조 변화 과정에서 나타나는 과도기적 표현일 가능성이 있다.

또 다른 유사한 예로, 관화의 문장 "再吃一碗飯(밥 한 그릇을 더 먹다)"은 원저우어에서 세 가지로 표현된다.

① 吃碗飯添.

② 再吃碗飯添.

③ 再吃碗飯.

첫 번째 문장에서는 "添(더하다)"가 문장 끝에 위치한다. 두 번째 문장은 "添"이 후치되고, 동시에 "再(다시)"가 전치되어 중복적인 구조를 가진다. 여기서 "再"를 앞에 배치한 것은 관화 구조를 차용한 결과이다. 세 번째 문장은 후치된 "添"을 완전히 생략하여 구조가 관화와 동일하게 되어 있다. 이는 미래의 발전 방향을 보여주는 것으로 보인다.

방언에서 관화의 문법 구조를 차용하는 사례는 드물다. 그러나 방언을 모어로 사용하는 사람이 표준화된 관화(普通話)나 국어(國語)를 말할 때 방언의 문법 구조를 차용하는 경우가 있다. 예를 들어, 閩語(민어)에서 "有(있다)"는 동사나 동사구 앞에 위치하여 동작의 완료를 나타낼 수 있다. 이를 모어로 사용하는 타이완 주민들이 사용하는 타이완 통용어에서는 다음과 같은 문장이 나타난다.

① 昨天我有說你拿了錢嗎?
어제 내가 네가 돈을 가져갔다고 말했니?

② 我有叫你賠這筆錢嗎?
내가 너더러 이 돈을 물어내라고 했니?

③ 這鍋飯有熟.
이 솥의 밥은 익었다.

④ 我早上有搽在家里.
오늘 아침에 나는 분명히 집에 있었다.

또한, 웨어(粵語) 사용자가 말하는 관화에서도 웨어의 문법 구조를 차용한 사례가 나타난다. 예를 들어, "你知不知道他來了?(그가 왔는지 네가 알지 못하니?)"라는 문장은 반복 의문문 형태를 가지며, 동사 "知道(알다)"를 중복 사용하고 그 사이에 부정 부사 "不(아니다)"를 삽입한다. 여기서 동사는 두 음절로 된 복합어인데, 처음 등장했을 때 첫 음절만 사용되었다. 이는 웨어 문법의 특징이다. 이 문장을 베이징 관화로 표현하면 보통 "你知道不知道他來了?"가 된다. 이 경우 첫 번째 "知道"도 두 음절로 발음된다.

제2절 방언의 위축과 전용

방언의 축소(萎縮)는 두 가지 함의를 지닌다. 첫째는 특정 방언의 지리적 분포가 축소되는 것을 의미하며, 이에 대응하여 다른 방언의 확장이 발생한다. 둘째는 특정 방언의 특징이 점차 약화되는 현상을 뜻한다.

중국어의 몇 대 방언은 형성 이후 지리적 분포에서 축소와 확장이 나타났다. 지리적 분포에서 가장 두드러지게 축소된 것은 샹어(湘語)와 우어(吳語)이며, 확장이 두드러진 것은 관화(官話)와 민어(閩語)이다.

고대 샹어(古湘语)의 분포지역은 현재의 후난성(湖南省) 전체와 대체로 일치했다. 남조(南朝)에서 당대(唐代) 중기에 이르는 기간 동안, 대규모 북방 이주민이 가져온 방언이 현재의 창더(常德) 지역에 뿌리를 내렸다. 양송(兩宋) 시기의 300년 동안, 위안수이(沅水) 중상류 지역이 행정적으로 후베이성(湖北省)에 포함되면서 북방 방언이 원수 전역으로 확장되었다. 명청(明清) 시대에는 장시성(江西省) 이주민의 대규모 이주로 인해 상동(湘東)의 좁고 긴 지역이 간어(贛語)지역으로 전락했다.

우어(吳語) 지역은 양진(兩晉) 시기에 녕진(寧鎮) 지역을 잃었으며, 북방 방언에 점령되었다. 명말(明末)과 청초(清初)에는 저난(浙南) 경계 지역이 민어 지역으로 전환되었다. 지리적 확장이 뚜렷한 관화와 민어는 역사적으로도 위와 같은 영역 외에 관화는 명청 시대에 동북(東北), 서북(西北), 서남(西南)으로 대규모 확장되었다. 민어는 대략 송대에 차오셴(潮汕) 지역으로, 명청 시대에는 타이완과 하이난다오(海南島)로 확장되었다.

방언 특징의 축소는 열세 방언의 발전 경향이라 할 수 있다. 우세 방언에 비해 열세 방언의 모든 특징은 지속적으로 축소되고 있다.

방언 특징 축소 현상의 가장 전형적이고 명확한 사례는 샹어이다. 샹어의 특징이 축소된 주요 사례는 두 가지로, 첫째는 고대 전탁성모(全濁聲母)의 쇠퇴이며, 둘째는 고대 입성(入聲)의 쇠퇴이다. 전탁성모의 쇠퇴는 자음 분포와 탁도의 두 측면에서 관찰할 수 있으며, 강도에 따라 네 등급으로 나눌 수 있다. 첫째 등급은 고대 전탁성모가 평측(平仄)을 막론하고 모두 탁음으로 발음되며 탁도가 매우 강한 것으로, 린샹(臨湘), 우강(武岡), 청부(城步) 세 현만 해당한다. 둘째 등급은 고대 전탁성모가 평측을 막론하고 모두 탁음으로 발음되지만, 탁도가 약한 반탁음 상태로, 둥안(東安), 둥커우(洞口) 등 7개 현만 포함된다. 셋째 등급은 고대 전탁성모가 평성(平聲)에서는 탁음으로, 측성(仄聲)에서는 청음으로 발음된다. 넷째 등급은 평성에서 반탁음으로, 측성에서는 청음으로 발음된다. 이러한 쇠퇴는 단계적으로 명확히 나타난다.

입성의 경우, 대부분의 지역 방언에서는 입성운미(塞音尾)를 잃게 되었으며, 독립된 조류(調類)로만 남아 있는 정도다. 이는 단지 이른

바 "가입성(假入聲)"만 유지하고 있는 것이다. 소수의 지역에서는 조류도 독립성을 잃었다. 심지어 다수의 우어처럼 성문폐쇄음(喉塞尾) ʔ을 유지하는 지역도 없다. 쇠퇴의 흔적은 매우 뚜렷하다.

이제 문법적 특징의 쇠퇴를 예로 들어보겠다. 우어 우이어(武義話)에서는 명사 소칭(小稱)을 표현할 때 원래 변운(變韻)의 방법을 사용했다.

예를 들어, 鞋(신발) ɦia²→小鞋(작은 신발) ɦiŋ². "鞋"의 운모는 원래 ia이며, 소칭으로 변환할 때 iŋ으로 변한다. 그러나 이러한 표현 방식은 쇠퇴하여 소수의 오래된 명사에만 남아 있으며, 더 이상 새로운 소칭 명사를 구성하지 않는다. 현재는 변조(變調)를 통해 소칭을 표현하는 방식이 일반적이다. 예를 들어, 書(책) ɕy¹→小書(작은 책)ɕyʔ⁷이 있다. 소칭을 표시할 때, 음평조(陰平調)를 음입조(陰入調)로 변환한다. 혹은 관화에서 차용한 표현 방식, 즉 "小(작은)"를 명사 앞에 두는 방식도 사용한다.

방언 특징의 쇠퇴가 계속해서 을(乙) 방언의 차용으로 인해 발생한 것이라면, 쇠퇴와 동시에 을 방언의 특징이 계속 추가된다. 극단적인 변화를 거치면 방언의 전용이 발생하게 된다. 이는 원래 갑(甲) 방언을 사용하던 사람들이 을 방언이나 이에 유사한 방언으로 전환하는 것이다. 방언의 쇠퇴로 인한 전용 과정은 매우 느리며, 단 몇 세대 안에 완성되는 일이 아니다.

가장 전형적인 예는 창사(長沙) 일대의 이른바 신샹어(新湘語)다. 전통적인 방언 분류법은 샹어를 신샹어와 노샹어(老湘語)로 나누었다.

이러한 분류는 역사적 기원을 기준으로 하며, 현대 방언의 공시적 차이를 고려하지 않는다. 사실 공시적 관점에서 보면, 신샹어는 시난관화(西南官話)와 더 가까워 서로 의사소통에 어려움이 없으며, 노샹어와는 차이가 커 의사소통이 매우 어렵다. 창사 지역의 방언은 관화의 장기적 영향과 침투로 인해 샹어의 특징이 극도로 쇠퇴했고, 현대에 이르러 시난관화의 하위 방언으로 변모한 것으로 볼 수 있다.

현재 창사어를 한커우어(漢口話, 시난관화), 쌍봉어(雙峰話) 또는 청부어(城步話, 모두 노샹어)와 비교해 이들 사이의 음운과 어휘를 예로 들어 보겠다. 음운의 예는 표6.1에 나와 있다.

표6.1에 7개의 예자가 수록되어 있으며(자음은 『중국어방음자휘(漢語方音字匯)』를 기준으로 함), 이를 통해 운모의 개폐 측면에서 창사어와 한커우어가 4항목에서 동일한 점을 확인할 수 있다. 반면, 장사어와 쌍봉어는 동일한 점이 없다. 이 예자들은 또한 성모 측면에서도 창사어와 한커우어가 더 가깝다는 것을 보여준다. 실제로 쌍봉어에는 전탁성모(b, d, dz, dʑ, g)가 있지만, 창사어와 한커우어에는 이러한 성모가 없다.

표6.1 장사(長沙), 한커우(漢口), 솽펑운모 개합비교(雙峰韻母開合比較)표

분류	글자	창사長沙	한커우漢口	솽펑雙峰
端系一等合口	對	tei^5	tei^5	tue^5
精組三四等合口	旬	$sən^2$	$ɕyn^2$	$dzuən^2$

知系合口	船	$tɕy\tilde{e}^2$	$tɕ^huan^2$	$du\tilde{i}^2$
莊組陽韻開口	床	$tɕ^hyan^2$	$ts^huaŋ^2$	$dzaŋ^2$
見系一等果韻合口	果	ko^3	ko^3	ku^3
見系一二等合口	光	$kuan^1$	$kuaŋ^1$	$kaŋ^1$
見系三四等合口	决	$tɕye^7$	$tɕye^2$	tue^2

표6.2는 몇 가지 일반적인 상용 어휘를 비교한 것이다. 표에는 닫힌 범주의 단어, 즉 대명사(세 지역이 동일한 항목은 제외), 구조 조동사, 부정 조동사가 열거되어 있다. 또한 방언을 구별하는 데 사용할 수 있는 전형적인 농사 누 개도 선택석으로 열서되었다. 어휘 자료는 자오위안런(趙元任) 등이 작성한 『후베이 방언 조사 보고서(湖北方言調查報告)』와 양스펑(楊時逢) 등이 작성한 『후난 방언 조사 보고서(湖南方言調查報告)』를 근거로 하였다.

표에 나오는 어휘 중 "이것(這個)"과 "저것(那個)"을 제외하고는 창사(長沙)와 한커우(漢口)가 완전히 동일한 어휘를 사용하고 있다. 반면, 장사와 청부(城步)는 모든 어휘가 서로 다르다. 통화에 방해가 되는 주요 요소는 어휘 차이이다. 따라서 신샹어(新湘語)와 노샹어(老湘語)는 서로 의사소통이 어려운 반면, 신샹어와 시난관화(西南官話)는 의사소통에 아무런 문제가 없다. 사실, 어휘뿐만 아니라 음운 체계에서도 노샹어는 우어(吳語)와 더 가까우며, 신샹어와는 더 멀다.

표6.2 창사(長沙), 한커우(漢口), 청부(城步) 의 상용단어 비교표

詞	長沙	漢口	城步
我們	我們	我們	我里
他	他	他	渠
這個	kei^{5}個	這個	個項
那個	kə個	那個	ȵi^{5}項
谁	哪個	哪一個	tɕia^{3}個
的	的	的	個[kə^7]
不	不	不	冒
說	說	說	講
站	站	站	企

상술한 방언 특성의 극단적인 축소 외에도, 방언 전용의 원인은 방언의 겸용(兼用), 즉 이중 언어 현상이 장기간 유지될 수 없기 때문일 수도 있다. 이에 대한 자세한 내용은 제4절을 참조하라.

제3절 방언의 복잡한 혼용

방언이 오랜 기간 상호 접촉하고 차용한 또 다른 결과는 방언의 복잡한 혼합이다. 이는 혼합형 방언(混雜型方言)을 형성하며, 이는 혼합 언어 또는 크레올 언어(Creole)와 유사한 개념이지만, 두 개념의 계층 수준이 다르다. 크레올 언어는 서로 다른 언어의 혼합을 의미하지만, 혼합형 방언은 같은 언어 내 방언 간의 혼합을 지칭한다.

혼합형 방언의 주요 특징은 다음과 같다. 첫째, 이미 고유한 형태로 정착하여, 다른 방언과 뚜렷이 구별되는 특성을 갖고 있다. 둘째, 일시적인 언어 현상이 아니라, 해당 사용 지역 또는 지역에서 주민들이 세대를 이어 사용하는 모국어이다. 셋째, 혼합형 방언에 포함된 다양한 방언의 구성 요소나 계층을 구분할 수 있다. 넷째, 방언을 분류하거나 지역적으로 구분할 때, 혼합형 방언의 귀속이 종종 논란이 된다.

혼합형 방언은 다음 세 가지 유형의 지역에서 발생할 가능성이 있다. 첫째, 이민자가 많은 대도시에서 발생한다. 가장 대표적인 예는 상하이(上海)이다. 상하이의 인구 통계에 따르면, 1934년에는 원적지가 외지인 주민이 75%를 차지했으며, 1950년에는 85%에 이르렀다. 이 이민자들의 주요 방언은 쑤난(蘇南)과 저베이(浙北)의 우어(吳語)였다. 쑤난과 저베이의 우어가 상하이 본지 사람들의 우어와 융합되면서 혼합형 상하이 방언을 형성했다. 이 세 방언 모두 우어 타이후편(太湖片)에 속하므로 상하이 방언은 타이후편 내부의 혼합 방언이라 할 수 있다. 따라서 타이후편 주민들은 이를 쉽게 이해하고 배우기 용이하다.

제3장에서 이민사적 관점에서 상하이 방언의 혼합성을 논의하고 구문적 예시를 들었다. 이번에는 몇 개의 단어를 선택하여 표6.3에 나열하고, 이를 통해 상하이 방언 음운의 혼합적 성격을 설명한다.

표는 지난 100년간 상하이 방언을 세 개의 역사적 시기로 구분한다.[2] 제1기는 19세기 후반에서 1920년대 이전까지, 제2기는 1920에서 1950년대 이전까지, 제3기는 1950~1960년대이다. 상하이 인구는 제3기에 이르러 안정되어 대규모 이민 유입이 멈췄고, 상하이 방언 역시 이 시기에 안정되었다.

표에 나열된 방언 비교는 상하이 시내 외에 쑹장(松江), 쑤저우(蘇州), 닝포(寧波)의 방언을 포함한다. 상하이는 옛날에 쑹장부(松江府)에 속했으며, 쑹장부의 방언은 상하이 방언의 기반이 되었다. 표는 쑤저우 방언을 쑤난 우어의 대표로, 닝포 방언을 저베이 우어의 대표로 삼아 이 세 지역 우어와 상하이 방언 제1기부터 제3기까지의 차이점을 비교한다.

---

2 후밍양(胡明揚), 『상하이어 백년동안의 변화들(上海話一百年來的若干變化)』, 「중국어문(中國語文)」 1978년 제3호 참조.

비교 항목은 총 6가지이다. 첫째, 성모(聲母)에서 종모(从母) 등의 현대 음운이 dz나 z로 발음되는 경우를 비교한다. 둘째, 첨단음(尖團音)의 분화 여부를 비교한다. 셋째, 운모(韻母)에서 회운(咍韻)과 담운(覃談) 두 운모의 분화를 비교한다. 넷째, 환운(桓韻)의 견모(見母) 음운을 비교한다. 다섯째, 선운(先韻)의 현대 음운(합구사등)을 비교한다. 여섯째, 환운(桓韻)의 방조(幫組) 음운을 비교한다.

비고란에는 각 항목에서 제3기 상하이 방언의 변화가 쑤난이나 저베이 우어의 영향을 받은 것임을 명시했다.

표6.3 현대 상하이(上海) 방언 성모(聲母)와 운모(韻母) 속의 쑤난(蘇南)과 저베이(浙北) 우어(吳語) 성분

序	例字	上海			松江	蘇州	寧波	備考
		一	二	三				
1	从	dz	z	z	z	z	dz	蘇南
2	千牵	≠	≠	=	≠	≠	=	浙北
3	來蘭	≠	=	=	≠	=	≠	蘇南
4	官	uẽ	ue	uø	ue	uø	ũ	蘇南
5	縣	yø	yø	y	iø	yø	y	浙北
6	半	ẽ	e	ø	e	ø	ũ	蘇南

민서북(閩西北) 지역의 사오우(邵武) 방언은 민어(閩語)와 커쟈간어(客贛方言) 성분이 혼합된 혼합형 방언이다.

현재 사오우 주민의 선조들 중 10명 중 8~9명은 쟝시(江西)에서 이주해온 사람들이다. 이민의 대부분은 송대(宋代) 시기이며, 남송(南宋) 초기 이주민이 북송(北宋) 시기보다 많았다. 쟝시에서 온 커쟈贛어가 현지 토착의 민어와 섞여 독특한 사오우 방언을 형성하였다.

현대 사오우 방언을 쟝시(江西)의 난청(南城, 고대는 부주建昌) 방언과 민베이(閩北) 젠어우(建甌) 방언과 비교해 보면, 사오우 방언 속에서 객감어 성분과 민어 성분을 구분할 수 있다. 예를 들어, 사오우와 난청 방언의 경우 고대 전탁성모(全濁聲母)가 현재 음으로 평측(平仄)에 상관없이 송기청음(送氣清音)으로 읽히는 것은 객간어의 특징이다. 아래는 "坐(앉다)", "蠶(누에)", "賊(도적)" 세 글자의 발음의 예시이다.

사오우(邵武) : $t^hɔ^6$, t^han^2, $t^heʔ^7$
난청(南城) : t^hoi^3, t^hon^2, $t^hə^7$

반면, 사오우와 젠어우 방언의 경우 고대 래모(來母)가 s로 발음되는 것은 민어의 특징이다.

표6.4 푸젠(福建) 사오우(邵武)와 젠어우(建甌) 방언의 來母의 민어특징

방언 \ 단어	卵	露	螺	李	鱗
邵武	son^3	so^5	$suei^7$	$sə^5$	$sæn^5$
建甌	$sɔŋ^6$	su^6	$sɔ^5$	$sɛ^6$	$saiŋ^5$

핑양 만화(平陽蠻話)는 저장성(浙江)의 남부 오강(鰲江) 남안 지역(원래 핑양현(平陽縣)에 속했으나, 1981년 핑양현에서 창녕현(蒼南縣)으로 분리됨)에 분포한다. 『핑양현지(平陽縣志)』에 따르면, 만화(蠻話)는 토착 방언으로 약 20만 명이 사용한다. 핑양만화의 특징은 우어(吳語)와 민어(閩語)의 특성을 모두 가지고 있다는 점이다. 주요 우어적 특성으로는 고대 전탁 성모(全濁聲母)가 현대 음에서 탁음으로 발음된다는 것, 입성 운미가 하나의 후설음(ʔ)만 유지된다는 것, 그리고 비운미가 하나의 체계를 유지한다는 점(즉, -ŋ으로 끝나는 운미만 존재함)이다. 주요 민어적 특성으로는 일부 고대 설상음(知, 彻, 澄)이 설두음(舌頭音)으로 발음된다는 점이 있다. 예를 들어 "돼지"는 ty¹, "벌레"는 doŋ²로 발음된다. 또한 어휘에서 우어와 다른 민어와의 유사성이 많이 나타난다.

이자러(易家樂)의 연구에,[3] 광둥성(廣東) 북부 난슝현(南雄縣) 성관진(城關鎮)에서 사용되는 난슝방언(南雄方言)의 백독음(白讀音)은 민어(閩語)에 가깝고, 문독음(文讀音)은 샹어(湘語)에 가깝다. 음운적으로 웨어(粵語), 민어(閩語), 샹어(湘語), 간어(贛語)와 객어(客語)의 특징을 모두 가지고 있다.

난슝(南雄)은 웨어(粵語), 민어(閩語), 샹어(湘語), 간어(贛語), 객어(客語)의 다섯 주요 방언구와 인접해 있어, 역사적으로 다양한 방언의 지속적인 접촉이 지금의 난슝방언(南雄方言)의 혼합적인 성격을 만들어 낸 것은 이해하기 어렵지 않다.

---

3 易家樂(S. Egerod), 「난슝방언기략(南雄方言記略)」, 『방언(方言)』, 1983년 제2기.

방언섬에서 사용되는 방언은 섬 내부와 외부 방언의 특성을 겸하고 있어 혼합방언의 성격을 가지는 경우가 많다. 이러한 예로는 항저우어(杭州話), 난핑어(南平話), 마어(麻話) 등이 있으며, 이는 제3장에서 이미 언급되었다.

혼합방언의 기원에 대해 아직 깊이 연구되지 않은 사례도 있다. 예를 들어, 후난성(湖南) 서북부의 와향어(瓦鄉話)는 샹어(湘語)와 시난관화(西南官話)에 둘러싸인 지역에서 사용되지만, 이 두 방언과의 연결고리를 찾기 어렵다.

와향어(瓦鄉話)의 음운체계는 명확한 혼합적 성격을 가지고 있다.[4]

또한 링어(伶話)는 광시성(廣西) 룽성현(龍勝縣) 북부 태평당촌(太平塘村)에서 사용되는 중국어방언으로, 약 200명이 사용한다. 룽성(龍勝) 동부에는 묘족(苗族) 약 1만여 명이 거주하며, 그들의 방언은 링어(伶話)와 거의 동일하다. 현대 링어(伶話)는 본래 방언에 기반하면서 다른 방언의 성분이 섞인 혼합방언이다.

링어(伶話)의 특징으로는 동일한 중고 성모(中古聲母) 또는 중고 운모(中古韻母)에 대해 두 가지 발음이 존재한다는 점이다. 예를 들어, 비봉미 세 성모(非奉微三母)는 구어에서 자주 사용하는 단어에서 중순음(重唇音)으로 발음되고, 문어와 신조어에서는 경순음(輕唇音)으로 발음된다. 또한, 호운(豪韻)은 두 가지 발음(u와 ɔ)을 가진다. 예를 들어, "毛

4 왕푸스(王輔世), 『후난 루시 와향어 음운(湖南瀘溪瓦鄉話語音)』, 『언어연구(語言研究)』 1982년 제1기 참조.

(모)"는 mu^{22}로, "帽(모)"는 $mɔ^{44}$로 발음된다.[5]

위 두 방언의 혼합적 성격은 명확히 확인되지만, 어떤 방언이 혼합되어 형성된 것인지는 파악하기 어렵다.

방언 또는 서면어에 나타나는 "합벽사(合璧詞)"는 방언 혼합이 어휘에 반영된 사례이다. "합벽사(合璧詞)"라는 개념은 필자가 제안한 것으로, 이 용어는 두 음절로 구성된 합성어의 두 어소가 각각 다른 언어 또는 방언에서 유래한 것을 의미한다. 예를 들어, 원저우 방언(温州話)에서의 "翅膀(날개)"은 "翼(익)"과 "膀(방)"의 동의 합벽사이다. "합벽사(合璧詞)"의 개념을 이해하기 위해 몇 가지 사례를 추가로 살펴볼 수 있다. 예를 들어, 베이징어(北京話)와 장사어(長沙話)에서는 "剪刀(가위)"를 "剪子"나 "剪刀"로 부르며, 샤먼어(厦門話)과 푸저우어(福州話)에서는 "鉸刀"라고 부른다. 원저우어(温州話)과 광저우어(廣州話)에서는 "鉸剪"이라고 부르는데, 이는 "鉸"와 "剪"이라는 동의어를 결합한 것이다.

또 다른 예는 "翅膀(날개)"이다. 베이징어와 창사어에서는 그대로 "翅膀"이라 부르지만, 메이셴어(梅縣話), 광저우어(廣州話), 샤먼어(厦門話), 푸저우어(福州話)에서는 "翼"이라고 부른다. 원저우어에서는 "翼膀"이라는 동의 합벽사를 사용하여 "翼"과 "膀"을 결합한다.

또한 "咳嗽(기침)"의 경우, 원저우어, 샤먼어, 푸저우어에서는 "嗽"

5 왕푸스(王輔世), 『광시 룽성 영화기략(廣西龍勝伶話記略)』, 『방언(方言)』 1979년 제2~3기 참조.

라 부르며, 광저우어에서는 "咳"라고 부른다. 관화(官話)의 "咳嗽"는 동의어 "咳"와 "嗽"가 합쳐진 합벽사이다.

이 밖에도 "池塘(연못)", "繩索(밧줄)", "墳墓(묘지)", "寬闊(넓다)", "尋找(찾다)", "光亮(밝다)", "傳遞(전달하다)", "潮濕(습하다)", "飢餓(배고프다)", "玩耍(놀다)", "關閉(닫다)", "哄騙(속이다)" 등의 합벽사가 있다. 이러한 합벽사는 대부분 서면어에서 두 음절로 구성된 단어로 나타나지만, 많은 방언의 구어에서는 단음절로만 발음되며, 두 어소 중 하나만 사용된다.

합벽사는 한자어에서 단음절에서 이음절로 발달하는 과정의 중요한 사례 중 하나이며, 각 방언의 어휘적 특징과 상호작용을 이해하는 데 중요한 역할을 한다.

표6.5 중국어 방언에서의 합벽사의 예시

方言	池塘	繩索	剪刀	坟墓	寬闊	翅膀	咳嗽	尋找
北京	池子	繩子	剪子	坟	寬	翅膀儿	咳嗽	找
成都	池塘	繩子 索子	剪刀	~	~	~	~	~
合肥	塘	繩	剪子	~	~	膀子	~	~
西安	池塘	繩子	~	~	~	翅膀儿	~	~
蘇州	池塘	~	剪刀	~	闊	~	~	尋

溫州	池	繩 索	鉸剪	~	~	翼膀	嗽	~
長沙	池塘	繩子	剪刀	~	寬	翅膀	咳嗽	~
南昌	~	~	~	~	~	~	~	~
梅縣	~	索	~	地	闊	翼	~	~
廣州	塘	繩	鉸剪	坟墓	寬	~	咳	搵
廈門	池塘	索子	鉸刀 剪刀	墓 風水	闊	~	嗽	揮
福州	池	~	鉸刀	墓	~	~	~	討

(~위와 같음을 표시함)

제4절 방언의 겸용

한 사회의 주민들이 일상생활에서 서로 다른 상황에 따라 두 가지 이상의 방언을 구두로 사용하는 현상을 일반적으로 이중언어 현상(雙言現象, diglot)이라 한다. 이러한 두 가지 이상의 방언을 능숙하게 사용하는 주민을 방언 겸용자 또는 이중언어 사용자(雙言人, diglot)라고 한다. 광의의 이중언어 현상에는 방언과 표준어의 겸용도 포함되지만, 협의의 이중언어 현상은 표준어를 포함하지 않는다. 여기서는 후자를 논의한다.

이중언어 현상이 형성되기 위한 전제는 두 가지(혹은 그 이상)의 방언 간 차이가 비교적 뚜렷하여 의사소통에 영향을 미쳐야 한다는 점이다. 만약 차이가 극히 미미하다면, 교류에서 굳이 이중언어를 사용할 필요가 없으므로 이중언어 현상은 장기간 유지되지 못한다. 그 결과는 방언의 동화 또는 융합으로 나타난다. 예를 들어, 닝포(寧波) 사람이 상하이(上海)에서 닝포 방언을 사용해도 문제가 없으므로 이중언어 체제를 채택할 필요가 없다. 또는 닝포 억양이 섞인 상하이 방언으로 전환할 수 있으며, 2세대에 이르면 상하이 방언으로 동화될 가능성이 크다. 상하이에서의 이중언어 현상은 상하이어와 웨어, 상하이어와 관화, 상하이어와 원저우어 사이처럼 차이가 큰 방언들 사이에서만 존재한다.

이중언어 현상이 나타날 가능성이 있는 네 가지 환경은 다음과 같다.

첫째, 혼거형 이중언어 체제이다. 모국어가 다른 주민들이 동일한 지역에 함께 거주하는 경우이다. 예를 들어, 푸젠성(福建) 룽옌(龍巖), 난징(南靖), 핑화(平和), 자오안(詔安) 서부에는 민난어(閩南語)와 커자어(客家語)를 사용하는 사람들이 섞여 사는 길게 이어진 지역이 있다. 이 지역 주민들은 민난어와 커자어를 모두 겸용한다. 융펑(永泰), 푸칭(福清) 남부, 후이안(惠安) 북부의 접경지역 주민들은 본토 방언(민둥어(閩東語)와 민시어(閩西語))뿐 아니라 푸셴어(莆仙語)도 사용한다.

둘째, 도시형 이중언어 체제이다. 도시 내에서 다른 방언 지역에서 이주해 온 주민과 그 후손들은 모국어와 해당 도시의 방언을 겸용하는 경우가 많다. 예를 들어, 베이징(北京)에서의 상하이 사람, 상하이에서의 광동(廣東) 사람 등이 해당된다.

셋째, 경계형 이중언어 체제이다. 특정 지역의 주민들은 내부 교류 시에는 본지 방언을 사용하고, 인접 방언 지역의 주민과 교류할 때에는 외지 방언을 사용하는 경우이다. 이러한 상황에서 본지 방언은 대개 열세 방언이고, 외지 방언은 우세 방언인 경우가 많다. 예를 들어, 저장(浙江) 남부의 리수이(麗水) 주민들은 내부 교류 시 리수이 방언을 사용하지만, 원저우 사람과 대화할 때에는 원저우 방언을 사용한다. 이러한 관계는 역전되지 않는다. 또, 후난성(湖南) 남부의 지아허(嘉禾), 란산(藍山), 린우(臨武), 닝위안(寧遠), 이장(宜章), 구이양(桂陽), 신티엔(新田), 다오셴(道縣), 쟝화(江華), 쟝융(江永) 등지의 주민들은 두 가지 방언을 겸용한다. 본지 주민들은 일상 대화에서는 본지 토착어를 사용하고, 외지 사람과 교류하거나 독서할 때에는 천저우(郴州) 방언과 유사한 시난 관화를 사용한다. 후난 남부 각지의 토착어는 차이가 커서, 주민들끼리도 이런 시난 관화를 사용해 교류한다.

넷째, 방언섬 이중언어 체제이다. 방언섬이 처음 형성될 때에는 대개 단일 방언을 사용하지만, 시간이 흐르면서 섬 외의 방언도 사용하게 될 수 있다. 예를 들어, 저장성 츠시(慈溪)의 민어(閩語) 방언섬에서는 이중언어 현상이 매우 일반적이다. 현재는 거리에서는 주로 우어(吳語)를 사용하고, 민어는 가정 내에서만 사용된다.

이중언어 사용자가 이중언어를 습득하는 환경은 크게 두 가지로 나뉜다. 하나는 이중언어 공동체나 환경에서 어린 시절을 보낸 경우로, 언어 학습에 최적의 시기에 이중언어를 습득한 사람들이다. 이들은 양쪽 방언에 대한 숙련도가 거의 동일하다. 다른 하나는 성인이 된 후 교류의 필요성, 예컨대 다른 방언 지역으로의 이주나 인접 방언 지역 주민과의 교류 필요성으로 두 번째 방언을 배운 경우이다. 이론적으로 이중언어 사용자는 두 가지 이상의 방언을 동일한 숙련도로 사용할 수 있어야 한다.

하지만 실제로 위에서 언급한 두 번째 유형의 이중언어 사용자가 모국어와 제2방언의 숙련도에는 명확한 차이가 있다. 두 번째 유형의 이중언어 사용자가 제2방언을 사용하는 것은 수동적이다. 그들의 "내부 언어(內部語言, internal language)", 예를 들어 심사숙고, 암산, 묵독을 할 때 사용하는 언어는 그들이 처음 습득한 방언, 즉 모국어이다. 반면 첫 번째 유형의 이중언어 사용자는 이중언어를 완전히 자유롭게 사용할 수 있다. 인원수 면에서는 두 번째 유형의 이중언어 사용자가 첫 번째 유형보다 훨씬 많을 가능성이 크다.

이중언어 현상이 사회 내에서 한 번 형성된 후에는 어떤 발전 경향을 보이는가? 이중언어 체제가 장기간 유지될 것인가, 아니면 단일 방언 체제로 변할 것인가?

혼거형 이중언어 체제(雜居雙言制, mixed-dwelling diglossia) 환경에서는 두 방언이 세력이 엇비슷하여 우세와 열세의 차이가 없다면, 이중언어 체제가 오랜 기간 유지될 가능성이 있다. 예를 들어, 저장(浙江) 남부 창난현(蒼南縣)에서의 우어(吳語)와 민어(閩語) 간 이중인어 체제가 이에 해당한다. 그러나 두 방언이 우세와 열세의 차이가 있다면, 열세 방언을 모국어로 사용하는 주민은 몇 세대 후에 모국어를 포기하고, 즉 이중언어를 버리고 지역 우세 방언 하나만 사용하는 단일 방언 체제로 전환할 가능성이 있다. 예를 들어, 쑤난(蘇南) 지역의 리수이현(溧水縣)에서는 태평천국 전쟁 이후 허난성(河南)의 이주민들이 정착하여 고향의 허난 방언과 현지의 우어를 모두 사용하며 이중언어 체제를 100년 이상 유지했다. 그러나 인구, 경제, 문화 면에서 오랜 기간 열세에 처하면서 오늘날 새 세대는 거의 모국어를 포기했고, 구세대의 허난 방언도 많은 우어 성분을 차용하면서 순수성을 잃었다.

도시형 이중언어 체제(城市雙言制, urban diglossia) 환경에서는 이주민의 이중언어 현상이 대개 장기간 유지되기 어렵다. 이주민의 모국어는 그 도시의 방언에 비해 열세에 처하는 경우가 많기 때문이다.

단, 이주민이 인구에서 다수를 차지하는 경우는 예외다. 예를 들어, 1940~50년대에 홍콩(香港)으로 이주한 상하이(上海) 사람들은 2세대 또는 3세대에 이르러 상하이 방언이 거의 해체되었지만, 웨어(粵語, 광둥어)는 매우 유창하게 구사하게 되었다.

경계형 이중언어 체제(邊界雙言制, boundary diglossia) 환경에서는 이중언어 현상이 일반적으로 장기간 유지될 가능성이 높다.

7장 방언비교

방언의 비교연구는 다섯 가지 측면을 포괄할 수 있다. 하나의 방언 내부의 비교, 서로 다른 방언 간의 비교, 방언과 민족 공통어의 비교, 특정 방언의 현상과 역사적 비교, 방언과 고대 중국어의 비교가 그것이다. 이 중 첫 번째 항목은 다시 같은 방언 내부에서 신파와 노파 간의 비교, 다른 계층 또는 상황에서의 방언 비교, 하나의 음계 내부에서의 자음 비교, 개인방언의 비교 등을 포함한다. 앞의 세 가지 비교는 공시적 비교이며, 뒤의 두 가지 비교는 통시적 비교이다. 본 장에서는 방언 비교 연구의 몇 가지 방법과 유의해야 할 문제, 방언 비교와 방언학 연구의 관계 및 방언 역사 연구에 대한 의의 등을 중점적으로 논의한다.

제1절 방언의 공시비교

본 절에서는 공시적 비교에서 유의해야 할 몇 가지 원칙적 문제, 음운 대응 규칙, 방언 간 친소 정도 비교를 논의하며, 주요 방언들의 실제 차이점은 열거하지 않는다.

1. 음운 비교, 어휘 비교, 문법 비교에서 유의해야 할 문제를 논의

음류 비교가 중요한가, 아니면 음질 비교가 중요한가? 이는 비교의 목적에 따라 다르다. 만약 서로 다른 방언의 차이를 비교하여 방언 분류나 구획의 근거를 제공하려는 것이라면, 당연히 음류 비교가 중요하다. 왜냐하면 음류는 음운 체계와 관련되며, 하나의 음류는 종종 많은 자음을 포함하기 때문이다. 또한, 음운 대응 규칙을 찾기 위해 방언을 비교하려는 경우에도 음류 비교는 필수적이다. 반면, 음질 비교는 방언 내부 비교를 수행할 때에야 비로소 매우 중요한 의미를 갖는다. 음류 비교는 본질적으로 서로 다른 음소 체계를 비교하는 것이다. 만약 방언 간의 음성학적 비교를 수행하려 한다면, 음질 비교를 하지 않을 수 없다.

이론적으로 음류 비교는 우선 각각의 방언에서 음류를 도출한

후, 음류별로 개별적인 비교를 수행해야 한다. 그러나 실제 연구에서는 『광운(廣韻)』의 음운 체계를 기준으로 삼아 몇 개의 대표적인 한자를 선택하여, 이들이 각 방언에서 어떻게 발음되는지를 예비적으로 비교하는 방법을 사용할 수 있다. 예를 들어, "天" 자를 사용하여 음평조(陰平調)의 조치(調值)를 비교하고, "茶" 자를 통해 고대 전탁(全濁) 성모가 현대 방언에서 어떻게 달라지는지를 살펴보며, "因, 音, 英" 세 글자를 이용해 비운미(鼻韻尾)의 분화와 혼합 양상을 비교할 수 있다. 이러한 예비 비교를 거친 후, 의미 있는 항목들을 선별하여 보다 심층적이고 세밀한 비교를 진행한다. 비교 결과를 연구 보고서로 작성할 때는 『광운』의 음류, 성모, 운모 등의 명칭을 사용하여 방언의 차이를 설명한 후, 대표적인 한자를 제시할 수 있다. 예를 들어, 창사(長沙) 방언의 노파와 신파의 차이 중 하나는 "통섭(通攝) 서성(舒聲)이 심(深)·진(臻)·증(曾)·경(梗) 네 섭(攝)의 개제운(開齊韻)과 혼합되지 않는다"는 점이다. 노파의 발음은 "동東(toŋ¹), 문門(mən²)"이며, 신파의 발음은 "東(tən¹), 門(mən²)"이다. 비교표를 만들 때는 일반적으로 대표적인 한자로 음류를 나타내어 복잡한 내용을 간략하게 정리하는 효과를 얻는다. 이러한 실용적 방법이 유용한 이유는 현대 각지의 방언과 『광운』 음운 체계의 음류가 일정한 대응 관계를 이루고 있기 때문이다.

방언의 분류나 구획을 목적으로 하는 방언음 비교에서는 일반적으로 음류 비교가 단자음 비교보다 훨씬 중요하다. 그러나 때때로 개별 자음의 비교 역시 방언의 차이를 반영할 수 있으며, 이러한 글자는 종종 음변 규칙에 부합하지 않는 예외적인 글자로, "특자(特字)"라고 한다. "특자" 또한 비교의 항목으로 사용할 수 있다. 예를 들어, "偏" 자는 『광운(廣韻)』에서 방모(幫母)에 속하며, 후베이(湖北) 방언에서 광화(光化), 샹양(襄陽) 등지에서는 pien^{5}로 발음되며, 이는 음변 규칙에 부합한다. 그러나 당양(當陽), 수이현(隨縣) 등지에서는 p^{h}ie^{5}로 발음되는데, 이는 음변 규칙에 맞지 않으며, 중고 중국어의 방모(滂母)에서 온 것으로 보인다. 일부 특자는 『광운』 계통의 다른 운서에 보이는 또 다른 반절(反切) 독음과 일치한다. 예를 들어, "踏" 자는 『광운』에서 투모(透母)에 속하지만, 우어(吳語)에서는 일반적으로 정모(定母), 즉 d-로 발음되며, 이는 『집운(集韻)』의 "달합절(達合切)" 독음과 일치한다. 또한, 일부 특자는 고대 운서에서 그 출처를 찾을 수 없다. 예를 들어, "賜" 자는 『광운』에서 심모(心母)에 속하지만, 많은 방언에서는 청모(清母)로 발음된다.

서로 다른 방언의 어휘 비교는 마땅히 음운 체계 비교를 기초로 진행해야 한다. 방언 간 동원어(同源詞, cognate)는 음운 대응 규칙을 기반으로 확립해야만 정확한 동원 관계를 설정할 수 있다. 역사적 음운변화 관계의 변화 때문에 서로 다른 방언에서 동원어는 형태가 크게 달라질 수 있으며, 반대로 비동원어(非同源詞)라도 음운 형태가 유사할 수 있다. 예를 들어, "嫁"라는 단어는 푸저우(福州)에서 ka^5, 민베이(閩北)의 젠어우(建甌)에서 xa^5, 원저우(溫州)에서 xa^{5}로 발음된다. 표면적으로 이 세 개의 단어를 음운 형식만으로 판단하면, 젠어우의 xa^{5}와 원저우의 xa^{5}가 동원어이며, 푸저우(福州)의 ka^{5}는 다른 기원을 가진 것으로 보인다. 그러나 음운 대응 규칙을 비교해보면, 이 단어는 젠어우와 푸저우가 동원어이고, 원저우(温州)는 다른 기원을 가졌음을 알 수 있다.

표7.1에서 제시한 예시는 설명을 위한 것이며, 주요 목적은 고대 견모(見母)가 이 세 방언에서 어떻게 대응하는지를 밝히는 데 있다. 즉, 푸저우 k—젠어우 x— 원저우 k/tɕ의 대응 관계를 보인다. 이 대응 규칙을 통해 보면, 푸저우의 ka⁵와 젠어우(建甌)의 xa⁵는 동원어이며, 이는 고대 견모에서 유래한 "嫁" 자에서 온 것이다. 반면, 원저우의 xa⁵의 성모는 대응 규칙에서 나타나는 k나 tɕ에 해당하지 않으므로, 이는 고대 견모에서 온 것이 아니며, "嫁" 자와는 다른 기원을 가진 것으로 보아야 한다.

표7.1 옛 견모의 현재 푸저우, 젠어우, 원저우에서의 대응관계

	肝	桔	救	教	韭
福州	kaŋ¹	kiʔ⁷	kiu⁵	ka⁵	kiu³
建甌	xueŋ²	kiu⁵	xiau⁵	xau¹	xiu³
温州	ky¹	tɕai⁷	tɕau³	kuɔ⁵	tɕau³

서로 다른 방언에서 동원어(同源詞)가 완전히 같은 등의(等義)인 경우는 일부에 불과하며, 많은 경우 의미가 다르다. 특히 형용사와 동사는 이러한 차이가 더욱 두드러진다. 동원어를 비교할 때는 심층적

이고 세밀한 분석이 필요하며, 이를 통해 차이를 발견할 수 있다. 동원어의 비등의(不等義) 유형 중 주목할 만한 네 가지가 있다.

첫째, 단어의미(詞義)의 범위가 다르다. 예를 들어, 관화(官話)의 "相信"은 상하이(上海) 교외 쑹장어(松江)에서 "좋아하다(喜歡)"라는 의미를 가진다. 예를 들어:

"郭友松是松江一個才子, 性格蠻詼諧個, 相信開玩笑."

(궈유쑹은 쑹쟝의 재자로, 성격이 매우 익살스럽고, 농담을 좋아한다.)

"助(你)相信去哦(嗎)? 相信去就去；勿相信去就勿去."

(네가 가고 싶어 하느냐? 가고 싶으면 가고, 가고 싶지 않으면 가지 마라.)

또한, "水"는 웨어(粵語)와 민어(閩語)에서 "비(雨)"를 의미하기도 하며, "雪"은 웨어에서 "얼음(冰)"을 의미하기도 한다. "蚊子"는 창사어(長沙)에서 "파리(蒼蠅)"의 뜻으로 겸용하기도 한다.

둘째, 결합(搭配) 관계가 다르다. 예를 들어, 중국어의 주요 방언에서 "食, 吃, 喫"은 "飯"(밥)과 결합하여 동목(動賓)구를 이룬다. 또한, "食, 吃, 喫, 喝"은 "茶"(차)와 결합하여 동목구를 이루지만, 방언에 따라 결합 관계는 다를 수 있다. 표7.2에서 이러한 결합 관계의 예시를 하나씩 제시하였다.

표7.2 방언어휘의 결합차이표

方言 詞	客	官	贛	吳(上海)	吳(温州)
飯	食飯	吃飯	喫飯	吃飯	喫飯
茶	食茶	喝茶	喫茶	吃茶	喝茶

셋째, 사용 빈도가 다르다. 어떤 단어들은 여러 방언에서 공통적으로 사용되지만, 구어에서 나타나는 빈도는 크게 다를 수 있다. 예를 들어, 관화(官話)에서는 "說"을 많이 사용하고, "講"이나 "話"는 적게 사용하지만, 우어(吳語)에서는 항저우 방언을 제외하고 "講"과 "話"를 주로 사용하고, "說"은 적게 사용한다. 또한, 관화에서는 "打"를 사용하고 민어(閩語)에서는 "拍"를 사용한다. 관화에서는 "下"를 주로 사용하지만, 웨어(粵語)에서는 "落"을 주로 사용한다. 예를 들어 "落車"(차에서 내리다), "落水"(물에 빠지다), "落去"(가버리다) 등의 표현이 있다.

넷째, 가리키는 대상이 다르다. 동원어는 오늘날의 여러 방언 속에서 의미전이가 이루어져 지칭하는 대상이 달라질 수 있다. 예를 들어, "客氣"는 간어(贛語)에서 "예쁘다(漂亮)"는 의미로 사용되며, "冤家"는 민어에서 "다투다(吵架)"는 의미로 사용된다.

방언 문법의 비교 연구는 조어법(造詞法), 허사(虛詞), 어순(語序), 문형(句式) 등의 측면에서 분석할 수 있다. 방언 문법을 내부 또는 외부적으로 비교할 때 가장 경계해야 할 점은 서구 문법의 틀을 그대로 적용하는 것이다. 그렇지 않으면 자칫 흉내만 내다가 잘못된 결론을 도출할 수 있다. 중국어 방언 문법의 특성을 밝히는 것은 물론이고, 이러한 특성이 형성된 과정과 연원을 탐구하는 것 또한 불가능해진다.

이제 두 가지 예를 들어보겠다.

많은 방언에서 각종 인칭대사의 복수형은 본래 실질적인 단어이거나 실질적인 단어에서 음운 변화가 일어난 것이다. 따라서 이를 깊이 연구하지 않으면, 이러한 복수형을 "구성 요소"라고 오인하거나, 인칭대명사가 형태 변화를 갖는다고 잘못 판단하기 쉽다.

예를 들어, 산시(山西) 린펀(臨汾)시 교외 방언의 인칭대명사 복수형과 단수형의 음운 형태는 표7.3[1]에서 볼 수 있다. 이를 자세히 조사하지 않고 서구 문법의 분석 방식을 적용하면, a가 인칭대명사 복수형의 구성 요소라고 판단할 가능성이 높다. 그러나 실제로 이 세 가지 복수형 인칭대명사는 단순히 "我家"(나의 집), "你家"(너의 집), "他家"(그의 집)의 합음(合音)일 뿐이다.

린펀 방언에서는 첨단음(尖團音)이 구별되며, 견모(見母)는 제치호(齊齒呼) 앞에서 d 성모로 발음되고, 계모(溪母)와 군모(群母)는 제치호 앞에서 t 성모로 발음된다. 합음의 변화 과정은 다음과 같다.

我家 ŋuo + dia → ŋua

1 톈시청(田希誠), 『린펀 방언 문법의 몇가지 특징(臨汾方言語法的幾個特點)』, 『어문연구(語文硏究)』 1981년 제2기.

你家 ni + dia → nia

他家 na + dia → naya

"家" 자를 후치하여 인칭대사의 복수를 만드는 방식은 다른 방언에서도 쉽게 유사한 사례를 찾을 수 있다. 예를 들어, 우어의 창저우(常州) 방언과 장인(江陰) 방언에서도 이러한 구조를 볼 수 있다.

표7.3 산시 린펀어(山西臨汾話) 인칭대사 복수합음표

人稱 / 數	1인칭	2인칭	3인칭
단수	ŋuo(我)	ni(你)	na(他)
복수	ŋua	nia	naya

원저우(溫州) 방언에서 근지시 대사 "這"는 ki^7로, "這里"는 kau^7로 부를 수 있으며, 원지시 대사 "那"는 hi^3로, "那里"는 hau^3로 부를 수 있다. 만약 단순한 관찰을 바탕으로 서양어 문법 개념을 적용한다면, 이것이 "내부 굴절"을 이용한 근지시와 원지시의 구성 방식이라고 생각할 수도 있다. 그러나 실제로 ki^7는 "個"(kai^7)의 약화된 형태이며, hi^3의 본래 글자는 "許"로, 주희의 시구 "問渠那得清如許"와 비교할 수 있다. kau^7는 단순히 "個屋宕"(이 장소)의 합음과 생략의 결과이며, 즉 個屋宕 $kau^7u^7du\text{ɔ}^6$→ $kau^7du\text{ɔ}^6$→ kau^7로 변화한 것이다. 마찬가지로 hau^3는 "許個屋宕"(그 장소)의 합음과 생략의 결과로, 즉 許

個屋宕 $hi^3kai^7u^7duɔ^6$→ $hau^3duɔ^6$→ hau^3로 변화한 것이다.

2. 음성 대응규칙

제6장에서 방언의 역사 음변 규칙을 논의한 바있다. 이제 방언의 음운 대응 규칙을 논의해 보겠다. 역사 음변 규칙은 동일한 방언 내부에서의 옛날과 현재의 음운 변천에 관한 것으로, 이는 통시적 현상이다. 반면 방언의 음운 대응 규칙은 서로 다른 방언 간의 음운 체계의 차이와 공통점에 관한 것으로, 공시적 현상이다. 방언과 방언 사이에는 음운적으로 일정한 체계를 이루는 규칙적인 관계가 존재하는 경우가 많으며, 이러한 관계를 방언 음운 대응 규칙이라 한다. 먼저 두 가지 예를 든다.

예1. 베이징 음계에서 au운모는 원저우 음계에서 ə운모, uɔ운모 또는 iɛ운모에 대응한다. 예를 들어(빗금 앞은 베이징 음, 빗금 뒤는 원저우 음):

毛 mau^2 / $mə^2$; 包 pau^1 / $puɔ^1$; 燒 $ʂau^1$ / $ɕiɛ^1$

예2. 베이징 음계의 au운모는 상하이 음계에서 ɔ운모에 대응한다. 예를 들어(빗금 앞은 베이징 음, 빗금 뒤는 상하이 음):

寶 pau^3 / $pɔ^3$; 茅 mau^2 / $mɔ^2$; 炒 $tʂ^hau^3$ / $tʂ^hɔ^3$

방언 음운 대응 규칙은 서로 다른 방언의 음운 범주를 비교한 연구의 결과이지, 개별 한자의 음과 그 음질을 비교한 연구의 결과가 아니다. 따라서 음운 대응 규칙을 귀납하기에 앞서, 두 개의 서로 다른 방언의 음운 범주를 정리하고, 모든 자주 사용되는 한자를 각 범주에 배치해야 한다. 즉, 우선 동음자 표를 작성한 후, 범주 간 대응 관계를 찾아야 한다.

음운 대응 규칙은 일대일 대응 관계일 수도 있고, 일대다 대응 관계일 수도 있다. 즉, 갑 방언의 한 음운 범주가 을 방언의 한 음운 범주에만 대응할 수도 있으며(위의 예2), 여러 개의 음운 범주에 대응할 수도 있다(위의 예1).

음운 대응 규칙에는 방향성이 있는 경우와 방향성이 없는 경우가 있다. 방향성이 있는 경우란, 특정 규칙이 갑 방언에서 을 방언으로의 변환에는 적용되지만, 반대로 적용되지 않을 수도 있는 경우를 의미한다. 예를 들어, 위의 예1에서 원저우의 ə운모, uɔ운모, iɛ운모가 베이징의 au운모에 대응한다고 할 수는 있지만, 그 반대로 원저우의 iɛ운모가 반드시 베이징의 au운모에 대응한다고 할 수는 없다. 실제로 원저우의 iɛ운모는 때때로 베이징의 iau운모에 대응하기도 하는데, 예를 들어 "挑"의 원저우 음은 $t^hiɛ^1$이고, 베이징음은 t^hiau^1이다.

반면, 방향성이 없는 경우란, 규칙이 역으로도 성립하는 경우를 의미한다. 예를 들어, 난창 음계의 음평(陰平) 42조(調)는 베이징 음계의 음평 55조에 대응하며, 이 규칙은 역으로도 성립한다.

음운대응은 두 개의 방언 간에만 존재할 수도 있고, 여러 방언 간에 상호 대응하는 관계를 이룰 수도 있다. 예를 들어, 같은 민난 방언에 속하는 여러 지역 방언 간의 한 가지 대응 규칙을 보면 다음과 같다.

샤먼(厦門) i — 진쟝(晉江) ə — 룽시(龍溪) i — 졔양(揭陽) ə

예시 글자는 표7.4에 한다.

표7.4 민난 네 지역의 한 가지 음운 대응 규칙표.

방언(方言) / 글자(字)	샤먼(厦門)	진쟝(晉江)	룽시(龍溪)	졔양(揭陽)
猪	ti^1	$tə^1$	ti^1	$tə^1$
去	k^hi^5	$k^hə^5$	k^hi^5	$k^hə^5$

방언 음운에는 문독음(文讀音)과 백독음(白讀音)의 구별이 있다. 문독음과 백독음 사이에도 일정한 대응 규칙이 존재하기 때문에, 방언 음운 대응 규칙이 백독음을 배제하는 것은 아니다. 다만 규칙을 설명할 때에는 문독음과 백독음을 구분하여 서술하는 것이 가장 바람직하다. 예를 들어, 베이징 음계의 iau운모는 상하이 음계의 문독음에서는 iɔ운(韻)에, 백독음에서는 ɔ운(韻)에 대응한다. 예를 들어 “教”

의 베이징 음은 tɕiau[5]운(韻)이고, 상하이 음은 tɕiɔ[5] kɔ[5]이다.

방언 음운 간에 대응 규칙이 존재하는 이유는 두 가지 측면에서 설명할 수 있다. 첫째, 서로 다른 방언들은 어떤 공통된 모어(母語)에서 분화하여 발전한 것이므로, 본래 같은 뿌리를 가지고 있다. 둘째, 특정 방언 내부에서 보더라도, 과거에서 현재까지의 음변은 일정한 규칙을 따르기 때문에, 현대에 이르러 여러 방언을 가로로 비교하면 일정한 대응 규칙이 성립할 수 있다. 예를 들어, 중고(中古) 시대의 明母(m)는 현재 광저우 방언에서도 여전히 m으로 발음되지만, 샤먼 방언에서는 역사적 변천을 거쳐 현재는 b로 발음된다. 따라서 현재 광저우 방언의 m 성모와 샤먼 방언의 b 성모가 서로 대응한다.

방언 음운 대응 규칙에는 예외도 존재하는데, 그 이유는 방언의 역사적 음변 자체에도 예외가 존재하기 때문이다. 방언 음운 대응 규칙과 그 예외는 모두 역사적 음변의 규칙성과 예외성에 의해 결정된다.

음운 대응 규칙을 탐구하는 것은 공시적 연구로, 동시대의 방언 음운 체계 또는 음운 범주를 상호 비교하는 것이 주된 목적이며, 반드시 음운의 역사적 변천을 고려할 필요는 없다. 방언에서 일부 구어적 어휘의 음절은 표기할 수 있는 글자가 없거나 그 본래 글자가 분명하지 않을 수도 있다. 그러나 그러한 음절이 이미 해당 방언의 음운 체계에 포함되어 있고, 해당 방언의 음절 구조에도 부합한다면, 이들 역시 비교 연구의 대상으로 삼을 수 있다. 즉, 음운 대응 규칙은 이러한 방언 구어 어휘의 음운에도 적용될 수 있다. 예를 들어,

원저우 방언에서 "taŋ^{1}"이라는 구어 단어는 "닭이나 오리의 모이주머니(嗉子)"를 뜻하지만, 표기할 수 있는 한자가 없다. 그러나 이 음절(성조를 포함하여)이 "燈"과 동일한 발음을 가지며, 이미 원저우 음계에 포함되어 있으므로, 음운 대응 연구에서 "燈" 자와 동일하게 취급할 수 있다.

이러한 단어를 음운 대응 규칙에 포함시키는 것은, 횡적(横的) 연계를 통해 해당 단어의 어원(詞源)을 추적하는 데에도 도움이 된다. 예를 들어, "柚子"라는 단어는 원저우 음으로 p^{h}ə^{1} 사오싱 음으로 p^{h}ɔ^{1}, 푸저우 음으로 p^{h}au^{1}로 발음되며, 그 본래 글자가 분명하지 않다. 이 단어들이 동일한 어원을 가진 것인지 여부를 검증하기 위해, 원저우(温州) ə — 사오싱(紹興) ɔ — 푸저우(福州)au / ɔ 라는 방언 간 음운 대응 규칙을 적용할 수 있다. 따라서 이 세 단어는 같은 기원에서 비롯되었을 가능성이 있다.

3. 방언친소 관계의 통계분석

통계적 방법을 이용하여 서로 다른 방언 간의 친소 관계 또는 접근률을 판단하는 방법으로 현재까지 세 가지가 사용되고 있다.

첫째, 산술 통계법(算術統計法).

산술 통계법은 두 개 이상의 방언에서 다양한 구성 요소나 특징의 유사성과 차이를 덧셈과 뺄셈을 통해 통계적으로 계산하여, 이를 백분율로 변환하여 접근률을 산출하는 방식이다. 여기에서는 어휘 접근률을 통계적으로 분석하는 한 가지 방법을 소개한다.

잔보후이(詹伯慧)와 장르성(張日升)은 그들이 편찬한『주장 삼각주 방언 어휘대응(珠江三角洲方言詞彙對照)』의 자료를 바탕으로, 베이징어와 주강 삼각주(珠江三角洲) 웨어(粵語) 어휘의 접근률을 비교하였다. 비교 대상은 총 1001개의 상용어휘였으며, 이 중에서 완전히 동일한 어휘는 140여 개로, 전체의 10.4%에 불과했다. 이들 동일한 어휘가 각 어휘 범주에서 차지하는 백분율은 다음과 같다.

> 자연(自然) 8.3%, 시령(時令) 5.3%, 농사(農事) 0%, 식물(植物) 23%, 동물(動物) 15.7%, 가구 및 기구(房舍用具) 9.1%, 호칭(稱謂) 6.6%, 인칭대명사(人稱) 5%, 질병(疾病) 1%, 의복(服飾) 15.5%, 음식(飲食) 10.7%, 기거(起居) 4.76%, 교제(交際) 0%, 혼상(婚喪) 14.8%, 상업(商業) 2.7%, 문화(文化) 9.3%, 동작(動作) 0%, 성질(性狀) 2.2%, 방위(方位) 4.2%, 지시대명사(指代詞) 2.8%, 부사(副詞) 3%, 전치사(介詞) 5.5%, 수량(數量) 25.4%.

이러한 통계가 이루어지기 전까지는 베이징어와 웨어 간의 어휘 차이가 얼마나 큰지 명확하지 않았으나, 이 통계를 통해 두 방언 간 차이가 크다는 점이 설득력 있게 입증되었다. 완전히 동일한 어휘는 전체의 10% 정도에 불과하며, 특히 상용 동사(動詞) 중 완전히 동일한 것이 단 하나도 존재하지 않았다.

이처럼 단순한 산술 통계법은 상용어휘의 유사성과 차이를 비교하는 데 매우 효과적이지만, 성모(聲母)나 운모(韻母) 등의 항목을 비교하는 데에는 치명적인 약점이 있다. 즉, "가중치(權重)"를 구분할 수 없으며, 주된 요소와 부차적인 요소를 분석하거나 수량적으로 설명하는 것이 어렵다. 예를 들어, 각 성모나 운모에 포함되는 한자의 수가 얼마나 되는지, 그리고 각각의 한자가 사용되는 빈도가 어느 정도인지 등을 반영하기 어렵다.

둘째, 언어 연대학(語言年代學) 방법.

스와데시(M. Swadesh)가 제안한 언어 연대학(glottochronology)에서는 200개의 기본 어휘를 비교하여 언어 간 친소 관계를 밝힐 수 있다고 가정하며, 또한 동일 기원 어휘의 보존율이 1000년마다 81%로 감소한다고 가정한다.

일본 학자 왕위더(王育德)는 1960년에 언어 연대학 방법을 이용하여 중국어 방언의 접근률 및 분화 연대를 연구한 성과를 발표하였다.[2]

비교 대상으로 삼은 방언은 베이징어, 쑤저우어(蘇州話), 광둥어(廣東話), 메이셴어(梅縣話), 샤먼어(廈門話)로, 각각 관화(官話), 우어(吳語), 웨

2 출처: 왕위더(王育德), 『중국오대방언의 분열년대의 언어년대학의 시탐(中國五大方言の分裂年代の言語年代學的試探)』, 『언어연구(言語研究)』, 제38호, 1960년.

어(粵語), 커쟈어(客家話), 민어(閩語)의 대표로 선정되었다. 사용된 방언 자료는 일본 학자 히라야마 히사오(平山久雄), 하시모토 만타로(橋本萬太郎) 등을 포함한 다섯 명의 연구자가 조사한 것이다.

먼저 스와데시(Swadesh)가 설계한 200개 기본 어휘 목록을 이용하여 다섯 방언 간의 유사성과 차이를 비교하였다. 다섯 방언을 서로 조합하여 총 10개의 방언 쌍을 만들고, 각 방언 쌍에서 동일한 어휘의 백분율을 계산한 결과는 다음 표7.5에 제시되어 있다.

이 표를 통해 가장 높은 공통률을 보이는 방언 쌍은 베이징어와 쑤저우어로, 73.47%에 달한다. 반면, 가장 낮은 공통률을 보이는 쌍은 베이징어와 샤먼어로, 단 51.56%에 불과하다.

표7.5 오대 방언 공통률표

	쑤저우(蘇州)	광저우(廣州)	메이셴(梅縣)	샤먼(廈門)
베이징(北京)	73.47	70.77	65.10	51.56
쑤저우(蘇州)		71.05	64.43	54.12
광저우(廣州)			70.53	56.77
메이셴(梅縣)				59.90

언어 연대학(語言年代學)은 서로 다른 언어 간 어휘의 공통률을 통해 각 언어의 분화 연대를 추정할 수 있다고 본다. 스와데시(Swadesh)가 제안한 계산 공식은 다음과 같다.

$$d = \log c \div 2\log r$$

여기서 d는 분화 연대, c는 공통률, r은 1000년 후 어휘의 불변률로, 값은 0.81이다. 이 공식을 이용하여 계산한 결과, 오대 방언의 분화 연대는 다음과 같다.

廈門 / 北京 1699-1572年前 魏東晉間
廈門 / 蘇州 1579-1457年前 東晉梁間
廈門 / 廣州 1405-1344年前 梁隋間
廈門 / 客家 1270-1216年前 唐初
梅縣 / 北京 1068-1019年前 唐末五代
梅縣 / 蘇州 1093-1043年前 唐末五代
梅縣 / 廣州 857-848年前 北宋末
廣州 / 北京 841-821年前 北宋末南宋初
廣州 / 蘇州 838-811年前 北宋末南宋初
蘇州 / 北京 756-732年前 南宋初

앙위더(王育德)가 사용한 통계 방법은 두 부분으로 구성된다. 첫째, 200개의 기본 어휘를 비교하여 방언 간의 유사성과 차이를 계산하는데, 여기서 사용된 방법은 산술 통계법(算術統計法)이다. 둘째, 방언 분화 연대를 산출하기 위한 공식인데, 이 방법에서 가장 큰 문제는 보존율(保留率) 또는 불변율(不變率)의 설정이다.

이 가정은 방언이 분화한 이후 각 방언이 독립적으로 단순히 발전하며, 시간이 흐름에 따라 공통 어휘가 점차 줄어든다고 전제한다. 그러나 이 가정은 방언의 변천 과정을 지나치게 단순화하여, 그 결과 또한 신뢰하기 어렵다. 예를 들어, 우어(吳語)와 관화(官話)의 분화 연대를 남송(南宋) 초로 추정하는 것은 명백히 너무 늦다. 또한 웨어(粵語)와 우어(吳語), 민어(閩語)와 웨어(粵語) 등 몇몇 방언 쌍은 애초에 분화 문제가 존재하지 않는다. 그렇다면 분화 연대를 어떻게 논할 수 있겠는가?

방언 분화 연대를 연구하는 데 있어, 현대 방언의 차이점만을 근거로 하는 것은 분명히 불충분하다. 각 방언의 역사적 변화는 다양한 양상을 보이며, 변화 속도도 동일하지 않다. 또한 분화 과정에서 방언들 간의 접촉과 융합이 이루어지기도 하며, 다양한 복합적 요소가 오늘날 방언의 차이를 만들어 냈다. 더 나아가, 방언의 분화는 거시적으로 볼 때 이민(移民) 이동이 주요 원인이다. 따라서 방언의 분화 역사를 연구하려면 반드시 이민 역사도 참고해야 하며, 그렇지 않으면 오류가 심할 수밖에 없다.

셋째, 상관계수 통계법(相關係數統計法).

이 방법은 "피어슨 상관 계수(Pearson correlation)"와 "비가중 평균 계층 연결법(非加權平均系聯法)"을 이용하여 서로 다른 방언 간의 친소 관계를 계산하고, 동시에 방언의 구획(區劃) 방안을 제시하는 방법이다. 이 방법은 정진취안(鄭錦全)이 1973년부터 확립한 것으로[3] 여기서는 어휘 통계를 예시로 하여 설명한다.

데이터베이스는 『중국어 방언어휘(漢語方言詞彙)』[4]에 수록된 18개 방언 지점의 6454개 어휘(총 905개 어휘 항목)이다. 먼저 컴퓨터를 이용하여 통계를 진행하는데, 특정 단어가 해당 지역에서 존재하면 "1", 존재하지 않으면 "0"으로 표시한다. 예를 들어, "太陽"과 "月亮"이라는 두 단어는 각 지역 방언에서 총 12가지 다른 형태로 나타난다. 베이징, 지난(濟南), 선양(瀋陽) 방언에서의 대응 관계는 표7.6에 제시되어 있다.

표7.6 방언 어휘 이모(異母) 계산 방법 예시

詞 / 方言	太陽	日頭	爷	热頭	太陽佛	日頭公
北京	1	0	0	0	0	0
濟南	1	0	0	0	0	0
沈陽	0	1	0	0	0	0

3 출처: 정진취안(鄭錦全), 『중국어 방언 신류관계의 계량 연구(漢語方言親疏關係的計量研究)』, 『중국어문(中國語文)』 1988年第2期를 자세히 보라.

4 출처: 데이터 베이스, 『중국어 방언 어휘(漢語方言詞彙)』, 문자개혁출판사(文字改革出版社, 1964년.

方言 \ 詞	月亮	月光	月	月娘	亮月子
北京	1	0	0	0	0
濟南	1	0	0	0	0
沈陽	1	0	0	0	0

다시 "피어슨 상관 계수"(Pearson correlation)의 관련 방정식을 이용하여 계산한 결과, 베이징과 지난(濟南)의 상관도는 1.0000, 베이징과 선양(瀋陽)의 상관도는 0.8888 등으로 나타났다.

같은 방법을 이용하여 18개 방언을 두 개씩 조합하여 모든 상관계수를 계산할 수 있다. 이러한 계통적 수치는 방언 간 친소 관계의 지표로 간주할 수 있다. 이제 몇 쌍의 데이터를 선택하여 표7.7로 정리한다.

표7.7 각 주요 방언 어휘 상관계수표

방언(方言)	쑤저우(蘇州)	광저우(廣州)	메이셴(梅縣)	샤먼(厦門)
베이징(北京)	.2891	.2401	.2149	.1987
쑤저우(蘇州)		.1841	.1821	.1658
광저우(廣州)			.3022	.1707
메이셴(梅縣)				.1658

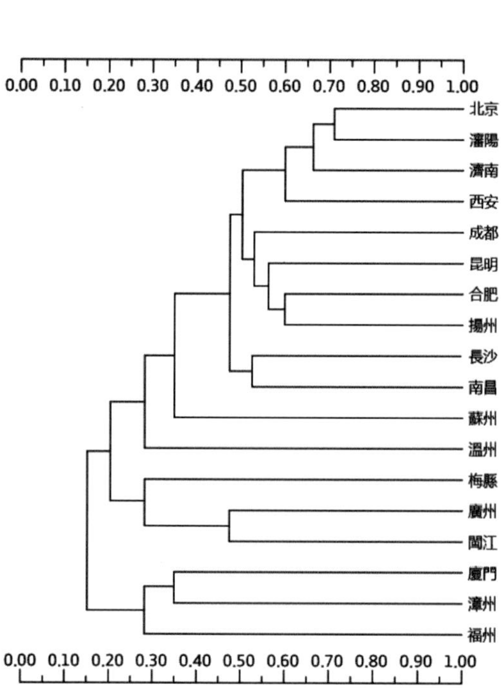

그림 16 | 방언친소관계-어휘

표7.5와 표7.7을 대조해 보면, 두 결과는 거의 차이가 없음을 알 수 있다. 베이징어와 다른 네 지역 방언 간의 친소 관계 순서를 보면, 두 표의 결과는 완전히 동일하며, 순서는 쑤저우(蘇州) → 칭저우(廣州) → 메이셴(梅縣) →샤먼(廈門) 순이다.

방언 간 친소 관계를 보다 직관적으로 도식화하기 위해, 비가중 평균값 계련법(非加權平均值系聯法)을 이용하여 이러한 계수를 군집 분석(聚類分析)할 수 있다. 먼저 가장 차이가 작은 방언 쌍을 찾아내는데,

베이징과 선양(瀋陽)의 상관계수 0.6983이 가장 작아 하나의 집합으로 정한다. 이후 차이가 다음으로 작은 방언을 연결하여 분류해 나간다. 분석 결과는 수형도(樹形圖)로 나타낼 수 있으며, 이는 그림16에서 볼 수 있다.

상관계수 통계법의 주요 장점은 두 가지이다. 첫째, 다수의 방언 간 친소 관계를 수형도를 이용하여 직관적이고 세밀하게 표현할 수 있다. 둘째, 컴퓨터를 활용하여 방대한 방언 자료를 정확하게 처리할 수 있으므로, 보다 많은 가치 있는 항목을 비교할 수 있다. 예를 들어, 성조(聲調)를 비교할 때, 특정 중고(中古) 성조 유형이 현대 여러 방언에서 어떻게 분화되었는지, 각 성조 유형의 조치(調値)와 해당 한자의 수 등을 통계적으로 분석할 수 있다. 이처럼 상관계수 통계법은 산술 통계법과 언어 연대학 방법보다 훨씬 정밀하고 합리적인 방법이라 할 수 있다.

넷째, 가중치가 부여된 가독성(可懂度) 통계법.

제3장 제1절에서는 비가중(非加權) 가독성 산술 측정법을 논의한 바 있으며, 이하에서는 최근 제안된 두 가지 가중(加權) 통계법을 소개한다.

정진취안(鄭錦全)은 여러 주요 방언 간의 가독성을 계량적으로 연구하면서, "소통도(溝通度, 可懂度)"를 계산하려면 방언 간 언어 요소의 대응 유형을 설정해야 한다고 주장하였다. 또한, 서로 다른 유형이 소통도에 미치는 중요도가 다르므로, 이에 따라 가중치를 결정한 후

가중 통계를 수행해야 한다고 보았다. 다만, 그는 음운 소통도(語音溝通度)에 대해 이론적 계산을 수행하였을 뿐, 실제 구어상의 실험은 하지 않았다.

그의 계산 결과에 따르면, 베이징어와 광저우어 간의 가독도는 0.475로 나타났다.[5]

필자와 양베이(楊蓓)는 상하이인이 광둥어 구어 어휘를 이해하는 정도를 통계적으로 분석한 바 있다. 어휘 자료는 『상하이어 오디오 파일(上海話音檔)』[6](상하이교육출판사, 1994년)에 수록된 상용 어휘 중 총 18개를 선정하였다. 이들 어휘는 자연 현상, 동물, 식물, 가옥 등 17개 범주로 나뉘며, 이 중 17번째 범주는 고빈도 어휘로서 빈도가 0.5 이상인 단어를 포함한다. 각 범주의 어휘 수가 적기 때문에 특정 범주의 고빈도 어휘 수가 많아지면 범주 빈도가 과도하게 증가할 수 있어, 고빈도 어휘를 별도로 분류하여 한 범주로 설정하였다. 17개 범주에는 총 182개의 기본 어휘가 포함된다. 가중치는 어휘 빈도와 연관된다.

조사 대상자는 상하이어를 모어로 사용하며 표준어(보통화)를 구사할 수 있는 대학 1학년생 40명이다. 조사 방법은 먼저 광둥어를 모어로 하는 발음자가 182개 단어를 의미별로 분류하여 각 단어를 세 번씩 읽도록 하고, 이를 녹음기로 기록하는 방식으로 진행되었

---

5 출처: 정진취안(鄭錦全), 『중국어 방언 소통도의 계산(漢語方言溝通度的計算)』, 『중국어문(中國語文)』, 1994年 第1期.

6 출처: 양베이(楊蓓), 『상하이어 오디오 파일(上海話音檔)』(상하이교육출판사, 1994년).

다. 이후 녹음된 음성을 재생하며 조사 대상자가 들은 단어를 한자로 기록하도록 하였다. 어휘는 범주별로 재생되었으며, 각 범주를 재생하기 전에 “가옥”, “식물” 등 해당 범주의 내용을 설명하였다. 녹음 재생 및 기록 계산 단계와 공식에 대한 자세한 내용은 『상하이어, 광둥어, 표준어 접근률의 계량 연구』[7]에 수록되어 있다. 계산 결과, 광둥어의 상하이어 및 표준어 구어 어휘 이해도는 67.215%로 나타났다.

7 참고: 주자옌(鄒嘉彦) 등 편, 『중국어 계량과 계산 연구(漢語計量和計算硏究)』, 홍콩도시대학교 언어정보 과학연구센터(香港城市大學語言資訊科 學研究中心, 1988年).

제2절 방언의 역사비교

방언의 통시적 비교는 두 가지 측면을 포함한다. 한편으로는 특정 방언 내부의 이질성과 동질성을 비교하는 것이며, 다른 한편으로는 방언과 고대 중국어 문어를 비교하는 것이다.

방언 내부에서 과거와 현재의 차이를 비교할 때 사용하는 자료는 현대의 신파(新派)와 노파(老派) 구어 조사 자료뿐만 아니라, 선행 연구자가 집필한 전문서, 사전 및 문학 작품 등의 문헌 자료도 포함된다. 비교의 목적은 방언의 역사적 변천을 연구하는 데 있으며, 예를 들어 역사적 음운 변천의 규칙, 시기 구분, 변화의 경향을 탐구하고, 방언 어휘 및 문법 현상의 발전과 변화를 분석하는 것이다.

방언의 역사적 변천을 연구할 때, 최근 두세 세대에 걸친 변화에 대한 연구는 신파와 노파 방언을 현지 조사하는 것이 가장 신뢰할 만한 방법이다. 반면, 100년 이상의 장기간에 걸친 음운 변천을 연구하려면, 서로 다른 역사 시기의 해당 지역 방언을 기록하고 분석한 전문서나 사전을 상호 비교한 후, 이를 현대 음운과 비교하는 것이 가장 좋은 방법이다. 이러한 저작들은 해당 시기의 음운 체계를 제공하고 있으며, 이를 통해 음운 체계를 도출하는 것이 어렵지 않다. 반면, 문학 작품에서, 설령 그것이 운문이라 하더라도, 완전한 음운 체계를 추출하는 것은 어렵다. 따라서 방언의 역사적 음운 변천을 연구하는 대부분의 저작들은 기존의 역사적 방언학 저작을 근거로 삼는다.

예를 들어, 『치참군 팔음 자의별람(戚參軍八音字義別覽)』(기록된 내용은 16세기 중엽의 푸저우어로 추정됨), 『임벽산 주옥동성(林碧山珠玉同聲)』(기록된 내용은 17세기 후반의 푸저우어), 『민음연구(閩音研究)』(기록된 내용은 1920년대의 푸저우어)와 현대 푸저우어를 비교하면, 성모와 운모의 역사적 변천을 확인할 수 있다. 또한, 이러한 변천 과정을 바탕으로, 중고(中古) 시대부터 20세기 전반까지의 푸저우어 음운의 역사적 발전을 세 시기로 나눌 수 있다. 제1기: 중고 시대부터 명나라 후반까지로 『치참군 팔음자 의별람』을 대표로 한다. 제2기: 명말부터 청초까지로 『임벽산 주옥동성』을 대표로 한다. 제3기: 청대부터 20세기 전반까지로 1930년에 출판된 『민음연구』를 대표로 한다.[8]

이 세 시기의 운모 합병 양상을 예로 들어 보면, 제2기에서는 제1기의 금운(金韻)이 빈운(賓韻)으로 합병되었으며(im → iŋ), 제3기에서는 금운과 빈운이 여전히 합병된 상태에서 추가로 추운(秋韻)이 소운(燒韻)으로 합병되었다(ieu → iu).

---

8 참고: 자세한 내용은 자오르루(趙日如), 「민음심의(閩音斟疑)」, 『중국어문(中國語文)』 1980년 제3호 참조.

표7.8 푸저우어의 운모류별 역사변천표

韻 / 分期	*iu	*ieu	*im	*iŋ
第一期	燒	秋	金	宾
第二期	嬌	周		京
第三期	燒秋			金宾

각 대방언구(大方言區)에는 역사 시기에 형성된 방언학 저작이 존재하며, 19세기 후반부터 20세기 전반까지 서양 선교사들이 남긴 다수의 저작도 포함된다. 이러한 방법을 활용하여 방언의 역사적 변천을 연구하는 것은 매우 유용한 접근 방식이 될 수 있다.

역사적으로 남아 있는 방언 문학 작품 중 운문 자료를 활용하여, 『시경(詩經)』의 압운(韻脚)을 기반으로 상고음(上古音)을 재구하는 방식처럼, 현대 방언의 음운을 참고하여 고대 방언의 운모 체계를 재구할 수도 있다. 이를 통해 현대 방언과 비교 연구를 수행할 수 있다. 예를 들어, 후밍양(胡明揚)은 『산가(山歌)』의 압운을 활용하여 명말(明末) 시대의 쑤저우어(蘇州話) 운모 체계를 재구한 바 있다. 그러나 활용 가능한 방언 운문 자료는 충분하지 않으며, 그 수가 매우 적다는 점이 아쉽다.

현대 방언의 음운 체계는 『절운(切韻)』 계 운서가 대표하는 중고(中古) 음운 체계와 일정한 규칙적인 대응 관계를 형성하고 있다. 어느 지역의 방언 음운 체계를 이 중고 음운 체계와 비교하더라도, 양자 사이에는 여러 가지 체계적인 관계가 존재함을 발견할 수 있다. 따라서 이 고음(古音) 체계를 바탕으로 방언을 조사하고 현대 방언의 음운 체계를 정리하는 것은 여러 가지 편리함을 제공한다. 다시 말해, 『절운』 음운 체계를 출발점으로 삼아 현대 방언의 음운 체계를 연구할 수 있다. 또한 방언 간의 상호 비교나 방언의 보다 오래된 시기의 음운을 추정하는 작업 역시 이 중고 음운 체계를 기반으로 이루어져야 한다. 두 체계가 이토록 밀접한 관계를 갖는 이유는 『광운(廣韻)』이라는 책의 성격과 관련이 있으며, 이는 음운학사에서 매우 복잡한 문제이므로 여기서는 논외로 한다. 여기서는 현대 방언 음운과 『광운』 음운 체계의 실제적인 관계를 방언 조사 및 연구의 관점에서 개괄적으로 서술한다.

방언의 성모(聲母)와 중고 삼십육자모(三十六字母)는 일정한 규칙성을 갖는 분합(分合) 관계를 형성한다. 『광운』 자체에는 삼십육자모가 명시되어 있지 않지만, 반절(反切)의 상자(上字)를 통해 삼십육자모에 해당하는 분류를 분석할 수 있다. 『광운』의 반절 상자로는 방조(幫組, 중순음)와 비조(非組, 경순음)를 구별할 수 없으나, 『집운(集韻)』에서는 이 두 성모를 분리하였으며, 현대 방언에서도 이를 구별하는 경우가 많다. 조조(照組)는 『광운』의 반절 상자에 따라 장조(章組, 照三)와 장조(莊組, 照四)로 나뉘며, 현대 방언에서도 이 구별이 남아 있는 경우가 있다. 유모(喻母)의 반절 상자는 두 종류로 나뉘어 있으므로, 이를 운모(雲母, 喻三)와 이모(以母, 喻四)로 분류할 수 있으며, 현대 방언에서도 이러한 구별이 남아 있는 경우가 있다. 반면, 니모(泥母)와 양모(娘母)는 현대 방언에서 구별되지 않으므로, 현대 방언을 조사할 때 이를 하나의 범주로 합칠 수 있다. 이러한 점을 고려하여, 고대와 현대의 성모를 비교하기 쉽도록 고대 성모를 40개의 범주로 조정할 수 있으며, 이 40개 성모를 기준으로 현대 성모를 조사하고 비교할 수 있다.

고대와 현대 성모의 조음 위치 변화는 대체로 운모의 등호(等呼)와 관련이 있다. 예를 들어, 한커우(漢口) 방언에서 고대 견모(見母)는 세음(細音) 앞에서 [tɕ]로 발음되며, 예컨대 "결(節)"은 [tɕie⁵]로 발음된다. 반면, 홍음(洪音) 앞에서는 [k]로 발음되며, 예컨대 "간(干)"은 [kan¹]으로 발음된다. 조음 방식의 변화는 대체로 고조(古調)와 관련이 있으며, 예를 들어, 고대 전탁(全濁) 폐쇄음 및 폐쇄마찰음은 현대 관화(官話)에서 평성(平聲)에서는 송기음(送氣音)으로 변하며, 예컨대 "도(逃)"는 [tʰau²]로 발음된다. 반면, 측성(仄聲)에서는 불송기음(不送氣音)으로 변하며, 예컨대 "도(道)"는 [tau⁶]로 발음된다.

고대 성모의 조음 방식 차이는 현대 성조 변화에도 영향을 미친다. 대표적인 예로, 고대의 평성이 청탁(淸濁)의 차이에 따라 현대에서 음평(陰平)과 양평(陽平)으로 분화되는 경우가 흔하다. 또한, 일부 방언에서는 고대 전청(全淸)과 차청(次淸)의 차이가 현대 성조의 분화를 초래하기도 한다. 예를 들어, 장쑤(江蘇) 남부의 우장(吳江) 방언과 저장(浙江) 북부의 핑후(平湖) 방언에서는 이러한 현상이 관찰된다.

고대 성모의 조음 위치는 현대 운모의 변화에도 큰 영향을 미치므로, 비교를 용이하게 하기 위해 고대 성모를 조음 위치에 따라 "계(系)"와 "조(組)"로 분류할 수 있다. "계"는 보다 큰 범주이며, "조"는

"계" 내의 하위 범주이다.

이러한 인식을 바탕으로, 고대 성모를 기준으로 하여 고대와 현대 성모를 비교하기 위해, 고대와 현대 성모 비교에 활용할 수 있는 성모표를 작성할 수 있다. 해당 표는 『후베이 방언 조사 보고(湖北方言調查报告)』 제9페이지에서 인용되었다.

현재 각 지역 방언의 운모는 『광운(廣韻)』의 운모와 대체로 대응관계를 형성한다. 『광운』에서는 운모를 206개로 분류하였으나, 이 206개의 운을 다시 더 큰 범주로 통합하지는 않았다. 방언을 조사하고 연구하는 데 편의를 제공하기 위해 일반적으로 "섭(攝)"이라는 후대에 등장한 개념을 사용한다. 섭은 운의 분류이며, 206개 운은 16개 섭으로 나뉜다. 고대의 섭은 현대 운모의 분류 및 발음과 밀접한 관계를 가진다. 예를 들어, 광저우 방언에서 서성자(舒聲字)의 발음에서 함섭(咸攝)과 심섭(深攝)의 운미는 -m이며, 산섭(山攝)과 진섭(臻攝)의 운미는 -n, 탕섭(宕攝), 강섭(江攝), 증섭(曾攝), 갱섭(梗攝), 통섭(通攝)의 운미는 -ŋ이다.

현대 방언을 조사하고 연구하는 데 편의를 더하기 위해, 등운학(等韻學)에서 사용되는 "등(等)"과 "호(呼)" 개념을 도입하여 『광운』의 운모를 1등, 2등, 3등, 4등으로 분류하고, 이를 개구(開口)와 합구(合口) 두 가지 유형으로 나눈다. 현대 운모의 발음은 고대의 "등"과 깊은 관계를 가진다. 예를 들어, 베이징 방언에서는 고대 1등자의 모든 음이 홍음(洪音)으로 나타나며, 세음(細音)은 존재하지 않는다. "歌, 高, 當, 得, 來, 才" 등이 이에 해당한다. 반면, 고대 4등자는 해섭(蟹攝)

합구(齊韻)의 경우를 제외하고(예: "桂, 惠"는 홍음), 모두 세음으로 나타나며 홍음이 존재하지 않는다. 예를 들어, "低, 料, 念, 片, 見, 决, 敌" 등이 이에 해당한다.

현대 운모의 발음은 고대 운모의 개구·합구 관계와도 깊은 관련이 있다. 예를 들어, 베이징 방언에서 당운(唐韻)의 개구 1등 서성자는 개구호(開口呼)로 발음되며, 예컨대 "邦"은 paŋ1, "康"은 k^haŋ1으로 발음된다. 반면, 당운 합구 1등자는 합구호(合口呼)로 발음되며, 예컨대 "光"은 kuaŋ1, "汪"은 uaŋ1으로 발음된다.

현대 방언과 『광운』 음운 체계의 관계에 대한 심층적인 논의는 딩성수(丁聲樹)와 리룽(李榮)의 『중국어 음운 강의(漢語音韻講義)』[9]을 참고할 수 있다.

---

9 딩성수(丁聲樹), 리룽(李榮), 「중국어 음운 강의(漢語音韻講義)」 『방언(方言)』(1981년 제4호, 상하이: 상하이교육출판사).

部位 \ 系 / 方法 \ 組		幫		端知						見		
方法		幫	非	端	泥	精	知照二(莊)	照三(章)	日	見	曉	影
清	全清	幫		端		精	知 照二(莊)	照三(章)		見		影
清	次清	滂		透		清	彻 穿二(初)	穿三(昌)		溪		
清	全清		非, 敷				审二(生)	审三(書)			曉	
濁	全濁	並	奉	定		从	澄 床二(崇)	床三(船)		群		
濁	全濁					邪		禪			匣	
濁	次濁	明	微		(娘 泥)				日	疑		喻四 (以)
濁	次濁				來							喻三 (雲)

위 비교와 추정을 통해 볼 때, "啥"의 본래 글자 또는 어원은 "何"일 가능성이 크다. "何"는 상고 시대에 협모(匣母) 어운(魚部)에 속하며, 그 소리는 *ga로 재구될 수 있는데, 이는 현재 원저우(温州)와 러칭(樂清)에서 "什么"를 의미하는 단어의 첫 음절과 일치한다.

원거리 지시대명사인 "那個"는 상하이(上海) 쑹장현(松江縣)의 여러 향(鄉) 방언에서 여섯 가지 다른 형태로 나타난다. 이에 대한 내용은

표7.10에서 확인할 수 있다. 이러한 표현들은 우어(吳語) 타이후편(太湖片)의 다른 방언들에서도 발견된다.

서로 다른 방언을 비교하는 연구는 방언의 본자고증(本字考證)과 어원 연구(詞源研究)에 도움이 된다. 일부 방언 어휘는 해당 방언 내부에서만 연구할 경우 그 본자나 어원을 확정하기 어려운 경우가 많지만, 다른 방언과 비교하면 문제를 명확하게 해결할 수 있는 경우가 있다. 이에 몇 가지 예를 들어 설명하고자 한다.

"肥皂(비누)"는 원저우(温州) 방언에서 ji^2 $zə^4$로 불린다. 여기서 두 번째 음절이 "皂"인 것은 문제가 없지만, 첫 번째 음절이 "洋"인지 "胰"인지 판별하기 어렵다. 이는 원저우 방언에서 두 글자가 동일한 발음이기 때문이다. 그러나 민어(閩語) 젠어우어(建甌語)과 푸안(福安) 방언에서는 "肥皂"를 "胰皂"라고 하며, 첫 번째 음절을 "胰"로 적고 "洋"으로 적지 않는다. 이 두 글자는 두 방언에서 각각 다른 음으로 발음된다. 예를 들어, 푸안(福安)음에서는 "胰"가 ji^2로, "洋"이 $jioŋ^2$으로 발음되며 서로 다르다(胰ji^2≠洋$jioŋ^2$). 젠어우음에서도 "胰"가 i^3, "洋"이 $iɔŋ^5$으로 구별된다(建甌音i^3≠$iɔŋ^5$). 따라서 원저우 음의 ji^2 $zə^4$는 "胰皂"로 표기하는 것이 적절하다(温州$ji^2zə^4$="胰皂"). 『광운(廣韻)』 지운(脂韻)에서 "胰"는 "夾脊肉也"라고 하였으며, 음과 의미가 모두 부합한다.

우어(吳語) 타이후편(太湖片)에서는 의문대명사로 "啥"를 사용하는데, 이는 "什么"에 해당하며, 이는 관화(官話) 지역의 일부 방언에서도 발견된다. 장타이이엔(章太炎)의 『신방언(新方言)』에서는 "甚么"가 "啥"의 음절 축약형이라고 보고 있으며, 즉 "啥"는 "甚么"의 합음(合音)이라는 주장이다. 또 다른 견해로는 “啥”가 “什么”의 합음이라고 주장하기도 한다. 그러나 이에 대한 추가적인 고증은 아직 이루어지지 않고 있다. “甚”과 “什”은 중고(中古)에서 모두 선모(禪母)에 속하며, 탁성모(濁聲母)이다. 현대 우어에서는 여전히 이 두 글자가 단독으로 발음될 때 탁성모 [z]음을 유지한다. 따라서 “啥”의 어원을 “甚么”나 “什么”로 연결하는 것은 적절하지 않아 보인다.

현재 이 단어의 다른 우어 방언에서의 다양한 발음을 비교해 보면, 각각 다음과 같다.

원저우(温州): ga^{2} (ȵi^{2}) 또는 ʔa^{7} (ȵi^{2})

러칭(樂清): ga^{2} (m^{2})

쑤저우(蘇州): sa^{3}

진산(金山): ha^{3}

쑹장(松江) 시골 지역: ha^{3} 또는 sa^{2}

각 지역에서 나타나는 이러한 음운 형태는 동일한 기원에서 비롯된 것일 가능성이 있으며, 그 음운 변화 과정을 다음과 같이 재구할 수 있다.

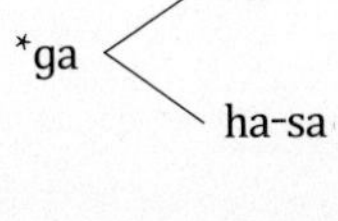

이러한 비교와 재구를 통해 볼 때, “啥”의 본자 또는 어원은 “何”

로 보인다. "何"는 상고(上古)에서 협모(匣母) 어부(魚部)에 속하며, 그 발음을 ga로 재구할 수 있다. 이는 원저우와 러칭 방언에서 "什么"를 의미하는 단어의 첫 음절과 정확히 일치한다.

원거리 지시대명사인 "那個"는 상하이 쑹장(松江) 지역 각 향(鄉)의 방언에서 여섯 가지 다른 형태로 나타난다. 이러한 형태들은 우어 타이후편의 다른 방언에서도 발견된다.

표7.10 쑹장(松江) 각지 방언의 원지시대사(遠指代詞) 표

縣城	泗涇	佘山	新橋	洞涇	泗聯
威個 $\upsilon e^{1}k\partial^{\circ}$	哀個 $\varepsilon^{1}k\partial^{\circ}$	伊個 $i^{1}k\partial^{\circ}$	哀伊個 $\varepsilon^{1}i^{1}k\partial^{\circ}$	哀夷個 $\varepsilon^{1}ɦi^{2}k\partial^{\circ}$	還有一個 $ɦ\varepsilon^{6}ɦiɤ^{1}iɪʔ^{7}k\partial^{\circ}$

처음 보기에는 복잡하고 두서가 잡히지 않아서 쑹장어(松江話)에는 최소한 세 개의 원지시 대사(威, 哀, 伊)가 있다고 오인할 수도 있다. 그러나 비교적 깊이 있는 비교를 거치면, 이러한 모든 형태가 "還有一個"에서 유래했음을 발견할 수 있다. 이는 "還有一個"의 음절이 합쳐진 결과이다.

표7.11 쑹장어(松江話)의 원지시 대사의 원류

현대 방언 문법과 고대 중국어 문법을 비교 연구하면, 서로 설명할 수 있다. 고대 문헌상의 문법 현상은 현대 방언 구어 문법 현상과 상호 검증할 수 있다. 한편으로 현대 방언의 문법 현상은 고대 중국어에서 그 기원을 찾을 수 있으며, 다른 한편으로 현대 방언은 중국어 문법의 역사적 변화 과정을 보여주는 생생한 증거 또한 제공할 수 있다. 다음은 그 예시이다.

우(吳)방언에서 반복 의문문(反复問句)은 네 가지 가장 흔한 문형이 있다. 즉:

(1) vp否vp?의 예:

"走否走?"(갈 거야, 안 갈 거야?)

"喝茶否喝茶?"(차를 마실 거야, 안 마실 거야?)

(2) vp也否? 예:

"睏也否?"(잘 거야, 안 잘 거야?)

"吃飯也否?"(밥을 먹을 거야, 안 먹을 거야?)

(3) vp也未? 예:

"熟也未?"(익었어, 안 익었어?)

"煮飯也未?"(밥을 지었어, 안 지었어?)

(4) 阿vp? 예:

"耐阿曉得?"(정말 아는 거야?)

"阿要吃酒?"(술 마실 거야?)

원저우(温州) 등 남부 우어(吳語)에서 앞의 세 종류의 문형(문형(1)(2)(3))이 나타나며, 첫 번째 문형(1)은 "vp勿vp?"로 변경될 경우, 남북 대부분의 우어에서 나타난다. 마지막 문형(4)은 쑤저우(蘇州) 등 북부 우어에서 발견된다. 원저우 방언에는 문형 (1)과 (2)를 혼합한 "vp也否vp?" 형식이 있으며, 이때 "否"를 "勿"으로 변경하면 이 혼합형 문형이 다른 우어 방언에서도 나타난다.

이 네 가지 문형은 모두 고대 중국어에서 그 기원을 찾을 수 있다. 예를 들어, 다음과 같은 예문이 있다.[10]

(1) "春草年年綠, 王孫歸不歸?"

(봄 풀이 해마다 푸르건만, 왕손은 돌아올 것인가, 돌아오지 않을 것인가?) (당나라 왕유(王維) 『송별(送别)』)

(2) "那個人還吃不?"

(저 사람이 아직 먹고 있는가, 아닌가?) (『조당집(祖堂集)』 2.10)

(3) "行者還曾到五台山也無?"

(행자는 한 번이라도 오대산에 가 본 적이 있는가, 없는가?) (『조당집』 2.30)

---

10 출처: 주더시(朱德熙)의 『중국어 방언 속의 두 가지 반복 의문문(漢語方言里的兩種反复問句)』에서 인용, 『중국어문(中國語文)』(1985년 제1기 수록).

(4) “你可認得你丈夫么?”

(네가 너의 남편을 알아보겠느냐?) (『서유기(西游記)』 12.152)

이 네 개의 예문을 문형별로 정리하면 다음과 같다.

(1) vp不vp?

(2) 还v不?

(3) 還v也無?

(4) 可vp?

우어의 문형 (2)는 고대 중국어 문형 (2)와 약간 차이가 있으며, 고대 문형 (3)과 (2)가 혼합되어 형성된 것이다. 즉, “還v也無?”+“還v不?”→“vp也否?”이다.

현대 우어의 네 가지 문형이 생성된 순서를 고대 중국어와 비교하여 확인할 수도 있다. 고대 중국어에서 문형 (1)인 “vp不vp?”는 가장 먼저 등장하며, 남북조(南北朝) 시대의 문헌에서 볼 수 있다. 예를 들어, “今我欲問, 身中之事, 我為常不常?”(지금 내가 묻고자 하노니, 몸속의 일에 대해 나는 과연 항상함이 있는가 있지 않는가?) (『잡보장경(雜寶藏經)』 대정장(大正藏) 44936)에서 확인된다.

고대 중국어 문형 (2)와 (3)은 『조당집(祖堂集)』에 많이 등장하며, 총 500개의 예시가 나타나는 반면, 문형 (1)은 단 8개의 예시만 존재한다.[11] 『조당집』은 남북조에서 당나라 말기까지의 선종(禪宗) 어록으로, 구어에서는 문형 (2)와 (3)이 주로 사용되었음을 알 수 있다.

고대 중국어 문형 (4)는 명·청 시대의 백화소설에서 대량으로 등장하기 시작한다. 우어 형성의 역사를 고려하면, 문형 (2)와 (3)이 가장 오래된 층위이며, 그다음이 문형 (1), 가장 최근에 형성된 문형이 (4)일 가능성이 크다.

북방 이주민들이 현재의 우어 지역으로 유입된 역사적 사건은 세 차례에 걸쳐 발생하였다.[12] 두 번째 이주는 서진(西晉)과 동진(東晉) 시기 사이에 발생했으며, 남부 원저우 방언은 이 시기 기초를 다지게 되었다. 당시 북방 중국어에서 널리 사용되었던 반복 의문문 문형 (2)와 (3)은 이 시기에 남부 우어에 정착된 것으로 보인다.

남송과 북송 교체기 세 번째 이주인 동안, 원저우 지역의 외래 인구가 급증했는데 이 시기 북방에서 점차 확산된 문형 (1)이 남부 우어로 유입되었을 가능성이 있다. 우어 지역은 북부에서 남부로 확산되는 경향을 보였으나, 오늘날 오히려 남부 지역에서 보다 오래된 우어 요소가 많이 보존되어 있다. 북부 우어의 역사적으로 문형 (1), (2), (3)이 사용되었으나, 명·청 시대에 이르러 쑤저우 지역에서는 새로운 문형 (4)가 이를 대체하기 시작했다. 문형 (4)는 현재까지도 여전히 우어 남부 지역에 확실히 정착하지 못한 상태이다.

---

11 출처: 주더시 연구에 따른 수치.

12 제3장에서 언급됨.

제3절 현대 방언 비교와 방언 역사 연구

현대 방언의 비교 연구는 방언이 형성된 역사와 각 방언의 역사적 상호 관계를 이해하는 데 유리하다. 현대 남방의 우어(吳語), 민어(閩語), 웨어(粵語), 샹어(湘語), 커쟈어(客家話), 간어(贛語)는 상호 간에 상당한 차이를 보이지만, 관화(官話)와 비교하면 내부적으로 일정한 공통성을 가지고 있다. 예를 들어, 이들 방언에는 관화와 전혀 다른 일련의 공통 어휘가 존재한다.

이러한 공통 어휘는 세 가지 유형으로 나눌 수 있다. 첫 번째 유형은 북방의 역사 문헌에서 거의 찾아볼 수 없는 어휘로, 남방 방언에만 존재하는 단어들이다. 두 번째 유형은 역사 문헌에 남방 방언 어휘로 명확히 기록된 단어들이다. 세 번째 유형은 남방의 지명(地名)에 사용된 문자들이다.

첫 번째 유형의 어휘 예시는 표7.12에 제시되어 있다. 표에 나온 어휘 중 "渠"를 제외한 모든 단어는 『중국어 방언 어휘(漢語方言詞匯)』에서 발췌된 것이며, "주(注)"는 필자의 주석이다. 이 표를 통해 남방과 북방에서 사용하는 어휘의 주요 어소(語素)가 완전히 다름을 알 수 있다. 남북의 차이는 대략 다음과 같다.

남방 어휘	북방 어휘
飲	米湯
谷	稻子
粉	面
企	站
講	說
光	亮
渠	他
許	那

부정사 "不"의 경우, 북방에서는 양순 폐쇄음(雙唇塞音) 성모를 사용하지만, 남방에서는 비음 성모(鼻音聲母)나 순치음 성모(唇齒音聲母)를 사용한다. 남방의 창사(長沙)와 난창(南昌)에서는 일부 북방 어휘가 사용되는데, 이는 후대에 유입된 것일 가능성이 있다.

우어의 북부 지역, 대표적으로 쑤저우(蘇州)를 중심으로 한 지역은 남방과 북방의 과도 지대로 기능하고 있으며, 반면 남부 지역, 특히 원저우(温州)를 중심으로 한 지역은 완전히 남방형에 속한다.

표7.12 남방방언의 공동어휘와 북방방언의 비교

	米湯	稻谷	粉	站	說	亮	他	那	的	不
北京	米湯	稻子	面儿	站	說	亮	他	那	的	不
成都	米湯	谷子	面面儿	站	說	亮	他	那	的	不
合肥	飲湯	稻子	面	站	說	亮	他	那	的	不
西安	米湯	稻子	面面儿	站	說	亮	他	那	的	不
蘇州	飲湯	谷	粉	立	講	亮	渠	歸	個	勿
温州	飲	谷	粉	企	講	光	渠	許	個	否
長沙	米湯	谷	粉子	企	講	光	渠	那	個	不
南昌	飲湯	谷	粉	站	話	光	渠	許	個	不
				企						
梅縣	飲	谷	粉	企	話	光	渠	kɛ	個	m
廣州	飲	谷	粉	企	話	光	渠	kɔ	個	m
厦門	飲	粟	粉	企	話	光	渠	許	個	m
潮州	飲	粟	粉	企	呾	光	渠	許	個	m
福州	飲	粟	粉粉	企	講	光	渠	許	個	ŋ̍

주석: ① "站"은 난창(南昌)에 "站, 企" 두 가지 견해가 있다.

② "企"의 본자는 "徛"이며 여기에서 쓴 것은 속자(俗字)이다.

③ "米湯"의 쑤저우어(蘇州話)는 "飲"으로도 칭해진다. 예를 들면 "他……把仙方煎好, 却暗暗把糯米飲搀在里頭"과 같다.

④ 부정사는 원저우어(温州話)에서 또 자성음절의 비음[n̩] 또는 [m̩]으로 사용한다. 예를들면, "m̩胚"(不成样子, 不像样)와 mə^2(不好, 壞)이다. mə^{2}는 음을 합하여, m̩^{2}hə^3(好)로 합성되었다.

이제 두 번째 유형의 어휘를 예로 들어 논의하고자 한다. 이러한 어휘들은 제리 노먼이 민어(閩語)에서 고대 방언의 어휘로 다룬 바 있으며,[13] 리룽(李榮)이 우어(吳語)의 본자(本字)로 논의한 바 있다(『방언』 1980년 제2기, 137페이지). 필자의 이전 연구에서도 이들 어휘 중 일부를 다룬 적이 있다.

渠: 『집운(集韻)』 거성(去聲) 어운(魚韻)에 "吳人呼彼稱, 通作渠(오나라 사람들이 "그"를 지칭할 때 '渠'라 부르며, 일반적으로 '渠'로 표기한다)"라고 기록되어 있다. '구(渠)'의 반절은 구어절(求于切)이다. 이 '渠'라는 글자는 일부 방언 지역에서 "佢", "伊", "俚" 등으로도 표기된다. 발음과 표기가 다를 뿐, 실제로는 동일한 어원을 가진다. '渠'는 표에서 제시한 지역 외에도 후이어(徽語)에서도 사용된다. 후이어는 우어와 밀접한 관계가 있으며, 그 기저는 고대 우어였을 가능성이 크다.

箬: 남방에서 자생하는 대나무와 유사한 식물의 잎을 가리키며, 남방 민간에서는 이를 이용해 쭝즈(粽子, 찹쌀떡)를 싸거나 삿갓을 만든다. 『설문해자(說文解字)』에서는 "箬, 楚謂竹皮曰箬(초나라에서는 대나무 껍질을 '箬'라 부른다)"라고 기록되어 있으며, 『광운(廣韻)』에는 "箬, 而灼切, 竹箬('箬'의 반절은 이작절(而灼切)이며, '대나무 껍질'을 의미한다)"라고 한다.

이 단어의 현대 방언에서의 발음은 다음과 같다.

원저우(溫州): ȵia⁸

푸저우(福州): nioʔ⁸

---

13 『방언(方言)』 1983년 제3기, 202페이지.

샤먼(厦門): hioʔ[8]

사오우(邵武): nio[7]

메이셴(梅縣): niok[7]

민어에서는 "箬"의 의미가 확장되어, 일반적인 나뭇잎을 지칭하는 용도로도 사용된다. 예를 들어,

샤먼에서는 "뽕잎(桑葉)"을 "娘仔箬"라고 한다.

지엔양(建陽)에서는 "뽕잎"을 "桑箬"라고 한다.

융안(永安)에서는 "뽕잎"을 "蠶子箬"라고 한다.

薸: 남방에서 흔히 볼 수 있는 부평초(浮萍)를 가리키며, 전통적으로 돼지나 가금류의 사료로 사용되었다. 『방언(方言)』에서는 "江東謂浮萍為薸(장둥 지역에서는 부평초를 '薸'라 부른다)"라고 기록되어 있다. 『광운』에서는 이 글자를 소운(宵韻) 부소절(符霄切)에 수록하고 있다.

이 단어의 현대 남방 방언에서의 발음은 표7.13에 제시되어 있다. 또한, 표7.14에는 이 단어가 좡둥어(壯侗語)에서 어떻게 발음되는지 비교를 위해 수록하였다.

제리 노먼(羅杰瑞)과 메이주린(梅祖麟)은 베트남어에서 "bèo", 몽어(孟語)에서 "bew"가 이 단어와 같은 어원을 가질 가능성이 있다고 본 바 있다.

표7.13 중국어 방언 "瀌" 단어 독음

温州	福州	厦門	梅縣	廣州	新干(江西)
$bi\varepsilon^2$	p^hiu^2	p^hio^2	p^hiau^2	p^hiu^2	p^hau^2

표7.14 좡둥어 "瀌" 단어 독음

壯語	水語	毛難語	仫佬語
piu^2	$pi{:}\eta^6pjieu^2$	puk^8pjeu^2	$pi{:}\eta^6pjieu^2$

세 번째 유형은 지명(地名)의 일반 명시로 사용되는 문자들이다. 일부 지명에서 사용되는 일반 명사는 남방 방언 지역에서만 나타나며, 북방에서는 찾아볼 수 없다. 그중 가장 대표적인 예는 "圳(전)", "寮(료)", "際(제)", "墟(허)", "坪(평)", "洋(양)", "尖(첨)", "嶂(장)"이다. 이러한 지명에서 사용되는 문자들의 지리적 분포를 살펴보면, 북쪽 경계선은 저장(浙江) 남부, 간난(贛南, 장시 남부), 샹난(湘南, 후난 남부)까지이다.

또한, "瀨(뇌)", "岙(오)", "浦(포)", "溪(계)"와 같은 지명에서 사용되는 문자는 앞서 언급한 문자들보다 북쪽에서도 발견된다. 예를 들어, "際" 자가 포함된 지명은 다음과 같다.

광둥(廣東) 융안(永安)에는 "際頭山"과 "龍門十二際"이 있다.

푸젠(福建) 융타이(永泰)에는 "下際寺", 화안(華安)에는 "際頭"가 있다.

저장(浙江) 린하이(臨海)에는 "潮際溪", 융자(永嘉)에는 "白水際"가 있다.

이 "際" 자는 지역에 따라 글자 형태가 다르게 나타나며, 어떤 지역에서는 삼수(水) 편방을 따르고, 어떤 지역에서는 편방 석(石)을 따른다. 또한, "洋" 자는 저장 남부 지역에서 토(土) 편방으로 표기되는 경우가 많다.

이러한 지명에서 사용되는 문자들에 대해 필자는 비교적 자세히 토론하면서 지도로도 제작하였다. 관련 내용은 『방언과 중국 문화(方言與中國文化)』(상하이인민출판사, 1986년)에 수록되어 있다.

위에서 언급한 남방 방언 어휘의 내부적 일관성은 중국어 방언학 연구에서 두 가지 중요한 시사점이 있다.

첫째, 만약 이러한 어휘의 존재 여부를 기준으로 중국어 방언을 구분한다면, 중국어 방언의 구획에서 첫 번째 단계로 남방과 북방의 두 개의 대구(大區)로 나눌 수 있다. 이후 두 번째 단계에서 남방을 우어(吳語), 민어(閩語), 웨어(粵語), 간어(贛語), 커쟈어(客家話)의 다섯 개 하위 방언으로 구분할 수 있다. 또한, 후이어(徽語) 역시 남방 방언에 포함해야 할 가능성이 있다.

둘째, 남방 방언 어휘의 내부적 일관성을 설명할 수 있는 세 가지 가능성이 있다.

첫 번째, 고대 남방 방언들 사이에서 상호 접촉이 매우 빈번했으며, 이로 인해 어휘가 서로 차용되면서 유사성이 증가했다. 그러나 고대 남방 지역의 교통 여건과 사회 발전 수준을 고려하면, 지역 간 빈번한 교류가 이루어졌다고 보기 어렵다. 따라서 이 설명은 성립하기 어려운 측면이 있다.

두 번째, 남방의 여러 방언은 처음에 동일한 북방 지역에서 남하한 이주민들에 의해 전해졌으며, 이들이 이후 각 지역으로 분산되었기 때문에 어휘적 유사성이 유지되었다. 그러나 이 설명에는 두 가지 문제가 있다. 첫째, 남방 방언들은 모두 북방에서 유래했지만, 그 기원은 동일한 시간과 장소에서 비롯된 것이 아니다(이는 제3장에서 자세히 논의됨). 둘째, 이러한 어휘들은 북방에서는 찾아볼 수 없으며, 역사 문헌에도 기록이 남아 있지 않고, 현대 북방어에서도 발견되지 않는다.

세 번째, 이러한 어휘들은 남방 방언들이 공통적으로 공유하는 기층(底層) 어휘일 가능성이 있다. 현재로서는 세 번째 설명이 가장 합리적인 가설로 보이며, 이와 관련한 논의를 아래에서 더 자세히 진행할 것이다.

남방 방언 내부에서 서로 다른 방언을 비교하는 것은 각 방언 간의 관계와 그 역사적 배경을 이해하는 데 도움이 된다. 이를 설명하기 위해, 우어와 민어 어휘를 비교하는 사례를 들어 보겠다.

일부 어휘는 역사 문헌에서 고대 우어의 어휘로 명확하게 기록되어 있지만, 현대에는 민어에서만 발견되며, 우어에서는 거의 사라진 경우가 있다. 이제 네 개의 글자를 예로 들어 설명하겠다. 이 네 글자는 제리노먼(羅杰瑞)가 민어에서 고대 방언 어휘로 논의한 바 있다.

裷: 『방언(方言)』에서는 "裪裾謂之袖("裪裾"를 "소매(袖)"라고 부른다)"라고 기록되어 있으며, 곽박(郭璞)은 이에 대해 "衣標音裾, 江東呼裷, 音婉"("옷깃을 '裾'이라 발음하며, "衣標音裾, 江東呼裷, 音婉(옷깃을 '裾'이라 발음하며, 장둥(江東) 지역에서는 이를 '䘾'라 부르며, 발음은 '완(婉)'과 유사하다)"라고 주석을 달았다.

현재 민어(閩語)의 여러 지역에서 "衣袖(소매)"라는 단어의 독음을 이 단어군으로 비교할 수 있다.

푸저우(福州): uoŋ³
샤먼(厦門): ŋ³
젠어우(建甌): yeŋ³

瀙: 『집운(集韻)』에서는 "瀙瀙瀞, 楚慶切, 冷也, 吳人謂之瀙("瀙瀙瀞"은 초경절(楚慶切)로 읽으며, "차다"는 뜻이다. 오나라 사람들은 이를 "瀙"라 부른다)"라고 기록하고 있다.

현재 각 지역 민어(閩語)에서 "(날씨가) 춥다((天)冷)"를 의미하는 단어의 발음은 이 단어와 유사하다.

푸저우(福州): $ʦ^heiŋ^5$
샤먼(厦門): $ʦ^hin^5$
젠어우(建甌): $ʦ^heŋ^5$
사오우(邵武): $ʦ^hin^5$
저장(浙江) 창난(蒼南) 민어: $tɕieŋ^{11}$

현재 다음과 같은 카이화(開化), 창산(常山), 장산(江山), 수이창(遂昌),

룽취안(龍泉), 칭톈(青田), 원청(文成), 타이순(泰順)지역의 우어(吳語)에서도 이 단어를 사용하고 있다.[14]

欌: 『방언(方言)』에서는 "蠡, 陳楚宋魏之間或謂之簞或謂之欌, 或謂之瓢('蠡'는 진(陳), 초(楚), 송(宋), 위(魏) 지역에서 '簞' 또는 '欌' 혹은 '瓢'라 불렸다)"라고 기록되어 있다. 곽박(郭璞)은 이에 대해 "今江東通呼勺為欌, 音羲(현재 장둥(江東) 지역에서는 '勺(杓)'을 '欌'라 부르며, 발음은 '희(羲)'와 유사하다)"라고 주를 달았다. 『광운(廣韻)』에서도 "桸, 許羈切, 杓也('桸'는 허패절(許羈切)로 읽으며, '杓(국자)'를 의미한다)"라 하였다. 『광운』과 『방언』의 두 단어는 서로 다른 글자로 표기되었으나 동일한 의미를 가진다.

현재 "勺子(국자)"를 의미하는 단어의 발음은 이 단어에서 유래한 것으로 보인다.

푸안(福安): he^1
샤먼(厦門): hia^1
차오양(潮陽): pu^2hia^1

『이아(尔雅)』에서 "未成雞健(아직 다 자라지 않은 닭을 '健'이라 부른다)"라 하였으며, 곽박(郭璞)은 "江東呼雞少者曰健; 健音練"(장둥(江東) 지역에서는 어린 닭을 '健'라 부르며, 발음은 '練'과 유사하다)라 주해하였다. 『집운(集韻)』

14 출처: 푸궈퉁(傅國通) 외 『저장 방언 어휘(浙江方言詞)』, 저장성 방언학회, 1992년.

은 이 단어의 반절을 역전절(力展切)로 표기하고 있다.

현재 샤먼(厦門) 방언에서 이 단어의 발음은 nuã^{6}이다. 일부 어휘는 원저우(温州)를 대표로 하는 남부 우어와 민어에서만 발견되며, 제3장에서 예를 든 바 있다. 여기에서는 몇 가지 추가 예를 제시한다. 자세한 내용은 표7.15에 정리하였다.

표에 제시된 "頜"에 대해 『방언』에서는 "頜, 頤, 頜也, 南楚謂之頜, 秦晉謂之頜, 頤其通語也('頜'은 '頤(턱)' 또는 '頜(턱)'을 의미하며, 남초(南楚) 지역에서는 이를 '頜'이라 부르고, 진(秦)과 진(晉) 지역에서는 이를 '頜'이라 부르며, '頤'는 공통적으로 사용되는 표현이다)"라고 기록되어 있다. 곽박(郭璞)은 "亦今通語也(현재도 널리 쓰이는 표현이다)"라고 주석을 달았다.

표7.15 남부 우어(吳語)와 민어(閩語) 공동어휘의 예시

단어(詞)	글자(字)	원저우(温州)	푸저우(福州)	샤먼(厦門)	차오저우(潮州)	주석
菜肴	配	p^{h}ai^{5}	p^{h}ui^{5}	mĩʔ^{8}p^{h}e^{5}	mueʔ^{8}pue^{5}	
柚子	-	p^{h}ə^{1}	p^{h}ɐu^{1}			紹興p^{h}ɔ^{1}
宰	刣	t^{h}ai^{1}	t^{h}ai^{2}	t^{h}ai^{2}	t^{h}ai^{2}	
口水	瀾	la^{4}	laŋ^{3}	nũã^{6}	nuã^{4}	梅縣lan^{1}
面頰	頜	gø^{6}		am^{6}	am^{4}	

일부 어휘는 역사 문헌에 따르면 고대 우어(吳語)에서 유래하였으며, 현재 북부와 남부의 우어(吳語) 및 민어(閩語)에서 찾아볼 수 있다.

예를 들어:

儂은 『절운(切韻)』(오대 간본)에서 "儂, 奴冬反, 吳人雲我('儂'은 노동절(奴冬反))이며, 吳나라 사람들은 我라고 말한다)"고 하였다. "농(儂)"은 고대부터 현대까지 이어지는 잘 알려진 우어(吳語)의 인칭대명사이다. 현재 푸저우(福州)에서는 "나"를 "儂家(nøiŋ^{2}ka^{1})"이라 하고, "우리"를 "各儂(kauk^{7}nøiŋ^{2})"이라 칭하며, 샤먼(廈門)에서는 "나"를 "儂(lan^{3})"이라 칭한다.

1인칭대명사

푸저우(福州): 儂家(nøiŋ^{2} ka^{1}) (나) / 各儂(kauk^{7} nøiŋ^{2}) (우리)

샤먼(廈門): 儂(lan^{3}) (나)

"岙"는 "澳", "隩", "嶴" 등으로도 표기된다. 『이아(尔雅)』에서 곽박(郭璞)은 "隩隈, 今江東呼為浦隩('隩'와 '隈'는 오늘날에는 장둥(江東) 지역에서 '浦隩'라 불린다)"는 주석을 달았다.

현재 우어와 민어 지역에서는 지명에서 일반 명사로 널리 사용되며, 산곡(山谷)을 의미하는 지명은 특히 보편적으로 사용된다. 저장(浙江) 남부의 우어에서도 명사로 사용되며, "산곡(山谷)"을 의미한다. 예를 들어, "산터우오굴(山頭岙窟)"과 같은 표현이 있다.

"瀨"에 대해 신찬(臣贊)은 『한서(漢書)·무제기(武帝紀)』의 "甲為下瀨將軍"라는 구절을 주석하면서 "瀨는 여울이며, 오월(吳越) 지역에서는 이를 '瀨'라 하고, 중원(中國)에서는 이를 '磧'이라 부른다(瀨, 湍也, 吳越 謂之瀨, 中國謂之磧)."라고 설명하였다.

현재 민어(閩語)에서도 여전히 얕은 여울과 급류를 "瀨"라 부르며, 예를 들어 푸저우(福州)에서는 lai^{5}, 샤먼(廈門)에서는 lua^{6}, 젠오우(建甌)에서는 suɛ^{6}라고 한다.

오늘날 우어(吳語) 지역에서도 여전히 "瀨" 자가 포함된 하천 명칭이 남아 있으며, 예를 들어 "퉁라이(銅瀨)"가 있고, 민어(閩語) 지역에서는 "홍라이(洪瀨)"라는 명칭이 존재한다.

우어(吳語)와 민어(閩語) 어휘의 위와 같은 세 가지 관계는 세 가지 점에서 우리를 일깨운다.

첫째, 현재 민어는 곽박(郭璞) 시대의 쟝둥(江東) 우어 어휘를 보존하고 있으며, 이는 오나라 사람들이 푸졘(福建) 지역으로 이주한 역사적 사실과 일치한다. 삼국 시대, 손오(孫吳)는 15년에 걸쳐 월족(越人)을 정복하였으며, 이후 동오(東吳) 사람들은 회계(会稽, 현재 저장 북부 및 쟝쑤 남부)에서 육로를 통해 푸청(浦城)을 거쳐 민서북(閩西北)으로 이주하거나, 해로를 따라 푸저우로 이주하여 연해 지역에 정착하였다. 이는 한인(漢人)이 푸졘으로 대규모로 이주한 최초의 사례이며, 그들이 민(閩) 지역으로 가져온 언어가 당시의 우어였다.

둘째, 장기간 북방 관화(官話)의 침식을 받아온 쟝저(江浙) 지역에서는 북쪽에서 남쪽으로 갈수록 고대 우어(吳語)의 특징이 점차 줄어들었다. 따라서 현재 저난(浙南) 우어(吳語)와 민어(閩語) 사이에는 더 많은 공통 어휘가 존재한다.

두 언어는 음운적으로 두 가지 뚜렷한 공통점을 가진다.

첫 번째, 고대 지모(知母)가 현대에도 여전히 설근음(舌頭音)으로 발음된다는 점이다. 예를 들어 "돼지(猪)"라는 단어는 샤먼(厦門)에서 ti¹, 푸저우(福州)에서 ty¹, 리수이(麗水)에서 ti¹, 유취안(尤泉)에서 tɔ¹, 룽여우(龍游)에서 tuɑ¹로 발음된다.

두 번째, 저난(浙南) 우어와 민어는 두 글자 구조(兩字組)에서 후행음절(後字)이 더 안정적인 변조 패턴을 보인다. 즉, 단독 음조(單字調)와 비교했을 때 후행음절의 조음은 비교적 변하지 않고, 전행음절(前字)은 자주 변하는 경향을 띤다. 이는 북부 우어(北部吳語)가 전행음절이 후행음절보다 더 안정적인 것과 크게 다르다.

돼지(猪)

샤먼(厦門): ti¹

푸저우(福州): ty¹

리수이(麗水): ti¹

여우취안(尤泉): tɔ¹

룽유(龍游): tuɑ¹

셋째, 가장 오래된 우어(吳語)의 특징은 현재 우어(吳語)에서 보존된 것이 아니라 오히려 현대 민어(閩語)에서 보존되었다. 다시 말해, 민어(閩語)에는 고대 우어(吳語)의 기층(底層)이 존재하며, 또는 현대 민어(閩語) 속에 고대 우어(吳語)의 기층 잔재가 남아 있다고 할 수 있다.

남방의 우어(吳語), 민어(閩語), 웨어(粵語)의 어휘를 좡둥어(壯侗語言)와 비교하면, 우리는 두 언어군 사이에 음성과 의미가 유사한 일련의 어휘들이 존재함을 발견할 수 있다.

이처럼 서로 다른 언어에서 유사한 음성과 의미를 가진 단어들이 존재하는 원인은, 우연적 일치를 제외한다면 두 가지뿐이다. 첫째, 같은 어원을 공유하는 경우(同源), 둘째, 차용된 경우이다. 그러나 동원어(同源詞)와 차용어(借用詞)를 구별하는 것은 종종 어렵다. 또한, 차용어 자체도 중국어에서 좡둥어로 유입된 것인지, 좡둥어에서 중국어로 유입된 것인지의 문제가 존재한다.

우리는 잠시 다음과 같은 기준을 적용하여 어떤 단어들이 좡둥어에서 한어로 차용된 것인지 판단해 보고자 한다.

- ▶ 중국어 내부에 본자나 어원이 고증되거나 사서(史籍)에 기록되지 않았으며,
- ▶ 이러한 단어들이 남방에서만 사용되었고 지금까지도 남방에서만 사용되며,
- ▶ 이러한 단어들이 문화어(文化詞)가 아닌 경우, 이러한 단어들은 중국어에서 좡둥어(壯侗語)로 유입된 것이 아니라 오히려 좡둥어에서 중국어로 차용되었을 가능성이 크다.

예를 들어 "가위(剪刀)"라는 단어를 보면, 좡어(壯語)에서는 keːu², 린가오어(臨高話)에서는 keu¹로 나타난다. 이들은 광저우(廣州) 웨어(粵語)의 kau⁵ʧin³(鉸剪)에서 kau를 차용한 것으로 보인다. 고대 웨어(粵

語)에서 "가위"라는 의미는 단음절인 "鉸"로 존재했을 가능성이 높으며, 이후 "교전(鉸剪)"이라는 단어는 남방과 북방 방언이 결합된 합성어로 생성된 것으로 추정된다.

剪刀(가위)

좡어(壯語): $ke\!:\!u^2$

린가오어(臨高話): keu^1

다음으로, 위의 기준에 따라 고대 좡둥어(壯侗語)에서 우어(吳語), 민어(閩語), 웨어(粵語)로 차용된 예시 두 가지를 들겠다. (앞서 언급한 "표(薸)" 역시 이러한 사례에 속한다.)

蟑螂(바퀴벌레)

광저우(廣州): ka^6tsat^8

샤먼(厦門): $ka^1tsuaʔ^8$

원저우(温州): $kuɔ^3za^8$

좡어(壯語), 무밍(武鳴): $θa\!:\!p^7$

다이어(傣語), 시솽반나(西雙版纳): $mɛŋ^2sa\!:\!p^8$

다이어(傣語, 德宏): $mɛŋ^2sa\!:\!p^9$

이 단어의 여러 음운 형태에서 첫 번째 음절은 접두사이며, 두 번째 음절이 핵심 의미를 나타낸다. 곤충 명칭에서 이러한 접두사가 사용되는 예시는 우어(吳語), 민어(閩語), 웨어(粵語)에서 다수 발견된다.

예를 들어:

蚯蚓(지렁이)

원저우(温州): $k^hu\text{ɔ}^3\text{ɕ}y^3$

푸저우(福州): $ka^3u\text{ŋ}^3$

푸톈(莆田): $kau^2o\text{ŋ}^3$

차오저우(潮州): $kau^3u\text{ŋ}^3$

양장(陽江): $k^hau^5n\text{ɐ}n^3$

곤충뿐만 아니라 "喜鵲(까치)", "跳蚤(벼룩)", "八哥(팔가조)", "蒼蠅(파리)", "螞蟻(개미)" 등의 단어에서도 이러한 접두사가 사용된다. 이러한 접두사는 좡둥어(壯侗語)에서도 곤충이나 새의 명칭에 사용되는 접두사와 비교할 수 있다. 예를 들어:

무라오어(仫佬語)-萤火虫($k\text{ɤ}a^1mi\text{ŋ}^3$), 蜈蚣($k\text{ɤ}a^1k\text{ɤ}p^7$)

여기서 첫 번째 음절 $k\text{ɤ}a^1$는 곤충의 분류 접두사이다.

라가어(拉珈語)-蟋蟀($kja^3\text{ŋ}jit^7$)

여기서 kja^3는 곤충을 의미하는 접두사이다.

다이어(傣語)-鴿子(ka^6ke^6), 烏鴉(ka^6lam^6)

여기서 ka^6는 새를 의미하는 접두사이다.

蓋(덮다)
광저우(廣州): $k^hɐm^3$
차오저우(潮州): k^ham^5
장저우(漳州): kam^3
샤먼(厦門): k^ham^5
푸저우(福州): $k^haiŋ^5$
푸안(福安): $kaŋ^5$
원저우(温州): $kaŋ^3$
다이어(시솽반나西雙版纳): kom^1
둥어(侗語): qam^3
무라오어(仫佬語): $kəm^6$

이 단어가 중국어 방언에서 차지하는 음운적 위치를 볼 때, 그 본자는 "䫩"일 가능성이 있다.『집운(集韻)』감운(感韻)에서는 "䫩, 蓋也([䫩]은 [蓋(덮다)]를 의미한다)"라고 기록되어 있으며, 그 반절은 고담절(古禫切)이다. 이 글자는『광운(廣韻)』이전의 운서(韻書)에서는 보이지 않으며, 다른 역사 문헌이나 북방 구어에서도 나타나지 않는다.

따라서 "䫩" 자는 남방 방언 구어를 기록하는데만 사용했던 것 같다. 고대 중국어에서는 "蓋"만 사용되었다. 현재 광저우(廣州), 차오저우(潮州), 샤먼(厦門) 방언에서 "蓋"는 "罨"와 겸용되고 있다. 이는 북방에서 유입된 단어로, 방언에서 후대에 유입된 것이다. 반면, 원저우(温州) 방언에서는 지금까지도 "罨"만을 사용하며, "蓋"는 단음절 명사나 동사로 사용되지 않는다. 무라오어(仫佬語)에서도 kai^5와 $kəm^6$을 병용했는데, kai^5는 중국어 "蓋"이며, 후대에 차용된 것이다. 반면 $kəm^6$은 본래의 토착 고유어로 보인다.

고대 좡둥어(古壯侗語) 어휘 중 일부는 특정한 방언에서만 차용되었거나, 일부 방언에서만 잔존해 있다. 예를 들어:

滑落(미끄러지다)

샤먼(厦門): lut^7

좡어(壯語, 룽저우(龍州)): $lu{:}t^7$

다이어(傣語, 시솽반나(西雙版纳)): lut^7

豎放(세워 두다)

원저우(温州): $taŋ^5$

이 단어는 좡어(壯語), 다이어(傣語), 부이어(布依語)와 동일한 발음을 가지고 있다.

원저우 방언에서 이 단어의 본자는 확인되지 않으며, 이 단어의 가장 이른 사용례는 남송(南宋) 초기 남희(南戲) 작품 『장협장원(張協狀元)』에 나타난다. 여기에서는 "頓"으로 표기되었으며, "在路平地尚

可, 那堪頓著一座高山, 叫五磯山(평평한 길에서야 그럭저럭 괜찮지만, 이럴 수가! 갑자기 높은 산 하나와 마주치게 되었으니, 그것이 바로 오기산(五磯山)이로구나)" 와 같은 문맥에서 사용되었다. 그러나 이때의 "頓"은 단순한 동음표기일 가능성이 크다.

柚子(유자)
광저우(廣州): luk^{7}jɐu^{2}
좡어(壯語): luk^{8}puk^{8}

광저우 방언의 luk^{7}jɐu^{2}는 합성어이며, jɐu^{2}는 중국어 "柚(유자)"에서 유래한 것이고, luk^{7}은 좡어에서 차용된 것이다. 좡어에서 luk^{8}은 접두사 혹은 분류 접두사이며, 작은 둥근 물체를 지칭한다.

한편, 취다쥔(屈大均)의 『광둥신어(廣東新語)』에서는 아래와 같이 정리한다.

> "自陽春至高, 雷, 廉, 瓊, 地名多曰那某, 羅某, 多某, 扶某, 過某, 牙某, 峨某, 陀某, 打某(양춘(陽春)에서 高, 雷, 廉, 瓊까지, 지명에 '那某, 羅某, 多某, 扶某, 過某, 牙某, 峨某, 陀某, 打某'와 같은 명칭이 많이 사용된다)"

이러한 지명들은 오늘날 광시(廣西) 지역의 좡족(壯族) 거주 지역과 동일한 유형의 지명 구조를 가진다. 즉, 이는 고대 좡어 지명의 잔존 형태이다. 예를 들어:

좡어에서 "那"는 "밭(田)"을 의미하며, na²로 발음된다.

한자로 표기할 때 "那"로 쓰인다.

현재 쉬원현(徐聞縣)에는 "那社", "那策", "那管"과 같은 지명이 존재한다.

우촨현(吳川縣)에는 "那梁", "那羅", "那鄧"과 같은 지명이 남아 있다.

고대 좡둥어(古壯侗語)에서 중국어 남방 방언으로 차용된 이러한 어휘들은 기층어휘(底層詞)로 볼 수 있다. 일부 언어학자들은 기층설(substratum theory)에 반대하는데, 그 주된 이유는 기층설이 역사 비교법처럼 엄격한 음운 대응 규칙을 사용하여 동원어(同源詞)를 논증하지 못한다는 점 때문이다. 이러한 비판은 매우 타당하지만, 문제는 기층 어휘와 역사 비교법에서의 동원어 개념은 다르다는데 있다. 기층 어휘는 한 언어 내에 다른 언어에서 유래한 어휘가 잔존하는 것을 의미하며, 기층 어휘를 논증하는 과정에서 역사 비교법을 그대로 적용할 필요는 없다. 기층 어휘의 논증이 역사 비교법을 통해 동원어를 판별하는 것처럼 엄격하고 설득력 있게 이루어지지는 않지만, 단순히 현대 음운 형태의 유사성만으로 판단하는 것도 아니다. 기층 어휘를 판별하는 기준으로는 앞서 제시한 몇 가지 원칙 외에도, 이와 더불어 일부 어휘는 고대 음운 재구와 비교를 통해 확인할 수도 있다.

예를 들어, "蓋(덮다)"라는 단어를 보면, 원저우 방언의 현대 발음은 kaŋ³이다. 현재 aŋ 운모는 중고(中古) 중국어의 등운(登韻), 진운(真韻), 문운(文韻), 침운(侵韻), 그리고 일부 환운(桓韻)과 혼운(魂韻)에서 유래했다. 『집운(集韻)』에서 "蓋"의 옛 형태로 "䪞"이 기록되어 있으며, 중고음은 감운(感韻)의 견모(見母)에 속한다. 리팡구이(李方桂)의 중고음 체계를 따르면, 이 발음은 kjəm으로 재구될 수 있다.

리팡구이는 원시 좡둥어에서 "蓋"라는 단어를 gum으로 재구한 바 있다.[15] 그렇다면 중고 원저우 방언의 kjəm과 원시 좡둥어의 gum은 상당히 유사한 형태를 가지고 있으며, 이를 통해 "蓋"라는 단어가 원시 좡둥어에서 차용되었을 가능성을 확인할 수 있다.

언어들 사이에 기층 요소가 남겨지는 것은 짐작하거나 이해하기 어려운 개념이 아니다. 언어 접촉은 언어차용를 생산하는데 이는 매우 일반적인 현상이다. 기층 요소의 잔류는 언어차용의 한 형태일 뿐이다.

차이점은 기층 요소는 반드시 특정한 민속지리학적 전제를 필요로 하는 반면, 일반적인 차용어는 이러한 전제가 필수적이지 않다는 점이다.

예를 들어, 어떤 민족(甲)이 다른 민족(乙)의 지역으로 이주하여 정착하고, 甲 민족의 언어가 상층 언어(上層語言)가 되고, 乙 민족의 언어가 하층 언어(下層語言)가 된다면, 乙 민족의 언어 요소가 甲 민족의 언

15 출처: Fang Kuei Li, A Handbook of Comparative Tai, University of Hawaii, 1977.

어에 일부 남아 기층 잔존 요소가 될 수 있다.

진(秦)·한(漢) 시대 이전에 중국 남방 지역의 소수민족 언어는 중국어가 아니었다. 이후 중국어가 창강(長江)을 넘어 남하하면서, 남방 고대 소수민족 언어의 일부 요소가 남방 중국어 방언에 기층 요소로 남았다. 이는 이해하기 어려운 현상이 아니다. 중국어 남방 방언과 소수민족 언어를 비교 연구하면 이러한 기층 요소를 발견할 수 있으며, 이는 충분히 확인 가능한 현상이다.

기층 요소는 언어 간에 존재할 수도 있고, 방언 간에도 존재할 수 있다. 앞서 언급했듯이, 민어에는 고대 우어(吳語)의 특징이 일부 남아 있으며, 이는 현재의 민어가 고대 우어의 기층 요소를 보존하고 있음을 의미할 수 있다.

쟝화이관화(江淮官話)에서도 우어(吳語)의 기층 요소를 찾을 수 있다. 딩방신(丁邦新)은 다음과 같이 지적한 바 있다.

> "루가오(如皋) 방언은 우어를 기반으로 하고 있으며, 하강(下江) 관화의 영향을 일부 받았기 때문에 우어의 특징이 강하고, 하강 관화의 특징은 상대적으로 약하다. 따라서 두 방언 구역 사이의 중간 방언으로 볼 수 있다.(如皋方言是以吳語為基本, 加上下江官話的部分影響而成的, 所以吳語色彩較濃, 下江官話的色彩較淡, 成為這兩個方言區域之間的中間方言)."

이 문장은 현재 쟝쑤성 북부의 루가오(如皋) 방언에 우어(吳語)의

하층 요소가 존재함을 의미하는 것으로 이해할 수 있다. 예를 들어, 루가오어(如皋話)와 쑤저우어(蘇州話)는 /n/과 /l/을 구별하며, 입성(入聲)이 음양으로 나뉘고 운모(韻母)가 단음화되지만, 난징 관화(南京官話)는 /n/과 /l/의 구별이 없으며, 입성이 음양으로 나뉘지 않고 운모가 복원음화(复元音化)되는 특징을 가진다.[16]

본 절에서는 남방 방언 내의 비(非) 중국어 기층 요소에 대해 논의하였으며, 그중에서도 고대 좡둥어에서 유래한 기층 어휘만을 다루었다. 그러나 남방 방언에는 다른 언어에서 기층 요소를 차용한 어휘도 존재할 가능성이 있다.

예를 들어, 세리노먼(羅杰瑞)과 메이주린(梅祖麟)은 고대 남방 방언에서 "江(강)", "虎(호랑이)", "牙(이빨)", "弩(쇠뇌)" 등의 15개 단어가 오스트로아시아어(Austroasiatic) 계통에서 유래했을 가능성을 논의한 바 있다.[17]

---

16 자세한 내용은 『루가오 방언의 음운(如皋方言的音韻)』, 『역사언어연구소 집간(歷史語言研究所集刊)』 제36권, 1966년 참조.

17 자세한 내용은 "The Austroasiatics in Ancient South China— Some Lexical Evidence", Monumenta Serica 32, 1976년 논문에서 확인할 수 있다.

8장 방언의 사회언어학적 연구

제1절 연령 차이에 대한 조사 및 비교

방언의 연령 차이를 조사하고 기록하며 비교하는 것은 언어의 미시적 변화를 연구하는 데 매우 중요한 과정이다. 이 과정은 음운의 역사적 변화, 어휘 교체, 문법 요소와 구조의 생성 및 소멸에 대해 생생한 증거를 제공하며, 언어 계획의 근거를 제공할 수 있다.

1. 연령 차이 현상 및 관찰

방언은 지속적으로 변화하고 발전하기 때문에, 시간적 차이에 따라 방언의 연령 차이가 나타난다. 동일한 방언을 사용하는 같은 시대의 사람들 사이에서도 연령층에 따라 방언의 특징이 다를 수 있다. 방언의 통시적 변화는 느리고 점진적이기 때문에, 방언의 연령 차이는 일부 개별적인 특징으로만 나타나며, 이는 서로 다른 연령층의 사람들이 자유롭게 대화하는 데 장애가 되지 않는다. 일상적인 구어 속에서는 이러한 차이를 특별히 의식하지 않으면 감지하기 어려운 경우가 많다.

일반적으로 중국어 방언의 연령 차이는 지역 차이보다 훨씬 적다. 방언에서 연령 차이의 정도는 지역과 시대에 따라 달라지며, 생활 리듬이 빠르고 새로운 것을 추구하는 분위기가 강한 대도시에서 연령 차이는 농촌 지역보다 더 크다. 사회 변화가 격렬했던 시기의 연령 차이는 두드러지는데 특히 어휘 측면에서 큰 차이가 나타날 수 있다.

연령층은 대개 노년, 중년, 청소년 등으로 나눌 수 있다. 노년층과 청소년층의 구어적 특징을 비교하여 방언의 연령 차이를 관찰할 때, 노년층은 "노파(老派, Old Generation)"로, 청소년층은 "신파(新派, Young Generation)"로 구분된다. 중년층의 방언적 특징은 대체로 노파와 신파 사이에 위치하며, 신파와 노파 간에는 절대적 연령상의 경계는 없다. 일반적으로 노파의 연령은 최소 60세 이상, 신파는 약 30세 이하로 정의된다.

노파 방언의 특징은 보수적이고 안정적이며, 신파 방언은 새로운 방언 요소, 특히 새로운 어휘가 많다는 점에서 특징적이다. 신파에서 발생한 일부 요소는 노파에 흡수될 가능성이 있으며, 특히 어휘에서 이러한 현상이 두드러진다. 예를 들어, 우어구(吳語區)에서는 "영화(電影)"와 "월극(越劇)"을 노파에서는 "영희(影戲)"와 "희문(戲文)"(또는 "사오싱희(紹興戲)" 및 "적독반(的篤班)")이라고 불렀으나, 현재는 모두 "영화(電影)"와 "월극(越劇)"이라고 부른다.

교육 수준의 지속적인 향상과 강력한 대중 매체의 영향으로 각 지역의 신파 방언은 점차 표준어에 가까워지는 경향을 보인다. 노파와 신파 방언의 차이는 새로운 어휘와 문법 요소의 차이뿐만 아니라 음운 체계의 차이에서도 가장 두드러진다. 예를 들어, 닝보(寧波)

방언에서 노파는 6~7개의 성조를 가지는 반면, 신파는 5개의 성조로 줄어들며, 양상(陽上)이 양거(陽去)와 병합되고 음상(陰上)이 음거(陰去)와 병합된다. 또한, 노파의 광둥(廣東) 사오관(韶關) 방언에서는 비음 성모 [n]과 변음 성모 [l]이 다른 음운으로 존재하나, 신파에서는 [n]이 [l]로 병합되었다.

2. 연령 차이에 대한 조사 및 비교 방법

방언의 연령 차이는 심도 있는 조사를 거치지 않으면 쉽게 인지하거나 포괄적으로 이해하기 어렵다. 연령 차이 조사의 일반적인 방법은 동일한 항목에 대해 신파와 노파의 사용 방식을 기록한 후 이를 비교하는 것이다. 노파 발화자의 연령은 60세 이상, 신파 발화자의 연령은 20~30세 사이가 적합하다. 20세 미만의 발화자는 일부 음운의 발음이 불안정하거나 아직 최종적으로 형성되지 않은 새로운 요소를 포함할 수 있는데, 이러한 요소는 신파에서도 전형적이지 않을 수 있다. 중년층 방언은 보충 조사를 통해 신파와 노파를 비교할 때 참고 자료로 사용될 수 있다.

신파와 노파의 음운 체계를 각각 파악한 뒤, 대개 대조 음운(對比字音, Comparative Phonemes)을 이용해 신파와 노파의 차이를 발견한다. 대조 음운이란 동일 음류를 대표하는 동일한 글자를 사용하여 신파와 노파 발화자에게 각각 읽게 한 후 이를 기록하고 검토하여 차이를 비교하는 것이다. 예를 들어, "奪(탈)"이라는 글자를 상하이 노파는 "øʔ" 운으로 읽고, 신파는 "əʔ" 운으로 읽는다. 이를 통해 신파 음운 체계에서 "øʔ" 운이 "əʔ" 운으로 병합되었음을 발견할 수 있다.

방언의 연령 차이는 심층적인 조사를 거치지 않으면 쉽게 감지되지 않거나 전면적으로 이해하기 어렵다. 방언의 연령 차이를 조사하는 방법은, 일반적으로 동일한 항목을 사용하여 신파(新派)와 노파(老派)의 용법을 기록한 후, 그것을 비교하는 것이다. 노파 발음자의 연령은 60세 이상이어야 하며, 신파 발음자의 연령은 20세에서 30세 사이가 가장 좋다. 20세 이하의 발음자는 일부 글자의 음운에 대한 발음이 자주 불안정하거나, 아직 최종적으로 형성되지 않은 최근의 요소를 가지고 있을 수 있으며, 이러한 요소들은 신파에게조차도 전형적이지 않은 것이다. 중년층의 방언에 대해서는 보충 조사를 실시할 수 있으며, 이는 신파와 노파를 비교할 때 참고로 삼을 수 있다.

신파와 노파의 음운 체계를 각각 파악한 기초 위에서, 일반적으로는 대응 자음(對比字音)을 비교하는 방법을 사용하여 신·노파 간의 차이를 발견한다. 이른바 "대응 자음(對比字音)"이란 동일한 음운 유형을 대표하는 글자를 사용하여, 신파와 노파 발음자에게 각각 읽게 하고, 이를 기록하고 감별하여 이점(異同)을 비교하는 것을 말한다. 예를 들어, "奪" 자의 경우, 상하이 노파는 øʔ운(韻)으로 읽고, 신파는 əʔ운으로 읽으며, 이를 통해 신파 음운 체계에서 øʔ운이 이미 əʔ운에 병합되었음을 발견할 수 있다. 또는 서로 다른 음운 유형을 대표하는 두 글자를 사용하여, 신파와 노파 발음자에게 각각 읽게 하고,

분합(分合)의 상황이 다른지를 살핀다. 예컨대 "李", "連" 두 글자는 상하이 노파에서는 서로 다른 음으로 발음되며(李 li^{23} ≠ 連 $lɪ^{23}$), 신파는 같은 음으로 발음하며 모두 li^{23}으로 읽는다. 이로써 신파 음운 체계에서 iɪ 운이 이미 i 운에 병합되었음을 발견할 수 있다.

신파와 노파의 비교 연구를 수행할 때는 노파를 기준으로 시작하는 것이 비교적 편리한데, 첫째는 방언의 변화 자체가 노파에서 신파로 진행되었기 때문이며, 둘째는 각 지역 방언의 변화 경향이 노파 음운의 음운 유형이 더 복잡하고, 신파는 여러 노파 음운 유형을 병합하는 경향을 보이기 때문이다. 예를 들어 많은 방언에서 노파는 첨음(尖音)과 단음(團音)을 구분하지만, 신파는 이를 하나로 병합한다.

연령 차이 조사 결과에 대한 보고는 일반적으로 다음과 같은 내용을 포함할 수 있다. 노파와 신파의 음운 체계, 노파와 신파의 특징(음운, 어휘, 문법), 노파와 신파의 음운 차이 비교표. 이러한 비교표에는 몇 개의 대표적인 음운 유형의 자음을 나열하고, 이어서 설명을 덧붙인다. 신파와 노파의 음운 차이에 대한 논의와 비교는 현대 방언의 음운 구조에서 출발할 수 있다. 예를 들어, 표8.1은 상하이 노파와 신파의 음운 차이 비교표(발췌)이다. 표의 제1항은 신파가 e운을 ø 운에 병합했음을 설명하고, 제2항은 노파의 ue 운이 신파에서는 uø 운으로 바뀌었음을 설명하며, 제3항은 신파가 iɪ 운을 i 운에 병합했음을 설명한다. 제4항은 노파가 첨음과 단음을 구분하지만 신파는 구분하지 않음을 설명하고, 제5항은 신파가 œʔ운을 əʔ운에 병합했음을 설명한다. 신파와 노파의 성조에는 차이가 없으며, 표에는 조치(調值)를 표기하지 않는다.

표8.1 상하이 노파와 신파어음 차이의 예시

글자 / 파별	1 南	2 碗	3 面	4 雪	5 脫
노파	ne	ue	miu	sɪɪʔ	tʰœʔ
신파	nø	uø	mi	ɕiɪʔ	tʰəʔ

제2절 이중언어 현상(雙言現象, diglossia)

본서에서 말하는 "이중언어 현상(雙言現象, diglossia)"은 두 가지 경우를 포함한다. 첫째는 한 사람이 일상 구어에서 두 가지 이상의 방언을 사용할 수 있는 경우이며, 둘째는 한 사람이 일상 구어에서 민족 공통어와 방언을 모두 사용할 수 있는 경우이다. 두 번째 이중언어 현상은 남방 방언 지역에서 매우 흔하게 나타나며, 또한 다른 방언의 교차 지역, 혼합 지역, 대도시에서도 흔히 발견된다. 이중언어 현상에 대한 조사는 언어와 사회의 관계, 언어와 문화의 관계, 언어의 거시적 변화, 언어 접촉 등을 연구하는 데 매우 유익하며, 언어 계획 및 언어 교육 작업에도 응용 가치를 지닌다.

1. 이중언어 지역 및 그 문화적 배경

이중언어 지역은 두 가지 이상의 방언이 널리 사용되는 지역을 말한다. 예를 들어, 후난(湖南) 린우(臨武), 장화(江華) 등 10여 개 군(郡) 주민은 일반적으로 두 가지 언어를 구사할 수 있다. 하나는 현지 방언(토화, 土話)이고, 다른 하나는 시난 관화(西南官話)이다. 이중언어 지역의 범위를 확정하기 위해서는 사회학적 방법을 사용하여 지역 방언의 종류와 사용 상황을 조사해야 한다.

이중언어 지역의 역사적·문화적 배경을 연구하기 위해서는 우선 어느 방언이 지역 주민의 모어(母語)인지, 어느 방언이 후에 습득된 것인지를 알아야 한다. 예를 들어, 린우(臨武)의 토화(土話)는 지역 주민의 모어이며, 시난 관화(西南官話)는 일반적으로 입학 후 배우거나, 학교에 다니지 않은 사람들은 사회적 교류를 통해 점차 습득한다. 또한, 이 지역 주민의 이주 역사를 조사해야 한다. 이는 원거주지, 이주 연대, 이주 경로, 대규모 이주의 횟수, 이주 인원 수 등에 관한 정보를 포함한다. 조사 방법으로는 지역 구술 자료, 족보 자료, 지방 문헌 등을 수집하여 연구하며, 언어학적 방법으로는 지역 방언의 특성을 연구하고 다른 지역 방언과 비교함으로써 지역 주민의 역사적 출처를 확인할 수 있다. 예컨대, 린우 방언은 간어(贛語) 특성을 가지고 있어, 린우 주민이 역사적으로 쟝시성(江西省)에서 이주해 왔음을 증명한다.

2. 이중언어 상황의 조사와 연구

이중언어 상황은 일상생활에서 이중언어를 사용하는 다양한 장면을 의미한다. 이를 연구하는 것은 특정 상황에서 어떤 방언을 선택하여 사용하는지를 파악하는 것이다.

일상생활의 상황은 매우 다양하고 복잡하여 모두 예시로 제시할 수는 없으나, 예로 가정생활, 친구 교류, 학교생활, 공공장소, 직장, 거래, 사색 등이 있다. 한 지역의 이중언어 현상을 심층 조사할 때는 상황의 범주를 더욱 세분화할 수 있다. 조사 방법으로는 현지인을 대상으로 한 면담뿐만 아니라, 실질적인 관찰과 기록을 통해 사람들이 어떤 상황에서 어떤 방언을 사용하는지 파악하는 것이 중요하다.

이중언어 상황에 대한 조사는 이중언어 현상의 발전 추세를 이해하는 데 도움이 된다. 즉, 이중언어 현상이 지속될 것인지, 아니면 사라질 것인지를 파악할 수 있다. 이중언어 현상이 쇠퇴하는 과정은 특정 방언이 이중언어 사용 상황에서 점차 퇴출되는 과정과 같다. 예컨대, 우어(吳語)와 쟝화이관화(江淮官話) 경계 지역에서는 이중언어 현상이 점차 쇠퇴하고 있으며, 우어(吳語)는 점차 축소되어 결국 가정생활에서만 사용될 가능성이 있다.

3. 언어코드 전환의 조사와 연구

언어코드 전환(語碼轉移, Code Switching)은 화자가 한 방언에서 다른 방언으로 전환하는 현상을 말한다. 언어코드 전환에 영향을 미치는 요인으로는 다음과 같은 것들이 있다.

(1) 이중언어 상황의 전환은 언어 코드 전환을 유발한다. 예를 들어, 교사가 수업 중에는 표준어로 강의하고, 쉬는 시간에는 방언으로 학생들과 대화하는 경우이다.

(2) 역할 관계는 언어 코드 전환을 제약한다. 대화 중 한쪽이 윗어른(상급자, 연장자, 교사)일 경우, 다른 한쪽은 대체로 그 상대방의 언어 코드 전환에 따르게 된다. 도움을 요청할 때(예를 들어 길을 물을 때)에도, 상대방의 언어 코드 전환에 따르는 경우가 흔하다.

(3) 이중언어 구사 능력의 차이는 언어 코드 전환을 제약한다. 이중언어 화자는 개인의 생각이나 감정을 표현해야 할 때 일반적으로 좀 더 능숙한 모어를 사용한다. 더 직접적이고, 더 세밀하며, 더 생동감 있게, 그리고 편리하게 생각을 표현하기 위해서 종종 모어로 전환하게 된다.

예를 들어 말다툼이나 욕설을 할 때는 일반적으로 모어로 바꾸어 말한다. 지식인 계층은 교육을 받았기 때문에 학술적인 문제에 대해서는 오히려 보통화를 사용하는 것이 더 능숙하다고 느끼며 학술적인 문제나 학술 용어와 관련되는 대화를 할 때는 종종 보통화로 전환한다.

(4) 언어적 감정은 언어 코드 전환을 제약한다. 일반적으로 사람들은 고향 방언에 대해 특별한 감정을 지니고 있으며, 두 낯선 사람이 외지에서 만나 모어가 아닌 언어로 한동안 대화하다가 서로 같은 고향 사람임을 알아차리면, 대개 고향 방언으로 전환하게 된다. 이는 언어적 감정의 영향이다.

언어 코드 전환을 조사하는 방법으로는 설문지를 이용한 질문과 현장 관찰 및 기록을 결합하는 것이 있다. 또한 이중언어 사용 가정에서 심층적으로 연구할 수 있다.

4. 언어 태도의 조사와 연구

언어 태도(語言態度, Language Attitude)는 개인이 특정 방언에 대해 가지는 가치 평가와 행동 성향을 의미한다. 예를 들어, 표준어를 구사할 수 있는 사람이 광둥어(廣東話)에 대해 가지는 가치 평가와 실제로 광둥어를 사용하는 행동 성향을 말하며, 이는 특정 상황에서 광둥어를 사용하는 빈도로 나타난다.

언어 태도에 영향을 미치는 주요 요인은 세 가지이다. 첫째, 해당 방언의 사회적 지위이다. 예를 들어, 광저우어(廣州話)는 양광(兩廣, 광둥과 광시) 및 화난(華南) 지역에서 우세한 방언으로 높은 지위를 가지므로, 자연히 이에 대한 가치 평가도 높다. 둘째, 해당 방언을 사용하는 실제 생활에서의 필요성이다. 예를 들어, 과거 상하이에서는 거래 상황에서 상하이어(上海話)를 사용하지 않으면 "언어 차별"로 인해 불편을 겪을 가능성이 있어, 상하이어를 구사할 수 있는 이중언어 화자가 쇼핑 시 상하이어를 사용하는 경우가 많았다. 셋째, 언어 감정은 때때로 고향 방언에 대한 가치 평가를 높이는 요인이 될 수 있다.

언어 태도를 조사하는 방법으로는 면담과 관찰 및 기록 외에, "쌍둥이 변형법(配對變法, matched-guise)"이라는 독특한 방법도 있다.

이 방법은 동일한 내용을 담은 두 개의 녹음을 미리 준비한 뒤, 동일한 이중언어 화자가 두 가지 방언으로 각각 이를 낭독하도록 한다. 그런 다음, 시험 대상자들에게 두 녹음을 들려준 뒤, 해당 화자의 인상에 대해 항목별로 평가하고 점수를 매기게 한다. 항목은 외모, 품성, 지능 등으로 구성되며, 최종 점수를 통계하여 두 방언 중 어느 쪽을 더 선호하는지 판단한다. 예를 들어, 민어(閩語), 푸셴어(莆仙話)와 표준어를 대상으로 한 "쌍둥이 변형법" 실험 결과, 푸셴어가 총 90점을 얻었고 표준어는 76점을 얻었다. 이는 푸셴 사람들이 표준어에 대해 언어 귀속 심리가 부족함을 보여준다.

언어 태도에 대한 조사와 연구는 언어 계획 작업에 유익한 정보를 제공한다.

제3절 사회 방언(社會方言)

일반적으로 말하는 "방언(方言)"은 "지역 방언(地域方言)"을 의미한다. 이는 특정 지역 또는 장소에서 통용되는 방언으로, 해당 지역이나 장소의 전체 주민이 공통으로 인정하고 사용하는 것이다. 반면 "사회 방언(社會方言)"은 전체 주민 중 특정 사회 계층에서만 통용되는 방언을 말한다. 특별한 경우를 제외하고, 사회 방언은 대개 전 주민 방언과 몇 가지 특징만 다를 뿐이며, 본질적인 차이는 없다. 사회 방언 조사는 일반 방언 조사 연구를 기초로 이루어져야 한다. 조사는 반드시 사회 계층별로 나누어 진행해야 하며, 이와 관련된 몇 가지 문제를 아래에서 논의한다.

1. 성별 변이(性別變異)

남성과 여성은 언어 습득, 언어 능력, 언어 사용에서 일정한 차이를 보인다. 이러한 차이는 생리적, 심리적, 사회적 요인이 복합적으로 작용한 결과이다. 여자아이는 남자아이보다 대개 약 3개월 정도 빨리 말을 배우며, 여성의 언어 표현 능력은 남성보다 뛰어나다. 즉, 여성은 남성보다 더 말하기에 능숙하다. 여성은 또한 시선, 표정, 손짓, 몸짓 등 음성 언어 이외의 수단을 사용해 언어의 표현력과 감화력을 강화하는 데 더 능숙하다.

남성은 대개 말할 때 내용에 중점을 두며, 표현에 크게 신경 쓰지 않고 평이하게 말하는 경향이 있다. 반면 여성은 감정 표현, 표현 방식, 어조와 억양에 더 신경을 쓴다. 일상 대화에서 여성은 남성보다 더 자주 의문문, 감탄문, 다양한 완곡한 표현을 사용한다. 욕설에서도 남성과 여성의 차이가 뚜렷하다. 예를 들어, 우어(吳語) 원저우(溫州) 방언에서는 남성의 욕설을 "馬頹"라 하고, 여성의 욕설을 "懺"이라 한다. 각각 고유한 욕설 표현 체계를 가지고 있어 서로 뒤섞이지 않는다. 어떤 지역에서는 여성만 사용하는 생리 및 위생과 관련된 은어가 존재하며, 이는 여성들 사이에서만 통용된다. 교육 수준이 낮은 남성의 구어에는 종종 거친 말버릇이 나타나지만, 여성에게는 이런 말버릇이 일반적으로 없다.

음운 면에서 여성은 남성보다 성별 역할에 대한 자의식이 더 강하다. 자오위안런(趙元任)은 『현대 우어의 연구(現代吳語的研究, 1928)』에서 쑤저우(蘇州) 방언의 "好"와 "俏" 같은 효섭(效攝) 음절을 여성은 주로 [æ] 운으로 읽고, 남성의 발음은 [æ]보다 약간 뒤로 치우친다고 언급했다. 리진시(黎錦熙)는 1920년대 베이징의 "여국음(女國音, 또는 피차이파이(劈柴派)독음))에 대해 언급했는데, 이는 교양 있는 여성 청소년이 성모 [tɕ, tɕ^{h}, ɕ]의 발음 위치를 앞으로 옮겨, [ʦ, ʦ^{h}, s]에 가까운 성모로 발음하는 것을 말한다. 예를 들어, "尖(tɕiɛn^{55})"은 [ʦin^{55}], "鮮(ɕiɛn^{55})"은 [siɛn^{55}], "曉(ɕiau^{214})"는 [siau^{214}]로 발음했다. 이러한 "여

국음(女國音)"은 오늘날의 베이징(北京) 방언에서도 여전히 존재한다. 이상의 성별에 따른 언어적 차이는 일반적인 경우에 대한 것이며, 여성 또는 남성 내부의 개인 차이가 때로는 성별 간의 차이를 넘어설 수 있다.

2. 직업 변이(職業變異)

사람들은 직업에 따라 언어적 변이가 발생한다. 직업 변이는 특히 각기 다른 직업 집단에서 사용하는 "업계어(行業語, Jargon)"에서 두드러지게 나타난다. 업계어는 두 가지로 나눌 수 있다. 하나는 비밀이 없는 직업 용어이며, 예를 들어, 연극계의 업계어로는 "客串", "票友", "下海", "亮相", "扮相", "打出手", "打圓場" 등이 있다.[1] 이러한 용

1 역자주: 연극계 업계어 관련 단어설명 표

단어	한어병음	의미
客串	kèchuàn	(연극·오페라 등에서) 임시출현하다. 게스트 출연하다.
票友	piàoyǒu	아마추어 중국 전통극 배우. 중국 전통극 동호인.
下海	xiàhǎi	옛날, 비직업 배우가 직업 배우로 되다. 비전문가가 프로가 되다.
亮相	liàngxiàng	포즈를 취하다. [중국 전통극 공연에서 배역의 감정을 돋보이게 하고 극의 분위기를 고조시키기 위하여 배역이 무대를 오르내릴 때나 하나의 무도 동작을 끝마칠 때 잠시 멈추어 보여주는 자세.]
扮相	bànxiàng	(연기자의) 분장. 분장한 모습.
打出手	dǎ chūshǒu	연극에서 칼이나 창을 던지거나 찌르는 시늉을 하며 격투의 긴장·격렬함 따위를 나타내는 연기.
打圓場	dǎ yuánchǎng	(싸움 따위를) 원만히 수습하다. 원만한 해결을 보다. 화해하다.

어는 경극(京劇, Peking Opera)에서 유래했으며, 이미 문어체에 포함되었다. 또 다른 유형은 비밀성을 지닌 업계어로, 외부인에게는 비밀로 여겨지는 용어들이다. 예컨대, 산시성(山西省) 이발업 종사자들의 업계어는 매우 풍부하고 외부에는 비밀로 유지된다. 예를 들어, "扇苗兒"는 전기 퍼머, "水魚儿"는 면도용 작은 부채, "水條"는 젖은 수건, "隔山照"는 거울을 의미한다.

업계어는 음운적 특징을 가지는 경우가 드물지만, 연극계와 곡예계의 업계어는 일부 뚜렷한 음운적 특징을 가진다. 예를 들어, 호극(滬劇, Shanghai Opera)의 발음은 전통적으로 "첨단(尖團)"을 구분하지만, 오늘날의 상하이 방언에서는 첨단의 구분이 없다. 쑤저우(蘇州) 핑탄(評彈)[2]에서는 성모 [ʦ, ʦʰ, s]와 [ʈʂ, ʈʂʰ, ʂ]를 구분하지만, 오늘날의 쑤저우 방언에서는 이 두 성모가 이미 합쳐졌다. 이러한 음운적 특징은 실제로는 구파 방언 또는 과거 시대의 방언 음운적 특징의 잔재이다. 따라서 이 특징들을 조사 연구하면 방언 음운의 발전 과정을 이해하는 데 도움이 된다.

민간의 반절어(反切語)는 특수한 업계어의 일종이다. 본서 제1장에서 그 종류를 예로 든 바 있으며, 여기서는 반절어가 방언 음운 연구에 가지는 가치를 논의한다. 반절어는 현지인의 음운 분류와 통합에 대한 견해를 나타내기 때문이다. 방언 지역의 현지인은 단지 언어적 감각에 의존하여 반절어를 창조하고 사용하는데, 반절어의 절

2 출처: 평화(評話)와 탄사(彈詞)의 합음

법은 실질적으로 현지인의 음운 분류 견해를 대표한다. 예를 들어, 특정 방언의 음운 체계를 정리할 때, 학자가 중간음이 성모에 속하는지 운모에 속하는지 고민할 경우, 이때 반절어가 유용하게 사용될 수 있다.

"瓜"라는 글자는 베이징(北京), 푸저우(福州), 광저우(廣州) 방언에서 모두 [kua]로 발음된다. 여기서 중간음 [u]가 성모(聲母)에 속하는지 운모(韻母)에 속하는지는 세 지역의 반절법 차이를 통해 구분할 수 있다.

베이징 방언에서는 "kua"를 [kuai]-[lua]로 끊어 [ku]+[ua]로 구분한다. 광저우 방언에서는 [la]-[kui]로 끊어 [ku]+[a]로 나눈다. 푸저우 방언에서는 [lua]-[ki]로 끊어 [k]+[ua]로 나눈다. 이를 통해 베이징 사람은 개음 [u]를 성모와 운모 모두에 속할 수 있는 것으로 보고, 광저우 사람은 성모에 속한다고 보며, 푸저우 사람은 운모에 속한다고 본다.[3]

3. 화용변이(語用變異)

방언은 언어 사용 환경에 따라 변이를 보인다. 이러한 환경으로

3 출처: 자오위안런(趙元任), 『반절어 팔종(反切語八種)』, 『역사언어연구소집간(歷史語言研究所集刊)』.

는 지방 연극 언어, 방언 뉴스 방송, 방언 연설, 수업 언어, 사무실 언어, 가정 대화, 어린이와의 대화 등이 있다. 환경에 따라 사용되는 방언은 각기 다른 특징을 보인다.

지방 연극 언어는 두 가지 특징이 있다. 첫째, 문어체나 표준어에 가깝게 하려는 경향이 있다. 둘째, 구파 방언의 특징을 유지하려는 경향이 있다. 예를 들어, 호극(滬劇)에서 사용되는 방언은 음운적으로 첨단(尖團)을 구분하며, 1인칭 복수를 "我伲"로 표현하고, 피동문에서는 "被" 자를 사용해 행위자(施事)를 이끈다. 이는 구파 상하이 방언의 특징이다. 반면, 상하이 구어에서는 피동문에서 "被" 자를 사용하지 않는다.

어린이와 대화할 때 사용되는 방언은 어린이의 말투, 억양, 어휘 등을 모방하는 특징이 있다. 상하이 성인은 평소 사용하지 않는 중첩된 명사(草草, 肉肉, 鞋鞋)와 접두사가 붙은 명사(阿魚, 阿肉)를 어린이와의 대화에서 사용한다.

친족 호칭에서 방언은 직칭(直稱, 직접 부르는 이름)과 서칭(敘稱, 제3자에게 설명하는 이름)을 구분한다. 예를 들어, 지아싱(嘉興) 방언에서 형(兄), 아우(弟), 여동생(妹)을 다음과 같이 구분한다. 직칭으로는 阿哥, 弟弟, 妹子를 사용하며, 서칭으로는 大老, 兄弟, 妹子를 사용한다.

4. 금기어(忌諱詞)와 길상어(吉利詞)의 조사연구

방언에서는 금기어와 길상어가 존재하며, 금기어는 특정 음운이나 의미가 부정적이거나 불길하다고 여겨져 대체되는 경우가 많다. 예를 들어, 베이징 구어에서는 "蛋(단)"이라는 글자가 금기되어, "雞子儿"(달걀), "炒木樨肉"(볶은 달걀), "松花"(피단) 등으로 대체된다. 그러나 "단(蛋)"은 渾蛋(húndàn), 壞蛋(huàidàn), 搗蛋(dǎodàn), 滾蛋(gǔndàn), 王八蛋(wángbādàn)처럼 부정적 의미로만 사용된다.

반면 상하이 구어에서는 "蛋" 자를 꺼리지 않으며, 대신 "卵" 자를 꺼린다. "卵" 자는 욕설에만 사용된다. "돼지 간"의 "간(肝)" 자는 "마르다(乾)" 자와 음이 같기 때문에, 광저우어·양장어에서는 "乾"의 반의어를 사용하여 "돼지 간"을 "豬潤", "豬濕"이라 부른다.

돼지 혀의 "舌" 자는 "손해보다(折本)"의 "折" 자와 동음이므로,[4] 많은 지역에서는 "折"의 반의어를 사용하여 명칭을 바꾼다. 예컨대, 메이셴(梅縣)에서는 "豬利錢", 광저우(廣州)에서는 "豬利(zhū lì)", 난창(南昌)에서는 "招財(zhāo cái)", 원저우(溫州)에서는 "豬口近(zhū kǒu jìn)"이라 부른다.

위와 같은 금기어 회피 방식은 다른 단어로 바꾸는 방법에 해당한다. 또 다른 방법은 발음만 바꾸고 단어는 그대로 두는 것이다. 예

4 역자주: 상하이 방언에서 舌는 [zəʔ⁵⁵] 또는 [zəʔ³¹]이며, 折는 [tɕiʔ³¹] 또는 [tɕiʔ⁵⁵]이다.

컨대, 쑤저우와 상하이 일대의 우어(吳語)에서는 "死(죽을 사)"의 [sɿ]라는 발음을 꺼리므로, 구어에서는 "死"를 [ɕi]로 바꾸어 부른다. 그리고 [ɕi]는 "洗"와 동음이기 때문에, "洗"이라는 단어도 사용하지 않고 "汰" 또는 "淨"이라는 말을 사용하여 "씻다"는 뜻을 나타낸다.[5]

금기어와 반대되는 것은 길상어(吉利詞)이다. 각 지역 민간에서는 음이 비슷한 말을 이용하여 길한 뜻을 얻는 풍속이 많다. 예컨대 북방 민간의 옛 풍속 중에서는, 나이 많은 여성 친족이 신혼방 침장에 대추와 밤을 뿌리며 『사장가(撒帳歌)』를 부른다.

> "한 줌의 밤, 한 줌의 대추, 작은 아이가 큰 아이를 따라 날린다(一把栗子, 一把枣, 小的跟着大的跑)."

이는 "대추(棗)"가 "일찍(早)"과, "밤(栗子)"이 "아들을 낳다(立子)"와 음이 유사하다는 점을 활용하여, "早立子(일찍 자식을 두다)"라는 길한 의미를 얻는 것이다.

금기어와 길상어는 지역마다 완전히 동일하지 않은데, 그 이유는 각지의 심리·문화적 차이뿐 아니라, 또한 각 방언의 음운 및 어휘 체계가 서로 다르기 때문이다. 예컨대 상하이 방언에서는 "鵝" 자가 "我" 자와 동음이므로 "鵝"를 "白烏龜(흰 거북이)"로 바꾸어 부른다.[6]

---

5 역자주: 상하이 방언에서 死는 [sy²¹³] 또는 [sɿ²¹³]이며, 洗는 [sɿ⁵³] 또는 [sɿ⁵⁵]이다.

6 역자주: 상하이 방언에서 鵝는 [ngo] 또는 [ŋɔ]이며, 我는 [ngu] 또는 [ŋu]이다.

하지만 이 두 글자가 동음이 아닌 방언에서는 이런 금기는 존재하지 않는다.

샤먼어에서는 "棗(대추)"와 "早(일찍)"가 같은 소리가 아니므로, 신혼방에서 棗子(대추)를 뿌리는 풍속이 없고, 대신 花生(땅콩)을 사용하는데, 이는 "출산하다(生育)"와 음이 비슷하기 때문이다. 민난어에서는 "蘿蔔(무)"를 "菜頭(채두)"라 부르는데, 이와 "彩頭(길조)"가 음이 유사하므로, 민난 사람들은 섣달 그믐 밤에 반드시 "무(菜頭)"를 먹으며 길운을 빈다.

금기어와 길상어를 조사하고 연구하려면, 해당 지역 방언의 음운 체계와 어휘 체계를 숙지하는 것뿐만 아니라, 해당 지역 민간의 심리와 문화적 배경도 이해해야 한다.

친족 호칭에서의 피휘 호칭(諱稱)은 일종의 특별한 금기어이다. 피휘 호칭은 일반적인 호칭과 달리, 민간의 금기 심리에 따라 보통의 호칭을 사용하지 않고 다른 호칭으로 바꾸는 것이다. 예컨대 저장(浙江) 러칭(樂清)에서는 "아버지"를 "阿叔(숙부)"이라 부르고, "어머니"를 "阿嬸(숙모)"이라 부른다. 저장 남부와 푸젠 지역 여러 곳에서도 이와 유사한 피칭어가 있다. 그 이면에 있는 금기 심리는 부모가 비교적 젊을 경우, 아이가 부모를 너무 무겁게 부르면 잘 자라지 못할까 걱정되거나, 혹은 부모가 재앙을 아이에게 옮길까 두려워하는 것이다.

지명은 특정한 지리적 실체, 행정 구역, 또는 거주 지역에 부여된 고유 명칭으로, 사람들의 사회생활 속에서 형성된 독특한 단어의 일종이다. 지명에는 풍부한 사회생활과 문화적·역사적 내포가 담겨 있다. 지명을 조사하고 기록하며 연구하는 것은 언어학 연구뿐만 아니라 인문 지리학과 역사 연구의 중요한 구성 요소를 이룬다.

제4절 방언 지명

지명은 일종의 특별한 어휘로, 사람들이 사회생활 속에서 지리적 실체, 행정 구역 또는 거주지를 지칭하기 위해 붙인 고유 명칭이다. 지명 속에는 풍부한 사회생활과 문화사적 내포가 담겨 있다. 지명을 조사하고 기록하며 연구하는 일은 언어학 연구에 도움이 될 뿐 아니라, 인문 지리 및 인문 역사 연구의 중요한 구성 요소이기도 하다.

1. 지명의 방언특징

많은 지명 가운데 일부는 방언 지명이다. 이른바 방언 지명이란, 방언 어휘나 문법적 특징을 지닌 지명을 말한다. 이러한 지명은 대부분 소규모 지명으로, 예를 들면 마을 이름, 작은 하천 이름, 작은 다리 이름 등이 이에 속한다. 지명은 일반적으로 고유명칭과 보통명칭 두 부분으로 구성된다. 예를 들어 둥팅후(洞庭湖)에서 "후(湖)"는 보통명칭이고, "둥팅(洞庭)"은 고유명칭이며, 창사스(長沙市)에서 "스(市)"는 보통명칭, "창사(長沙)"는 고유명칭이다.

방언 지명 대부분은 보통명칭 부분에 방언이 쓰인다. 예컨대 垟(산골 평지나 논두렁), 寮(오두막), 漈(산속 물가), 圳(논두렁 개울), 岙(산골짜기) 등의 방언 보통명칭은 남부의 많은 소지명에서 사용된다. 예를 들면, 저장성 칭톈(青田)의 황양(黄垟), 원허(雲和)의 마양(麻垟), 장시성 난펑(南豐)의 관자랴오(官家寮), 수이촨(遂川)의 다랴오(大寮), 푸젠성 롄장(連江)의 룽지산(龍漈山), 닝화(寧化)의 탄페이지(譚飛漈), 광둥성 선전(深圳)과 가오전(高圳), 메이셴(梅縣) 등이 있다.

고유명칭 부분에 방언이 쓰인 경우는 상대적으로 드물다. 예컨대 광둥성 제시(揭西)의 "剖羊巷", 푸닝(普寧)의 "刣狗柯" 등이 그 예이다. 여기서 "刣" 자는 "가축을 도살하다"는 뜻으로, 저장 남부, 푸젠, 광둥의 일부 방언에서 사용된다.

또한 방언 지명 중에는 문법적 특징을 드러내는 것도 있다. 예컨대 광둥성 펑순(豐順)의 "狗牯坑", 차오안(潮安)의 "牛公寨", 지에양(揭陽)의 "鴉母墩", 메이셴(梅縣)의 "鴨嫲壩" 푸닝(普寧)의 "雞婆石" 등이다. 이들 지역의 방언에서는 가금류나 가축의 성별을 나타내는 어휘가 명사 뒤에 붙는다. 암컷은 "母, 姆, 嫲, 婆" 등을 붙이고, 수컷은 "公, 牯" 등을 붙인다. 이는 북방 방언에서 명사 앞에 성별을 붙이는 것과 정반대이다.

2. 지명의 구역특징

지역적 특성이란 동일한 지역에서 공통적으로 사용되는 지명용 글자를 가리킨다. 다시 말하면, 지명에서 사용되는 글자의 지리적 분포에는 지역성이 있다는 뜻이다. 예를 들어, 웨베이(粵北) 커자어 지역, 민베이(閩北)와 저난(浙南)에서는 다음과 같은 지명 통용자가 자주 사용된다. "峰", "礤", "陳", "坑", "潭", "里", "溪", "洋", "源", "瀨", "浦", "墩", "圳" 등이다.

또한 예를 들면, "畈(논밭, fàn)"과 "塢(산암, wù)" 글자를 포함한 지명은 저장 북부(浙北)에서만 나타나며, 저장 남부(浙南)에서는 사용되지 않는다. 반면, "烊(논밭, yáng)"과 "岙(산골짜기, ào)"는 저장 남부에서만 나타나고 저장 북부에서는 볼 수 없다.

어떤 특정 지역에 공통적인 지명 유형이 존재한다는 것은, 이 지역이 고대에 공통된 이주 역사, 문화적 배경 또는 경제생활을 가졌으며, 공통의 방언이나 토착어를 가지고 있었음을 의미한다. 따라서 이러한 지명의 기원, 변화, 분포 규칙을 분석하는 것은 방언구나 문화구의 구획 및 문화사 연구에 있어서 의심할 여지 없이 중요한 참고가 된다.

창장(長江) 하류의 타이후(太湖) 평원은 유명한 벼의 고수확·안정 생산 지역이다. 타이후 평원에는 "堤", "堰", "塘", "埭", "閘" 등의 글자를 지명 통용자로 사용하는 지명이 많이 있다. 이 중에서 "塘", "閘", "堤"의 단어 의미는 전국적으로 동일하며, "堰"은 넘쳐흐를 수 있는 물막이 제방이고, "埭"는 물을 막는 흙둑이다.

예를 들어 "埭(dài)" 자를 지명 통용자로 사용하는 지명에는 "黃埭埭", "鐘埭", "徐賢埭", "胡埭", "林埭", "鄭家埭", "新埭" 등이 있다. 이러한 지명을 지도로 살펴보면, 수리 시설이 지역 경제생활과 깊은 관련이 있으며, 해당 지역의 논농사 작물 재배가 매우 발달해 있음을 알 수 있다.

만약 서로 다른 두 지역의 지명 유형이 동일하다면, 그 배경에는 반드시 이주(移民)의 역사가 존재한다. 예를 들어, 타이완의 지명 유형이 푸젠(福建)과 같다는 것은 역사적으로 푸젠 사람들이 타이완으로 이주한 사실과 직접적인 관련이 있다. 이러한 이주민들은 고향의 지명이나 지명에 사용된 글자를 타이완으로 가져와 새로운 거주지를 명명하는 데 사용하였다. 양 지역이 공유하는 지명의 보통명칭에는 다음과 같은 것들이 있다. "埔(들판(原野))", "墘(물가(岸邊))", "寮(오두막(小屋))", "埕(뜰(庭))", "圳(논두렁 수로(田邊水溝))", "厝(집(房子家))", "埤(제방(圩岸))" 등이다.

일부 이주민들은 원래의 지명을 그대로 새 거주지에 옮겨 사용하는 것을 좋아하였다. 예를 들어 타이베이(臺北)시에는 취안저우추어(泉州厝), 장저우랴오(漳州寮)가 있고, 타이중(臺中)시에는 퉁안추어(同安厝), 자이(嘉義)시에는 안시랴오(安溪寮)가 있다. 이들 지명의 고유명칭 부분은 모두 민난(閩南) 지역의 주(州), 현(縣)의 명칭으로, 즉 현(縣)의 이름을 그대로 마을 이름으로 삼은 것이다. 또 다른 유형은 마을 이름을 여전히 마을 이름으로 사용하는 경우인데, 예컨대 푸젠성 진장현(晉江縣)의 둥스향(東石鄉)에서는 명나라 말기부터 타이완 자이(嘉義)로 이주한 사람들이 있었고, 그들은 새 거주지 역시 "둥스향(東石鄉)"이라 명명하였다. 이러한 유형의 지명은 민난과 타이완 간의 이주사 연구에 일정한 가치를 지닌다.

인명(특히 어린이 이름이나 유아기 이름)은 지명과 유사하게 방언적 특성과 지역적 특색을 지닌다. 예컨대, 우어(吳語) 지역에서 널리 쓰이는 한 인명 구조는 성명 중 마지막 글자 앞에 접두어 "阿"를 붙이는 방식이다. 예를 들어 어떤 사람의 이름이 왕진룽(王金龍)이라면, 그를 "아룽(阿龍)"이라 부른다. 이러한 호칭 방식은 남녀 모두에게 적용되지만, 아래 세대나 동년배를 부를 때에만 한정된다. 저쟝 남부의 원저우(溫州) 방언에는 또 다른 인명 조어 방식이 있는데, 성명 중 마지막 글자에 "㜷"(아이를 뜻함)를 덧붙이는 것이다. 예를 들어 어떤 사람의 이름이 리밍야오(李明堯)라면, 그를 "야오무(堯㜷)"라 부른다. 이와 같은 이름은 대개 유아기에 쓰이며, 나이가 들수록 잘 사용하지 않는다.

9장 방언문자

본 장에서는 방언을 기록하는 문자 문제에 대해 논의한다. 방언의 문학 작품, 사전, 교과서, 방언 연구 저작 등은 모두 방언의 어휘와 문장을 문자로 기록해야 한다. 방언 지역 주민들도 일상생활에서 가끔 방언 구어 어휘를 문자로 기록할 필요가 있으며, 예를 들어 장부를 적거나 편지를 쓰는 경우가 있다. 모든 단어가 한자로 기록될 수 있는 것은 아니다. 방언학 저작에서는 이러한 음은 있지만 글자가 없는 단어, 즉 음성은 있으나 본래 글자나 동일 음의 글자가 없는 유의미한 음절을 일반적으로 네모(□)로 표시하며, 그 뒤에 국제 음성 기호로 발음을 표기한다. 예를 들어, 우한(武漢) 방언의 경우 "□[tɕʰiou35]眼(근시)"와 같다. 방언을 기록하는 문자는 일부가 전 국민이 사용하는 한자와 동일하지만, 일부는 다르다. 방언 기록에 사용되는 문자는 다음과 같은 몇 가지 유형으로 논의될 필요가 있다. 즉, 방언 본자(本字), 방언 훈독자(訓讀字), 방언 잡자(雜字), 방언 표음 문자이다.

제1절 방언 본자(本字)와 방언 훈독자(訓讀字)

방언 단어의 역사적 문헌 속 최초의 서면 형태가 바로 해당 단어의 방언 본자(本字)이다. 예를 들어, 닝보(寧波) 방언에서 손으로 무언가를 눌러 고정하는 행위를 $tɕ^{h}iŋ^{5}$이라고 하는데, 본자는 “撳”이며, 이는 『집운(集韻)』 거성(去聲) 침운(沁韻) 구금절(丘禁切)에 “撳, 누르는 것(撳,按也)”이라고 처음 등장한 바 있다. 방언 본자는 대개 고증을 거쳐야만 확인할 수 있다. “방언본자고(方言本字考)”란 방언 단어의 최초 서면 형태를 추적하고 검증하는 과정이다. 본자를 확정하는 핵심 요소는 방언 단어와 본자가 음운적으로 대응해야 하며, 의미적으로 동일하거나 유사해야 한다는 점이다. 본자 고증은 네 단계로 진행해야 한다.

첫 번째 단계는 현대 방언 단어의 음운적 위치를 확정하는 단계이다. 즉, 고대와 현대의 음운 변화를 고려하여 『광운(廣韻)』 계열의 운서(韻書)에서 해당 단어의 성(聲), 운(韻), 조(調) 위치를 결정해야 한다.

두 번째 단계는 『광운』 계열 운서에서 해당 운목(韻目) 아래에서 음과 의미가 일치하는 글자를 탐색하는 단계이다.

세 번째 단계는 기타 문헌 자료를 찾아 증거를 확보하는 단계이다.

네 번째 단계는 다른 방언과 비교하여 상호 검증하는 단계이다.

예를 들어, “혀로 물체를 핥다(以舌取物)”는 의미를 원저우(温州) 방언에서는 dzei⁴라고 한다. 원저우 방언에서 현대 음운 ei는 중고음(中古音)에서 마운(麻韻)이나 지운(支韻)일 가능성이 있다. 또한 해당 단어의 성조가 상성(上聲)이므로, 마운이나 지운에 속하는 본자를 찾아야 한다.

우선 『광운』의 마운(馬韻)에서 탐색하였으나 음과 의미가 일치하는 글자를 찾지 못하였고, 이후 지운(紙韻)에서 탐색한 결과, "舐는 神紙의 반절음이다. 혀로 사물을 취하는 것이다.(舐, 神纸切, 以舌取物)"를 발견하였다. 이 단어는 음과 의미가 모두 일치한다. 추가적으로 다른 문헌에서 증거를 찾은 결과, 『집운』에서 지운(紙韻)의 심이절(甚尔切)이다. "舐는 甚爾의 반절음으로, 『설문』에서 '혀로맛을 취하는 것'이라 하였다(舐, 甚爾切, 『說文』以舌取物也。)"고 기록하고 있다. 이러한 증거는 사전(字書)이나 운서(韻書) 외에도 실제 문맥에서 해당 글자가 쓰인 예문을 포함하는 것이 바람직하다.

마지막으로, 다른 방언에서도 동일한 해당 단어가 있는지를 살펴 보았을 때, 본자는 일치하는가? 결과적으로, 광저우(廣州) 방언에서 "혀로 음식을 맛보다.(以舌取物)"는 sai³라고 하며, 본자는 또한 마땅히 "舐"이다. 이를 통해 원저우 방언의 dzei⁴의 본자는 "舐"임을 완전히 확정할 수 있다.

상술한 고증자의 사례 중에서 문헌 증거는 주로 다른 운서 자료에서 찾아내었다. 이상적으로는 해당 글자의 실제 용법이 나타난 문맥이 포함된 문헌 자료, 이른바 "서증(書證)"이 가장 좋다. 예를 들어, 여러 지역의 우어(吳語)에서 널리 사용되는 "敨"라는 단어는 "펼치다"는 의미로, 쑤저우(蘇州) 음으로는 t^hY^3, 원저우(温州) 음으로는 t^hau^3이다. 본자는 『집운(集韻)』 상성(上聲) 후운(厚韻)에 "敨, 展也(敨, 펼치다)"라고 기록되어 있으며, 타구절(他口切)로 발음된다. 문헌 용례로는 『수호전(水滸傳)』 제26회에서 "看何九叔面色青黃, 不敢敨氣(허구숙의 얼굴빛이 창백하여 감히 숨을 크게 쉬지 못했다)"라는 문장이 있다.

그러나 많은 방언 본자는 고대 문헌에서 실제 용례를 찾기 어렵다. 일반적인 고대 문헌에서는 표준 문어체를 사용하며, 방언 어휘를 거의 사용하지 않거나 아예 사용하지 않기 때문이다. 따라서 대량의 방언 본자는 고대의 자서(字書)나 운서(韻書)와 같은 참고 자료에만 수록되어 있다. 또한 각 지역 방언 어휘에 대한 포괄적인 조사가 이루어지지 않았기 때문에, 특정 지역의 방언 본자를 고증할 때 다른 방언과의 전면적인 비교가 어려운 경우가 많다. 그로 인해 본자 고증 작업은 종종 첫 번째와 두 번째 단계에서만 멈추는 경우가 많다. 그러나 철저한 본자 고증 작업은 반드시 위에서 제시한 네 단계 절차를 준수하여 수행해야 한다.

어떤 방언의 본자는 두 가지, 심지어 세 가지의 다른 표기 방식이 존재할 수 있다. 예를 들어, 우어(吳語)에서는 일반적으로 "가지(枝)를 꺾다"는 의미로 "捥"이라는 글자를 사용한다.

건륭제(乾隆帝) 시대의 『보산현지(寶山縣志)』에는 다음과 같이 기록되어 있다.

> "捥, 音烏歡切, 音剜, 俗稱揉物使折也."

(捥, 발음은 우환절(烏歡切), 즉 剜으로 발음한다. 속칭 '무언가를 주물러 부러뜨리다'는 의미이다.)

또한, 광시(光緖) 연간의 『가정현지(嘉定縣志)』에는 다음과 같은 기록이 있다.

"俗稱直者曲之曰捥."
(속칭 곧은 것을 구부리는 것을 '捥'이라고 한다.)

이 글자는 『집운(集韻)』 상성(上聲) 환운(桓韻) 우환절(烏丸切)에 다음과 같이 기록되어 있다.

"捥, 捩也, 或作拏."
(捥, 비틀다 혹은 拏로 쓰이기도 한다.)

또한, 양(梁)나라 악부(樂府)의 『호취가(胡吹歌)』에는 다음과 같은 구절이 있다.

"上馬不捉鞭, 反拗楊柳枝."
(말에 오를 때 채찍을 잡지 않고, 되레 버드나무 가지를 꺾는다.)

여기서 "拗"는 "가지(枝)를 꺾다"는 의미이며, 이는 분명히 "捥"과 같은 단어이다. 이를 통해 보면, "摾"이라는 글자는 "拏"와 "拗" 두 가지 다른 표기 방식이 존재함을 알 수 있다.

그러나 모든 방언 단어가 본자를 고증할 수 있는 것은 아니다. 어떤 방언 단어는 역사적으로 문자로 기록된 적이 없기 때문에 본자를 찾을 수 없다. 또한, 어떤 단어는 현대 발음이 『광운(廣韻)』의 음체계와 연결되지 않기 때문에 본자를 유추하는 것이 어렵다. 예를 들어, 난창(南昌) 방언에서 k^hau^{11}는 "뒤섞이다(混雜到一起)"는 의미를 가지지만, 이 단어의 본자는 고증할 수 없다. 이러한 경우에는 굳이 본자를 찾아내려 할 필요가 없으며, 억지로 맞추려다 오히려 잘못된 결론을 내릴 위험이 있다.

방언 본자는 단순히 방언 단어가 처음 문자로 기록된 형태일 뿐이며, 반드시 그 단어의 어원과 일치하는 것은 아니다. 예를 들어, 사오싱(紹興) 방언에서는 송아지를 $\tilde{a}^3$이라고 부르며, 본자는 "犝"이다. 『집운(集韻)』 상성(上聲) 경운(梗韻)에 다음과 같은 기록이 있다.

> "吳人謂犢曰犝, 于杏切."
>
> (오(吳) 지역 사람들은 송아지를 '犝'이라 부른다. 우행절(于杏切).)

또한, 우한(武漢)말에서도 "牛犝子"($niou^{213}ŋən^{42}tsɿ^{0}$)라는 단어가 존재하는데, 이 역시 "송아지(牛犢)"를 의미한다. 하지만 "犝"이라는 글자가 이 단어의 어원을 설명해 주는 것은 아니다.

어원을 추적하려면 별도의 고증이 필요하다. 『광운(廣韻)』 상성(上

聲) 경운(梗韻)에 다음과 같은 기록이 있다.

> "㼆, 清洁, 烏猛切."
>
> (㼆는 '깨끗하다'로 우맹절이다.)

이를 통해 『집운』에 수록된 "㹹"이라는 글자는 형성자(形聲字)이며, 단순히 "㼆"이라는 글자의 소리를 빌려 와서 우어(吳語)의 "송아지"를 나타내는 단어를 표기한 것임을 알 수 있다. 『옥편(玉篇)』의 '소(牛)' 부수 항목에는 다음과 같은 기록이 있다.

> "㹹, 唤牛聲."
>
> (㹹는 소를 부르는 소리이다.)

이를 통해 이 단어의 어원을 추적하면 분명 "牛犢(송아지)"라는 의미는 "소를 부르는 소리(唤牛聲)"에서 유래한 것이며, 더 나아가 "소의 울음소리(牛鳴聲)"에서 기원했음을 알 수 있다. (牛犢←唤牛聲←牛鳴聲)

이제 방언 훈독자(訓讀字)에 대해 토론해 보자. 방언 단어를 한자로 기록할 때, 때때로 해당 단어의 본자(本字)나 원래 한자를 사용하지 않고, 그와 동의어나 유의어에 해당하는 다른 한자를 빌려와 기록하는 경우가 있다. 이러한 빌려온 글자를 훈독자(訓讀字)라고 한다. 그리고 이 훈독자의 발음은 여전히 본자나 원래 글자의 발음대로 읽히는데, 이를 훈독음(訓讀音)이라고 한다.

예를 들어, 치옹저우(瓊州) 방언에서는 "놀라다(驚)"라는 의미의 단어를 기록할 때, "驚" 대신 "怕"라는 글자를 차용하여 사용한다. 여기서 "驚"이 원래의 글자(原字)이며, "怕"가 훈독자(訓讀字)이다. 그러나 "怕"의 본래 발음인 fa^{35}로 읽지 않고, 원래 글자인 "驚"의 발음 kia^{23}로 읽는다. 즉, kia^{23}가 훈독음이 되는 것이다.

이제 몇 가지 방언에서 사용되는 훈독자의 예를 살펴보자. 아래 표9.1에서 확인할 수 있다.

표9.1 방언 훈독자음 예시

방언점(方言點)	훈독자(訓讀字)	훈독음(訓讀音)	원글자 또는 본자 (原字或本字)
梅縣	柴	$ʦ^{h}iau^{1}$	樵
梅縣	傘	$ʦa^{44}uɛ^{0}$	遮子
潮州	欲	$āi^{5}$	愛
厦門	脚	$k^{h}a^{1}$	骹
温州	要	i^{5}	愛
温州	人	$naŋ^{2}$	農

훈독자의 특징은 모두 대응하는 원래 글자(原字) 또는 본자(本字)가 존재한다는 점이다. 그러나 이러한 원래 글자나 본자는 현대 중국어

에서 더 이상 사용되지 않거나, 자주 쓰이지 않거나, 또는 그 의미가 방언 단어와 다소 차이가 있을 수 있다. 예를 들어, 표9.1에 나오는 "樵(땔나무)", "遮(우산)", "骹(발)" 같은 글자는 현대 중국어에서 이러한 의미로는 더 이상 사용되지 않는다.

특히, "骹"라는 글자는 『광운(廣韻)』 평성(平聲) 효운(肴韻)에 다음과 같이 기록되어 있다.

> "骹, 脛骨近足細處.口交切"
> (骹은 정강이뼈에서 발목에 가까운 가는 부분이다. 발음은 구교절(口交切)이다.)

또한, "愛(ài)"와 "農(nóng)" 같은 글자는 현대 중국어에서 방언에서 사용되는 의미와 차이가 있다. 즉, "愛"는 방언에서 "欲(바라다)"를 의미하지 않으며, "農"도 "人(사람)"을 의미하지 않는다.

제2절 방언 잡자(方言雜字)

방언 단어를 기록하는 한자는 문학 작품과 언어학 저작에서 볼 수 있으며, 또한 각 지역의 민간에서도 널리 사용되어 왔다. 그러나 이러한 한자들은 체계적으로 정리된 적이 없으며, 공식적으로 규범화된 적도 없다. 그럼에도 불구하고, 방언 지역의 민간에서는 오랫동안 이러한 한자들에 대해 대체로 약속자 방식과 용법을 사용해 왔다.

일부 지역에서는 과거에 이러한 방언 잡지를 수록한 직은 책자를 따로 편찬하기도 했다. 예를 들어, 민난(閩南) 지역에는 『오음잡자(五音雜字)』라는 책이 존재했으며, 주로 필사본(手抄本)의 형태로 전해졌다. 이러한 책자의 목적은 널리 보급하는 것과 함께 "어린아이(童蒙)"들에게 가르치는 데 있었다.

방언 잡자(方言雜字)는 주로 인명(人名), 지명(地名), 장부(賬目), 서신(信札), 지방 문예 작품(地方文藝作品), 지방지(地方志) 등에 사용된다. 방언 사전(方言詞典)과 방언 문학 작품(方言文學作品)은 방언 잡자에 대해 비공식적인 규범화 작용도 한다. 방언학 저작(方言學著作)은 민간의 방언 잡자에 대해 규범적 작용을 하지 않는 것으로 보인다.

현재 이러한 한자들을 통칭하여 "방언 잡자(方言雜字)"라고 부르며, 다음 네 가지 유형인 방언 전용자(方言專用字), 방언 동음자(方言同音字), 방언 속자(方言俗字), 방언 합음자(方言合音字)로 나누어 간략히 논의한다.

이 네 가지 유형의 방언 잡자는 세 가지 공통적인 특징이 있다.

첫째, 이 글자들은 오직 방언을 기록하는 데에만 사용되거나, 표준 서면서에서의 용법과는 다르다.

둘째, 이러한 글자들은 정식으로 규범화를 거치지 않았기 때문에, 서사법이 불안정하고, 동일한 단어라도 지역마다 표기가 다를 수 있으며, 서사법은 또한 동일 지역 내에서도 사람에 따라 표기가 다를 수 있다.

셋째, 개방성을 지닌다. 즉 한편으로는 새로운 잡자가 끊임없이 생겨나고, 다른 한편으로는 기존의 잡자가 한때 유행하다가 곧 폐기되기도 하며, 스스로 생겨나고 스스로 사라지는 특성을 지닌다.

방언 전용자는 과거와 현대의 사전(字書, 韻書를 포함한)에 의해 인정된 표준 한자 중에서 특별히 방언 단어를 기록하는 데 사용되는 한자를 가리킨다. 일부 사전은 이러한 글자가 사용되는 지역을 명확히 표기하고 있다. 예를 들어, 『설문(說文)』 도부(刀部)에는 다음과 같이 말한다.

> "魝, 楚人謂治魚也."
> (魝, 초 지역 사람들은 물고기를 손질하는 것을 이렇게 부른다.)

그러나 모든 사전이 사용 지역을 명시하는 것은 아니다. 같은 글자인 "魝"을 『광운(廣韻)』에서는 다음과 같이 설명하고 있다.

"魝, 割治魚也."

(魝, 물고기를 손질하여 자르다.)

발음은 고설절(古屑切)이며, 사용 지역이 명시되지 않았다. 현대 사전인 『신화자전(新華字典)』과 『현대한어사전(現代漢語詞典)』에서는 이러한 글자를 종종 "방언자(方言字)"라고 표기한다.

방언 전용자는 비록 사전에서 인정된 한자이라고는 하지만, 표준 중국어 문어체에서는 사용되지 않는다는 특징을 가진다. 예를 들어, "摣"라는 글자는 방언 전용자이다.

원저우음(温州): tso^3

쟝시(江西) 신간음(新干): tsa^1

이 글자는 『광운(廣韻)』 평성(平聲) 마운(麻韻) 측가절(側加切)에 다음과 같이 실려있다.

"摣, 以指按也."

(摣, 손가락으로 누르다.)

『집운(集韻)』에서는 "摣"로 기록되어 있으며, 평성(平聲) 마운(麻韻) 장가절(莊加切)에 보인다.

"『說文』 又取也."

(『설문』에 따르면, '또한 취하다'는 뜻이다.)

그러나 이 글자는 사전 외의 문헌에서는 거의 사용된 기록이 없다.

방언 단어를 기록할 때, 본자가 명확하지 않거나 너무 생소한 경우, 동일한 성모(聲母), 운모(韻母), 성조(聲調)를 가진 다른 한자를 선택하여 사용하기도 한다. 이렇게 선택된 글자를 "방언 동음자(方言同音字)"라고 한다.

방언학 저작에서는 보통 이러한 동음자의 아래에 물결 표시(~)를 사용하여 이를 나타낸다. 예를 들어, 허베이(河北) 창리(昌黎)방언에서는 "겁이 나다, 불안하다(害怕, 發慌)"는 의미로 mau[24]라는 단어를 사용하며, 이를 "毛"로 기록한다. "毛"는 바로 동음자이다.

이러한 방언 동음자는 민간에서 흔히 "별자(別字)"라고 불린다. 별자는 원래의 단어와 음운 구조(성모, 운모, 성조)가 완전히 일치하는 경우도 있고, 약간 차이가 나는 경우도 있다.

예를 들어, 옌푸쏜(嚴芙孫)의 『상하이 속어 대사전(上海俗語大辭典)』(1924년)에서는 다음과 같은 기록이 있다.

"老脚魚, 猶言老烏龜也, 罵人語."

(老脚魚는 '늙은 자라(烏龜)'라는 뜻으로, 사람을 욕하는 말이다.)

여기서 "脚魚"로 "甲魚(자라)"를 대체하였다. "脚"과 "甲"은 성모,

운모, 성조가 완전히 동일한 동음자이다.

또한 같은 사전에서 다음과 같은 설명이 있다.

> "贊, 稱人之美曰贊. 如甚美曰贊(讀作上聲)來. 贊, 又寫作嶄."
> (贊은 사람을 칭찬하는 의미로 사용되며, 매우 아름답다는 의미로 贊(상성으로 읽음)來로 표현한다. 贊은 또한 嶄으로도 표기된다.)

여기서 "贊"은 원래 去聲(4성)이지만, 상하이 방언에서는 上聲(3성)으로 발음된다고 명확히 설명하고 있다. 이를 통해 과거에는 음조 구별(陰上과 陰去)이 분명했다는 사실을 알 수 있다.

"贊"을 사용하여 기록하면 원래 단어의 성조와 맞지 않지만, "嶄"으로 기록하면 성모, 운모, 성조가 완전히 일치하므로 보다 정확한 기록이 가능하다.

동음자로 대체하는 이유는 두 가지이다. 첫째, 본자를 고증할 수 없거나 불분명한 경우이다. 위에서 "脚魚"를 "甲魚" 대신 사용한 예는 바로 저자가 본자를 알지 못했기 때문이며, 사실 "甲" 자는 쓰기 쉬운 글자이므로 굳이 동음자를 사용할 필요가 없었다. 둘째, 본자가 지나치게 생소하여 의도적으로 피하는 경우이다. 예를 들어, 상하이 방언에서는 어린아이가 밝고 활기찬 모습을 "趣"(tɕy34)라고 표현하는데, 본자는"䞡"로 보아야 한다. 『광운(廣韻)』 상성(上聲) 어운(語韻) 창거절(創擧切)에 다음과 같은 기록이 있다.

"『說文』曰: 會五彩鮮貌, 引詩雲: 衣裳黼."

(『설문』에 따르면, 다섯 가지 색깔이 조화를 이룬 아름다운 모습이다. 시에서 '옷이 화려하다(衣裳黼)'고 표현했다.)

오늘날 저장(浙江) 자싱(嘉興) 방언에서도 사람이나 사물이 화려한 모습을 "趣"라고 표현한다.

어떤 글자는 오랫동안 사용되면서 일반적으로 더 이상 동음자로 간주되지 않는 경우도 있다. 예를 들어, 많은 방언에서 돼지의 살코기를 "精肉"이라고 쓰는데, 본래 "精"의 본자는 "腈"이다. 『집운(集韻)』 평성(平聲) 청운(清韻) 자영절(咨盈切)에는 다음과 같은 기록이 있다.

"腈, 肉之粹者."

(腈, 고기의 살코기인 부분이다.)

방언 동음자로 사용되는 글자는 표준 한자로서 기존의 한자 체계 안에 속해 있으며, 방언 속자(俗字)와는 다르다.

방언 속자는 인위적으로 만들어진 한자로, 사전에서 인정하는 표준 한자 체계에는 포함되지 않는다. 예를 들어, 민국(民國) 시대의 『걸양현지(揭陽縣志)』 권7 『방언(方言)』에는 다음과 같은 기록이 있다.

"서간(尺牘)과 시문(詩文)에서 사용된 문자 변화는 이루 다 헤아리기 어렵다. 예를 들어, "坐"를 "坴"(발음 穩), "短"을 "矮"(발

> 음 矮), "瘦"를 "奀"(발음 芒), 산의 동굴을 "岙"(발음 勘), 물이 부딪히는 곳을 "泵"(발음 聘), 물을 저장하는 곳을 "氹"(발음 圖錦切), 물길을 내는 곳을 "圳"(발음 屯去聲), 물이 굽이치는 곳을 "氿"(발음 囊), 물이 고이는 곳을 "堀"(즉窟也), 길이 험한 곳을 "卡"(발음 溠), 몸을 숨겼다가 갑자기 나타나는 것을 "閄"(발음 閃), 나무를 잘라 받침대로 사용하는 것을 "不"(발음 敦上聲), 문 위에 가로로 걸치는 나무를 "閂"(발음 拴), 물건이 빠지는 것을 "甩"(발음 倫粒切), 아이가 늦게 태어나는 것을 "屘"이라 한다. (尺牘詩文中字體之變殊難悉數, 如坐為坖(音穩), 短為矲(音矮), 瘦為奀(音芒), 山之巖洞為岙(音勘), 水之磯激為泵(音聘), 蓄水之地為氹(圖錦切), 通水之道為圳(屯去聲), 水之曲折為氿(音囊), 潴水之處為堀(即窟也), 路之險隘為卡(音溠), 隱身忽出為閄(音閃), 截木作墊曰不(敦上聲), 門上橫木曰閂(音拴), 物之脫者曰甩(倫粒切), 子之晚生者曰屘.)"

이 글들 모두 민간에서 편의상 만들어 사용한 것이며, 공식적인 문자로 규범화되지 않았다.

이 문헌에 기록된 방언 속자 중에서 "閂"은 표준 한자로 포함되며, "圳"은 방언 전용자로 볼 수 있다. "泵", "卡", "甩"은 방언 훈독자로 간주할 수 있으며, 나머지는 모두 방언 속자로 분류된다.

비슷한 내용이 쉬커(徐珂)의 『청패류초(清稗類鈔)·방언류(方言類)』에도 기록되어 있으며, 여기에는 더 많은 방언 속자가 포함되어 있다.

방언 속자가 창제되고 사용된 데 에는 세 가지 주요한 이유가 있다.

첫째, 본래의 한자를 고증할 수 없거나 쓸 수 있는 한자가 없는 경우이다. 예를 들어, 차오저우(潮州) 방언 지역에서는 tā^{31}(말하다)을 "呾" 자로 표기한다.

둘째, 원래의 글자가 너무 복잡한 필획을 가질 경우이다. 예를 들어 충칭(重慶)에서는 "磁" 자를 "𥐟"로 쓴다.

셋째, 외래어를 표기할 때 사용되는 경우이다. 예를 들어, 광둥어(粵語)에서는 "咭(kap^{7})"은 영어 card(카드, 카드편)에서, "唛(mak^{7})"은 영어 mark(상표)에서 유래하였다.

같은 단어를 기록하는 방언 속자는 지역에 따라 표기가 다를 수 있다. 예를 들어, "산간 평지"는 저장(浙江) 지역의 우어(吳語) 방언에서 "岙" 또는 "嶴"로 기록되며, 민어(閩語) 지역에서는 "岙", "坳" 또는 "𡊻"로 표기된다. 민어 지역에서 같은 지명을 가리키는 단어도 지역에 따라 표기가 다르다. 예를 들어, "자기(磁器)를 굽는 가마"를 뜻하는 단어는 민둥(閩東) 지역에서는 "硋窑"(푸저우(福州) 발음 xai^{2}iu^{2})로, 민베이(閩北) 지역에서는 "坰瑶"(젠어우(建甌) 발음 xo^{5}iau^{5})로 표기된다.

같은 방언 속자가 지역에 따라 다른 의미를 가질 수도 있다. 예를 들어, "𣏌"라는 글자는 우한(武漢)에서는 "건물(樓)"을 의미하지만, 창춘(長春)에서는 "버드나무(柳)"를 뜻한다. 또한, "嬲"라는 글자는 상하이(上海)에서는 "끊임없이 장난치다(嬉擾不已)"는 의미로 사용되지만, 광저우(廣州)에서는 "화가 나다(生氣)"는 뜻으로, 차오저우(潮州)에서는 "이상하다(奇怪)" 또는 "장난치다(玩耍)"는 뜻으로 쓰인다.

방언 속자의 조어 방식은 일반적인 한자의 조어법과 거의 동일하며, 그중에서도 형성자(形聲字)와 회의자(会意字)가 가장 흔하다. 형성자(形聲字)의 예로는, 민어(閩語) 지역의 지명 표기자인 "垵"(샤먼 발음 uā¹)은 작은 산골짜기를 의미하고, "埕"(푸저우 발음 tiaŋ², 샤먼 발음 tiā²)은 마당을 뜻한다. 회의자(會意字)의 예로는 砳(산 속의 동굴, 차오저우(潮州)), 孖(두 개, 광저우(廣州)) 등이 있다.

최근 새로 생긴 일종의 방언 속자(俗字)는 기존 한자의 복잡한 성부(聲旁)를 동음자, 근음자, 또는 간화자(간체자)로 대체하여 만든 것이다. 예컨대 민난 지역에서는 지명에 쓰이는 "澳" 자를 "沃"로 쓰기도 한다.(이는 "솜저고리(棉襖)"의 "襖"과 비교해볼 수 있다) 항저우에서는 "菜"를 "芏"로, 충칭에서는 "磁"를 "䂬"으로 쓴다.

우어(吳語)지역에는 전통적인 한자 조자법을 벗어난 특이한 방언 속자 "掱"가 있다. 이 글자는 "도둑, 소매치기(小偷, 扒手)"를 의미하며, 옛날 상하이에서 흔히 사용되었다. 『상해속어대사전(上海俗語大辭典)』에는 다음과 같이 실려 있다.

> "掱, 音手, 字典並無此字, 惟沪上電車及商场中常標懸謹防掱字样."
> ("掱"는 "手"와 같은 발음이지만, 사전에는 없는 글자이다. 그러나 상하이의 전차와 상점에서는 '도둑 조심(謹防掱)'이라는 문구가 흔히 걸려 있다.)

이 글자는 "手(손)" 자 세 개로 구성되어 있으며, 숙어 "세 개의 손(三隻手)"에서 유래한 것으로, 곧 "도둑(小偷)"을 뜻한다. 이 글자를 "手"라고 읽는 것은 정확하지 않으며, 실제로는 "싼즈서우(三隻手)"로 읽는다. 상하이 방언에서는 $\text{ssɛ}^{53\text{-}44}\text{ʦaʔ}^{5\text{-}5}\text{sɤ}^{34\text{-}2}$로 발음된다.

한자의 조자(造字) 원칙 중 하나는 한 글자가 한 음절을 대표하는 것이지만, 이 방언 속자(俗字)는 삼음절을 포함하고 있다.

방언 속자는 민간에서 발생하며, 처음에는 사전에 수록되지 않지만, 오랜 시간이 지나 널리 사용되면 사전에 등재될 수도 있다. 예를 들어, 남방 지역의 지명에서 사용되는 "圳"은 원래 "甽"이라는 글자로 기록되었다. 『집운(集韻)』 거성(去聲) 준운(稕韻) 주윤절(朱閏切)에는 다음과 같이 기록하고 있다.

> "溝也."
>
> ("溝", 즉 도랑이나 물길을 의미한다.)

"圳"이라는 표기는 원래 속자였으나, 이후 『자휘보(字匯補)』에서는 이를 정식 한자로 수록하였다.

> "市流切, 江楚間田畔水溝謂之圳."
>
> (市流切로 발음한다. 장난과 후베이 지역에서는 논두렁의 작은 물길을 '圳'이라 부른다.)

합음자는 방언 속자의 한 형태로, 독특한 방식으로 형성된다. 자주 사용되는 이음절 단어가 구어에서 하나의 음절로 축약되며, 이를 하나의 한자로 기록한 것이 방언 합음자이다.

방언 합음자의 글자 형태는 앞뒤 두 글자를 결합하여 하나의 한자로 만든 것으로, 하나의 한자 안에 두 개의 글자를 합쳐서 배치한다. 대체로 앞쪽 글자는 왼쪽에 배치되거나, 뒤쪽 글자 위에 배치된다.

방언 합음자의 발음은 두 음절이 서로 긴밀하게 결합된 형태이며, 일반적으로 성모(초성)는 앞쪽 글자의 영향을 많이 받고, 운모(중성, 종성)와 성조는 뒤쪽 글자의 영향을 많이 받는다. 그러나 이와 같은 축약 방식은 방언마다 음절 구조의 차이가 있기 때문에 일정한 규칙이 존재하는 것은 아니다. 다만 공통적인 원칙이 하나 있다. 방언 합음자의 발음은 반드시 해당 방언의 음절 구조에 부합해야 한다.

아래에서 몇 가지 방언 합음자의 음운 축약 방식을 분석하고자 한다.

쑤저우(蘇州) 방언의 합음자 "覅"는 "勿"(fɤʔ^{4})과 "要"(iæ^{513})가 축약되어 형성된 것이다. 즉, 앞 글자의 성모(聲母)와 뒷 글자의 운모(韻母) 및 성조(聲調)가 결합하여 생성되었다. 쑤저우 방언에서는 이 합음자 외에도 f 성모가 i 계열 운모와 결합하지 않지만, i 운모 자체와는 결합할 수 있다. 이 글자와 다음에 나오는 "朆"에 대한 자세한 분석은 셰쯔리(謝自立)의 논문 『쑤저우 방언의 다섯 가지 합음자(蘇州方言的五個合音字)』[1]에 실려 있다.

---

1 출처: 셰쯔리(謝自立), 『쑤저우 방언의 다섯 가지 합음자(蘇州方言的五個合音字)』, 『방언(方言)』 1980년 제4기.

시닝(西寧) 방언의 합음자 "嫑"(pɔ^{213})은 "不"(pʏ^{213})과 "要"(iɔ^{213})가 축약되어 형성된 것이다. 만약 쑤저우 방언의 "覅"와 같은 방식으로 축약되었다면, 시닝 방언의 "嫑"은 piɔ^{213}으로 발음되어야 한다. 그러나 실제로는 i 없이 pɔ^{213}으로 발음된다. 그 이유는 시닝 방언의 음절 구조에서 p 성모는 i 운모와 결합하지 않으며, i를 포함한 iɔ 운모와는 결합할 수 있지만, piɔ 음절은 음평(陰平, 44조)과 상성(上聲, 53조)에는 존재해도 거성(去聲, 213조)에서는 존재하지 않기 때문이다. 반면, p와 ɔ가 결합한 음절은 네 가지 성조 모두에서 존재하며, 거성(去聲) 음절도 포함된다. 예를 들어 거성자 "報" pɔ^{213}이다. 따라서 이 합음자는 pɔ^{213}으로 발음되며, piɔ^{213}으로 발음되지 않는다.

베이징(北京) 방언의 합음자 "甭"(pəŋ^{35})은 "不"(pu^{35})과 "用"(yoŋ^{51})이 축약되어 형성된 것이다. 베이징 방언의 음절 구조에서 p 성모는 əŋ 또는 iŋ 운모와 결합할 수 있지만, yoŋ 또는 oŋ 운모와는 결합하지 않는다. 따라서 이 합음자는 pəŋ^{35} 또는 piŋ^{35}으로 발음되며, 후자의 발음은 비교적 드물다.

성조는 후자가 아닌 전자의 것을 따른다. 쑤저우 방언의 합음자 "𠲎"(aŋ^{44})은 "阿"(aʔ4)와 "曾"(zən^{31})이 축약되어 형성된 것이다. 앞 글자는 영성모(零聲母, 성모 없음)이며, 따라서 주모음(a)를 유지해야 한다. 이미 모음이 존재하므로 뒷 글자는 운미(韻尾)만 유지할 수 있다. 그러나 쑤저우 방언의 음절 구조에서는 a 운모 뒤에 n 운미를 결합할 수 없고, ŋ 운미는 결합할 수 있다. 따라서 aŋ으로 변화하게 된다. 또한, aŋ은 영성모이므로 성조는 음성조(陰聲調)만 가능하다. 앞 글자는 음성조이고, 뒷 글자는 양성조(陽聲調)인데, 성조는 전자의 높은 음조를 유지하여 음평(陰平, 44조)으로 변화한다. 따라서 전체 합음자는 $aŋ^{44}$로 발음되며, 이는 쑤저우 방언의 음절 구조에 완벽하게 부합한다.

차오양(潮陽) 방언의 합음자 "𫠡"(boi^{213})는 "唔(不)"(m^{213})과 "會"(ou^{213})가 축약되어 형성된 것이다. 그런데 왜 성모가 b로 변하고, 앞 글자의 m 성모가 유지되지 않았을까? 그 이유는 차오양 방언의 음절 구조에서 b, l, g 성모는 구강음(口音)과만 결합하며, m, n, ŋ 성모는 비음(鼻音)과만 결합하기 때문이다. 따라서 moi^{213}과 같은 음절은 허용되지 않는다.

또 다른 합음자인 "孬"($m\tilde{o}^{53}$)는 "唔(不)"(m^{213})과 "好"(ho^{53})가 축약되어 형성된 것이다. 이 합음자는 mo^{53}으로 발음되지 않고, 운모가 비음화된 $m\tilde{o}^{53}$으로 발음되는데, 이것 역시 차오양 방언의 음절 구조 원칙에 따른 것이다.

위의 예시를 보면, 합음자의 발음은 각 방언의 음절 구조에 의해 제약을 받으며, 단순히 앞 글자의 성모와 뒷 글자의 운모를 결합하는 방식으로 생성되지 않는다. 그러나 음절 구조가 허용하는 경우, 일반적으로 합음자는 앞 글자의 성모와 뒷 글자의 운모 및 성조를 결합하여 생성된다. 예를 들어, 차오양 방언에서는 다음과 같이 형성된다.

"唔(不)"($m̩^{213}$) + "愛(要)"($\tilde{a}i^{31}$) > "𫠛"(不要) $m\tilde{a}i^{31}$

"唔(不)"(m̩^{213}) + "畏(怕)"(ũi^{31}) > "𠀾+畏(不怕)" mũi^{31}

모든 합음이 대응되는 합음자를 가지는 것은 아니다. 합음은 언어 흐름 속에서 발생하는 음운 변화 현상이다. 많은 합음은 빠르게 말할 때 즉, 발화 속도가 빨라질 때에만 나타나는 것이며, 천천히 말할 때는 여전히 두 개의 음절로 나누어 발음한다. 합음자가 존재하는 합음 현상은 일반적으로 이미 굳어진 음운 변화 현상이며, 최소한 출현 빈도가 높은 합음만이 합음자로 기록된다.

제3절 방언 병음문자

중국 방언의 표음 문자는 크게 두 가지 유형으로 나뉜다. 하나는 로마자(拉丁字母)를 사용한 표음 문자이고, 다른 하나는 절음자(切音字)를 사용한 표음 문자이다.

로마자나 라틴 알파벳을 사용한 방언 표음 문자는 서양 선교사들이 처음 만들어 적극적으로 보급한 것이다. 명말(明末)의 예수회 선교사들이 만든 로마자 주음 방식 등 표준 중국어(관화, 官話)를 위한 표음 체계를 제외하고 남방 방언의 표음 문자만을 논한다면, 교회 로마자의 전성기는 19세기 후반부터 20세기 초반인 1920년대까지였다.

가장 먼저 교회 로마자가 보급된 지역은 샤먼(厦門) 일대였다. 1850년에 이미 샤먼 방언을 위한 로마자 표기 체계가 존재했으며, 1852년에는 로마자로 번역된 성경이 출판되었다. 이는 중국 최초의 방언 성경 번역본이기도 하다. 샤먼의 교회 로마자는 단순히 성경 번역과 학습에만 사용된 것이 아니라, 민간에서 서신 왕래에도 사용되었다.

샤먼에 이어 닝보(寧波), 싱화(興化), 원저우(温州) 방언에서도 각각 1851년, 1890년, 1903년에 교회 로마자가 창제되었다. 그 외에도 최소한 다음 여섯개 방언(푸저우(福州), 산터우(汕頭), 커자(客家), 광저우(廣州), 상하이(上海), 타이저우(台州))에서도 교회 로마자가 존재했다.

선교사들이 교회 로마자를 창제한 주요 목적은 성경을 번역하여 현지에서 선교 활동을 하기 위함이었다. 1890년부터 1920년까지 다양한 방언으로 번역된 로마자 성경의 판매량은 표9.2에 나타나 있다. 이 표는 『중화귀주(中華歸主)—중국 기독교 사업 통계(中國基督教事業統計)』의 자료를 바탕으로 작성된 것이다. 30년 동안 총 141,516권이 판매되었으며, 이 표에서 알 수 있듯이 방언 표음 문자는 민어(閩語) 지역에서 가장 유행했고, 특히 샤먼에서 가장 널리 사용되었다. 닝보와 광저우에서도 상당히 유행하였다.

표9.2 교회 마르코 폴로 글자 『성경』 각지역의 판매량 비교

方言	廣州	厦門	福州	海南	汕頭	寧波	台州	温州
銷量	15350	63323	16895	4900	13424	16310	8914	2400
排名	4	1	2	7	5	3	6	8

교회 로마자의 사용 범위는 대체로 교회와 신자들 사이에 한정되었다. 그러나 서양 선교사들이 방언 표음 체계를 창제한 것과 별개로, 청말(清末) 시기에 중국 학자들도 방언을 위해 라틴 문자나 그 변형된 문자, 또는 기타 기호를 활용한 표음 문자를 창제하였다. 이들은 단순히 교회 내부에서만 사용하려 한 것이 아니라, 사회 전반으로 보급하는 것을 목표로 삼았다. 이들이 추진한 운동이 바로 절음자(切音字) 운동이다.

루좡장(盧戇章)은 중국어를 위해 표음 문자 체계(拼音方案)을 창안한 중국의 첫번째 학자이다. 그는 샤먼(厦門), 장저우(漳州), 취안저우(泉州) 등의 민어(閩語) 방언을 위한 표음 체계를 창제했으며, 이는 그가 저술한 『한눈에 이해되는 입문 과정(一目了然初階)』[2]에 기록되어 있다. 루좡장은 중국에서 중국어를 위한 표음 체계를 최초로 창제한 학자이다. 그 이전에도 서양 선교사들은 로마자를 활용하여 이른바 "화음자(話音字)"를 제작해 민난어(閩南語)를 표기하고 성경을 번역하였다. 그 병기 방식은 음소 표기법을 따랐다. 그러나 루좡장은 단어의 길이가 일정하지 않아 지면을 많이 차지한다고 판단하여 이를 개량하고자 이중음절 방식(雙拼制)을 사용하였다.

이에 따라 그는 라틴 문자와 그 변형된 기호를 활용하여 총 55개의 기호를 만들어 민어(閩語)를 표기하는 데 사용했다. 그 중 샤먼(厦門) 방언에서는 36개의 문자만을 사용하였다. 장저우(漳州) 방언에서는 여기에 2개를 더하고, 취안저우(泉州) 방언은 7개를 추가하여 총 45개를 사용한다. 나머지 10개 기호는 산터우(汕頭), 푸저우(福州) 등지의 민어에 사용된다.

그의 표음 체계는 베이징 관료 린루춘(林輅存)에 의해 도찰원(都察院)에 제출되었으나, 무술정변(戊戌政變)으로 인해 추진되지 못하고 중단되었다. 그는 개인적으로 샤먼 지역에서 절음 신자(切音新字)를 보

2 출처: 루좡장(盧戇章), 『한눈에 이해되는 입문 과정(一目了然初階)』(『중국절음신자초계(中國切音新字初階)』, 1892년)

급하려 했으나, 교회 로마자만큼 성과를 거두지는 못했다. 루쾅장은 1928년에 세상을 떠났으며, 그의 사망 이후 그의 체계는 점차 잊혀졌다. 이후 등장한 다른 절음자 체계들도 운명이 비슷했으며, 일부는 단순한 계획안에 그치고 실제로 보급되지 못하기도 했다. 절음자 중에서 성공적으로 보급된 사례는 없었으며, 반세기 이상 널리 사용된 교회 로마자에 비해 성과가 미미했다.

표9.3에는 청말(清末) 루쾅장(盧戇章) 이후부터 1910년까지 발표된 다양한 남방 방언 절음자 체계를 정리하였다. 이 표는 『청말 한어 표음 운동 편년사(清末漢語拼音運動編年史)』[3]의 자료를 기반으로 작성되었다.

표9.3 여러 남방 방언 절음자 방안표

제작자	년도	저작	부호	방언	추진
沈學	1896	盛世元音	速記	蘇州	개인
方捷三	1896	閩腔快字	速記	福州	미추진
王炳耀	1897	拼音字譜	速記	粵	개인
陳虬	1903	新字甌文 七音鐸 甌文音匯	漢字 筆画	温州	개인, 교학당 (辦學堂)

3 출처: 니하이수(倪海曙), 『청말 한어 표음 운동 편년사(清末漢語拼音運動編年史)』, 상하이 인민출판사, 1959년

勞乃宣	1905	增訂合聲 字簡譜 簡字丛錄	漢字 筆画	南京 蘇州 閩粵	개인, 교학당 (辦學堂)
朱文熊	1906	江蘇新字母	拉丁 字母	蘇州	미추진

절음자의 표기 방법은 주원슝(朱文熊) 방안을 제외하고 모두 이중음절 방식(雙拼制)을 사용하며, 주원슝의 쟝쑤(江蘇) 신자모(新字母)는 음소 방식(音素制)을 사용한다.

절음자 방안과 교회 로마자 방안에는 두 가지 중대한 차이가 있다. 첫째, 전자는 주로 이중음절 방식을 사용하고, 후자는 오직 음소 방식을 사용한다. 둘째, 전자는 비(非)라틴 문자에 해당하는 한자 필획이나 속기 기호를 많이 사용하며, 후자는 오직 라틴 문자만을 사용한다.

절음자 운동은 결국 실패로 끝났으나, 이후 국어 로마자 운동의 영향을 받아 라틴 문자(로마자)로 방언을 표기하는 방안이 끊임없이 등장하였다. 그러나 이러한 방안의 목적은 더 이상 절음자처럼 전 사회에 보급하려는 것이 아니라, 방언사전과 교재를 편찬하는 편의를 도모하고 방언학 논저를 저술하는 필요성에 따라 방언학계에서 창제된 것이었다. 이와 같은 음운 표기 방안 중 비교적 이른 시기에 창안된 것으로는 다음과 같은 예가 있다. 자오위안런(趙元任)이 제작한 우어(吳語) 로마자는 현대 우어 연구에 사용되었으며, 뤄창페이

(羅常培)가 제작한 샤먼어(厦門音) 로마자는 샤먼 방언 연구에 활용되었다. 이 밖에도 이와 유사한 방안이 매우 많으며, 공통된 특징은 대부분 음소 방식을 채택했다는 점이다. 이에 대해서는 따로 상세히 분석하지 않는다.

중국어방언을 기록하는 문자에는 앞서 언급한 한자와 음운 문자(拼音文字)의 두 가지 범주 외에도 특이한 사례가 존재한다. 자오리밍(趙麗明) 등의 조사 연구에 따르면, 후난성(湖南省) 장융현(江永縣)에서는 '뉘슈(女書)'라고 불리는 독특한 문자가 유행하고 있다. 이에 대해 간략히 서술하면 다음과 같다.

후난성 장융현의 한어 방언은 시난 관화(西南官話)와 본지 토화(土話)의 두 범주로 나뉘며, 그중 샹난(土話) 방언은 한어 방언 분류에서 정확한 귀속이 아직 확정되지 않았다. 장융 토화 내부에서도 분화가 있으며, 그중 샤오장(土話) 방언을 기록하는 문자에는 두 가지 유형이 있다. 하나는 일반적인 방각한자로, 현지 여성들은 이를 '난쯔(男字)'라고 부른다. 다른 하나는 뉘슈 또는 '뉘쯔(女字)'라고 한다.

뉘슈(女書)는 음절 문자로서, 한 개의 '뉘슈' 글자는 하나 또는 여러 개의 동음(同音) 혹은 음이 유사한 한자를 대표한다. 기본적인 문자 수는 약 700개이며, 형태적으로 보면 3분의 1은 기존 한자를 변형하여 차용한 것이고, 3분의 2는 대체로 마름모꼴을 이루는 자체 창제 문자(自制字)이다. 자체 창제 문자는 다시 독립된 단일 문자(獨體字)와 복합 구성 문자(合體字)로 나뉜다. 복합 구성 문자 중 일부는 음소적 기능을 가진 편방(偏旁) 구성 요소를 포함하지만, 의미를 나타내는 편방 요소는 거의 존재하지 않는다. 표9.4에 제시된 다섯 개의 문자 모두 자체 창제 문자이며, 그중 네 번째 문자는 복합 구성 문자이고, 나머지는 단일 문자이다. 셋째 및 넷째 문자는 각각 하나의 음절을 나타내며, 첫째 및 둘째 문자는 각각 두 개의 음절을 나타내고, 다섯째 문자는 세 개의 음절을 나타낸다.

뉘슈(女書)의 주요 용도는 자전적(自傳體) 장시(長詩)를 창작하고 민요 및 민간 설화를 기록하며, 한족(漢族) 민간 문예 작품을 번역하고 중대한 역사적 사건을 서술하는데 있다. 또한 서신 작성, 제사 및 기복(祈福) 문구 기록 등에도 사용된다. 뉘슈는 여성들 사이에서만 쓰이며, 그 사회적 기능을 고려할 때 한자와의 관계는 민간 비밀어(秘密語)인 반절어(反切語)와 방언 구어 사이의 관계와 유사하다. 다만 특정한 사회 계층 내에서만 유행한다는 점이 특징적이다.

표9.4 후난(湖南) 쟝융(江永) 뉘슈(女書) 예시

순서	뉘슈(女書)	음절	한자의미
1		$ɕi^{35}$ $ɕiəɯ^{35}$	起喜 少
2		$maŋ^{51}$ $məŋ^{51}$	忙茫 眉嵋眠
3	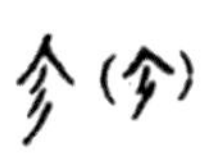	$tɕiɛ^{33}$	今真襟金針斟

4		xaŋ^{51}	寒黄皇凰行韓含銜
5		tɕʰiau^{33} tɕiau^{33} tsau^{51}	交州教 抽 抽

10장 방언학사 개요

중국어 방언학사는 청말 이전의 전통 방언학 연구, 19세기 후반부터 20세기 초까지 중국에 있던 서양 선교사들의 중국어 방언에 대한 묘사, 기록 및 연구, 중국 민족학자들의 연구, 그리고 방언 묘사를 중심으로 한 현대 방언학의 중심이 되는 네 가지 측면을 포함해야 한다.

그러나 이 네 가지 측면은 명확한 선후 계승 관계나 상호 영향 관계가 없다. 현대 방언학의 경우, 그 직접적인 기원은 서양 방언학이며, 음성의 조사와 연구 측면에서는 중국 전통 음운학의 연구 성과를 참고하였다. 따라서 본 장에서는 중국어 방언학사 자체의 네 가지 주요 측면을 논의하기에 앞서 서양 방언학사에 대해 간략히 소개하고자 한다.

제1절 서양 방언학사 약술

고대 로마의 학자인 프리드리히 디에츠(Friedrich Diez), 가스통 파리(Gaston Paris), 앙투안 토마(Antoine Thomas) 등은 방언 자료를 이용하여 역사학과 어원학을 연구한 바 있다. 그러나 전반적으로 고대 유럽에서는 다양한 방언을 연구 대상으로 삼지 않았다. 당시 일반인은 방언에 대해 경시하는 태도를 가지고 있었으며, 오직 공식적으로 인정된 표준어 또는 문학어만이 순수한 언어라고 여겼고, 방언은 쇠퇴하는 속된 언어라고 보았다. 이러한 잘못된 인식은 유럽 역사 속의 언어 정책과 관련이 있다. 중세와 르네상스 시대, 유럽의 많은 국가들은 정치적으로나 문화적으로 우위를 점한 특정 방언을 국가의 통일된 공용어와 문학어로 선택하고, 다른 방언을 이등급의 지역 토어(patois)로 간주했다. 이후 오랜 시간이 지나서야 사람들은 표준어에서 이미 사라진 음운적 특징과 어휘가 방언 속에 보존되어 있으며, 방언에서 언어 역사 발전 과정의 증거를 찾을 수 있다는 사실을 인식하게 되었다.

19세기 말기, 다양한 언어의 많은 방언들에 대한 체계적인 묘사가 이루어졌다. 당시 방언 연구에는 두 가지 뚜렷이 다른 방법이 존재했다.

첫 번째 방법은 순수한 방언 묘사로, 그 결과는 주로 **방언 전문**

서(**monographs**) 형태로 발표되었다. 이러한 연구는 대체로 특정 지역의 방언을 전면적이거나 부분적으로 묘사하며, 일반적으로 음운 체계나 형태론만을 포함하거나 둘 다 포함하기도 했다. 대체로 역사언어학적 방법을 사용하여 방언을 연구했으며, 이는 특정 언어의 초기 단계를 출발점으로 하여 해당 언어의 현대 방언을 연구하는 방식이다. 예를 들어 원시 게르만어를 바탕으로 게르만계 언어들을 연구하는 것이다.

두 번째 방법은 **언어지리학**(**linguistic geography**) 또는 **방언지리학**(**dialect geography**) 방법이다. 이 새로운 연구 방법은 언어학 전체적으로 매우 중요한 의미를 지녔으며, 당시 언어 역사에 대한 관점을 완전히 바꾸어 놓았다.

1876년 레스카인(Leskein)는 "언어 변화에는 예외가 없다"는 유명한 담론을 제기하였다. 바로 같은 해, 또 다른 독일 언어학자 게오르크 벤커(Georg Wenker)는 라인란트(Rhineland)의 모든 초등학교 교사들에게 40개의 짧은 문장과 300개의 단어가 포함된 질문지를 보냈다. 그는 조사 대상인 교사들에게 지역 방언을 일반적인 문자로 기록해 달라고 요청하였다. 이 조사의 범위는 곧 독일 전역으로 확장되었고, 최종적으로 44만 건 이상의 답변을 받았다. 벤커는 언어 특징의 지리적 분포를 지도에 표시하는 방법을 처음으로 고안하였다.

벤커는 "음운 변화에는 예외가 없다"는 논단을 굳게 믿었으며, 자신의 연구가 이 논단에 대한 증거를 제공하기를 희망하였다. 표준 문학 언어의 음운 변화는 외부적 영향을 받기 때문에 명백히 불규칙하였으나, 벤커는 외부적 영향을 받지 않은 "진정한 방언"에서는 완전히 규칙적인 변화와 음운 구조를 발견할 수 있을 것이라 믿었다. 그러나 벤커의 기대는 실현되지 않았다. 최초의 지도는 라인란트 방언을 기록한 것으로, 1881년에 출판되었다.

만약 신문법학파의 논단이 옳다면, 동일한 음운 변화 규칙에 속하는 어휘는 지리적 분포 경계선이 동일해야 한다. 그러나 벤커(Georg Wenker)의 지도와 이후 출판된 다른 지도들은 동일한 음운 변화 규칙에 속하는 각각의 어휘의 지리적 분포 경계선이 서로 다름을 보여주었다. 즉, 동일한 지역 방언에서도 이러한 어휘들의 음운 변화는 일정하지 않았다. 예를 들어, 고지 독일어와 저지 독일어의 음운 변화 규칙은 남북 경계선이 존재하지 않았다. 일부 지역에서는 고지 독일어 음운 변화 규칙에 따른 어휘와 저지 독일어 음운 변화 규칙에 따른 어휘가 모두 존재하였다. 다시 말해, 남북 간에는 과도 지역이 있었으며, 이 과도 지역에서는 일부 어휘만이 "p, t, k"가 파열음과 치찰음으로 변화하는 규칙을 따랐다.

벤커의 지도는 신문법학파의 신념을 완전히 부정하였다. 신문법학파는 어떤 음운이 변화하면 그 음운이 포함된 모든 어휘가 동일한 변화를 겪는다고 주장하였다. 벤커의 동료 페어디난트 브레데(Ferdinand Wrede)는 특히 음성학적 관점에서 그의 방법을 개선하고 『독일 언어 지도집』(Deutscher Sprachatlas) 편집을 계속 진행하였다. 벤커의 학생과 추종자들 중에서 가장 두드러진 성과를 낸 인물은 프링스(Theodor Frings)였다. 벤커가 지도집 편집을 시작한 지 50년 후인

1926년에 『독일 언어 지도집』이 출판되기 시작하였다. 독일 방언과 그 지리에 대한 종합적인 연구는 바흐(A. Bach)의 『독일 방언 탐구』[1]를 참조할 수 있다.

쥘 지예롱(Jules Gilliéron)과 그의 동료 에드몽(Edmond Edmont)은 1903년부터 1910년까지 『프랑스 언어 지도집』(Atlas Linguistique de la France, ALF)을 발표하였는데, 이는 방언 지리학사에서 매우 중요한 진전이었다.

벤커의 조사가 음운적 측면만 다룬 반면, 질롱의 지도집은 주로 어휘를 기록하였으며 다음 세 가지 자료인 농민들이 사용하는 어휘, 지역적 차이가 뚜렷한 단어의 집합, 그리고 형태론과 통사론적 특징을 조사하기 위해 사용된 100개의 간단한 문장을 포함하였다.

모든 항목이 음성 기호로 기록되었기 때문에 동시에 음운 조사로도 기능하였다. 현지 조사는 에몽 한 사람이 독자적으로 맡아 1897년부터 1901년까지 프랑스 전역을 다니며 질문지에 따라 방언을 기록하였다.

그는 369개 지역의 방언을 조사하였다. 지도집은 총 1920장의 지도로 구성되어 있으며, 100만 개의 기호를 기록하였다.

이후에 나온 다른 로망스어 지도집들도 질롱의 지도집을 모범으로 삼았다. 예를 들어, 카를 야베르크(Karl Jaberg)와 야콥 유트(Jakob Jud)의 『이탈리아와 스위스 언어 및 방언 지도집』(Sprachatlas der italienischen

1 Deutsche Mundartforschung, 1950.

und rätoromanischen Schweiz), 세베르 포프(Sever Pop) 등이 편집한 『루마니아 언어 지도집』(Atlasul Lingvistic Român), 그리고 『이베리아 로망스 언어 지도집』(Atlas Lingüístico de la Península Ibérica)이 있다. 또한, 바움가르트너(H. Baumgartner)와 호르첸쾨허를레(R. Horzenköcherle)는 스위스 방언을 조사 연구하여 『스위스 독일어 지역 언어 지도집』(Sprachatlas der deutschen Schweiz, 1942)을 저술하였다.

존 오르(John Orr)와 오이겐 디에스(Eugen Dieth)가 기획한 『브리튼 언어 지도집』(Linguistic Atlas of Britain)은 1926년에 출판되기 시작하였다. 『미국과 캐나다 언어 지도집』(Linguistic Atlas of the United States and Canada)은 1939년에서 1943년 사이에 출판되었으며, 총 세 부분으로 나뉘어 있다. 이 조사에는 H. 쿠라트(H. Kurath), 레오나드 블룸필드(Leonard Bloomfield) 등이 참여하였다. 덴마크의 언어 지도집은 1898년부터 1912년까지 출판되었으며, 104장의 지도를 포함하였다. 핀란드의 언어 지도집은 1940년에 출판되었다. 포프(Pop)가 저술한 『방언학』(Dialectology, 제1, 2권, 1950년)은 전 세계 방언 지리학 연구의 방법과 성과를 종합적으로 소개하고 있다.

각 언어 지도집의 편집 목적은 서로 다르다. 독일의 벤커(Georg Wenker)와 브레데(Ferdinand Wrede)는 지도를 통해 음성 형식의 지리적 분포를 보여주어 방언의 경계와 변화 방향을 판별하려는 목표를 가졌다. 쥘 지예롱(Jules Gilliéron)의 프랑스 지도는 어휘 연구에 중점을 두었으며, 세밀하게 어휘를 기록하는 것을 강조하였다. 음운에 대한 관심은 단지 단어의 역사를 이해하는 데 도움을 주는 정도에 그쳤다. 프랑스 언어 지리학 학파에 따르면, 능동적인 음운 변화는 존재하지 않으며, 오직 단어의 변화, 또는 개별 어휘의 역사적 변화만 존재한다고 보았다.

질롱은 음운 변화란 단지 환상에 불과하다고 주장하였다. 1906년, 그는 마리오 로크(Mario Roques)와 함께 『음운학의 환상』(Fantaisies Phonétiques)을 저술하여 음운 변화에 규칙이 있다는 주장을 반대하며, 음운 변화의 결과를 외부적 변화로 설명하려고 시도하였다. 프랑스 방언학자 알베르 도자(Albert Dauzat)는 그의 저서 『언어 지리학』(Géographie Linguistique, 1922)에서 동일한 견해를 나타냈다. 그는 지역 방언이 지속적으로 발전한다는 견해를 반대하며, 현대 사회에서 표준어가 방언에 미치는 영향으로 인해 방언이 혼합되는 현상이 발생한다고 주장하였다. 이러한 현상은 역사적 시기에도 마찬가지였으며, 중심 도시의 방언이 다른 방언에 영향을 미쳤다는 것이다. 심지어 선사시대의 언어 계통이나 어족 역시 어느 정도 이러한 영향을 받았다고 보았다. 그는 이른바 "진정한 방언"이 내부적으로 규칙적인 연속적 발전을 한다는 것은 단순한 환상에 불과하다고 주장하였다.

여러 방언 지도집은 신문법학파의 "음운 변화에는 예외가 없다"는 논단을 증명하지 못하였다. 방언들 사이에는 명확한 경계가 존재하지 않으나, 언어 발전이 전혀 규칙이 없다는 것은 아니다. 방언들 사이에 명확한 경계선은 없지만, 방언들 사이의 과도 지역은 존재하며, 이러한 과도 지역 양측에는 내부적으로 상대적으로 일관된 방언이 존재한다. 쥘 지예롱과 G. 파리(G. Paris)의 관점은 분명히 극단적이라고 볼 수 있다.

다른 면에서, 방언은 외부의 영향을 받을 수 있다. 언어학자가 언어를 살아 있는 유기체로 보지 않고, 사회적 현상 혹은 인간의 의사소통 도구로 간주한다면, 방언이 외부 영향을 받는 것은 쉽게 이해할 수 있다. 특히 대도시의 방언은 복잡한 사회적 요인으로 인해 여러 외부 영향을 자주 받는다. 근래의 많은 사회언어학 논문이 도시 방언과 그 외부 영향을 연구한 것이었다.

중심 도시의 방언은 교통 경로를 따라 주변 지역으로 확산되기도 한다. 초기 유럽에서는 이러한 도시가 종교 활동의 중심지였으며, 프랑스에서는 주교가 머무는 도시가 그러한 역할을 했다. 이들 도시의 방언은 전체 교구에 영향을 미쳤다.

독일의 상황도 비슷하였다. 스웨덴에서는 같은 교구 내 방언이 대체로 일치하며, 방언의 경계선이 교구 경계선과 일치하지 않는 경우는 드물었다. 방언 지도는 어휘학 연구에 특별한 기여를 하였다. 방언 지도에서는 문화 어휘의 확산 방향을 확인할 수 있어 문화 발전사에 대한 증거를 제공한다. 초기에는 문화 어휘의 확산이 강 계곡과 주요 육로를 따라 이루어졌으며, 현대에는 철도를 따라 확산되었다. 새 어휘와 오래된 어휘가 지리적으로 경쟁하는 모습도 종종 지도에서 확인할 수 있다. 새로운 어휘는 한 지역의 중심부에서 나타나는 반면, 오래된 어휘는 그 주변에 널리 퍼져 있거나 가장자리 지역에 잔존한다. 서로 다른 시대에 생성된 동의어들은 동시적인 지리적 평면상에 공존한다.

『프랑스 언어 지도집』(Atlas Linguistique de la France)에서는 “말”이라는 단어에 대한 지도가 대표적인 예시이다. “말”을 나타내는 가장 오래된 단어는 라틴어 equua에서 유래하였으며, 프랑스 남부 일부 방언에서는 ega로 나타난다. 전국 대부분 지역에서 이 단어는 라틴어 caballa에서 유래한 형태로 나타나며, 일부 지역에서는 jumant라는 단어가 사용된다. 그 외에 새로운 단어들은 몇몇 지역에서 산발적으로 발견된다. equua에서 유래한 단어들은 지리적으로 고립되고 분산되어 있어, 라틴어를 모르는 사람도 이 단어들이 가장 초기의 층위에 속한다는 것을 알아차릴 수 있다. caballa에서 유래한 단어들은 북부 일부, 남부 일부, 그리고 동부에 산발적으로 분포한다. 이는 원래 동일한 기원을 가진 단어들이 널리 퍼져 있던 지역이 이후 분열되고 침식되었음을 보여준다.

이 단어들은 두 번째 층위에 속한다. 한편, jumant라는 단어는 중심부를 차지하고 있는데, 이는 이 새로운 단어가 수도 파리에서 생성되어 정치적, 경제적, 문화적 영향을 따라 주변으로 확산되었음을 보여준다. 이는 세 번째 층위, 즉 가장 나중에 생성된 층위로, 첫 번째 층위와 두 번째 층위의 영역을 잠식하였다. “**층위**(層次, **stratigraphy**)”라는 용어는 지질학에서 차용된 것으로, 언어 또는 방언 내부의 서로 다른 역사적 시기에 생성된 요소를 연구할 때 가끔 사용된다.

방언 지도를 활용한 어휘 연구는 음운 변화 과정을 이해하는 데에도 도움을 준다. 예를 들어, 쥘 지예롱(Jules Gilliéron)은 "꿀벌"이라는 단어가 프랑스 각지에서 나타나는 음운적 형태의 차이가 음운 변화의 결과임을 지적하였다. 남부에서의 abelh는 라틴어 apicula(apis "꿀벌"의 축소형)에서 유래하였으며, 일반적인 음운 발전 규칙에 부합한다. 반면 북부에서는 이 단어가 é, abeille, ruche, apier, avette 등의 형태로 나타난다. 원래의 apic는 북부 프랑스어 음운 변화 규칙에 따라 ef로 변하고, ef는 다시 é로 변하였다.

방언학자들은 어휘 대체의 또 다른 원인으로 음운 균형을 발견하였다. 만약 서로 다른 개념이 유사한 음운 형태로 표현된다면, 이는 불편을 초래할 수 있다. 이러한 경우, 이 중 하나는 새로운 형태나 차용어로 대체된다. 질롱은 프랑스 남부 일부 지역에서 -ll이 -t로 변하는 음운 변화 규칙이 존재함을 지적하였다. 이로 인해 라틴어 gallus(닭)에서 유래한 음운 형태가 gat(고양이)와 유사하게 되어 이 라틴어 단어가 더 이상 사용되지 않게 되었다. 영국 영어에서는 ass(당나귀)와 arse(엉덩이)가 거의 동음어가 되어 ass가 사용되지 않고 동의어 donkey로 대체되었다.

방언 지도는 또한 경계 지역에서의 어휘가 음운 및 의미적으로 변이를 나타내는 경우도 보여준다.

스웨덴 방언학자 나타 린드크비스트(Natan Lindqvist) 등은 일찍이 이러한 현상에 대해 연구한 바 있다. 예를 들어, 스웨덴어 단어 "smultron(야생 딸기)"는 원래 스웨덴의 중심지, 즉 멜라렌호(Mälar) 주변의 몇 개 주에서만 사용되었으나, 이후 서부와 남부로 확산되었다. 그런데 경계 지역에서는 이 단어의 의미가 "인공재배한 딸기"로 변하였다. 표준 스웨덴어에서 "인공재배한 딸기"는 jordgubbar라는 다른 단어로 표현된다. 이러한 현상은 차용어가 음운 및 의미에서 변화를 겪는 경우와 유사하다. 방언 간, 언어 간 차용에서도 이러한 현상이 발생한다.

방언 연구와 그 문화적 배경 연구는 상호 보완적이다. 방언학자들은 민속 문학, 민속 문화(주거, 의복, 도구 등)를 연구하는 사람들과 협력하는 것이 매우 중요하다는 사실을 발견하였다. 방언의 과학적 연구가 완전한 성공을 거두기 위해서는 방언학자가 해당 방언의 사용 환경을 익히는 것이 필요하며, 특히 어휘 연구에서는 더더욱 그러하다. 단어의 의미와 그 변화 과정을 충분히 이해하려면, 그것들이 표현하는 내용 자체와 사용 환경을 알아야 한다. 예를 들어, 농업 공동체의 언어를 묘사하려면, 해당 공동체의 풍습, 습관, 노동 방식 등을 이해할 필요가 있다.

언어의 형식 연구와 그것이 표현하는 내용 연구는 상호 보완적이다. 언어학의 한 분파는 "단어와 사물"(詞與物:이 이름의 학술지도 있다)을 기치로 삼고 있다. 두 차례 세계대전 사이에 이 분파의 학자가 다수 활동했으며, 특히 로망스어와 게르만어를 연구하는 학자들이 많았다. 로망스어 연구자로는 카를 야베르크(Karl Jaberg)와 야콥 유트(Jakob Jud), 프리츠 크뤼거(Fritz Krüger)가 있었으며, 게르만어 연구자로는 테오도르 프링스(Theodor Frings)와 발터 미츠카(Walther Mitzka)가 있었다. 이 분파의 연구 방법은 상당 부분 "사물(物)" 연구에 의존하기 때문에 이후 점차 언어학에서 멀어져 문헌학의 한 분파가 되었으며, 연구 대상이 문헌 자료가 아닌 살아 있는 구어임에도 그러하였다.

지명학(toponymy)은 또 다른 방언학을 활용하는 학문이다. 지명학은 언어와 그 환경에 대한 연구와 결합되어야 한다. 가장 유명한 지명학자로는 프랑스의 알베르 도자(Albert Dauzat), 스웨덴의 외란 살그렌(Göran Sahlgren), 영어 지명 연구의 권위자인 아일러트 에월(Eilert Ekwall)이 있다. 독일과 소련에서도 지명학 전문서적이 출판되었다.

이상에서 유럽에서 현대 방언학이 발생하고 발전해 온 역사와 각 학파의 학문적 사상을 간략히 소개하였다. 유럽 방언학의 전성기는 19세기 말에서 20세기 초였다. 미국의 방언 연구는 20세기 초에 시작되었으며, 북미 영어 방언에 대한 조사 연구와 지도 제작은 이론과 방법 모두 유럽에서 유입된 것으로, 유럽 방언학의 잔재라고 볼 수 있다. 그러나 한편으로는 프란츠 보아즈(Franz Boas)와 에드워드 사피어(Edward Sapir)를 대표로 하는 미국 학자들이 아메리카 원주민 언어를 연구한 것은 방언학의 새로운 지평을 열었다고 할 수 있다. 다만, 이들의 연구는 흔히 기술언어학 또는 인류언어학(anthropological linguistics)으로 불린다. 하지만 인디언 언어에도 방언 차이가 존재한다. 예를 들어, Gitksan어는 동부 방언과 서부 방언으로 나뉜다.

인디언 언어의 조사와 연구도 방언에서 출발해야 한다. 이들의 연구와 유럽 학자들의 공통점은 방언의 구어를 연구 대상으로 삼고, 현지 조사에서 자료를 얻는다는 점이다. 그러나 차이점은 유럽 학자들이 방언 지리학과 현대 방언 및 언어 역사와의 관계를 중점적으로 연구하는 반면, 미국 학자들은 방언의 기술, 언어의 분류, 언어와 문화의 관계, 언어와 사고의 관계를 중점적으로 연구한다는 점이다. 이러한 연구 방향의 결과로 기술언어학과 인류언어학이 형성되었다.

유럽의 방언학과 북미 인디언 언어 연구는 각각 독특한 학문적 배경과 환경을 가지고 있어 서로 다른 발전 경로를 걸어왔다. 유럽 방언학은 역사언어학에 기반을 두고 있으며, 혹은 역사언어학의 연장선상에 있다. 방언 지리학 연구는 처음에 언어의 역사를 설명하기 위한 것이었다. 예를 들어, 게오르크 벤커(Georg Wenker)는 자신의 연구를 통해 신문법학파의 "음운 변화에는 예외가 없다"는 역사언어학적 가설을 입증하였다. 북미 인디언 언어는 문자 기록이 없는 언어였다. 인디언 언어에 대한 연구 역사도 없고, 그 문화적 배경에 대해서도 알려진 바가 전혀 없었다. 이러한 새로운 연구 대상을 접하면서, 언어학자들은 새로운 방법론을 도입해야만 했다. 새로운 것은 언어뿐만 아니라 언어 뒤에 있는 문화도 마찬가지였다. 이들은 유럽의 언어와 문화와는 완전히 달랐기 때문에 언어와 문화를 결합하여 연구하는 데 흥미를 느꼈다.

미주 인디언 언어 연구 및 관련된 기술언어학과 인류언어학의 전성기는 20세기 전반이었다. 기술언어학과 관련된 분야로는 구조주의 방언학이 있다. 전통적인 "원자주의(atomic) 방언학"은 개별 음운의 기록과 연구에만 초점을 맞췄다. 반면, 구조주의 언어학은 방언 음운 체계의 분석과 비교에 중점을 두었다.

예를 들어, A, B, C 세 방언이 원래는 각각 /i/, /e/, /æ/라는 세

음위(音位)를 가지고 있다고 가정하고, 이후 C 방언에서 /e/가 분화되고 일부 단어는 /ɛ/로 바뀌었다고 가정할 수 있다. 이 변화가 B 방언으로 전파되면서 C와 B 방언의 모음 체계는 네 개의 모음을 가지게 되었고, A 방언은 여전히 세 개의 모음을 유지하였다. 이어서 C 방언의 /ɛ/가 /æ/로 통합되면서 C 방언은 다시 세 개의 모음 체계로 돌아갔고, B 방언만 네 개의 모음을 유지하게 되었다. 세 방언에서 이러한 두 모음 체계의 차이는 아래 단어들로 설명할 수 있다.

단어	A 방언	B 방언	C 방언
pin	/pin/	/pin/	/pin/
pain	/pen/	/pen/	/pen/
pane	/pen/	/pɛn/	/pæn/
pan	/pæn/	/pæn/	/pæn/

이러한 예는 방언 연구와 구조적 음운 체계 분석의 차이를 잘 보여준다.

전통적인 방언학자는 pane라는 단어에만 관심을 가질 가능성이 크다. 왜냐하면 이 단어만이 세 방언에서 서로 다른 음운적 실현을 가지고 있기 때문이다. 만약 그가 방언 지도를 작성한다면, 이 단어의 세 가지 다른 발음을 세 방언 지역에 각각 표시하고 다른 세 단어에 대해서는 생략할 것이다. 반면, 구조주의 방언학자는 다르다. 그는 B 방언의 음운 체계가 A 방언과 C 방언과 동등하게 취급될 수 없으며, A 방언과 C 방언의 음운 체계가 표면적으로는 동일해 보이지만 분화와 통합으로 인해 구조적으로 다르다는 점을 지적할 것이다.

1960년대 후반, 생성문법이 구조주의를 기반으로 탄생하였다. 노암 촘스키(Noam Chomsky)는 완전한 문법은 생성과 변환 두 부분으로 구성되어야 한다고 주장하였다. "생성"(generative)은 복잡한 구조가 간단한 구조에서 파생된다는 것을 의미하며, "변환"(transformational)은 일부 구조가 재구 및 삭제 규칙에 따라 일반적인 모델에서 변환된다는 것을 의미한다.

생성음운론을 방언학에 적용할 때는 다음과 같은 몇 가지 중요한 문제를 고려해야 한다.

1. 명확한 기저 형태(underlying form)와 음운 규칙을 확립하기 위해 서로 다른 맥락과 스타일에서 자료를 수집해야 한다. 전통적인 방언학은 표준 발음자의 자료만을 수집하면 충분하다고 보았다.
2. 동일한 형식은 표면 형태(surface form)만 같을 수 있으며, 기저 형태는 다를 수 있다. 즉, 서로 다른 기저 형태에서 파생된 것일 수 있다.
3. 많은 규칙에는 예외가 있을 수 있다.
4. 음운 규칙의 통사적 실현이 반드시 역사적 변화를 반영하는 것은 아니다. 다음은 생성문법을 사용하여 기저 형태와 표면 형태의 관계를 분석한 예이다. 영어에서 /desk+z/는 기저 형

태이다. 여기서 /z/는 접미사를 의미한다. 이 기저 형태는 세 가지 규칙을 통해 서로 다른 표면 형태로 변환된다.

기저 형태	desk+z	desk+z	desk+z
(1) 접미사 조정	desk+[s]	desk+[s]	desk+[s]
(2) 복합 자음 간소화		desk+[s]	desk+[s]
(3) 중복 자음 삭제			desk+[s]
표층 형태	[dɛsk+s]	[dɛː s]	[dɛs]

생성음운론의 방법을 사용하여 전체 언어, 특히 방언의 음운 체계를 분석한 사례는 많지 않다. 그러나 루마니아 방언, 반투어, 그리스어 방언은 생성음운론 방법으로 분석된 적이 있다.

1960년대에 등장한 사회언어학은 방언학의 전통적인 지역 방언 연구에서 벗어나 사회 방언 연구로 관심을 전환하였다. 사회언어학의 방언학은 주로 사회와 공변하는 언어 변이, 사회 변화를 반영하는 언어 변이, 그리고 언어 변이의 근원으로서의 언어 변이에 관심을 둔다.

사회언어학은 방언학자의 역할에 큰 변화를 가져왔다. 방언학자는 단순히 자료를 수집하고 공개하는 것을 넘어, 이를 사회적 발전과 연결 지어 이론적 문제를 탐구하게 되었다. 사회언어학은 방언학이 지역 방언만 연구하던 전통을 혁신하고, 연구의 초점을 사회 방언, 예를 들어 도시 방언의 사회 계층적 분화 연구로 전환시켰다. 사회언어학의 선구자인 윌리엄 라보브(William Labov), 피터 트러질(Peter Trudgill), 델 하임스(Dell Hymes)는 이 중 두 사람이 방언 연구를 바탕으로 사회언어학을 창시하였다.

라보브(William Labov)는 주로 뉴욕의 도시 방언을 연구하였고, 트러질(Peter Trudgill)은 영국 노리치(Norwich) 방언을 연구하였다. 사회언어학은 이미 상당한 성과를 거두었으며, 이는 앞으로 방언학 발전의 중요한 방향 중 하나가 될 것이다. 전통 방언학과 사회언어학의 결합은 방언학이 언어학의 영역에서 더욱 빛을 발하게 할 것이다.

종합적으로 볼 때, 넓은 의미의 서양 방언학사는 세 가지 단계로 구분할 수 있다. 즉, 유럽의 방언 지리학, 북미의 기술 방언학, 그리고 사회언어학이다.

좁은 의미의 서양 방언학은 단지 19세기 말 유럽에서 시작된 방언학과 이후 이를 규범으로 삼아 진행된 연구를 의미한다. 본 절에서 다룬 서양 방언학사에 대한 자세한 내용은 다음 자료를 참조할 수 있다.[2]

2 Dialect Study and Linguistic Geography, New Trends in Linguistics, Stockholm, Lund, 1964; W. N. Francis, Dialectology, Longman, 1983.

제2절 전통 방언학 시기

전통적인 중국어 방언학은 전통 중국 언어학의 한 부문에 속하나, 전통 언어학에서 두드러진 위치를 차지하지는 못하였다. 전통 중국 언어학은 대체로 소위 "소학(小學)"에 해당하며, 음운학, 훈고학, 문자학 세 부문으로 이루어져 있다. 소학은 경학(經學)의 부속 학문으로, 방언학은 훈고학의 부속 학문이었다. 중국 고대 학술 분류 사상이 반영된 『사고전서(四庫全書)』에는 방언학 저작으로는 양웅(揚雄, 기원전 53~기원후 18)의 『방언(方言)』 한 권만 수록되어 있으며, 이는 소학의 훈고학 부류에 포함되어 있다.

전통 방언학의 첫 번째 전문 저서는 서한(西漢) 말기 양웅이 저술한 『방언』이다. 그러나 실제로 방언을 조사하고 기록하는 작업은 이미 주대(周代)에 절정을 이루었다. 이런 의미에서 전통 방언학은 주대에 시작되었다고 할 수 있다. 『방언』의 말미에 첨부된 양웅의 『답유흠서(答劉歆書)』에서는 "일찍이 듣기로 선대의 유현지사가 조사한 자료는 모두 주나라와 진나라의 정부에 보관되었다."[3]고 언급하였다. 한대(漢代)의 응소(應劭)는 『풍속통서(風俗通序)』에서 이렇게 기록하였다. "주나라와 진나라에서는 매년 8월에 유현지사를 파견하여 다른

3 원문: 嘗聞先代輶軒之使, 奏籍之書皆藏於周秦之室。

지역의 방언을 조사하였다."[4] 이 두 기록에 따르면, 주대에는 가벼운 수레를 타고 방언을 조사하는 전담 관리가 있었으며, 조사하여 기록된 방언 자료는 정부에서 보관되었다. 그러나 주나라가 동쪽으로 천도한 후 이러한 제도는 폐지되었다.

주·진 시대에는 언어와 방언의 차이가 컸다. 주나라 통치자는 정치적 필요에 따라 언어 소통 문제를 매우 중요하게 여겼으며, 이에 방언 조사를 조직적으로 수행하였다. 또한 방언 조사는 통치자가 민풍(風俗)을 살피고 민심을 이해하는 하나의 방법이기도 하였다.

그러나 한대 학자들이 이 조사 자료에 관심을 가진 것은 오직 훈고학 연구를 위한 것이었지, 언어나 방언 그 자체를 연구하려는 목적은 아니었다. 『답유흠서』에서는 엄군평(嚴君平)과 임려옹유(林閭翁孺)가 "훈고학에 깊은 관심을 가지고 현지사가 보고한 자료를 보았다."[5]고 언급하고 있다. 주나라가 보관하던 방언 조사 자료는 이후 흩어졌으나, 서한 말기 엄군평이 약 천 자 정도의 남은 자료를 얻었고, 임려옹유는 자료의 편집 체계를 확보하였다. 이들은 자신들이 얻은 자료를 양웅에게 전하였다. 『답유흠서』에 따르면, "젊은 시절 양웅은 엄군평에게 천 자 정도의 자료를, 임려옹유에게 편집 방법의 개략을 전수받았다."[6]고 기록되어 있다.

---

4 원문: 周秦常以歲八月, 遣輶軒之使, 求異代方言。

5 원문: 深好訓詁, 猶見輶軒之使所奏言

6 원문: 少而与雄也, 君平财有千言耳, 翁孺梗概之法略有。

양웅은 이들 선대의 자료를 바탕으로 수도에서 방언 조사를 계속하였다. 조사의 대상은 각 지역에서 수도로 온 지식인(효렴)과 군인(위졸)들이었다. 그는 직접 질문을 하고, 즉시 비단에 기록한 후 귀가하여 이를 정리하고, 납으로 나무판에 기록하였다. 『답유흠서』에는 이렇게 기록되어 있다. "양웅은 항상 3치 길이의 약한 붓과 4척 길이의 기름 먹인 비단을 가지고 다니며 이들의 다른 말을 물었다. 귀가한 후에는 납으로 이를 나무판에 정리하여 기록하였으며, 27년 동안 이 작업을 이어갔다."[7]

이처럼 발음자를 직접 청취하고 조사자가 즉시 기록하는 방식은 현대 방언학의 현지 조사와 유사하다. 27년 동안의 조사와 정리를 거쳐, 양웅은 이러한 자료를 토대로 『현지사 절대어 해석 별국 방언(軒使者絶代語釋別國方言)』이라는 책을 완성하였다. 이 책은 『수언(殊言)』이라고도 불렸으며, 한말(漢末)의 응소부터 『방언』으로 약칭되었다.

『방언』은 세계 최초의 방언 비교 어휘집이다. 유럽에서 이와 유사한 저작이 등장한 것은 18세기에 이르러서였다. 『방언』에 수록된 어휘는 고대와 당시 각지의 방언 어휘를 포함하며, 당시 각지에서 통용되던 공통 어휘 또는 일부 지역에서 통용된 방언 어휘도 포함하고 있다.

이러한 어휘는 약 다섯 가지로 나눌 수 있다. 첫째는 지역적 제

---

7 원문: 雄常把三寸弱翰, 齎油素四尺, 以問其異語；歸當以鉛摘次之於槧, 二十七歲於今矣。

한을 받지 않는 공통 어휘이다. 예를 들어, "'햇(蝎)'·'서(噬)'·'대(逮)'는 모두 '물다'는 뜻이다. 동제(東齊) 지방에서는 '햇(蝎)'이라 하고, 북연(北燕) 지방에서는 '서(噬)' 또는 '대(逮)'라 하니, 이는 통용되는 말들이다(通語也)."(권7)[8] 둘째는 특정 지역이나 비교적 좁은 범위에서 통용되는 방언 어휘이다. 예를 들어, "전(鐫)'은 '다듬다(琢)'는 뜻이며, 진(晉)과 조(趙) 지방에서는 이를 '전(鐫)'이라 부른다."(권2)[9] 셋째는 비교적 넓은 지역에서 통용되는 방언 어휘이다. 예를 들어, "'소(蘇)'는 겨자풀(芥草)을 가리키는 말로, 강회(江淮)와 남초(南楚) 사이 지역에서는 이를 '소(蘇)'라 부른다……"(권3)[10] 넷째는 고대의 서로 다른 방언 어휘이다. 예를 들어, "'돈(敦)'·'풍(豐)'·'방(庞)' 등은 모두 '크다(大)'는 뜻이며, 이들은 모두 옛말과 지금말에 걸쳐 쓰이는 말들이다(皆古今語也).[11](권1) 다섯째는 시대와 지역의 차이로 인해 음운이 변화한 어휘이다. 예를 들어, "용(庸) 지방에서는 '송(松)'이라 부르니, 이는 음이 변한 말(轉語)이다."(권3)[12]

『방언(方言)』은 고대 중국어와 방언 연구에서 중요한 문헌이다. 이 책의 주요 기여는 한대(漢代) 각 지역의 구어 어휘를 대량으로 제공하고, 한대 각 지역에서 통용된 공통 어휘를 통해 당시 사회의 공

---

8 원문: 蝎, 噬, 逮也. 東齊曰蝎, 北燕曰噬, 逮, 通語也.

9 원문: 鐫, 琢也, 晉趙謂之鐫.

10 원문: 蘇, 芥草也, 江淮南楚之間曰蘇……

11 원문: 敦、豐、龐……大也……皆古今語也.

12 원문: 庸謂之松, 轉語也.

통어와 방언 간의 차이를 간접적으로 드러내며, 한대 방언 지리의 면모를 간접적으로 제공한 점이다. 또한, 주대(周代) 실지 조사로 기록된 고방언 어휘를 일부 보존하였다.

동진(東晉)의 곽박(郭璞, 276~324)은 『방언(方言)』에 주석을 달았다. 그는 양웅(揚雄)이 조사한 구어 어휘 연구 전통을 계승하고 발전시켰으며, 진대(晉代)의 구어 어휘와 한대 어휘를 비교하여 원서에 주석을 달았을 뿐 아니라 여러 측면에서 원서의 내용을 확장하였다. 따라서 곽박의 『방언주(方言注)』는 『방언(方言)』의 속편이라 할 수 있다.

『방언주(方言注)』는 진대 구어 어휘를 사용해 고대 어휘를 해석하고, 음운 변화를 통해 단어 간 관계를 고찰하며, 정확하고 명확한 해석을 제공하고 실증적인 접근을 중시하였다. 『방언주(方言注)』를 통해 진대 방언의 개요와 한대에서 진대로 이어지는 방언의 발전 상황을 알 수 있다.

왕궈웨이(王國維)는 양웅의 『방언(方言)』과 곽박의 『방언주(方言注)』에 대해 "자운(子雲)의 글을 읽으면 한대의 방언을 알 수 있고, 경순(景純)의 주석을 읽으면 진대의 방언을 알 수 있다. 장바이쑹(張伯松)은 『방언(方言)』을 일월처럼 영원히 빛나는 책이라고 하였고, 경순의 주석 또한 이에 가깝다고 하였다.(說讀子雲書, 可知漢時方言讀景純注, 並可知晉時方言張伯松謂方言為懸之日月不刊之書, 景純之注亦略近之矣。)"고 평가하였다.[13]

위진남북조(魏晉南北朝) 시기에는 곽박의 『방언주(方言注)』 외에도

13 왕궈웨이(王國維), 『관당집림(觀堂集林)』 권5, 『서곽주방언후(書郭注方言後)』

방언을 반영한 운서(韻書)와 운도(韻圖)가 다수 등장하였다. 예를 들어, 이등(李登)의 『성류(聲類)』, 여정(呂靜)의 『운집(韻集)』, 하후영(夏侯咏)의 『운략(韻略)』, 양목지(陽沐之)의 『운략(韻略)』, 주사언(周思言)의 『음운(音韻)』, 이계절(李季節)의 『음보(音譜)』, 두태경(杜台卿)의 『운략(韻略)』 등이 있다. 이들 저작의 "각 지방의 스타일이 담긴(各有土風)" 운도는 방언 동음자 표와 유사하다. 중국, 그리고 아마도 세계에서 가장 이른 시기의 동음자 표로서 방언학사에서 중요한 위치를 차지하나, 안타깝게도 현재는 모두 실전되었다.

수(隋), 당(唐), 송(宋), 원(元) 시대에도 운서와 필기 잡담류 저작에서 방언을 다룬 사례가 있다. 예를 들어, 원대(元代) 주덕청(周德清)의 『중원음운(中原音韻)』은 북곡(北曲)의 운율을 위한 책이지만, 결과적으로 대도(大都)를 중심으로 한 당시 북방 방언 구어 음운 체계를 묘사하였다. 또한, 당대(唐代) 안사고(顔師古)의 『광무정속(匡繆正俗)』, 송대(宋代) 왕응린(王應麟)의 『곤학기문(困學紀聞)』 등이 있다.

명대에 이르러 이러한 필기 잡담류의 저작이 더욱 많아졌다. 예를 들어, 도종의(陶宗儀)의 『철경록(輟耕錄)』, 낭영(郎瑛)의 『칠수류고(七修類稿)』, 악원성(岳元聲)의 『방언거(方言據)』 등이 있다. 엄격히 말하자면, 이 두 부류의 저작은 모두 방언학 전문 저작으로 볼 수 없다.

한대(漢代)가 전통 방언학의 부흥기라면, 수(隋), 당(唐), 송(宋), 원(元)대는 쇠퇴기라고 할 수 있다.

명대 약 300년 동안 언급할 만한 방언학 전문 저작으로는 이실(李實)의 『촉어(蜀語)』가 있다. 저자 이실은 명대 진사로 『자서(自序)』에 따르면 그는 "촉지에서 태어나 자라며 촉의 언어를 익히 들었으며, 이후 창저주(長洲, 현재의 쑤저우)에서 체류하며 이 책을 집필하였다(其書大備, 然皆考名物之異同, 不顯聲讀之是非)."고 한다. 『촉어(蜀語)』는 중국에 현존하는 가장 이른 시기의 지역 방언 연구 저작으로, 전서에는 쓰촨(四川) 방언 어휘 600여 조를 수집하고 고증하였다. 이 책의 특징은 음운 표기에 중점을 두고 있으며, 양웅(揚雄)의 『방언(方言)』과 비교해 방언학사에서 큰 진전을 이룬 점이다.

북조(北朝)의 안지추(顏之推)는 『안씨가훈(顏氏家訓)·음사편(音辭篇)』에서 『방언(方言)』을 비판하며 "이 책은 대단히 완비되었지만, 모두 사물 명칭의 이목(異同)을 고찰했을 뿐, 음운의 정오를 분명히 드러내지 않았다(其書大備, 然皆考名物之異同, 不顯聲讀之是非。)"고 하였다. 이는 매우 적절한 비판이라 할 수 있다. 반면 『촉어(蜀語)』는 거의 모든 조목에 대해 음운 표기를 달았다. 음운 표기 방법은 세 가지가 있다.

첫째, 대부분의 항목에 방언의 동음자를 표기하였다. 예를 들어, "면포를 포(麭)라고 하며, 발음은 포(炮)와 같다."고 하였다.

둘째, 같은 성조와 같은 운(韻)이나 다른 조(調)를 가진 글자를 표기한 후 성조를 설명하였다. 예를 들어, "완전생동을 우(㺲)라고 하며, 발음은 우(牛)와 같고 거성(去聲)이다."라고 하였다.

셋째, 반절(反切)을 이용해 음운을 표기하였다. 예를 들어, "사물을 지칭하는 것을 자(者)라 하며, 반절은 지야(止野)이다."라고 하였다.

이러한 음운 표기 방법은 후대의 방언학 저작에서도 계승되었다.

청대(清代)는 전통 방언학의 전성기였다. 청대 방언학 전문 저작은 대체로 다섯 가지로 나눌 수 있다.

첫번째 유형은 양웅의 『방언(方言)』을 주석하거나 교정한 저작이다. 중요한 저작으로는 대진(戴震)의 『방언소증(方言疏證)』, 전역(錢繹)의 『방언전소(方言箋疏)』, 왕념손(王念孫)의 『방언소증보(方言疏證補)』 등이 있다. 이러한 저작은 『방언(方言)』의 오류를 교정하고 누락된 부분을 보완하며, 해석과 교정을 통해 내용을 확장하였다. 대진의 『방언소증(方言疏證)』은 교정과 주석 모두를 겸비하였으며, 『자서(自序)』에 따르면 이 책은 281개의 오자를 수정하고 여러 문헌을 인용하여 항목별로 주석을 달고 증명하였다.

두번째 유형은 『방언(方言)』의 체계를 계승하여 방언 어휘를 비교 연구한 저작이다. 중요한 저작으로는 항세준(杭世駿)의 『속방언(續方言)』, 정제성(程際盛)의 『속방언보(續方言補)』, 정선갑(程先甲)의 『광속방언(廣續方言)』, 장신의(張慎儀)의 『속방언신교보(續方言新校補)』 등이 있다. 이러한 저작들은 고문헌에 기록된 고대 서면 방언 어휘를 수집하고 기록하는 데 그쳤으며, 양웅이 수행한 살아 있는 구어 방언 어휘 조사의 장점을 계승하지는 못하였다.

세번째 유형은 지역 운서(韻書)이다. 청대에는 많은 지역 운서가 등장하였으며, 특히 민어(閩語) 지역의 운서가 가장 성행하였다. 예를 들어, 『척림팔음(戚林八音)』(푸저우), 『회음묘어(匯音妙語)』(취안저우), 『박장지음(拍掌知音)』(취안저우), 『아속통십오음(雅俗通十五音)』(장주, 샤먼), 『차오산십오음(潮汕十五音)』(차오저우, 산터우) 등이 있다. 다른 방언 지역에서도 지역 운서가 있었는데, 예를 들어 『천자동음(千字同音)』(광저우), 『오방원음(五方元音)』(허베이) 등이 있다.

이러한 지역 운서는 주로 지역민들이 음운을 구별하고 글자를 익히는 데 도움을 주기 위해 편찬된 것으로, 대부분 해당 지역에서만 유통되었다. 일부는 오늘날까지도 필사본만 존재한다. 예를 들어, 『도강서십오음(渡江書十五音)』(민난)이 그러하다. 이들 저작은 방언의 성운조(聲韻調) 체계를 분석하고 방언 어휘의 의미를 해석하는 것 외에도, 많은 방언의 본자(本字)와 속자(俗字)를 수집하였다.

네 번째 유형은 분류 고사파(分類考詞派) 저작이다. 이러한 저작은 방언의 구어 어휘가 모두 근거를 가지고 있음을 증명하려고 시도하며, 각 어휘에 대해 고대 문헌을 인용하여 그 연원을 추적한다. 이러한 저작은 특정 방언 어휘가 최초로 어느 문헌에서 언급되었는지, 또는 어떤 인물의 저작에서 비롯되었는지를 밝히는 것을 목표로 하며, 어원학 연구에 참고할 수 있다.

이 유형의 저작 중 대표적인 것으로는 다음 세 가지가 있다.

적호(翟灝)의 『통속편(通俗編)』은 내용이 풍부하여 방언 어휘와 역사 문헌 속 속어를 5천여 조항에 걸쳐 수집하였다. 자료의 범위는 매우 넓어 경사자집(經史子集), 시문사곡(詩文詞曲), 소설, 불경, 자서(字書), 운서(韻書) 등을 포함한다. 예를 들어, "후래자거상(後來者居上)" 항목에서는 『한서(漢書)』의 관련 자료를 인용하여 어원을 설명하였다.

『한서·급암전(漢書·汲黯傳)』에 "폐하께서 신하들을 장작을 쌓듯 쓰시니, 후에 온 자가 위에 있게 됩니다(陛下用群臣如積薪耳, 後來者居上。)"라고 적혀 있다. 안사고(顔師古)는 이에 대해 "혹자는 이 장작을 쌓는다는 표현이 증자(曾子)에서 비롯되었다고 말한다.(或曰積薪之言出曾子。)"고 주석하였다.

전대흔(錢大昕)의 『항언록(恒言錄)』은 『통속편(通俗編)』보다 늦게 나온 저작으로 체계가 더 엄격하고 자료 선정이 더 정밀하며, 분류가 더 합리적이고, 해석이 더 심층적이다.

범인(范寅)의 『월언(越諺)』은 가장 늦게 출간된 저작으로, 구어 어휘 기록에 중점을 두고 저자 고향인 사오싱(紹興) 일대의 구어를 충실히 반영하였다. "부녀자와 아이들이 일상에서 사용하는 말로 문인들이 보잘것없다고 여긴 것(婦孺常談為文人所猥棄者)."도 모두 수록하였다.

다섯 번째 유형은 분류 고자파(分類考字派) 저작이다. 이들 저작은 방언 어휘의 본자를 고증하는 것을 목적으로 하며, 방언 구어 어휘가 모두 "본자"를 가지고 있음을 증명하고, "세속에서 잘못된 글자를 바로잡거나(正俗世之偽字)" 혹은 "타인에게 새로운 글자를 하나라도 더 알게 해주기(多獲一字之益)" 위해 작성되었다.

대표적인 저작으로는 호문영(胡文英)의 『오하방언고(吳下方言考)』와 양공형(楊恭恒)의 『객화본자(客話本字)』가 있다. 『오하방언고』는 쑤저우(蘇州) 일대의 방언 어휘 약 천 조를 수집하여 하나하나 본자를 고증하고, 훈고를 밝히며 고대 문헌을 통해 이를 증명하였다. 예를 들어, "병(髪, 음은 방)"에 대해 당(唐)의 이작(李綽)은 "지영(智永) 선사가 머리없는 붓을 몇 십 개 병(髪)에 담아두었다.(如髪(音旁), 唐李綽云 : 智永禪師, 有禿

筆頭數十甏。案：甏，瓻(音潭)也，吳中亦謂之甏。)"고 기록하였다. 그는 "벙(甏)은 담(瓻, 음은 담)이다. 우중(吳中)에서도 이를 벙이라 부른다(客話本字收錄, 多向所疑土談有音無字者, 共一千四百餘字)."고 주석하였다.

이 책은 우방언(吳方言)의 본자와 어원 고증에 많은 기여를 하였으며, 청대(清代) 우어(吳語) 방언 사전으로도 사용될 수 있다.

『객화본자(客話本字)』는 "오랫동안 음은 있으나 글자가 없던 토속어(多獲一字之)" 약 1,400여 조를 수집하였으며, 단음절 어휘와 다음절 어휘를 포함한다. 각 항목은 먼저 "본자"를 제시하고, 이후 고문헌을 인용하여 이를 고증하며, 커쟈어(客話)의 어휘가 "모두 근거를 가지고 있음을(皆有所本)" 증명하려 하였다.

이 책은 청대 쟈잉(嘉應) 지역 커화(客話) 어휘를 이해하는 데 중요한 참고자료로 사용될 수 있다.

전통 방언학의 마지막 대가는 청말 민초(清末民初)의 장빙린(章炳麟, 태염(太炎), 1869~1936)이다. 그가 집필한 『신방언(新方言)』은 전통 방언학의 성취를 대표하는 정점이라 할 수 있다. 저자는 전통 소학(小學)에 대해 깊이 연구하였고, 현대 방언의 음운과 그 변천 규칙에 대해 뛰어난 식견을 가지고 있었기에, 이 책은 고어(古語)와 현어(現語)의 증합(證合) 방면에서나, 방언 본자와 어원을 고증하는 방면에서 모두 동류 저작을 능가한다.

예를 들어, "『광아(廣雅)』에서는 강(亢)이 '막다'는 뜻이라 하였다. 『좌전(左傳)』에서는 '길하지 못한 자가 자기 몸을 막을 수 없다면, 어찌 종족을 막을 수 있겠는가'라 하였고, 두예(杜預)는 '강(亢)은 막다'는 뜻이라 해석하였다. 『이아(爾雅)』에서 '막다'는 '미(微)'로 훈해한다. 이는 은닉한다는 뜻이다. 그러므로 강(亢)도 '가려 숨긴다'는 뜻이 있다. 오늘날 회서(淮西), 회남(淮南), 오월(吳越)에서는 물건을 감추는 것을 강(亢)이라 하며, 발음은 항(抗)과 같다.(廣雅 : 亢, 遮也。 左傳 : 吉不能亢身, 焉能亢宗? 杜解 : 亢, 蔽也。 案 : 爾雅蔽訓微, 謂隱匿之也, 則亢亦有遮使隱匿之義。 今淮西, 淮南, 吳越皆謂藏物為亢, 讀如抗)."의 풀이이다.

또한, "『설문(說文)』에서는 번(藩)이 '막다'는 뜻이라 하였다. '막다'는 막아 숨기다, 또한 감추다의 뜻이다. 『지관(地官)』에 '번락(蕃樂)'이라 기록되어 있고, 두자춘(杜子春)은 번락(蕃樂)을 번락(藩樂)이라 읽었다. 이는 악기를 닫아 숨겨 연주하지 않는 것을 말한다. 오늘날 저시(浙西)의 지아씽(嘉興)과 호주(湖州)에서는 '도망쳐 숨는 것을 번(藩)이라 하고, 소리는 반(畔)과 같다'고 하였다. 고대에는 경순음(輕脣音)이 없었다. 번(藩)의 발음은 반(盤)과 같아서 반(盤)과 반(畔)은 또한 서로 대체된다.(說文 : 藩, 屏也。 屏為屏蔽, 亦為屏藏。 地官蕃樂, 杜子春讀蕃樂為藩樂, 謂閉藏樂器而不作。 今浙西嘉興、 湖州謂逃隱屏藏為藩, 音如畔。 古無輕脣音, 藩音如盤, 盤, 畔亦相代也。)"고 하였다.

[**필자의 생각**] : 이 두 항목의 본자와 어원 고증은 음운과 의미 모두 합치한다. 전서는 총 11편으로 나뉘며, 각각 "석사(釋詞), 석언(釋言), 석친속(釋親屬), 석형체(釋形體), 석궁(釋宮), 석기(釋器), 석천(釋天), 석지(釋地), 석식물(釋植物), 석동물(釋動物), 음표(音表)"로 구성되어 있으며, 총 800항을 수록하고 있다. 책의 서문에서는 본서의 집필 취지를 서술하고, 방언의 변천으로 인해 오늘날 어원의 판별이 어려운 이유를

여섯 가지로 지적하였다.

1. 하나의 글자가 두 가지 발음을 가지며, 어느 것이 정확한지 알기 어렵다.
2. 한 표현이 두 글자로 소리가 비슷하여 혼란스럽다.
3. 소리에 근거해 뜻을 풀이했으나, 오류가 생겼다.
4. 유사한 소리가 반복되며 어근을 혼동하게 되었다.
5. 소리와 뜻풀이가 서로 달라져 복잡해지고 이해하기 어렵다.
6. 총칭과 별칭이 달라지고 가차(假借)가 서로 뒤섞였다.

마지막으로 이책의 집필 목적을 요약하며 다음과 같이 말하였다.

> "내 책을 읽는 자는 비록 농촌이나 시장의 상인일지라도 오늘날의 이질적인 말들이 주(周)나라와 한(漢)나라의 말에서 어긋나지 않음을 알아야 한다.(讀吾書者, 雖身在隴畝與夫市井販夫, 當知今之殊言不違姬漢.)"

이 한 문장에서 청대 방언학자들의 이상이 간명하게 드러난다. 장빙린(章炳麟, 태염(太炎))의 『신방언(新方言)』 이후 민국 시대에도 전통 방언학 저작이 간헐적으로 출판되었으나, 이는 쇠퇴기에 접어든 상태였다. 예를 들어, 순진뱌오(孫錦標)의 『남통방언소증(南通方言疏證)』, 잔셴츠(詹憲慈)의 『광저우어본자(廣州語本字)』 등이 있다. 중국 전통 방언학 저작의 주요 목록은 딩제민(丁介民)의 『방언고(方言考)』를 참고할 수 있으며, 이 책은 1967년 홍콩 용문서점에서 출판되었으며 총 74페이지로 구성되어 있다. 또한 1969년 타이완 중화서국에서 출판된 판본은 총 158페이지로 구성되어 있다.

중국 전통 방언학은 양웅(揚雄)의 『방언(方言)』에서 시작해 이미 2,000년의 역사를 가지고 있으나, 진정으로 발전하고 번영한 시기는 청대 200여 년간에 집중되었다. 청대 방언학은 방언의 본자와 어원의 고증을 중심으로 발전하였으며, 이들 저작의 집필 목적은 현대 방언으로 고서(古書)를 풀이하거나 고서로 현대 방언을 풀이하는 데 있었다. 연구 방법과 목적을 살펴보면 현대 방언학과는 매우 큰 차이가 있다.

제3절 서양선교사의 방언

기독교가 중국에 전래된 것은 당대의 경교(景教)로 시작되었으며, 원대에는 야리가온교(也里可温教)가 있었다. 당대와 원대의 기독교는 주로 군왕과 귀족들 사이에서 활동하였으며, 평민들과의 관계는 크지 않았다. 원대 이전에는 서방에서 온 선교사들의 수가 매우 적었으며, 그들이 중국 방언과 접촉한 흔적도 문헌 기록으로 남아 있지 않다.

명대의 선교사 뤄밍졘(羅明堅)과 리마더우(利瑪竇)는 선교의 편의를 위해 중국어와 문자를 배웠으나, 그들이 어떤 방언을 배웠는지는 알 수 없다. 그들이 중국 관리들과 자주 교류한 점에서 관화를 배웠을 가능성이 있으며, 마카오와 광저우에 거주했던 점에서 웨어를 배웠을 가능성도 있다.

진니거(金尼閣)의 『서유이목자(西儒耳目資)』와 리마더우(利瑪竇)의 『서자기적(西字奇迹)』은 관화를 연구한 저작으로 간주될 수 있으나, 명대 선교사들은 중국어 방언을 기록하고 연구한 저작을 남기지 않았다.

청대 아편전쟁 이후 많은 서방 선교사들이 중국 각지로 들어와 선교의 편의를 위해 사전에 또는 현지에서 당지의 방언을 배우고, 대량의 중국어 방언 기록과 연구 저작을 편찬하고 출판하였다. 기독교가 중국어 방언학에 기여한 것은 1840년에서 1940년대까지 약

100년간에 집중되었다.

기독교 내부에는 복잡한 종파적 분열이 존재했으며, 중국에 온 선교사들도 종파에 따라 다양한 선교회에 소속되었다. 가장 유명한 것으로는 예수회(耶穌會), 장로회(長老會) 또는 개신교(抗議教), 침례회(浸禮會), 공리회(公理會), 런던선교회(倫敦傳道會) 등이 있다. 본 절에서 말하는 서방 선교사는 종파에 제한되지 않는다.

최전성기에는 동시에 중국에서 선교하는 서방 선교사가 2,000명에 달했다. 그들의 선교 활동은 주로 평민들 사이에서 이루어졌다. 민족 공통어가 아직 보급되지 않았던 시대에 방언은 선교에 필수적인 도구였음은 자명하다. 교회와 교단도 종종 방언에 따라 구분되었다. 예를 들어, 장쑤(江蘇) 지역의 침례교회는 원래 연합 의회를 구성하였으나, 이후 진강(鎮江)과 양주(揚州) 일대의 관화와 우어 간 소통의 불편함으로 인해 방언에 따라 두 개의 독립적인 의회로 나뉘었다.

선교사들은 실제 선교를 시작하기 전에 반드시 현지 방언을 익혀야 했다. 방언을 배우는 방법은 두 가지가 있었다. 하나는 현지 주민들 사이에서 배우는 것이었다. 예를 들어, 1847년 상하이에 온 미국 선교사 안마타이(晏馬太, Matthew Tyson Yates, 1819~1888)는 처음에 시장에서 상하이어를 배웠으며, 몇 달 후 청중과 의사소통할 수 있다고 판단되자 선교를 시작하였다. 그는 첫 번째 상하이 방언 교재와 상하이 방언 사전을 편찬하였다.

또 다른 방법은 방언 학교에서 배우는 것이었다. 이러한 학교는 선교회에서 중국에 처음 온 선교사들을 위해 특별히 설립한 것이다.

유럽에서 언어과학은 이미 19세기 초에 확립되었다. 라스크(R. Rask)의 『고대 북방어 또는 아이슬란드어 기원 연구(古代北方話或冰島語起源研究)』는 1818년에 출판되었으며, 보프(F. Bopp)의 『산스크리트어 동사 활용 체계에 관하여(論梵語動詞變位系統)』는 1816년에 출판되었다. 같은 시기의 중국 언어학은 여전히 전통 문헌학의 지배 아래 있었으며, 청대 유학자들의 방언학 저작은 서양 선교사들의 깊이 있고 과학적인 연구에 미치지 못하였다.

선교사들의 방언학 저작은 대부분 각 교회에서 운영하는 인쇄소에서 출판되었다. 1899년 이전에 각 교회가 설립한 인쇄소는 12곳에 달하였다. 그중 가장 중요한 곳은 세 곳이었다.

첫 번째는 미국 장로회가 운영한 "미화서관(美華書館)"으로, 1844년에 마카오에서 창립되었고, 1845년에 닝보(寧波)로 이전하였으며, 1860년에 상하이(上海)로 다시 이전하였다. 두 번째는 미국 침례회가 운영한 "미화침례회서국(美華浸禮會書局)"으로, 1899년에 광저우(廣州)에서 설립되었고, 1922년에 상하이에 편집소를 두었으며, 1926년에 전체 서국이 상하이로 이전되면서 이름을 "중화침례서국(中華浸會書局)"으로 변경하였다. 세 번째는 상하이에 있던 "토산만인서관(土山灣印書館)"이다. 근대 및 현대 서양 선교사들이 중국어 방언을 기록하고 연구한 저작은 크게 네 가지 유형으로 나눌 수 있다: 성경 번역본, 방언 사전, 방언 교재, 방언 논저이다.

중국어 『성경』 번역본은 언어적 관점에서 다섯 가지로 나눌 수 있다.

첫째는 문언 번역본으로, "심문리 번역본(深文理譯本)"이라고도 한다.

둘째는 천문언 번역본으로, "천문리 번역본(淺文理譯本)"이라고도 한다.

셋째는 관화 번역본으로, "백화문 번역본(白話文譯本)"이라고도 하며, 지역 방언에 따라 난징 관화 번역본, 한커우 관화 번역본 등이 있다.

넷째는 토백 번역본으로, "방언 번역본(方言譯本)"이라고도 한다.

다섯째는 통용어(國語) 번역본으로, 통용어 신구약 재번역본은 1939년에 출판되었다.

근대의 첫 번째 중국어 『성경』 번역본은 1822년에 출판되었으며, 번역자는 영국 선교사 마사문(馬士文, J. Marshman)과 라살(拉撒, J. Lassa)이다. 영국 선교사 마례손(馬禮遜, R. Morrison)의 번역본은 다음 해에 출판되었다. 이 두 번역본 모두 문언체로 작성되었다. 미국 선교사 고덕(高德, J. Goddard)은 마사문 번역본을 수정하여 천문언체로 변환하였고, 1853년에 출판하였다. 첫 번째 백화문(관화 토백) 번역본은 1857년에 상하이에서 출판되었다. 이후 1872년에서 1916년까지 다양한 관화 성경이 차례로 출판되었다. 장로회 선교사들은 1907년 전국대회에서 문언 번역본 사용을 중단하기로 결의하였다.

일반적으로 백화문 운동은 "오사(五四)" 이후에 시작되었다고 여겨지지만, 사실 관화 토백 『성경』은 이미 진정한 백화문을 사용하였다. 그러나 이 번역본이 후대의 백화문 운동에 직접적인 영향을 미치지는 못하였다. 당시 종교계(기독교)와 지식계 간에는 상당한 격차가 존재했기 때문이다. 그러나 백화문 운동과 이후의 국어 보급 활동은 『성경』 번역에 결정적인 영향을 미쳤다. 백화문 운동과 국어 보급이 지속적으로 전개되고 성공함에 따라, 1930년대 이후 『관화와 합본』(官話和合本, 1907년 초판, 혹은 1919년 초판)과 국어 번역본이 점차 방언 번역본을 대체하게 되었다.

방언 토백 『성경』 완역본은 총 10종류가 있다. 상하이, 쑤저우(蘇州), 닝보(寧波), 타이저우(台州), 푸저우(福州), 샤먼(廈門), 싱화(興化), 광둥(廣東), 산터우(汕頭), 커쟈어(客話). 아래의 두 방언은 『신약』만 번역되었다. 졘닝(建寧), 원저우(溫州). 본서 부록 2에는 간략한 목록이 있다.

토백 번역본은 문자 종류에 따라 세 가지로 나눌 수 있다.

첫째는 방형 한자본이다.
둘째는 로마자본이다.
셋째는 기타 음운 기호본이다.

가장 이른 토백 방형 한자본은 1847년에 상하이에서 출판된 상하이 토백 『요한복음서』이다. 가장 이른 토백 로마자본은 1852년에 닝보에서 출판된 닝보 토백 『누가복음서』와 같은 해 광저우에서 출판된 광저우 토백 『요한복음』이다. 기타 음운 기호로 번역 출판된 토백 번역본은 드물며, 푸저우 토백 번역본 세 종류는 국어 주음부호(1913년 독서통일회에서 제정된 "주음자모")로 작성되었고, 초기 상하이 토백 번역본 한 종류는 선교사가 설계한 음운 기호로 작성되었다.

토백 번역본은 방언 종류에 따라 우어(吳語), 민어(閩語), 웨어(粵語), 커쟈어(客話), 간어(贛語)의 다섯 가지로 나눌 수 있다. 앞의 두 유형은 다시 여러 소유형으로 나뉘며, 각 소유형의 이름과 수는 표10.1에 나와 있다.

표10.1 방언 『성경』 지역별 분류 통계

방언 명칭		한자본	로마자본	기타 역본	합계
갑	우어(吳語)류				
	상하이(上海)	43	15	1	59
	쑤저우(蘇州)	12	1	0	13
	닝포(寧波)	20	33	0	53
	항저우(杭州)	1	2	0	3
	진화(金華)	0	1	0	1
	타이저우(台州)	2	21	0	23
	원저우(温州)	0	5	0	5
을	민어(閩語)류				
	샤먼(厦門)	5	38	0	43
	푸저우(福州)	73	18	5	96
	산터우(汕頭)	21	37	0	58
	차오저우(潮州)	0	2	0	2
	싱후어(興化)	11	8	0	19
	젠양(建陽)	0	2	0	2
	사오우(邵武)	0	1	0	1
	하이난(海南)	0	14	0	14
병	간어(贛語)류				
	젠닝(建寧)	1	9	0	10

정	커자어(客話)류	31	18	0	49
무	웨어(粵語)류 광저우(廣州) 롄저우(連州)	 127 4	 15 0	 0 0	 142 4

표10.1에 따르면, 토착 『성경』 번역본이 있는 지역 방언 중 우어(吳語)는 7종, 민어(閩語)는 8종, 웨어(粵語)는 2종, 간어(贛語)와 커자어(客話)는 각각 1종으로, 총 19종에 달한다.

번역본 수량으로 보자면, 광저우(廣州)가 가장 많아 총 132종에 달하며, 그다음은 푸저우(福州), 상하이(上海), 산터우(汕頭), 닝보(寧波), 커자어(客家話), 샤먼(廈門), 타이저우(台州), 싱화(興化), 하이난(海南), 쑤저우(蘇州), 젠닝(建寧), 원저우(溫州), 롄저우(連州), 항저우(杭州), 차오저우(潮州), 젠양(建陽) 순이다. 진화(金華)와 사오우(邵武)가 가장 적으며, 각각 1종씩 있다.

이상 합계는 597종에 달한다. 각 주요 방언 번역본의 수량과 그 비율은 표10.2에 나와 있다.

표10.2 각 지역 방언『성경』최초의 출판년대 수량비교[14]

방언 명칭		한자본	로마자본	기타 역본	합계	비율
갑	우어(吳語)	78	78	1	157	26.3%
을	민어(閩語)	110	120	5	235	39.4%
병	간어(贛語	1	9	0	10	1.7%
정	커자어(客話)	31	18	0	49	9.2%
무	웨어(粵語)	131	15	0	146	24.5%
합계		351	240	6	597	
비율		58.8%	40.2%	1.1%		100%

표10.2에 따르면, 한자본이 로마자본보다 약간 더 많은 것으로 나타난다. 주요 방언 번역본의 수량은 민어(閩語)가 가장 많아 39.4%를 차지하며, 그다음으로 우어(吳語), 웨어(粵語), 커자어(客話)가 뒤따르고, 간어(贛語)가 가장 적다. 상어(湘語)와 회어(徽語) 번역본은 아직 발견되지 않았다. 로마자본 또한 민어가 가장 많으며, 우어가 그다음을 차지한다.

교회의 로마자는 한자를 모르는 교도들 사이에서 상당히 인기가 있었다. 교회의 로마자는 실질적으로 기독교 선교 활동뿐 아니라 민간에서도 통신 수단으로 사용되었는데, 특히 민난어(閩南語) 지역에

14 역자주: 원문의 제목에서 수량에 대한 언급이 없었기에 추가하여 번역하였다. (원 표제목: 表10.2各地方言聖經 最早的出版年代比較)

서는 매우 성행하여, 전성기에는 세 통의 편지 중 한 통이 이 "백화자(白話字)"로 작성되었다. 편지 봉투를 백화자로 작성하더라도 우체부가 이를 제대로 전달할 수 있었다. 내지회(內地會) 선교사 W. D. 러들런드(W. D. Rudland)는 1904년에 "타이저우(台州)는 문맹자가 많은 지역이다. 현지 기독교인들은 로마자본을 매우 환영하며, 많은 사람들이 심지어 나이 많은 여성들까지도 이미 로마자 철자를 배워 자유롭게 편지를 쓰거나 우리와 통신할 수 있다(台州是個多文盲的地方。當地基督徒很歡迎羅馬字本, 其中許多人, 甚至老太太, 都已經學會用羅馬字拼寫, 並且可以自由通信或跟我們通信)"고 기록하였다.

로마자본 『성경』의 독자가 정확히 얼마나 되는지에 대한 통계는 없지만, 판매량을 통해 어느 정도 추정할 수 있다. 1890년부터 1920년까지 30년간 각 지역에서 『성경』 및 『구약전서』가 18,000여 권, 『신약전서』가 15,000여 권 판매되었다. 이 판매량은 『성경』의 단편본을 포함하지 않은 수치로, 단편본의 판매량은 이보다 훨씬 많았다.

방언 『성경』 번역본 외에도 서양 선교사들의 기타 방언학 저작은 음운학 논저, 사전류 저작, 교재류 저작, 문법서의 네 가지로 나눌 수 있다. 이 네 가지 저작은 우어(吳語), 민어(閩語), 간어(贛語), 웨어(粵語), 커자(客家方言) 등의 방언을 다루며, 구체적으로 다음과 같은 지역 방언을 포함한다.

우어 지역	상하이(上海), 닝보(寧波), 항저우(杭州), 원저우(溫州), 쑤저우(蘇州), 타이저우(台州)
민어 지역	푸저우(福州), 샤먼(廈門), 산터우(汕頭), 하이난(海南), 차오저우(潮州)
간어 지역	젠닝(建寧)
웨어 지역	광저우(廣州), 산장(三江), 둥관(東莞), 마카오(澳門), 순더(順德), 신후이(新會)
커자 지역	지아잉(嘉應), 홍콩(香港)

각 유형의 저작 수량이 주요 방언에 어떻게 분포되어 있는지는 표10.3에 나타나 있다.

표10.3 선교사의 각종 방언 저자물 수량 통계표

	吳語	閩語	粵語	客家話	贛語	합계	최초 출판 연도
음운류	12	6	10	3	1	32	1835
사전류	25	27	38	8	0	98	1828
교재류	31	11	29	7	0	78	1839
문법류	3	1	3	0	0	7	1853
합계	71	45	80	18	1	215	

표10.3에서 보이듯, 이 범주에 속하는 저작은 총 215종이다. 방

언 종류로는 웨어(粵語)가 가장 많아 80종이며, 그다음으로 우어(吳語), 민어(閩語), 커자어(客家話), 간어(贛語) 순이다. 내용으로는 사전류가 가장 많아 98종이며, 그다음으로 교재류, 음운류, 문법류는 가장 적어 총 7종에 불과하다. 표에 나타난 우어의 3종은 모두 상하이어(上海話)이다. 이들 저작 대부분은 아편전쟁 이후와 연해 도시가 개항된 이후 차례로 출판되었다.

음운류 저작은 대부분 단편 논문 형태로, 특정 지역 방언의 음운 체계를 묘사하고 분석한 내용이 주를 이룬다. 각 논문은 대체로 방언 사용 개요(지역, 인구 등), 성운조(聲韻調) 기록 및 분석, 음운 비교표, 음절표 등을 포함한다. 1884년까지 적어도 다음 방언의 음운에 관한 논문이 발표되었다. 베이징(北京), 푸저우(福州), 양저우(揚州), 광저우(廣州), 한커우(漢口), 매이셴(梅縣), 촨둥(川東), 원저우(溫州). 단편 논문은 주로 『중국평론(中國評論)』(1872~1901, 홍콩), 『중국선교사업연보(中國傳教事工年報)』, 『중국총보(中國叢報)』 월간지, 『중국기록(China Record)』 등에 게재되었다.

가장 이른 시기에 출판된 음운류 저작은 모세스 클라크 화이트(Moses Clark White)가 저술한 『The Chinese Language Spoken at Fuh Chau』(『푸저우어(福州話)』)로, 뉴햄프셔주 콩코드(Methodist General Biblical Institute)의 선교회에서 1856년에 출판되었으며, 총 44페이지 분량이다.

사전류 저작은 대부분 외국어로 방언 어휘를 풀이한 사전이다. 사용된 외국어는 대부분 영어이며, 소수는 프랑스어, 드물게는 네덜란드어가 사용되었다. 선교사가 작성한 사전은 모두 이중언어 사전으로 표제어는 대개 한자나 로마자로 표기되며 영어, 프랑스어, 스페인어, 포르투갈어, 네덜란드어로 풀이가 제공되었다. 이 중 영어와 프랑스어 풀이가 가장 많았다.

가장 이른 시기의 사전은 로버트 모리슨(Robert Morrison)이 저술한 『광동성토화자휘(廣東省土話字彙)』(A Vocabulary of the Canton Dialect)으로, 페이지 번호가 표기되지 않았으나 상하권으로 나뉘어 있으며 총 600페이지 이상으로 추정되며, 1828년에 출판되었다. 샤먼어(廈門話) 사전은 10종 이상 출판되었으며, 영어, 스페인어, 네덜란드어로 풀이되었다. 이제 샤먼어 사전 중 가장 이른 시기에 출판된 한 권을 예로 들어 이러한 사전의 특징과 가치를 설명하겠다.

영국 장로회 선교사 카스테어스 더글라스(Carstairs Douglas)가 저술한 『하영자전(廈英字典)』(Chinese-English Dictionary of Vernacular or Spoken Language of Amoy)은 1873년에 런던 트루버(Truber) 출판사에서 출판되었으며, 본문 앞에 자서가 실려 있어 집필 과정을 설명하고 있다. 저자는 1855년에 샤먼(廈門)에 도착하여 당시 방언을 배우기 위해 고인이 된 미국 선교사 J. Lloyd의 어휘 필사본과 또 다른 두 명의 선교사가 작성한 소책자에 실린 어휘를 필사하였다. 몇 년 후에는 런던선교회(A. Stronach)의 사전 필사본을 교정에 사용하고, 장저우(漳州) 방언을 기록한 『십오음(十五音)』 등 지역 방언 서적에 수록된 어휘를 추가하였다. 또한, 출판된 메드허스트(Medhurst)의 사전 및 매가완(Macgowan)의 소책자와 비교하였으나, 이들 저작에서 차용한 내용은 많지 않았다. 저술 과정에서 저자는 최대한 이전 연구 성과를 흡수하려 했으며 매우 신중하고 철저한 태도를 보였다.

저자는 이 사전의 가장 큰 단점이 표제어에 한자를 사용하지 않고 라틴 문자로만 음운을 표기하며, 모든 풀이가 영어로만 제공된 점이라고 지적하였다. 이유는 약 25%에서 33%의 어휘가 해당하는 방형 한자를 찾을 수 없었고, 인쇄 과정에서도 어려움이 있었기 때문이다. 그러나 방언 구어 어휘를 기록하는 데 있어 한자의 제약이 없는 순수 음운 기호 사용은 어휘의 실제 음운적 모습을 더 정확히 반영할 수 있는 장점이 있었다.

이 사전의 『서언(序言)』은 사실상 샤먼방언(廈門方言)의 음운에 대한 종합적인 분석으로, "정자법과 발음", "성조", "강세"라는 세 소절로 나뉜다. 각각 단모음, 이중모음, 자음, 단어조(單字組)와 다자조(多字組)의 변조 등을 묘사하고 분석하며, 영어와 샤먼방언의 예시를 들어 음운 규칙에 대해 비교적 깊이 이해하고 자세히 설명하였다. 예를 들어, 저자는 이음절조(兩字組)와 다음절조(多字組)의 강세가 일반적으로 마지막 음절에 있다고 지적하였다. 예를 들어 "홍츠에(hong-chhè, 풍차)"에서 강세가 뒷부분에 있으면 앞부분은 경성으로 읽어 "종이연"이라는 뜻이 되고, 강세가 뒷부분에 있지만 앞부분을 경강세로 읽어 성조가 변하지 않으면 "바람이 분다"는 뜻이 되어 "홍츠에(hongchhè)"로 표기된다.

이 사전은 초판 출간 50년 후인 1923년에 또 다른 선교사 토머스 바클레이(Thomas Barclay)가 어휘를 증보하고, 한문으로 풀이를 추가하여 상하이(上海) 상무인서관(商務印書館)에서 출판하였다.

중국 최초의 방언 교재는 서양 선교사들이 아편전쟁 이후 편찬하였다. 초기 선교사들이 교재를 편찬한 직접적인 이유는 후임 선교사들이 지역 방언을 배우는 데 도움을 주기 위함이었다. 그러나 이후 사용 범위가 확대되어 특히 연해 개항 도시에서 외국 세관 직원, 의사, 상인, 조계의 경찰과 정부 관리들도 이 교재를 사용하였다. 이들 교재는 방언학적으로 세 가지 주요 가치를 지닌다. 첫째, 교재는 당대 방언의 신뢰할 수 있는 자료를 제공한다. 둘째, 교재는 로마자 철자를 사용하였으므로 당시의 표기 시스템, 즉 음운 체계를 보존하였다. 셋째, 교재에 포함된 문법 문제에 대한 설명이나 주석을 통해 방언의 문법적 특징을 알 수 있다.

가장 이른 시기에 출판된 교재는 엘리자 콜먼 브리드먼(Elijah Coleman Bridgman)이 저술한 것으로, 1839년에 출판되었으며 총 274페이지 분량이다. 특히 주목할 만한 점은, 필자가 미국 캘리포니아대학교 버클리캠퍼스 동아시아 도서관에서 발견한 상하이어(上海話) 교재의 필사본으로, 이는 가장 이른 시기의 상하이어 교재로 보인다. 대략 1850년에 작성된 것으로 추정되며, 모필로 마변지(毛邊紙)에 필사되었다. 각 과는 한문을 먼저 제시한 후 로마자로 발음을 표기하고, 다시 스트로퍼드(Strawford) 표기 체계를 사용하여 이중으로 표기하였다. 총 31과로 구성되었으며, 604페이지에 달한다.

방언 문법서는 영어 문법을 참조하여 작성되었다. 가장 이른 문법서는 조셉 에드킨스(Joseph Edkins)의 『상하이구어문법(上海口語文法)』

(A Grammar of Colloquial Chinese, as Exhibited in the Shanghai Dialect)으로, 1853년에 상하이에서 런던 선교 출판사(London Mission Press)에서 출판되었으며, 248페이지 분량이다. 2판은 1868년에 225페이지로 상하이 장로회에서 재판되었다. 이 책은 영어로 작성되었으며, 중국 방언학사에서 문법을 연구한 최초의 전문 저작으로 여겨진다. 저자의 중국 이름은 애약사(艾約瑟, 1823~1905)이며, 영국 출신의 선교사이자 동양학자이다. 그는 1848년에 상하이로 와서 교육직에 종사하며 중국 종교와 언어를 연구하였다.

저서 외에도 『베이징어문법(北京話文法)』, 『중국 음운학의 위치: 유럽 및 아시아 언어의 공통 기원 연구(China's Place in Phonology: An Attempt to Show That the Languages of Europe and Asia Have a Common Origin)』(런던 트루브너, 1871년, 403페이지) 등의 언어학 저작이 있다. 이 책은 총 세 부분으로 나뉘며, 첫 번째 부분 "음운"은 책의 약 4분의 1을 차지한다. 라틴 문자로 발음을 표기하며, 서양 언어와의 비교를 통해 음가를 설명하였다. 성모, 운모, 성조를 분석하는 것 외에도 단어조의 강세를 논의하며, 상하이어와 관화(官話)의 운모 대조표를 첨부하였다. 저자는 상하이 방언의 음운 감별과 분석을 매우 정밀하고 정확하게 수행하였다. 두 번째 부분은 "품사", 세 번째 부분은 "문장 구조"로, 이 두 부분이 책의 주요 내용을 이루며 총 30과로 구성되어 있다. 교재 내용은 문법적 요점을 따라 배열되었으며, 예를 들어 첫 번째 과는 "양사(量詞)", 두 번째 과는 "지시대명사"이다. 영어 문법 틀을 사용하여 상하이 구어 문법을 분석하였다.

예를 들어, 여섯 번째 장에서는 동사의 문법적 변화에 대해 설명하며, 동사 "먹다(吃)"를 예로 들어 설명하였다. 먼저 평서법을 소개하며 일반 현재형, 현재진행형, 일반 과거형, 과거 진행형, 과거 강조형(예: "나는 먹었던 사람이다"), 완료형, 과거완료형, 미래형을 다루고, 이어 명령법(예: "먹어라")과 어미(예: "먹다(吃仔)")를 소개한다. 또 예를 들어 "個"나 "拉個"가 동사 뒤에 사용되어 동사를 형용사로 변화시키는 경우를 설명하며, 예: "種拉個稻"와 "話拉個物事"를 제시하였다.

방언 저작은 신학 관련 내용이 대다수이며, 예를 들어 『쑹장화문답(松江話問答)』이 있다. 그 외에도 『세 명의 소녀(三個小姐)』(상하이어)와 같은 작품이 있다.

서양 선교사의 방언학 저작은 다음과 같은 연구 가치를 가진다.

첫째, 이들 저작은 19세기 후반부터 20세기 초까지의 중국어(漢語) 방언 자연 구어를 연구하는 데 있어 가장 가치 있는 자료이다. 언어과학은 19세기 초 유럽에서 탄생하였으며, 19세기 1840년대에 중국에 온 선교사들은 이러한 언어과학 지식을 이용하여 중국어 방언의 구어를 기록하고 연구하여 당시 이 분야에서 최고의 학문적 수준을 달성하였다. 당시 중국 학자들의 연구는 여전히 전통적인 어문학 단계에 머물러 있었으며, 연구의 중심은 여전히 고대 문헌이나 문어(書面語)에 있었다.

이 시기의 방언 문헌 자료로는 서양 선교사의 저작 외에 일부 방언 문학 작품이 존재하였는데, 예를 들면 방언 소설, 지역 희곡, 민요, 그리고 지방지(地方志)에 수록된 방언지(方言志) 등이 있다. 그러나 이러한 방언 문학 작품은 첫째, 모두 한자 본(漢字本)으로 되어 있어 음성적 특징을 반영할 수 없었으며, 둘째, 그 안의 방언 요소가 순수하지 않아 단순히 몇몇 방언 어휘가 삽입되었거나, 인물의 대화만 방언으로 구성된 경우가 많아, 온전히 방언 구어로 이루어진 성경 번역본에 비해 연구 가치가 떨어졌다. 또한, 지방지의 방언지는 일반적으로 일부 방언 어휘만을 수록하였으며, 사용된 문자는 방각한자(方块漢字)였고, 통일된 방언 자료를 포함하지 않았다.

연구의 폭과 깊이를 기준으로 보면, 선교사의 저작들은 자오위안런(趙元任) 이전의 중국 학자들의 연구를 훨씬 능가하였다. 이들 저작은 19세기 한어 방언 연구에 있어서 필수적인 자료이며, 이를 활용하여 19세기 최소한 다음과 같은 지역 방언의 음운 체계를 완전하게 정리할 수 있다. 즉, 상하이(上海), 쑤저우(蘇州), 닝보(寧波), 타이저우(台州), 원저우(温州), 푸저우(福州), 샤먼(厦門), 푸톈(莆田), 산터우(汕頭), 하이커우(海口), 광저우(廣州), 자잉(嘉應, 커쟈어) 등의 방언이 이에 포함된다. 또한, 이러한 지역 방언의 어휘와 문법 체계를 정리하고 연구할 수 있으며, 나아가 이들 방언이 지난 100여 년간 경험한 음운, 어휘 및 문법 체계의 역사적 변천을 탐구하는 데에도 활용될 수 있다.

둘째, 이들 저작이 제공하는 자연 구어의 정확성은 동시대의 다른 문헌 자료와 비교할 수 없을 정도로 뛰어나다.

유럽에서는 이미 19세기 초 언어과학이 확립되었으며, 바프(F. Bopp)의 『범어 동사 변위체계를 논하다(論梵語動詞變位系統)』는 1816년에 출판되었고, 라스크(R. Rask)의 『고대 북경어와 아이슬란드어의 기원연구(古代北方話或冰島語起源研究)』는 1818년에 출판되었다. 반면 중국에서는 언어과학이 1920년대 말에야 도입되었다. 서양 선교사들이 중국에 오기 전에 언어학적 전문 교육을 받았는지에 대한 명확한 기록은 없으나, 그들의 한어 방언 연구 저작을 살펴보면 상당수가 뛰어난 언어학적 소양을 갖추고 있었음을 알 수 있다. 예를 들면, 상하이에서 선교한 J. 에드킨스(J. Edkins)와 광저우에서 활동한 J. 다이어 볼(J. Dyer Ball) 등이 있다. 그들의 방언학 저작은 현대 언어학의 시각에서도 높은 학술적 수준과 연구 가치를 지니며, 동시대의 청대 유학자들의 저작을 훨씬 뛰어넘는다.

아편전쟁 이후 중국에 온 선교사들은 민중 사이에서 전도하기 위해 대개 먼저 해당 지역 방언을 배웠다. 초기 선교사들은 일반적으로 현지 주민들 사이에서 방언 구어를 익혔다. 예를 들어, 1847년 상하이에 온 미국 선교사 옌마타이(晏馬太, Mathew Tyson Yates, 1819~1888)는 시장에서 상하이 방언을 배웠으며, 몇 달 후 청중과 소통할 수 있다고 판단한 뒤 설교를 시작하였다. 1855년 4월, 내지회(内地会) 창립자인 다이더셩(戴德生, Hudson Taylor)은 존 버튼(約翰·卜爾頓, John Burdon)과 함께 상하이에서 충밍섬(崇明島)로 이동하여 불교도들에게 기독교 교리를 설명하고 우상 숭배의 어리석음을 설파하였다. 처음에는 다이더셩이 유창하지 않은 관화(官話)로 설교하였고, 이후 버튼이 이를 상하이 방언으로 다시 설명하였다. 다이더셩은 닝보에서 선교하였으며 닝보 방언을 배웠지만, 그의 닝보어 실력은 유창하지 않았다. 반면 그의 아내 마리아(Maria)는 닝보에서 교회 소학교를 운영하면서 닝보 방언을 더 유창하게 구사하였으며, 다이더셩이 닝보 방언 로마자 성경을 번역하는 것을 도왔다. 또한, 로마자 성경을 번역한 가오(Gough) 목사는 그리스어 전문가였으며, 닝보 방언에도 정통하였다.

이들 저작의 일부는 로마자로 표기되었으며, 특정 문자로 특정 음을 어떻게 나타낼 것인가는 유럽 언어의 문자와 음성의 관계를 고려하여 결정되었다. 그들이 초기 기준으로 삼았던 것은 렙시우스(Lepsius) 체계였다. 렙시우스는 19세기 후반의 저명한 음성학자로, 국제 음성기호(IPA)가 창제되기 전까지 그의 체계는 권위 있는 표기법이었다. 그는 자신이 설계한 체계를 활용하여 많은 비(非)인도유럽어를 표기하였으며, 여기에는 중국의 관화(官話)와 커쟈어(客家話)도 포함되었다. 이후 출판된 커쟈어 로마자 성경은 모두 이 체계를 사용하였으며, 다른 방언의 로마자 성경 역시 렙시우스 체계를 바탕으로 한 표기 방안을 채택하였다.

그들은 이러한 표기 방안을 신중하게 제정하였다. 예를 들어, 상하이의 선교사들은 "후위서(沪語社, Shanghai Vernacular Society)"를 조직하여 상하이 방언을 전문적으로 연구하였으며, 그 과정에서 상하이 방언의 로마자 표기 방안을 논의하고 제정하였다.

다른 지역에서 선교사들은 종종 지역 학자들과 협력하여 방언 로마자를 제정하고 『성경』 번역 작업을 진행하였다. 이미 출판된 다른 방언의 번역본을 참조하며, 여러 차례 논의와 검토를 거쳐 최종적으로 확정하였다. 예를 들어, 타이저우에서 출판 된 『신약』 제2판

(1897년)은 네 명의 지역 교사가 협력하여 수정한 결과물로, 매우 신중한 태도를 보여준다. 한자본의 어휘 선택과 로마자본의 표기에서 번역문은 신뢰할 만하다.

위와 같은 학문적 배경에서 이들이 각 지역 방언을 위해 제정한 로마자 표기 방식과 이를 활용해 표기한 음절, 어휘, 문장 및 장문 자료는 완벽하다고 할 수는 없지만, 당시 언어 과학 수준에서 이미 매우 정확하다고 평가할 수 있다. 예를 들어, 로마자본 상하이(土白[15]) 『마태복음』 "제15장"은 "DI SO-NG TSANG"(성조 표기는 생략됨)으로 기록되어 있는데, 이는 매우 정확하다. 상하이 방언 구어에서 "십(十)"은 다른 숫자와 함께 사용되거나 단독으로 사용될 때 모두 "zeh"로 발음되지만, "십오(十五)"에서는 "so"로 발음된다.

셋째, 각 지역 방언 로마자본은 당시 해당 방언의 음운 체계를 살펴볼 수 있는 귀중한 자료이다. 한자는 음소를 표기하지 않으므로 한자를 사용해 기록된 방언 문헌에서는 방언의 실제 음운 면모를 알기 어렵다. 주목할 점은, 일부 방언에는 선교사들이 작성한 다른 방언학 저작이 있지만, 일부 방언은 참고할 만한 다른 저작이 없다는 것이다. 이들 방언의 100여 년 전 음운 면모를 알기 위한 유일한 신뢰할 만한 자료는 방언 『성경』 번역본이다. 이러한 방언에는 우어(吳語)인 진화토백, 민어(閩語)인 싱화(興華, 푸톈(莆田)), 젠양(建陽)토백과 사오우(邵武)토백, 웨어(粵語)의 싼장(三江)토백이 포함된다.

15 역자주: 지역백화문을 말한다.

『성경』의 방언 로마자 번역본은 일반적으로 표기 체계나 각 로마자가 나타내는 실제 음가를 직접적으로 설명하지 않는다. 연구자는 선교사들이 해당 방언에 대해 작성한 논문, 사전, 교재, 문법서 등의 저작을 참고할 수 있다. 방언 로마자 『성경』 번역본에 대한 자세한 내용은 제9장 제3절에서 논의된다.

넷째, 방언 『성경』 방언 번역본 방언 역사 연구를 위한 귀중한 문헌 자료일 뿐만 아니라, 각 지역 방언의 비교 연구에도 매우 유용하다. 방언의 공시적 비교를 위해서는 동일한 내용을 서로 다른 방언으로 기록한 자료가 필요하다. 방언 『성경』은 이 점에서 이상적인 자료라 할 수 있으며, 정말로 자연스럽게 만들어진 비교 연구 자료이다. 방언 『성경』에는 네 가지 주요 방언과 19개 지역 방언의 자료가 포함되어 있어, 이를 비교함으로써 각 역사적 시기의 19개 방언 간의 차이점을 연구할 수 있다. 특히 어휘와 문법에서의 차이점을 비교 연구할 수 있다. 이렇게 이상적인 자료는 방언 『성경』 외에는 찾기 어렵다. 모든 방언 번역본의 내용이 완전히 동일하고, 번역 작업이 매우 신중하고 엄격하게 이루어졌기 때문에 단어 단위로 어휘를 비교하거나 문장 단위로 문법을 비교할 수 있다. 이 점에서 방언 『성경』 번역본의 가치는 다른 문헌 자료를 능가한다.

아래에는 관화(土白)와 광동어(土白) 『성경』 번역본에서 발췌한 한 단락(『신약·누가복음·제22장』)을 통해 방언 『성경』의 형태와 비교 연구의 가치를 보여준다.

『신약전서(新約全書)』 관화(官話), 대영 성서공회(大英聖書公會, 1905):

"眾拏住耶穌, 帶到大祭司家裡去, 彼得遠遠的跟著。眾人在院子裡生火, 一同坐著, 彼得也和他們坐在那裡。有一個使女看見彼得坐在那裡烤火, 注目看他說: 『這個人也是跟隨耶穌的。』彼得不承認, 說: 『女子, 我不認得他。』(무리가 예수를 붙잡아 대제사장의 집으로 끌고 갔고, 베드로는 멀찍이 뒤따라갔다. 사람들이 뜰에서 불을 피우고 함께 앉아 있었으며, 베드로도 그들과 함께 거기 앉아 있었다. 한 여종이 베드로가 거기 앉아 불을 쬐고 있는 것을 보고 그를 주목하여 말하였다. '이 사람도 예수를 따라다녔다.' 베드로는 그것을 부인하며 말하였다. '여자여, 나는 그를 알지 못하오)"

『신약전서(新約全書)』 광둥어신역본(廣東話新譯本), 미국신역영문(美國新譯英文), 미국 성서공회(美國聖書公會, 1927):

"佢哋捉住耶蘇, 拉佢到大祭司嘅住家, 彼得远远跟住. 佢哋在院中透著火, 同埋坐處, 彼得亦坐在佢哋之中. 有個女工人睇見坐火光處, 就定眼望住佢, 話: '呢個都系同埋個個人嘅.' 但彼得唔認, 話: '女人呀, 我唔認得佢.'(그들은 예수를 붙잡아 그를 대제사장의 집으로 끌고 갔고, 베드로는 멀찍이 뒤따라갔다. 그들은 뜰 안에서 불을 피우고 함께 앉아 있었으며, 베드로도 그들 가운데 앉아 있었다. 한 여자 하인이 불빛 가까이에 앉아 있는 베드로를 보고 그를 뚫어지게 쳐다보며 말하였다. "이 사람도 저 사람과 함께 있었어." 그러나 베드로는 부인하며 말했다. "여자여,

나는 그를 알지 못하오.)”

관화 번역본과 광동어 번역본을 문장별로 비교하면, 별도의 자료를 참조하지 않고도 어휘와 문법에서 두 방언의 차이점을 쉽게 확인할 수 있다. 이는 표10.4에 나타난다. 처음 세 항목은 어휘 차이이고, 뒤 네 항목은 문법 차이와 관련이 있다.

표10.4 방언 『성경』에서 보이는 웨어와 관화의 차이 사례

관화	他	看	認	不	的	他們	跟著
웨어	佢哋	睇	識	唔	嘅	佢哋	跟住

다섯째, 방언 『성경』은 동일 방언의 통시적 비교를 위한 귀중한 자료를 제공한다. 방언 통시 비교의 전제 조건은 동일 방언으로 기록된 다양한 역사 시기의 일관된 내용 또는 자료가 존재하는 것이다. 방언 『성경』은 이 점에서 이상적인 자료이다. 동일 방언으로 번역된 초기 『성경』과 후기 『성경』을 비교하거나 현대 방언과 비교함으로써 지난 100년간의 방언 역사적 변화를 파악할 수 있다.

예를 들어, 1895년 출판된 상하이 토백(土白) 로마자본 『마태복음서(馬太傳福音書)』(1895) 제1장 1절과 2절은 다음과 같다. 원문은 로마자로 작성되었으며, 성조를 나타내는 반원형 발음 기호는 생략되었고, 한자는 필자가 번역한 것이다.

A-pak-la-hoen-kuh eu-de, De-we-kuhtsz-sung, Ya-soo Ki-tok-kuh
阿 伯 拉 罕 個 後 代, 大 衛 個 子 孫, 耶 蘇 基 督 個
ka-poo. A-pak-la-hoen yang I-sah, I-sah yang Ia-kauh, Ia-kauh
家 譜. 阿 伯 拉 罕 養 以 撒, 以撒 養 雅 各; 雅 各
yang Yeu-da-tah-tszyi-kuh-di-hyong.
養 猶 大 搭 之 伊 個 弟 兄.

위 두 절에서 구조조사 "個"를 제외하고, 다섯 개의 입성(入聲) 글자 "伯, 督, 撒, 各, 搭"이 나타난다. 첫 두 글자의 운미는 "k"로 쓰였고, 나머지 세 글자는 "h"로 쓰였다. 이는 100년 전 상하이 방언에서 일부 입성 글자가 여전히 "k"로 끝났음을 보여준다. 현대 상하이 방언에서는 "k"로 끝나는 입성 글자가 사라지고, 모든 입성 글자가 후두 파열음 운미로 끝난다.

여섯째, 방언 한자 연구에 귀중한 자료를 제공한다. 방언 글자는 방언의 공시적 묘사, 방언의 역사적 연구, 방언 비교 연구에 중요한 가치를 가진다. 고대의 자서(字書) 예를 들어 대동(戴侗)의 『육서고(六書故)』와 운서(韻書)인 『집운(集韻)』에도 방언 글자가 일부 수록되어 있으나, 대부분은 문헌에 기록되지 않은 채 민간에서만 전해진 지방 방언 속자(俗字)들이다. 서양 선교사의 저작, 특히 그중 사전류는 방언 속자를 대량으로 수록하였다.

그 중 일부 글자는 다른 어떤 출판물에서도 발견되지 않는다. 예를 들어, 루이 오바자크(Louis Aubazac)이 저술한 『월프자전(粵法字典)』(홍콩, 해외선교사인쇄소, 1912, 1116쪽)은 100년 전 민간에서 사용된 웨어 방언 글자를 다수 수록하였다. 예를 들어, "𣔙"는 [pʰo¹]로 발음되며, "나무, 채소"의 양사(量詞)로 사용되며, "棵"와 같다.

일곱째, 선교사들은 저작에서 중국어 방언 분류에 대한 견해를 종종 제시하였다. 다음과 같은 저작들에서 이러한 견해가 나타난다.

> 아이웨쓰(艾約瑟, Joseph Edkins)의 『관화구어문법(官話口語文法)』(상하이 런던선교출판사, 1857, 264쪽)
>
> 우딘(Woodin)의 『전교회의록』(1890), 파커(Parker)가 길스(Giles)의 『한영사전』 서문에 쓴 글
>
> 멀렌도르프(Mullendorf)가 1896년 『중국선교사업연보(中國傳教事工年報)』에 발표한 글

또한 선교사들은 중국 중국어 방언 분포 지도를 작성하였다. 『중화귀주(中華歸主)—중국 기독교 사업 통계』(1901~1920)에 첨부된 지도가 그 예이다. 이 책의 "중국의 언어와 방언" 절에서는 각 방언 사용 인구를 서술하고 방언 지리 분포 지도를 첨부하였다. 지도에서 현재의 샹어(湘語)와 간어(贛語)는 관화 지역으로 분류되었고, 우어(吳語) 지역에는 안난(皖南)이 포함되었다. 민어(閩語) 지역은 저난(浙南)까지 포함되었으며, 『중화민국 신지도: 언어 구역도(中華民國新地圖: 語言區域圖)』(1934)보다 더 정확했다. 이는 중국 최초의 중국어 방언 지역 지도이다.

여덟째, 방언 『성경』은 근대 및 현대 어문 운동사에 귀중한 자료와 강력한 증거를 제공한다. 일반적으로 백화문 운동은 "5·4 운동"

이후에 시작되었다고 알려져 있으나, 실제로 첫 번째 백화문(관화 토백(官話土百)) 『성경』 번역본은 이미 1857년에 상하이에서 출판되었다. 이후 1872년부터 1916년 사이 여러 백화문 번역본이 출판되었다. 이들 백화문은 이후의 백화문 작품보다 자연 구어에 훨씬 가까웠으며, 사회 하층민 사이에서 더 널리 사용되었다.

언어학계에서는 새로운 문장 부호가 20세기 초에야 국내 출판물에 등장했다고 본다. 예를 들어, 『중국대백과사전·언어문자권』은 다음과 같이 설명한다. “번역가 엄복(嚴復, 1853~1921)의 『영문한커우(英文漢詁)』(1904)가 중국어에 외국 문장 부호를 처음 적용한 저작이다.(翻譯家嚴復(1853~1921)的『英文漢詁』(1904)是最早應用外國標點於漢語的著述.)” 그러나 19세기 후반 대량 출판된 로마자본 방언 『성경』은 이미 외국의 문장 부호 전반을 도입하였다. 최초의 방언 로마자 『성경』은 1852년에 출판된 닝보(寧波) 토백(土白) 『누가복음』과 광저우(廣州) 토백(土白) 『요한복음』이다.

중국어 방언의 표음화 운동 또한 서양 선교사들의 방언 『성경』 번역 작업에서 시작되었다. 명대에 중국에 온 선교사들이 관화 표음화를 연구한 저작을 출판한 바 있다. 예를 들어, 이탈리아 선교사 리마더우(利瑪竇)의 『서자기적(西字奇跡)』(1605년 출판)과 프랑스 선교사 진니거(金尼閣)의 『서유이목자(西儒耳目資)』(1626년 출판)가 그것이다. 그러나 방언을 위한 로마자 표기 체계의 창제는 19세기 40년대에 이르러 시작되었다. 그 원동력은 기독교가 방대한 『성경』 번역과 출판을 통해 문맹의 평민들 사이에서 선교를 용이하게 하기 위함이었다.

아홉째, 선교사들의 방언학 저작은 중국어 방언학사 연구에서 필수불가결한 문헌이다. 서양 선교사들의 중국어 방언 연구는 중국 방언학사에서 다음과 같은 여러 가지 선구적 공헌을 이루었다.

서양 음운학 지식을 활용해 지역 방언 음운 체계를 분석한 최초의 사례. 방언 로마자 및 표기 체계를 최초로 창안. 방언 사전을 최초로 편찬. 방언 교재를 최초로 작성. 방언 문법 연구서의 첫 저술. 중국어 방언 분포 지도를 최초로 제작. 방언 구어 학습을 위한 학교를 설립 등이다. 이 중 방언 분포 지도 제작을 제외한 모든 작업은 19세기 후반에 완성되었다.

이 중 방언 분포 지도 제작을 제외한 모든 작업은 19세기 후반에 완성되었다.

참고문헌

Spillett H. W. *A Catalogue of Scriptures in the Languages of China* [M]. London: British and Foreign Society, 1975.

Broomhall M. *The Chinese Empire, A General and Missionary Survey* [M]. London: Morgan & Scott, 1907.

志賀正年.『中文聖書的基礎研究』[M]. 株式会社天理寺報社, 1973.

密立根.『新約聖經流傳史』[M]. 上海: 廣學會, 1934.

聖書公會, 美華聖經會.「聖經公會目錄」[M]. 上海, 1935.

木津佑子.「關於同志社大學漢藏語方言譯等聖書」[J]. 同志社女子大學學術研究年報, 1994, 45(4).

游汝傑.「西洋傳教士著作所見上海話的塞音韻尾」[J]. 中國語文, 1998(2).

游汝傑.「西洋傳教士著作所見吳語的鼻音韻尾和塞音韻尾」[M]//橋本萬太郎紀念論文集. 日本, 1999.

游汝傑.「十九世紀後半期至二十世紀上半期吳語語法研究資料述略」[J]. 國際中國語言學評論(荷蘭), (2).

柯里思.「Early Hakka Corpora in the Basel Mission Library」[J]. 國際中國語言學評論(荷蘭), (2).

Pollock J. *Hudson Taylor and Maria* [M]. England: Hodder and Stoughton Ltd., 1962.

제4절 민족학자의 방언기록과 연구

민족학(ethnography)의 연구 관심사는 특정 민족이나 민계의 사회와 문화이다. 언어와 문화는 매우 긴밀한 관계에 있으며, 언어는 문화의 구성 요소이기도 하기 때문에 민족학 저술에는 언어와 방언에 관한 내용이 자주 포함된다. 그러나 언어 문제는 민족학 저술에서 매우 중요한 위치를 차지하지 않으며, 민족학자들이 반드시 언어학의 전문 훈련을 받은 것도 아니기 때문에 민족학 저술에서의 방언 연구는 종종 간략하며 묘사 방언학 저술만큼 정밀하지는 않다.

중국 현대 민족학자들의 방언 기록과 연구에서 아래 세 사람의 세 저작이 가장 중요하다. 이를 간략히 서술한다.

뤄샹린(羅香林)의 『커자연구도론(客家研究導論)』은 1933년에 광저우에서 출판되었으며, 총 292쪽이다. 이 책은 9장으로 구성되어 있으며, 그중 제4장은 "커자의 언어"로, 저자의 고향인 광둥(廣東) 싱닝(興寧)의 커자 방언에 대해 기록하고 논의한다. 내용은 성운(聲韻) 체계, 성조 음정, 현대 성운모와 광운(廣韻) 음계의 비교, 품사에 따른 문법 논의, 일부 어휘 열거, 그리고 커자 방언이 고음을 보존하고 있는 문제를 다룬다.

전체적으로 순수한 묘사 방언학 저술은 아니며, 성운모의 묘사와 광운 음계와의 비교가 특히 주목할 만하다. 성조 음정은 왕리(王

力)의 『양월음설(兩粵音說)』을 참조하여 작성되었다. 문법과 어휘 부분은 매우 간략하다. 이 책은 현대 방언학사에서 최초로 커쟈 방언을 전면적으로 연구하였으며, 국제 음성기호로 음성을 기록하였다. 또한, 커쟈인의 이주사에서의 기원과 시기 문제를 논의하기도 하였으나, 후속 방언학 저작에서 자주 인용된 결론들 중에는 논란의 여지가 있는 부분이 많다.

리우시판(劉錫蕃)의 『영표기만(嶺表紀蠻)』은 1934년 상하이 상무인서관에서 초판이 출판되었고, 1935년에 재판되었다. 총 307쪽이다. 이 책의 제17장 『제만 언어의 비교(諸蠻語言之比較)』에서는 흔히 쓰이는 단어를 비교하여 중국어, 동어(侗語), 묘어(苗語), 요어(瑤語), 좡어(壯語)의 음운을 분석했으며, 이시우(易熙吾)가 국음 자모로 주석을 달았다.

제1장 『제만 종족 및 그 남하의 경향(諸蠻種類及其南移之勢)』에는 『광시 각 민족 언어 분포 상세 지도(廣西各民族語言分布詳圖)』가 포함되어 있다. 이 지도는 각 현마다 관화(官話), 웨어(粵語), 커쟈어(客家語), 좡어(壯語), 묘어(苗語), 요어(瑤語), 동어(侗語), 그리고 잡계어(雜系語)를 기호로 구분하여 표시하였다. 잡계어는 각 현의 특별한 토착어를 지칭하며, 예로 마오난어(毛南話), 티라오어(題老話), 우써어(五色話), 구이린토어(桂林土話), 푸젠어(福建話) 등이 포함된다. 한 현에 여러 잡계어가 존재할 경우 동일한 기호를 여러 번 사용한다. 이 지도는 방언학사에서 처음으로 각 현에 방언 종류를 표시한 분류 지도이다. 저자는 광시(廣西) 출신으로 민속을 20년 동안 실지 조사하며 광시 전역을 두루 다녔다.

또한, 『광시 각 민족 언어 분포 간략 지도(廣西各民族語言分布簡圖)』도 있는데, 광시를 세 구역으로 나누어 동북부는 관화구, 동남부는 백화구(粵語구), 서부는 토어구(壯語구)로 분류하였다. 이 지도는 내용이 매우 간단하여 주목할 만한 점이 없다.

쉬쑹스(徐松石)의 『월강유역인민사(粵江流域人民史)』는 1937년 상하이 중화서국에서 출판되었으며, 총 342쪽이다. 이 책은 중국 현대 지명학의 고전으로 평가받는다. 이 책은 큰 분량을 할애하여 저자가 창안한 "지명 연구 고증법(地名硏究考證法)"을 통해 월강 유역 인민의 역사를 연구하였다. 제21장 『매우 흥미로운 웨어(極有趣味的粵語)』에서는 웨어 백어(兩廣白話)와 좡어, 북방 고대 중국어 및 우웨어(吳越語)와의 관계를 논의하였다.

표10.5 쉬쑹스(徐松石) 저작에서 나타난 중국어와 소수민족 언어관계표

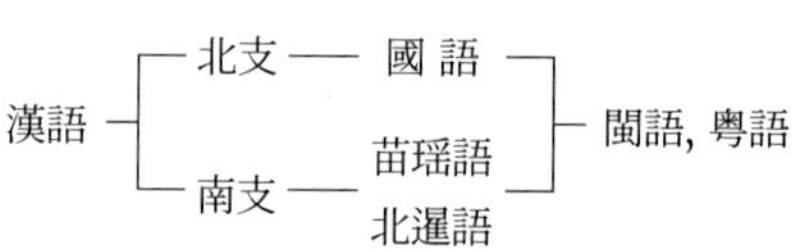

소위 "베이셴어(北暹語)"는 좡어(壯語)와 다이어(傣語)를 지칭하는데, 이를 남지중국어(南支漢語)로 간주하는 것은 부적절하다. 그러나 민어(閩語)와 웨어(粵語)에 남방 소수민족 언어의 요소가 포함되어 있음을 지적한 점은 주목할 만하다.

고대 민족학 저술 중에도 방언을 언급한 경우가 있으나, 대부분

은 흩어져 있다. 그중 명말청초(明末清初)의 취다쥔(屈大均)이 저술한 『광동신어(廣東新語)』는 방언 자료가 비교적 집중적으로 기록되어 있다. 이 책 권11 『문어(文語)』 아래에 『토언(土言)』이라는 절이 있는데, 광둥(廣東) 각지의 방언 어휘를 주로 기록하며 몇몇 지역 방언의 비교를 포함하고 있다. 예를 들어, "신회(新會) 발음은 평성(平聲)과 측성(仄聲)이 자주 바뀐다. 예를 들어, 통(通)을 통(痛)으로, 통(痛)을 통(通)으로 읽는다. 동완(東莞)에서는 동(東)을 동(凍)으로 발음하며, 평성을 거성(去聲)으로 바꾸어 완(莞)을 관(官)으로 읽는다.(新會音多以平仄相易, 如通作痛, 痛作通。東莞則謂東曰凍, 以平為去, 謂莞曰官, 以上為平.)" 또한 하이난다오(海南島) 방언의 분류에 대해 "치옹어(瓊語)는 여러 종류가 있으며, 둥어(東語) 또는 커어(客語)라 하며, 민어(閩音)와 유사하다. 시쟝(西江) 리어(黎話), 토군화(土軍話), 디리화(地黎話)가 있다.(瓊語有數種, 日東語, 又日客語, 似閩音。有西江黎話、有土軍話、地黎話。)"라고 설명하였다. 이 외에도 특수한 지명 어휘, 예를 들어 "那" 자로 시작하는 지명에 대해서도 기록하였다. 체계는 지방지(地方志)와 유사하지만 일반적인 지방지보다 더 정밀하게 서술되어 있으며, 명말 광둥 방언 연구의 중요한 참고 자료이다.

지방지는 민족학 저술로 볼 수 있다. 다만, 지방지에서 방언을 기록하고 연구한 부분은 연구 방법 면에서 여전히 전통 방언학 범주에 속하며(민국 후기에 작성된 극소수의 지방지는 예외), 차이가 있다면 지방지는 방언 구어 어휘를 객관적으로 기록하는 데 중점을 두고, 고금(古今) 증합(證合)을 주된 목적으로 삼지 않는다는 점이다. 지방지에 포함된 방언 자료 문제는 제4장에서 상세히 다룬 바 있으며, 여기서는 각 시대와 각 성별로 방언 자료를 포함한 지방지의 수량을 표로 정리하였다.

일본 학자 하타노 다로(波多野太郎)는 『중국방지소록방언휘편(中國方志所錄方言彙編)』 9권을 편찬하였고, 이는 『요코하마시립대학기요(橫濱市立大學紀要)』로 1963년에서 1972년 사이에 출판되었다. 이 휘편의 자료를 바탕으로 장쑤(江蘇), 저장(浙江), 광동(廣東), 푸젠(福建) 네 성의 각 역사시기에 방언 자료를 포함한 지방지 수량을 통계하였다. 이 휘편은 여전히 완전하지 않은데, 예를 들어 광둥 부분에는 원중허(温仲和)의 『가응주지(嘉應州志)·방언안어(方言案語)』가 수록되어 있지 않았다. 그러나 이 표를 통해 각 성과 시대의 대략적인 상황을 엿볼 수 있다.

표10.6 방언 자료를 수록한 지방지의 시대 및 수량 비교

시대 / 지역	명	청 (건륭이전)	청 (가경이후)	민국	합계
장쑤	3	11	23	18	55
저장	-	2	13	11	26
광동	-	1	12	9	22
푸젠	-	1	7	4	12
합계	3	15	55	42	115

표10.6을 통해 이러한 지방지가 청나라 지아칭(嘉慶) 연간 이후부

터 청나라 말기에 이르기까지 가장 많이 출판되었음을 대략적으로 알 수 있다. 그다음으로는 민국(民國) 시기에 출판된 것이 많았으며, 명대(明代)에 출판된 것은 매우 적고 내용도 간략하다. 성별로 보면 장쑤(江蘇)가 가장 많고, 저장(浙江) 이 그다음이며, 그다음이 광둥(廣東), 푸젠(福建)이 가장 적다. 다른 성의 지방지는 이 표에 포함되지 않았다.

제5절 묘사 방언학 시기

청대 초기 음운학자 유헌정(劉獻廷, 1648~1695)은 자신이 정리한 『신운보(新韻譜)』(1692)를 활용하여 “여러 방언의 음을 채우고, 각 군(郡)마다 책을 만들어 사람들에게 보여주면 바로 증명할 수 있다. 이를 제자와 후배들에게 전수하면 어디서든 운보를 만들 수 있다. 3~4년 안에 구주의 소리가 모두 완성될 것이다.(以諸方音填之, 各郡自為一本, 逢人便可印證, 以此授之門人子弟, 隨地可譜。不三四年, 九州之音畢矣.)”라고 제안하였다(『광양잡기(廣陽雜記)』 권3). 유헌정의 구상은 현대 방언학의 조사표 설계, 실지 조사 및 전국 방언 조사와 매우 유사하다. 그러나 그는 이를 실행하지 못했으며, 실행할 수도 없었다.

서양 선교사들의 저작을 논외로 할 경우, 중국의 현대 방언학 시기는 1920년대부터 시작되며, 다시 여명기, 전개기, 조사기, 심화기로 나눌 수 있다.

1. 여명기(1923~1925)

중국 현대 방언학은 1923년에 서막을 열었다. 당시 베이징대학 연구소 국학문을 창설한 심겸사(沈兼士)는 민간 가요를 조사하는 것을 권장했으며, 방언은 가요를 조사하고 기록하며 연구하는 데 필수적인 도구라고 보았다. 그는 "방언 연구는 가요 연구의 첫 단계 작업이라 할 수 있다.(研究方言可以說是研究歌謠的第一步工夫.)"고 하며 방언을 조사하고 기록할 것을 요구했다. 1923년 『가요(歌謠)』 주간지 및 증간호에서는 방언 조사 연구에 관한 여러 편의 글이 발표되었으며, 그 중 가장 중요한 것은 「심겸사의 향후 방언 연구의 새로운 추세(今後研究方言的新趨勢)」와 린위탕(林語堂)의 「방언 연구에서 필요한 몇 가지 언어학적 관찰점(研究方言應有的幾個語言學觀察點)」이다.

심겸사는 『광운성계(廣韻聲系)』를 편집한 적이 있으며, 그는 다음과 같이 주장했다.

1. 과거의 연구는 문자에 주목하는 목치(目治)였으나, 현재의 연구는 언어에 주목하는 이치(耳治)이다.
2. 과거에는 단편적인 고증에만 그쳤지만, 지금은 체계적인 방법으로 고금(古今) 방언의 흐름과 분포 상황을 밝히기 위해 역사적 연구와 비교 연구를 실행해야 한다.
3. 과거에는 고립적인 연구에 그쳤으나, 지금은 발음학, 언어학, 문자학, 심리학, 인류학, 역사학, 민속학 등과의 직간접적 관계를 활용하여 새로운 연구의 기초를 구축해야 한다.

(一、向來的研究是目治的注意文字, 現在的研究是耳治的注意言語；二、向來只是片斷的考證, 現在需用有系統的方法實行歷史的研究和比較的研究, 以求得古今方言流變之派別, 分布之狀況；三、向來只是孤立的研究, 現在須利用與之直接或間接關係之發音學、言語學、文字學、心理學、人類學、歷史學、民俗學等, 以為建設新研究的基礎。)

린위탕은 독일 라이프치히대학에서 현대 언어학을 전공하였다. 그의 논문은 현대 언어학적 관점에서 현대 중국 방언학을 구축하고자 하였으며, 현대 중국 방언학 이론의 창시작이라 할 수 있다. 논문은 다음 10가지의 토론을 포함하고 있다.

1. 음운의 역사적 변화와 방언의 지리적 분포를 연구해야 한다.
2. 『광운(廣韻)』의 206운(韻)을 연구 출발점으로 삼아야 한다.
3. 현대 음성학 방법을 활용하여 변음, 심음(審音), 기음(記音)을 해야 한다.
4. 방언 구어에 주목해야 하며, 한자 독음에 치중하지 않아야 한다.
5. 음운 변화의 규칙을 최대한 규명해야 한다.
6. 어원 연구에서 문화사적 흔적을 탐구해야 한다.
7. 현대 방언에서 단어의 고음(古音)과 고의(古義)를 찾아야 한다.
8. 중국어(漢語)의 실제를 바탕으로 중국어 문법을 연구해야 한다.
9. 지역 방언 간 문법의 차이를 비교 연구해야 한다.
10. 방언 구어에서 새롭게 나타나는 문법 현상을 연구해야

한다.

이러한 견해들은 매우 정교하며, 오늘날에도 타당하며 따라야 할 지침으로 여겨진다.

1924년 1월 베이징대학 국학연구소는 "방언조사회"를 설립하였다. 같은 해 이 회는 『방언조사선언서(方言調查宣言書)』를 발표하여 살아 있는 방언 구어를 조사하고 연구할 것을 제창하였다. 린위탕(任訥堂) 등은 국제 음성 기호를 기초로 한 방음(方音) 문자 초안을 설계하고, 이 문자를 사용하여 베이징(北京), 쑤저우(蘇州), 샤먼(廈門) 등 14종의 방음을 예시로 표기하였다. 그러나 이들이 이후 실제 방음 조사 보고서를 발표한 바는 없다. 방언조사회를 중심으로 활동한 학자들은 가요파(歌謠派)라고 부를 수 있다. 가요파의 역사는 짧았으며, 3년(1923~1925)뿐이고 실제로 많은 작업을 하지 못하였으나, 그 탄생은 중국 방언학 연구의 역사적 전환점이었다. 이는 고문헌과 현대 방언을 상호 증거로 삼는 전통 방언학의 종료를 의미하며, 살아 있는 방언 구어를 조사하고 연구하는 현대 방언학의 시초를 상징한다.

여명기 동안 가요파는 그들의 원대한 통찰력으로 중국어 방언 연구의 새로운 방향을 제시하였다. 유반농(劉半農)은 구체적인 연구로 중국 방언의 성조를 음성 실험 장비를 통해 연구하고 『사성실험록(四聲實驗錄)』을 집필하였다. 이 책은 1924년 상하이(上海)에서 출판되었다. 유반농은 1919년 런던대학교에서 수학하며 해당 대학 음성 실험실에서 일했으며, 이후 파리대학교로 옮겨 박사 학위를 받았다.

이 책은 그의 박사 학위 논문이자 중국 최초의 실험 음성학 전문서적이었다. 그러나 오늘날의 관점에서 보았을 때 당시의 실험 결과는 방언 성조 음고의 실제 곡선과 큰 차이가 있었다.

2. 전개기(1926~1948)

전개기는 자오위안런(趙元任)의 두 가지 중요한 연구로 시작되었다. 그는 1926년에 『베이징, 쑤저우, 상주 언조사의 연구(北京、蘇州、常州語助詞的研究)』[16]를 발표하였다. 이는 중국 최초의 방언 문법 연구 논문이었다. 그러나 이 논문은 당시 연구에 큰 영향을 미치지 못하였다. 1927년 겨울 칭화학교 연구원은 자오위안런과 그의 조교 양스펑(楊時逢)을 파견하여 저장(浙江)성과 장쑤(江蘇)성의 33개 지역에서 우어(吳語)를 실지 조사하였다. 자오위안런은 조사 결과를 『현대 우어의 연구(現代吳語的研究)』로 정리하여 칭화학교 연구원 총서 제4권으로 1928년 베이징에서 출판하였다. 이는 중국 현대 방언학사에서 최초의 방언 조사 보고서였다.

이전에 스웨덴 언어학자 칼그렌(高本漢)이 현대 언어학 방법을 사용하여 20여 개 지역의 중국 방음을 조사하고 그 결과를 『중국 음운

---

16 참조: 『청화학보(清華學報)』 3권 2호, 1926년.

학(中國音韻學)』[17]에 발표한 적이 있다. 또한 영국 언어학자 단이엘 존스(Daniel Jones)와 후지융탕(胡炯堂)이 『광저우어 표음 독본(廣州話標音讀本)』(『A Cantinese Phonetic Reader, 1912)을 런던에서 출판하였다. 이는 국제 음성 기호를 사용하여 표기한 최초의 중국 방언학 저서이다.

『현대 우어의 연구(現代吳語的硏究)』는 자료가 신뢰할 만하고, 음성 분석이 정밀하며, 표가 상세하고, 방법이 혁신적이며, 통찰력이 뛰어나다. 이 책은 현대 언어학 지식을 활용하여 중국 방언을 연구한 획기적인 고전 저작이며, 이 책이 확립한 방언 조사와 분석 방법은 후대 학자들에게 지속적으로 영향을 미쳤다.

『현대 우어의 연구(現代吳語的硏究)』 이후 전개기에는 10여 종의 방언 조사 보고서가 출판되었다. 이 가운데 가장 중요한 것은 도욱민(陶燠民)의 『민음연구(閩音硏究)』(1930), 뤄창페이(羅常培)의 『샤먼음계(廈門音系)』(1931), 황시링(黃錫凌)의 『웨음운회(粵音韻彙)』(1941), 둥통허(董同龢)의 『화양량수정 커쟈어 기음(華陽凉水井客家話記音)』(1948), 그리고 『후베이 방언 조사 보고(湖北方言調查報告)』(1948)이다.

『후베이 방언 조사 보고(湖北方言調查報告)』는 전 중앙연구원 역사언어연구소가 1936년에 조직한 여섯 번째 방언 조사, 즉 후베이(湖北)성 방언 조사의 결과를 담은 보고서이다. 이 조사와 집필에 참여한 사람은 자오위안런, 딩성수(丁聲樹), 양스펑, 우쭝지(吳宗濟), 동동하 등

17 참조: 『Archivers d'Etudes Orientales, Vol.15, Stockholm』, Vol. 15, 스톡홀름, 1915-1926.

다섯 명이다. 이 책은 중국 첫 번째 방언 지도가 포함된 저서로, 방언 지도는 총 66장이 있다.

전 중앙연구원 역사언어연구소가 조직한 이전의 대규모 방언 조사는 량광(兩廣, 1928~1929), 산난(陝南, 1933), 후이저우(徽州, 1934), 쟝시(江西, 1935), 후난(湖南, 1935), 쓰촨(四川, 1936) 순으로 이루어졌다. 이 중 후난과 쓰촨 방언 조사의 보고서는 양스펑에 의해 정리되어 각각 1974년과 1984년에 타이베이에서 출판되었으며, 휘주 『적계령북방언(績溪岭北方言)』은 자오위안런과 양스펑이 정리하여 1965년에 타이베이에서 출판되었다.

3. 조사기(普查期, 1956~1966)

조사기는 1956년 3월 고등교육부와 교육부가 발행한 『중국어방언조사공작통지(漢語方言普查工作通知)』에서 시작되었다. 같은 해 국무원은 전국적으로 표준어를 보급하라는 지시를 발표하고, 1956년에서 1957년 사이 전국 각 현의 방언에 대한 초기 조사 과제를 완료할 것을 제안하였다. 또한 각 성 교육청은 성내 방언의 특징에 따라 해당 지역 사람들이 표준어를 학습할 수 있도록 하는 지침서를 1956년 내로 편찬하도록 요구받았다.

1957년, 전국 각 성과 시에서 자치지역 방언에 대한 조사 작업이 시작되었다. 약 2년 동안 2298개의 방언 조사 지점 중 1849개 지점(80% 이상)의 조사 작업이 완료되었다. 조사는 주로 음성을 중심으로 이루어졌으며, 각 지역은 소량의 어휘와 문법 예문만 기록하였다. 이 조사에 기반하여 1195종의 조사 보고서와 300여 종의 특정 지역 주민을 위한 표준어 학습 지침서 같은 소책자가 편찬되었으며, 이 중 72종이 출판되었다.

조사 작업 말기에 편찬된 방언 개요 관련 저서로는 『허베이 방언 개황(河北方言概況)』, 『장쑤성과 상하이시 방언개황(江蘇省和上海市方言概況)』, 『안후이 방언 개황(安徽方言概況)』, 『쓰촨 방언 음계(四川方言音系)』 등이 있다. 대부분은 유인본이나 연판본으로 제작되었고, 공개 출판된 것은 몇 권에 불과했다.

1950년대에는 방언 조사를 위한 도구 서적이 다수 출판되었다. 가장 중요한 것으로는 『방언 조사 자표(方言調查字表, 1955)』, 『중국어 방언 조사 간표(漢語方言調查簡表, 1956)』, 『방언 어휘 조사 수책(方言詞彙調查手冊, 1956)』, 『중국어 방언 조사 수책(漢語方言調查手冊, 1957)』 등이 있다. 또한, 1958년부터 발행된 『방언과 보통화 집간(方言與普通話集刊)』(총 8권)과 『방언과 보통화 총간(方言和普通話叢刊)』(총 2권)은 조사 작업에 있어 참고 가치가 있는 자료로 기능하였다. 이들 중 많은 논문은 지역 방언의 음성을 묘사하며 방언과 표준어의 대응 관계 연구에 초점을 맞추었다.

1956년, 표준어 보급과 방언 조사 작업을 지원하기 위해 중국과학원 언어연구소와 중앙교육부는 베이징에서 "표준어 음성 연구반(普通話語音研究班)"을 공동으로 설립하였다. 이 연구반의 초기 3기는 각지 고등학교 중국어 교연실의 중청년 교사들을 모집하여 언어연구소의 전문가들로부터 표준어 음성과 방언 조사 기록 작업을 학습하도록 하였다. 이들 연구반 졸업생은 방언 조사 및 이후 방언 연구 작업에서 핵심적인 역할을 수행하였다.

방언 조사 작업은 전국적으로 각 현의 방언을 초기 단계에서 조사하고 기록하는 데 목적을 두었기 때문에, 보고서는 대체로 간략하였다. 1950년대와 60년대에는 특정 지역 방언에 대한 비교적 심층적인 연구도 이루어졌으며, 발표된 보고서 중에서 가장 심층적이고 신뢰할 만한 자료로는 『창려 방언지(昌黎方言志, 1960)』가 있다. 논문으로는 『원저 우음계(温州音系, 1964)』와 『사오씽어 기음(紹興話記音, 1959)』 등이 있다.

1960년대에는 전국 주요 방언을 종합적으로 비교 연구한 저서 3권이 출판되었다. 『중국어 방언 개요(漢語方言概要, 1960)』는 중국어 7대 방언을 개괄적으로 설명하고, 각 방언 지역에서 1~2개 지점의 방언을 선정하여 비교적 상세히 소개하였다. 『중국어 방음 자휘(漢語方音字彙, 1962)』는 전국 20개 지점에서 2961개 음절을 정리하였으며, 『중국어 방언 사휘(漢語方言詞彙, 1964)』는 전국 18개 지점의 방언 905개 어휘를 국제 음성 기호로 표기하며 비교하였다. 이 세 가지 저서는 방언에 대한 사실 자료를 비교 연구하는 데 유용하였으나, 본질적으로는 묘사적 방언학 저작에 속한다.

4. 심화기(1979~)

1979년 『방언(方言)』 잡지가 창간됨에 따라, 묘사 방언학은 심화 단계에 진입하게 되었다. 이 시기의 주요 특징은 다음 세 가지로 요약할 수 있다.

첫째, 음운 연구가 연독 변조의 묘사와 분석으로 심화되었다. 각 지역 연독 변조에 관한 수십 편의 논문은 이전에 알려지지 않았거나 적게 알려졌던 언어적 사실을 드러냈다. 예를 들어, 리룽(李榮)의 『원링 방언의 연독 변조(温岭方言的連讀變調)』는 방언에서 음조 유형과 역사적 발전 연구에 중요한 단서를 제공하는 연독 변조 규칙의 내부 연관성을 밝혔다. 예컨대, 음평(陰平)과 양평(陽平)은 이음절 연독 전반부에서 세 가지 음조값을 가지며, 분화 조건이 동일하다. 음상(陰上)과 양상(陽上) 또한 이음절 연독 전반부에서 각각 두 가지 음조값을 가지며, 분화 조건이 동일하다. 음평(陰平), 음상(陰上), 음거(陰去)와 양평(陽平), 양상(陽上), 양거(陽去)는 양평 음절 앞에서 음조값의 고저가 상성(上類) 음이 가장 높고, 평성(平類) 음이 그다음이며, 거성(去類) 음이 가장 낮다.

리수샹(呂叔湘)의 『단양 방언의 성조 시스템(丹陽方言的聲調系統)』은 다음과 같은 규칙을 밝혔다. 어구의 구조 형식, 품사, 의미 등의 차이가 변조에 영향을 미친다. 이는 음운이 어휘 및 문법과 밀접하게 연결되어 있음을 보여준다. 예컨대 편정구조(偏正構造)와 병렬구조(並列構造)는 변조 성향이 강한 반면, 동목구조(動賓構造)와 주술구조(主述構造)

는 변조 성향이 약하며, 동보구조(動補構造)는 그 중간에 위치한다. 또한 일부 어구는 서로 다른 연독 변조 형태를 통해 의미를 구분한다. 이러한 현상은 과거 미국 학자 캐네디(G. A. Kennedy)와 자오위안런(趙元任)이 논의한 바 있으나, 그 논의는 매우 간략한 수준에 그쳤다.

둘째, 음운 묘사에서 어휘와 문법 묘사로 발전했다. 확대기와 조사기 동안 조사 및 연구의 초점은 주로 음운에 있었으며, 어휘와 문법은 상대적으로 적게 다뤄졌다. 그러나 심화기에 접어들면서 여러 지역 방언 전문가들은 특정 방언의 음운 연구를 심화한 후 해당 방언의 어휘를 정리하여 발표하였다. 예를 들어 우한(武漢), 타이위안(太原), 계림(桂林), 안경(安慶), 남창(南昌), 서주(徐州) 등의 어휘 연구가 이루어졌다. 또한 수십 편의 방언 문법 관련 논문이 발표되었는데, 그 중 일부는 문법 현상을 매우 세밀히 묘사했다. 예컨대 정장상팡(鄭張尚芳)의 『원저우 방언의 아미사(兒尾詞)』가 대표적이다. 또 다른 연구로는 방언 간 비교 문법 연구가 시작되었는데, 주더시(朱德熙)의 『차오양어와 베이징어 중첩 형식의 의성어 구성(潮陽話和北京話重疊式象聲詞的構造)』은 두 방언의 의성어를 분석하고 비교하며, 형식은 유사하나 구조는 다르다는 점을 지적하였다. 주더시의 또 다른 논문인 『베이징어, 광저우어, 문수어, 푸저우어의 "的" 자(北京話、廣州話、文水話和福州話里的"的"字)』는 방언 문법 비교 연구에서 중요한 논문으로 평가받는다. 이는 자오위안런(趙元任)이 1926년에 발표한 『베이징어, 쑤저우어, 상주어 조사 연구(北京、蘇州、常州語助詞的研究)』 이후 가장 중대한 연구 논문으로 꼽힌다.

셋째, 각 지역 방언의 전면적인 조사에서 특정 지역 방언에 대한 심층 조사로 발전하였다.

각 지역 방언을 심층적으로 조사하고 기록한 것을 바탕으로 작성된 조사 보고서는 이미 약 10종이 출판되었으며, 그중 가장 중요한 것으로는 『쑤저우 방언지(蘇州方言志)』(1988)와 『상하이 시구 방언지(上海市區方言志)』(1988, 상하이 교육출판사)가 있다. 후자는 상하이 방언을 가장 포괄적이고 상세하게 서술한 전문서적이다. 그 특징은 두 가지이다. 첫째, 방언색이 강한 어휘를 대량으로 수록하여 총 8,000여 개에 달한다. 둘째, 한 지역 방언의 구어에 대해 형태론 및 통사론을 처음으로 종합적으로 기술하고 분석하였다. 본서에서 방언 문법을 조사하고 정리한 방법은 중국어 방언 문법 연구에 있어 개척적인 의미를 가진다.

서구의 기술언어학(descriptive linguistics)의 관점에서 보면, 중국의 기술 방언학은 그 태동기부터 순수한 기술언어학이 아니었다. 조사표 설계에서 조사 보고서 정리에 이르기까지, 방언 연구의 전 과정이 거의 모두 역사언어학과 관련되어 있다. 조사용 음운 표는 한자(方块漢字)가 중고(中古) 『절운(切韻)』 음계에서 차지하는 위치를 바탕으로 제정되었다. 또한, 음운 유형을 분석하고 귀납하는 과정에서도 중고 음계의 명칭을 떠날 수 없었다. 따라서 중국의 기술 방언학은 서구 기술언어학과 중국 역사음운학이 결합한 산물이다. 현대 방언학 저작 가운데 단 하나의 예외가 있는데, 바로 둥퉁허(董同龢)의 『화양 량수이징 객가어 기음(華陽凉水井客家話記音)』이다. 이 책의 저자는 한자에 의존하는 방식을 전면적으로 배제하고, 조사 시 자표(字表)를 사용하지 않았으며, "먼저 몇 가지 사물의 명칭이나 표현을 질문한 후, 비교적 적은 단어와 문장에서 기본적인 음운을 구별하고, 변별이 일정 수준에 도달한 후에는 점차 단락 및 문단 단위로 언어를 기록하는 방식(先問一些事物的名稱或說法, 以便在較少的詞語或句子中辨別出各種最基本的語音。在對辨音有了相當的把握後, 即開始成段或成篇的語言記錄。)"을 사용하였다.

마지막으로, 전체적인 언어 자료에서 어휘와 음운을 추출하였다. 이 조사 방법의 장점은 미리 설정된 자표를 통해서는 조사할 수 없는 음운 자료를 포착할 수 있으며, 조사 결과가 자연 구어의 실제 모습에 더 가까울 가능성이 있다는 점이다.

현대 중국어 방언학의 역사에서, 기술언어학 저작이 줄곧 주류를 이루었으며, 그 외에 성과가 있었던 분야로는 방언 사전 및 교재의 편찬 작업이 있다. 방언 사전의 편찬자는 대체로 외국 선교사와 중국을 여행한 외국인이었다. 이후 중국 학자들도 방언 사전 편찬에 주목하기 시작하였으며, 그 예로 『보통화 민난방언사전(普通話閩南方言詞典)』(1982), 『광저우 방언 사전(廣州話方言詞典)』(1981) 등이 있다. 그다음으로는 중국어 방언 분구(分區) 조사 연구가 활발히 이루어졌으며, 연구 성과는 『방언(方言)』 계간지(1984~1987)와 『중국 언어 지도집(中國語言地圖集)』(1988)에 집중적으로 수록되었다.

중국 전통 방언학의 연구 목적은 "현재를 통해 과거를 증명"하는 것이었다. 즉, 현대 방언을 통해 고문헌을 해석하거나, "과거를 통해 현재를 증명"하는 방식으로 고문헌 자료를 통해 현대 방언을 해석하는 것이었다. 전통 방언학은 어문학(philology)의 범주에 속한다. 고대의 민족학 저작인 『지방지(地方志)』에도 일부 구어 어휘가 기록되었으나, 그 연구의 틀은 여전히 어문학이었다. 현대 언어학의 시각으로 중국어 방언을 연구하는 것은 서구 선교사들의 지속적인 연구로부터 시작되었다. 그들이 처음 중국어 방언에 접했을 때, 유럽 언어학은 이미 과학적 시대에 접어들어 역사언어학이 상당한 발전을 이루었으며, 방언 구어를 기술하고 연구하기 시작한 상태였다.

그들은 서구 언어학의 학리와 개념을 사용하여 중국어 방언의 음운을 기록하고 분석하였으며, 방언 구어 어휘를 정리하고 기록하였고, 방언의 통사 구조를 연구하며 방언을 비교하고 분류하는 연구도 수행하였다. 그들의 연구는 중국 전통 방언학과는 전혀 연속성이 없었으며, 독립적으로 이루어진 연구로서 전통 방언학과는 매우 달랐다.

서구 선교사의 연구 작업과 중국 학자들의 기술 방언학은 시간적으로는 연결되어 있었지만, 후자가 전자의 연구 성과를 직접 계승한 흔적은 뚜렷하지 않다. 중국 학자들은 독자적으로 연구를 새롭게 시작하였다. 초기 현대 학자인 린위탕(林語堂), 뤄창페이(羅常培) 등은 서구 선교사의 연구 성과를 주목하였으며, 이를 다룬 전문 논문도 집필하였다. 그러나 그들은 선교사를 방언학자가 아닌 "준방언학자" 정도로 간주하였고, 선교사의 기록을 하나의 참고자료로만 여겼을 가능성이 크다. 중국 현대 방언학은 서구 기술 방언학의 직접적인 영향을 받아 탄생하고 발전하였다. 초기 언어학 대가인 리팡구이(李方桂), 딩성수(丁聲樹) 등은 젊은 시절 미국에서 기술언어학의 영향을 받았으며, 그들의 개척적인 저작이 중국 현대 언어학의 토대를 견고히 다졌다.

1980년대에 들어서야 본격적으로 발전한 중국어 방언지리학은 그 이론과 방법이 대체로 유럽의 방언지리학에서 유래하였다. 예를 들어, 동일어선(同言線, isogloss)의 이론과 방언 지도의 제작 방법 등이 이에 해당한다. 서구에서는 방언지리학이 먼저 등장한 후 기술언어학이 발전하였으나, 중국에서는 그 반대였다. 중국어 방언지리학은 최근 수년간 상당한 성과를 거두었으나, 아직 성숙한 단계에 이르지는 못하였다. 서구에서는 방언지리학이 성숙한 지 반세기가 넘었지만, 중국에서는 여전히 유럽 각국의 방언지리집과 유사한 『중국어 방언 지도집』을 편찬하는 작업조차 시작되지 않았다.

중국 전통의 음운학은 현대 중국어 방언학의 또 다른 근원이다. 방언 조사 표 설계, 성운조(聲韻調) 체계의 귀납, 방언 간 비교, 방언과 고대 중국어의 비교, 방언의 상대적으로 오래된 단계를 재구하는 과정 등에서 전통 음운학의 지식이 필요하며, 중고 『절운(切韻)』 체계를 떠날 수 없다. 중국어 방언학은 유럽에서 발전한 현대 방언학의 한 분과 혹은 일부라고 할 수 있다. 만약 중국어 방언학의 특징을 묻는다면, 그것은 서구에서 도입된 현대 방언학과 중국 전통 음운학을 결합한 점에 있다고 할 수 있다.

부록

연한 대조 방언학 명사

1. abrupt tone | 促聲 | 촉음
2. accent | 口音 ; 重音 | 억양 ; 강세
3. analogical creation | 類比创新 ; 感染作用 | 유추적 창조 ; 감염 작용
4. analogue | 同源語 | 동원어
5. ancestor language | 原始共同母語 | 원시 공통 모어
6. anthropological linguistics | 人類語言學 | 인류 언어학
7. assimilation | 同化 | 동화
8. atomistic dialectology | 原子方言學 | 원자 방언학
9. base form | 本音 | 본음
10. basilect | 本地方言 | 본토 방언 ; 현지 방언
11. bidialectalism | 雙方言現象 | 이중 방언 현상
12. bilingualism | 雙語現象 | 이중 언어 현상
13. bimorphemic syllables | 雙音節詞 | 이음절어
14. boundary | 邊界 | (언어)경계
15. broad IPA | 寬式國際音標 | 광식 국제 음성 기호
16. bundle of isoglosses | 同言線束 | 동언선 속
17. cant | 行話 ; 黑話 ; 切口 | 은어 ; 속어
18. (the) Chinese Dialect Society | 漢語方言學会 | 중국어 방언 학회
19. check-list | 問題表 | 체크리스트
20. citation form | 有上下文的成分 | 인용형
21. citation tone | 單字調 | 단어 성조
22. class dialect | 阶層方言 | 계층 방언
23. classification | 分類 ; 分區 | 분류 ; 구획

24. code switching | 語码轉換 | 코드 전환
25. cognate | 同源詞 | 동원어
26. colloquial | 口語 | 구어
27. colloquial layer | 白讀層 | 백독층
28. colloquial pronunciation | 口語語音 ; 白讀音 ; 白話音 ; 說話音 | 구어 발음 ; 백독음
29. colloquial reading | 白讀 | 백독
30. common language | 共同語 ; 普通話 | 공통어 ; 표준 중국어
31. comparison | 比較 | 비교
32. contour of tone | 調形 | 조형
33. corpus | 語料 | 말뭉치 ; 코퍼스
34. Creole | 混合語 ; 克里奥尔語 | 혼합어 ; 크레올어
35. demarcation | 分界線 | 분계선
36. derivative form | 變音 | 변이음
37. dialect | 方言 | 방언
38. dialect character | 方言字 ; 方言雜字 | 방언자 ; 방언 혼합자
39. dialect contact | 方言接觸 | 방언 접촉
40. dialect geography | 方言地理學 | 방언 지리학
41. dialect island | 方言島 | 방언섬
42. dialect mixture | 方言混合 | 방언 혼합
43. dialect outlier | 方言飛地 | 방언 비지
44. dialect survey | 方言調查 | 방언 조사
45. dialectologist | 方言學家 | 방언학자
46. dialectology | 方言學 | 방언학
47. difference | 差異 | 차이
48. diglossia | 雙言現象 | 이중 언어 현상
49. diglot | 雙言現象 ; 雙言人 | 이중 언어 현상 ; 이중 언어 사용자
50. diminutive sandhi | 稱變調 | 축소 변조
51. disyllabic word | 雙音詞 ; 兩字組 | 이음절어 ; 이음절 구조

52. division | 等；區劃 | 등；구분
53. eastern Mandarin | 下江官話；江淮官話 | 샤쟝 관화；쟝화이 관화
54. ethnography | 民族學 | 민족학
55. ethno-linguistics | 民族語言學 | 민족 언어학
56. etymological character | 本字 | 본자
57. evolution | 演變 | 변화；발전
58. feeling of the native | 土人感 | 원어민 감각
59. fieldwork | 田野工作；實地調查 | 현지 조사；실지 조사
60. fieldworker | 田野工作者；實地調查者 | 현지 조사자
61. final | 韻母 | 운모
62. focal area | 核心地带 | 핵심 지대
63. folk etymology | 俗詞源學 | 속어원학
64. fusion character | 合音字 | 합음자
65. fusion word | 合璧詞 | 합벽어
66. Gan dialects | 贛語；籍方言 | 간어；간방언
67. glottochronology | 語言年代學 | 언어 연대학
68. glossary | 詞匯表 | 용어집
69. group | 攝；群；區 | 군；집단
70. grouping | 分區；分類 | 구획；분류
71. Hakka dialects | 客家方言；客家話；客語；客話 | 커쟈 방언；커쟈어
72. homonym | 同音異義詞；同形異義詞 | 동음이의어
73. Huizhou dialects | 徽州方言；徽語 | 후이저우 방언
74. hypercorrection | 矫枉過正 | 과도한 교정
75. idiolect | 個人方言 | 개인 방언
76. idiom | 俚俗語；熟語 | 속어；숙어
77. informant | 發音合作人 | 발음 협조자
78. initial | 聲母 | 성모
79. initial consonant cluster | 复輔音聲母 | 복자음 성모
80. intelligibility | 可懂度 | 이해 가능도

81. intermediary | 中間人 ; 第三者 | 중개인 ; 제삼자
82. International Phonetic Alphabet (IPA) | 國際音標 | 국제 음성 기호
83. inter-syllabic juncture | 字間組節 | 음절 간 결합
84. interview | 会見 ; 被調查 | 인터뷰 ; 조사
85. interviewee | 被調查者 | 조사 대상자
86. isogloss | 同言線 ; 等語線 | 동언선
87. Jin dialects | 晉語 ; 晉方言 | 진어 ; 진방언
88. language atlas | 語言地圖集 | 언어 지도집
89. language attitude | 語言态度 | 언어 태도
90. language family | 語系 | 어족

附錄二. 신구약 성경 방언 전역본 서목(1949年前)

(본 서목은 官話은 제외한다)

吳語

(1) 蘇州土白

1. 新约, 上海, 1881年. 1882年 改订重版.
2. 新约, 大英國聖經会, 上海, 1903年.
3. 新约全書, 1915年.
4. 新约, 大美國聖經会, 上海, 1922年. 1923年重版.
5. 新约, 中華聖經公会, 上海, 1940年.

(2) 上海土白

1. 新约, 上海, 18기年. 羅馬字本.
2. 新约, 上海, 1881年. 慕维廉譯本.
3. 新约, 上海, 1881年. 藍惠廉譯本.
4. 新约, 上海, 1897年.

5. 舊约, 上海, 大英國聖經会, 1901年.

6. 聖經, 美華聖經会, 上海, 1928年.

7. 聖經, 美華聖經会, 上海, 1933年.

(3) 寧波土白

1. 新约,伦敦, 1868年.

2. 新约, 上海, 1874年.

3. 新约, 上海, 1898年.

4. 舊约, 上海, 1901年.

(4) 台州土白

1. 新约, 台州, 1881年. 羅馬字本. 據1868年本改订. 羅馬字本.

2. 新约, 台州, 1897年. 據1881年 本改订. 羅馬字本.

3. 新舊约全書, 大英國聖經会, 上海, 1905年.

4. 新舊约全書, 大英國聖經会, 上海, 1905年. 羅馬字本.

(5) 温州土白

1. 新约, 温州, 1902年.

閩語

(1) 厦門土白

1. 新约, 厦門, 1873年.

2. 新约, 伦敦, 1882年.

3. 舊约, 伦敦,1884年.

4. 新约, 伦敦, 1891年.羅馬字本. 據1873年本翻印. 羅馬字本. 據1873年本翻印.

5. 舊约, 伦敦聖經公会, 伦敦, 1894年. 羅馬字本.

6. 新约, 上海, 1896年. 據1891年 本翻印.

7. 舊约, 上海, 1902年. 據1884年 本改订.

8. 新约, 上海,1916年.

9. 舊约, 上海1933年.
10. 聖經, 上海, 1938年. 羅馬字本.

(2) 福州土白
1. 新约, 福州, 1856年.
2. 新约, 福州, 1863年. 共377页.
3. 新约, 福州美華書局, 1866年. 共3 页.
4. 新约五經, 福州美華書局, 1866年. 共388页.
5. 聖經, 福州, 1891年.
6. 新约, 福州, 1895年.
7. 舊新约全書, 福州美華書局, 1898年. 共1 268页.
8. 新约, 福州聖經会, 1900年. 羅馬字本. 共354页.
9. 聖經, 上海, 1901年. 據1891年 本翻印, 袖珍本.
10. 新约, 福州, 1904年. 羅馬字本. 共377页.
11. 新舊约全書, 大英國聖經会, 福州, 1911年. 共1031页.
12. 新舊约全書, 民國聖經会, 上海, 1912年.
13. 新舊约全書, 聖經会, 上海, 1937年.

(3) 汕頭土白
1. 新约, 上海, 1898年.

(4) 興化(莆田)土白
1. 新约, 興化, 1901年. 羅馬字本.
2. 新约附詩篇, 興化, 1912年. 共777页.
3. 舊新约全書, 興化, 1912年.

粵語
(1) 廣東土白
1. 新约全書, 香港中華印務总局, 1873年.

2. 新约, 上海, 1895年.

3. 新约, 廣州, 1899年.

4. 新约全書, 大美國聖經会, 上海, 1900年. 共246页.

5. 新约, 上海, W03年.

6. 聖經, 大美國聖經会, Pakhoi傳教士出版社, 1905—1907年. 共二册.

7. 新约全書, 1909年. 共846页.

8. 新约全書, 大英國聖經会, 1911年.共528页.

9. 新舊约全書, 1911年.共1 027页.

10. 舊新约全書, 大美國聖經会, 1913年. 共1 400页.

11. 新舊约全書, 大美國聖經会, 上海, 1922年.

12. 新舊约全書, 大英國聖經会, 上海, 1925年.

13. 新约全書(中西字), 廣州, 1927年.

14. 新约, 上海美華聖經会, 1929年.

15. 新舊约全書, 大英國聖經会, 上海, 1934年.

16. 新舊约全書, 廣州聖經公会, 1939年. 共348页.

客家話

1. 新约, 廣州, 1883年. 羅馬字本.

2. 舊新约全書, 大英國聖經会, 上海, 1931年. 共412页.

贛語

(1) 建寧土白

1. 新约, 伦敦, 1896年. 羅馬字本

후기

문자학 전공자인 저로서는 타 분야 저서를 이해하고 번역하는 과정이 쉽지 않았기에, 번역을 시작하는 데 상당한 용기가 필요했습니다. 그럼에도 제가 이 글을 번역하겠다고 다짐한 것은 지금까지 공부해 온 방언학 분야에 대해 좀 더 알고 싶다는 마음이 커졌기 때문인 것 같습니다.

무엇보다 방언학에 대해 거의 무지에 가까웠던 저를 방언학의 세계로 인도해 주신 여러 선생님들께 감사드립니다. 저에게 처음 방언학 관련 자료를 접하게 이끌어주신 방언학 세미나의 변지원 교수님, 음성음운학회에서 배움의 기회를 주신 엄익상 교수님, 그리고 음성학 모임의 방주이시자 새로운 연구의 방향성을 제시해 주시는 이옥주 교수님께도 항상 감사드립니다.

무엇보다 이 책을 출간할 수 있도록 도움을 주신 하영삼 교수님, 게으른 저를 독려해주시고 항상 용기 낼 수 있게 도와주신 최승은 교수님과 출판사 실무자분들 그리고 지도 그림을 손수 그려준 박진영에게 감사드립니다.

겨우 번역을 마무리할 수 있게 되었지만 여전히 아쉬움이 있습니다. 책을 읽으시면서 용어와 발음표기 등에서 잘못된 부분이 있다면 언제든 알려주시고 지적해 주시기를 기대합니다.

마지막으로 저를 믿고 지지해 주시는 두 분 지도교수님 박홍수 교수님과 계욱승 교수님께 늘 감사드리며, 항상 저를 위해 기도해 주시고 지켜주시는 가족분들께도 감사드립니다.

지은이

유루제(游汝杰)

원저우(温州) 출신. 1981년 푸단대학교(复旦大学) 중문학과를 졸업(연구생)하였다. 푸단대학교 부교수, 교수, 박사생 지도교수, '중국어언문학(汉语言文字学)' 학과 책임자 및 특임교수를 역임하였다. 주요 연구 분야는 중국어 방언학(汉语方言学)과 사회언어학(社会语言学)으로, 중국의 중국어 방언 약 100여 종을 현지 조사한 경험이 있다. 저서로는 『방언과 중국문화(方言与中国文化, 주저主著)』, 『중국어 방언학 도론(汉语方言学导论)(修订本)』, 『서양선교사의 방언 저작 고술(西洋传教士方言著作考述)』 등 10여 종이 있으며, 『중국어문(中国语文)』, 『방언(方言)』, 『민족어문(民族语文)』, 『언어연구(语言研究)』 등의 학술지에 100여 편의 논문을 발표하였다.
성(省) 및 시(市) 이상의 학술 연구 성과상 12회를 수상하였으며, 홍콩과 대만을 여러 차례 방문하였고, 유럽, 미국, 일본 등지에서도 학술 활동을 진행하였다.

옮긴이

신세리

경성대학교 한국한자연구소 HK교수.
주요 논문으로 「《清華大學藏戰國竹簡(伍)》〈封許之命〉封建禮賜予品目의 상징물과 기타 문물분석—弓矢類, 命服類에 대한 토론」, 「《說文》省聲·省形字의 재구조—戰國 出土文獻의 몇 가지 예를 근거로」 등이 있다.
공저로는 『한자와 출토문헌』, 『孔壁遺文二集(下)』(花木蘭文化事業有限公司, 2023.03), 『중국출토문헌의 신세계—고대 동아시아에 대한 원류의 탐색』(周留城, 2018.08)이 있으며, 역서 『규율과 방향 : 변천 중인 음운 구조』(2025.02)와 대중서 『한자, 예술과 산업의 경계를 넘다』(2025.02)가 있다.

경성대학교 한국한자연구소 번역총서 16

중국어 방언학 도론(수정판)

(원제 漢語方言學導論(修訂本))

초판1쇄 인쇄 2025년 4월 15일
초판1쇄 발행 2025년 4월 30일

지은이 유루제(游汝杰)
옮긴이 신세리
펴낸이 이대현
편집 이태곤 권분옥 임애정 강윤경
디자인 안혜진 최선주 김다윤
마케팅 박태훈

펴낸곳 도서출판 역락
출판등록 1999년 4월 19일 제303-2002-000014호
주소 서울시 서초구 동광로 46길 6-6 문창빌딩 2층 (우06589)
전화 02-3409-2060
팩스 02-3409-2059
홈페이지 www.youkrackbooks.com
이메일 youkrack@hanmail.net

ISBN 979-11-6742-899-8 94720
979-11-6742-333-7 94080(세트)

정가는 뒤표지에 있습니다.

이 저서는 2018년 대한민국 교육부와 한국연구재단의 지원을 받아 수행된 연구임
(NRF-2018S1A6A3A02043693)